Nadia JULIEN

# Le Dictionnaire
## marabout
# des Symboles

# INTRODUCTION

Le symbole est une réalité « concrète », un signe tangible représentant une idée abstraite, difficilement accessible à l'esprit ou une vérité cachée.

De tout temps, l'homme s'est servi de symboles pour exprimer sa pensée ou ses sentiments ou pour préserver des vérités jugées inaccessibles au commun des mortels, d'où les *mystères*, basés sur un langage imagé compris uniquement des *initiés*.

Ainsi, à travers des symboles s'expriment des vérités profondes : l'explication de phénomènes cosmiques, la structure dynamique du cosmos, le fonctionnement du psychisme humain.... Vérités transmises aux générations par le folklore, les contes de fées, les mythes, les légendes de toutes les cultures. Il suffit de les relire en approfondissant leur signification pour déceler l'accumulation de symboles, leurs racines communes et, surtout, la relation intime avec les motivations de l'être humain, qui, sans eux, seraient restées indéchiffrables !

Ces images, allégories, etc. sont un héritage collectif ; elles appartiennent à l'humanité. En effet, elles ont une valeur identique dans des civilisations très éloignées les unes des autres.

Car, à l'origine, ce mode de *pensée* était naturel aux peuples dits primitifs qui tendaient à procéder par analogie. Il nous paraît aujourd'hui illogique ou alogique, parce que nous avons tendance à le comparer au nôtre, sans tenir compte que des millénaires de lente évolution ont façonné notre esprit et l'ont dirigé vers une vision matérialiste, tellement concrète des choses que le symbole est devenu un concept archaïque...

Et pourtant, les symboles ont survécu, non seulement dans le folklore mais dans la vie de tous les jours, dans la religion : le drapeau national, la croix, l'Agneau de Dieu,... sont des symboles, comme l'écriture, les gestes... Certaines coutumes (le muguet du premier mai, le diadème, la bague qu'on porte au doigt, la canne...) sont des supports symboliques. Les légendes et contes de fées utilisent, comme les rêves, un langage symbolique, le seul accessible à l'inconscient qui s'exprime par le biais d'archétypes, clefs qui en permettent l'interprétation.

Le symbole est donc le fil d'Ariane donnant accès à un univers insoupçonné, le guide vers le moi et ses mécanismes complexes, ses révoltes, frustations, désirs enfouis dans les profondeurs de l'inconscient dont il véhicule les messages codés, que la simple raison ne saurait expliquer.

La découverte du monde des symboles ouvre un champ de réflexion et de méditation presque illimité, touchant aux sources mêmes de l'humanité, aux millénaires de culture et d'évolution... car chacun d'eux peut être comparé à un œuf translucide dont le contenu est une source quasi inépuisable de connaissance et de recherche. Elle permet à celui qui veut approfondir ces images de se libérer de la matière et du temps, de transcender le sens conventionnel des choses, de passer du tangible à l'inaccessible, de s'élever vers le monde de l'esprit et de profiter de l'expérience de milliards d'hommes qui nous ont précédés.

Loin d'être une distraction stérile pour intellectuels blasés, l'interprétation des symboles est une voie d'approche individuelle des problèmes de la vie, de l'homme et de l'univers, macro- et microcosme se rejoignant à travers des images, des signes éternels et universels.

Les symboles sont perçus « intuitivement ». Pour vous familiariser avec ce langage qui, au début, pourrait vous paraître abstrait, il faut :
— ignorer le sens qui vous est familier,
— faire abstraction de vos connaissances intellectuelles, oublier votre conception « moderne » des choses.

Les symboles comportent généralement plusieurs significations,

psychologique, morale, religieuse... Pour les interpréter indivi-
duellement, évitez de vous égarer dans le labyrinthe des détails
qui se greffent sur chaque signification, mais rapprochez-les de
leur contexte. Et surtout soyez *disponible*, perméable aux associations qu'ils vous suggèrent.

# A

## ABEILLE
*l'activité, la vigilance, l'organisation*

L'abeille apparaît dans toutes les traditions culturelles comme attribut de divinités (Jupiter, Déméter), représentation de prêtresses, comme symbole associé à Rê, dont l'hiéroglyphe est une abeille qui, par ses six pattes, évoque la roue solaire.

• Elle est surtout le symbole de l'**âme** : résidence du principe vital dans les légendes indiennes, incarnation de l'âme qui a quitté le corps en Sibérie et en Amérique du Sud. Sur les tombeaux, elle figure la résurrection.

• Parce qu'elle fournit le miel, aliment parfumé et pur d'où l'on tire l'hydromel, boisson des dieux, l'abeille figure le travail sacré d'affinement et de distillation. Ce qui évoque le processus d'**initiation**, analogie renforcée par sa réapparition dans la ruche après l'hivernage (*la résurrection initiatique*) (30-49).

• Dans l'art et les traditions égyptiennes, elle représente l'**inspiration sacrée**.

• Dans la tradition chrétienne, elle est l'**emblème du Christ**, de sa miséricorde (par analogie avec la douceur de son miel), de sa justice (par son dard), des vertus chrétiennes (par le comportement exemplaire des ouvrières à l'égard de leur reine).

• Symbole de l'**organisation**, de l'activité et de la vigilance, elle fut l'emblème des rois chaldéens et égyptiens, du roi ou de l'empe-

reur (Napoléon), maître de l'ordre et de la prospérité, héros civilisateur qui, par sa sagesse et son glaive, assure l'harmonie et
la prospérité.
● Chez les Soudanais de la boucle du Niger, dans les fables, elle
symbolise l'homme et son organisation sociale.
● *Goutte de lumière tombée du soleil à l'aurore* (30-49), elle représente en Grèce, l'éloquence, la poésie, l'**intelligence** (les abeilles
se seraient posées sur les lèvres de Pindare et de Platon) et, dans
l'Irlande ancienne, la perfection.
● En Chine, l'abeille (*mi-feng*) passe pour le symbole du **zèle** et
de l'économie.

*L'abeille, emblème des rois. Représentation d'un pendentif pro-
venant d'une nécropole en Crète (XVIIe siècle av. J.-C.)*

● *La ruche* symbolise la famille ou un groupe organisé, la ville,
etc.
● Le *miel* qui sert à la préparation de l'hydromel, nourriture
d'immortalité, représentait l'initiation, la sagesse, l'immortalité
de l'âme.

◆ Symbole positif dans les rêves, la diligente abeille est une
figure dynamique du courage, de la prospérité, mais aussi de
l'ardeur belliqueuse.

# ABÎME
*source de sagesse enfouie dans les profondeurs de l'esprit ou de l'inconscient, accessible par le biais de l'intuition*

Considéré dans toutes les cosmogonies comme la genèse et le terme de l'évolution universelle, l'abîme est souvent conçu comme les monstres mythologiques qui avalent les êtres et les recrachent renouvelés, transformés.

• En grec et en latin, il désigne le monde des profondeurs ou des hauteurs indéfinies et globalement, symbolise les états informels de l'existence qui permettent la transformation, l'**évolution**, par opposition à l'état de solidité, de fixité. Au moins quatre fois dans son existence l'homme doit affronter l'abîme, c'est-à-dire reconsidérer ses convictions, se remettre en question afin d'accéder à la maturité (les quatre âges de la vie).

• Les profondeurs abyssales évoquent le pays des morts et le culte de la Mère Chtonienne, d'où découle l'interprétation de Jung associant le symbolisme de l'abîme à l'archétype maternel, à l'image de la **mère** à la fois aimante et cruelle.

♦ Les profondeurs insondables de l'abîme représentent l'indétermination de l'enfance comme l'indifférenciation de la fin. Cependant, le rêve d'abîme est positif : c'est une invitation à descendre au fond de soi, à explorer les profondeurs les plus intimes de sa personnalité, c'est-à-dire l'**inconscient**, où se trouve une immense source de vie et de vitalité.

# ACACIA
*l'initiation et la connaissance des choses cachées*

Le symbolisme de l'acacia se rapporte à celui de l'*épine* ou *aubépine*.

• L'acacia est un symbole de **régénération spirituelle** dans l'Egypte antique ; sur les monuments égyptiens figure un sarcophage d'où sortait un acacia et la devise : *Osiris s'élance*, signifiant « la vie sort de la mort » ou la **renaissance**. C'est cet aspect que représente l'acacia dans la Maçonnerie.

• Le *bois* d'acacia servait à fabriquer l'*arani*, machine à produire le feu des prêtres védiques, élément sacré, de nature solaire et divine. L'acacia-arbre, symbole de l'immortalité dans la nature, devint celui de la **vitalité** (3-66).

Dans son aspect solaire et triomphant, on lui attribue une valeur religieuse; en Inde, la louche sacrificielle attribuée à Brahma est en bois d'acacia. L'arche d'alliance est en bois d'acacia plaqué d'or.

## ACROBATE
*la situation critique*

Image apparaissant fréquemment dans les rêves, l'acrobate qui défie les lois de la pesanteur symbolise le **renversement de l'ordre établi**, l'affranchissement des conditions communes, des conventions sociales, révélant une situation critique, dont la solution se trouve dans le mouvement, l'action.

• Symbole de l'extase corporelle, de l'envol vers une condition surhumaine, l'acrobatie représente la recherche d'**identification à la divinité**, comme dans les danses sacrées en Inde, à Java et à Bali. Se rapproche du Pendu (arcane XII du jeu de Tarots).

## ADAM
*les origines humaines, l'intégration de la sagesse traditionnelle*

Premier homme et image de Dieu, Adam symbolise l'apparition de l'esprit dans la matière avec la conscience, la raison, l'autonomie, l'intelligence. Toutes les traditions parlent d'un premier homme, ancêtre mythique. Dans la Perse ancienne, c'est Gayomart, qui émettait des rayons lumineux. A sa mort, tous les métaux jaillirent de son corps et son âme se transforma en or. De son sperme arrosant la terre, naquit le premier couple sous la forme de buissons de rhubarbe. Dans la Chine ancienne, c'est Pan-Ku, représenté recouvert de feuilles. Les Irlandais se reconnaissent un ancêtre par race ayant envahi leur pays.

• Chaque grande époque historique possède un homme primordial, un Adam. Les gnostiques ont rapidement identifié ce premier homme avec une **image psychique** intérieure : parcelle immortelle en chaque être humain pour les Hindous, la Purusha des mythes symboliques de l'Inde ancienne, à la fois vivante au fond du cœur de l'homme et remplissant le Cosmos.

• Dans la tradition kabbalistique, Adam représentait la **synthèse de l'humanité**, renfermant l'âme de tous les hommes à venir, l'unité totale de la vie humaine, en dehors de la vie individuelle. Pour le créer, Dieu rassembla de la terre (adamah) rouge, noire, blanche et jaune provenant des quatre coins du monde (points cardinaux). Ainsi, son âme était, comme la mèche d'une lampe, composée d'un nombre infini de fils.

• Dans la doctrine chrétienne, le premier Adam a commis la **faute originelle** en voulant égaler Dieu, symbole de la perversion de l'esprit, du refus de soumission, ce qui lui vaut une sanction foudroyante, c'est-à-dire la mort. Alors apparaît un second Adam : Jésus-Christ, premier homme par la grâce, la perfection, l'incarnation du Verbe, l'homme-Dieu, qui n'est plus une image mais une réalité, capable de conférer la grâce, la vie éternelle, dont son prédécesseur avait privé l'humanité.

Ce nouvel Adam symbolise, selon Jung, l'avènement d'une nouvelle humanité, sur les cendres de l'ancienne. Il représente la certitude de la **résurrection**.

◆ Au point de vue psychologique, cet homme cosmique est la source des énergies psychiques s'identifiant au « vieil homme », produit d'expériences douloureuses, et dans les rêves, il se présente sous l'aspect d'un religieux, d'un patriarche, d'un philosophe, d'un pape signifiant vieux sage, rattaché à l'archétype du père, de l'ancêtre.

L'apparition de ce sage indique la nécessité de **progresser**, de réaliser sa personnalité en intégrant ses potentialités dans une unité dynamique et synthétique.

# AGES ou PÉRIODES
*la division du temps*

---

Les Anciens divisaient le monde en 4 périodes : a) l'*âge d'or* sous le règne de Saturne, ère de bonheur, d'innocence, d'abondance sans la nécessité de travailler ; b) l'*âge d'argent* régi par Jupiter ; c) l'*âge d'airain* ou de bronze dominé par l'injustice, la rapine, les guerres ; d) l'*âge de fer* correspondant à la méchanceté humaine, à l'avarice, à la sécheresse.

Ces périodes correspondent aux 4 étapes du processus de régénération de l'**alchimie**, au noir de l'inconscient, au blanc de l'air (apparition de l'Anima dans l'inconscient), au rouge de l'énergie du feu, et à l'or de la transformation.

• Chez les Etrusques, les devins ou *aruspices*, divisaient en périodes la **durée de la vie** du monde, de la société et de l'homme. La vie humaine comporte 12 périodes de 7 ans (résultant de la division par 4 du mois lunaire), la 7e année étant à chaque fois une époque critique. Pendant les 10 premières périodes, les rites expiatoires peuvent retarder l'action de la fatalité ; mais dans la vieillesse, l'intervention des dieux ne peut plus détourner le destin, *la somme des événements prédestinés étant immuable pour l'ensemble des 12 périodes* (98-345).

Ces périodes correspondent aux modifications subies par l'organisme et le psychisme, marquant l'accroissement, l'état ou le déclin de la vitalité : l'enfance (jusqu'à environ 7 ans) ; l'adolescence (jusqu'à +/- 18 ans) ; l'âge adulte (jusqu'à la quarantaine, la maturité) ; l'âge du retour (jusqu'à la soixantaine) et la vieillesse. La transition entre ces âges nécessite une adaptation.

• La durée de vie de la cité, de l'Etat se divise en périodes d'un *siècle* dont la durée est déterminée par celle de certaines vies humaines (pour les Druides, un siècle équivalait à 30 ans, durée moyenne de la vie humaine).

# AGNEAU
*le sacrifice*

---

L'agneau représente le principe solaire viril, lumineux, positif, en pleine force et son symbolisme rejoint celui des saisons.

• Une légende libyenne le fait naître *noir* au solstice d'hiver et blanchir en grandissant, jusqu'à devenir d'une blancheur immaculée à l'équinoxe de printemps, lorsque les nuits sont égales aux jours. On le nomme alors *l'agneau pur*.

• A Utique, près de Carthage, il fut adoré sous le nom de *Kar*, symbole de la lumière par opposition au chevreau *This*, symbole de l'obscurité, du principe féminin, obscur, passif, ou de la période décroissante de l'année située entre le solstice d'été et le solstice d'hiver.

• Ces deux principes (**lumière-obscurité**) se partageaient également le cercle de l'année d'un solstice à l'autre, du 25 décembre, jour de naissance du dieu solaire, au 24 juin, jour du solstice d'été, puis du 25 juin au 24 décembre.

Au cours de leurs règnes respectifs ils rencontraient un équinoxe, ce qui donnait lieu à des **rites de fertilité**. La fête équinoxiale de l'*agneau* est celle de *Pâques*. Celle du *chevreau* devenu bouc, la *fête des moissons* (121-35).

Plus tard, dans les traditions juive, musulmane et chrétienne, l'agneau de lait devint la **victime sacrificielle** de la Pâque, du Ramadan (que l'on retrouve en Inde védique avec Agni, dieu du feu). Symbole qui fut adopté par la tradition chrétienne où l'agneau représente le Messie, le Verbe ou la parole de Dieu : *Voici l'agneau de Dieu qui ôte le péché du monde* (Jean, I.30) s'écrie le précurseur en voyant venir Jésus vers lui (9-145).

# AIGLE
*la lumière, la conquête, l'instinct de puissance, la conscience*

---

En raison de sa vue perçante, l'aigle est l'équivalent de l'*Œil qui voit tout*, symbole du dieu vigilant, de la Providence, second personnage de la triade solaire, l'oiseau solaire par excellence dans toutes les civilisations.

Il est partout l'*oiseau de feu*, le messager entre le soleil et la terre, entre les dieux et les hommes, le compagnon ou l'incarnation des plus grandes divinités (Vichnou, Zeus-Jupiter dont il porte les foudres entre les serres...) ou des plus grands héros (Horus, le dieu-soleil des Egyptiens à tête d'aigle, saint Jean l'Evangéliste qui osait regarder le ciel en face).

- Ses *ailes* portant le disque solaire symbolisent la **résurrection** en Chaldée, en Syrie, en Egypte et au Yucatan.
- En Syrie et à Rome l'aigle *remontant* devient **psychopompe**, le messager de la résurrection, illustrant la descente d'une parcelle de la conscience divine dans l'individu et son retour à Dieu : un aigle s'échappa du sommet du bûcher pyramidal où l'on devait incinérer l'effigie de César, *afin d'emporter dans son vol vers la demeure des dieux l'âme du nouveau divinisé*. Ce qui explique les aigles sculptés sur les monuments funéraires avec la couronne, promesses de la vie éternelle après l'épreuve de la vie. Cet aigle psychopompe est le Christ qui élève les âmes et les conduit vers le ciel (3-62).
- L'aigle *descendant* est **porteur de lumière** (ou étymologiquement Lucifer) sur la terre.
- L'aigle a joué un rôle important dans les mythologies japonaise, asiatique et amérindienne : les indiens Zunis le placent avec le soleil au Zénith, 5e point cardinal, sur l'axe du monde. Ses ailes déployées évoquent les lignes brisées de l'éclair et les branches de la croix.
- Dans le Baghavad Gîtâ, il est le Verbe divin.
- La tradition occidentale l'investit du pouvoir de **rajeunissement** : il s'expose au soleil jusqu'à ce que son plumage soit brillant, puis se plonge dans de l'eau pure et retrouve sa jeunesse, image de l'initiation et de l'alchimie impliquant le passage par le feu et l'eau.
- L'ésotérisme alchimique représentait la **dématérialisation**, l'envol de l'âme, l'affranchissement de la pesanteur par un aigle dévorant un lion.
- En raison de sa dimension importante et de sa puissance, l'aigle fut choisi comme **emblème** par des nations puissantes (Rome, empires français, autrichien, allemand...).

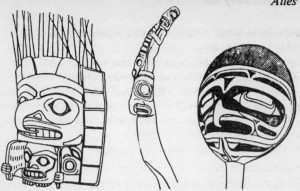

*L'aigle, oiseau solaire par excellence dans toutes les civilisations.*
  *A gauche, une coiffure; au centre, une cuillère en corne sculptée; à droite, un hochet.*
*(Indiens d'Amérique du Nord) (142)*

◆ Dans les rêves, il symbolise des pensées élevées, mais aussi, selon le contexte, la **volonté de puissance**, l'**orgueil dévorant** pouvant arracher l'homme à ses occupations journalières, détruire les valeurs réelles de sa personnalité.

## AILES
*la libération, l'allègement, l'accession à la spiritualité*

• Dans l'ancienne théologie grecque, les ailes sont attribuées à Dieu comme emblème de sa **douceur** et de l'**incubation**. *Par la douceur, il pénètre le monde et par l'incubation, il fait éclore l'œuf du chaos* (83- 19).
• Symboles de la **spiritualité**, dans toutes les traditions, elles doivent se conquérir au prix d'une éducation initiatique difficile et périlleuse. En témoignent les contes allégoriques, les récits des mystiques chrétiens ou soufis, des chamans, et les ailes dont sont munis les *Immortels* taoïstes de la Chine ancienne qui, grâce à un régime particulier, obtenaient le pouvoir de chevaucher les nuages et de parvenir aux *îles paradisiaques*, séjour des dieux.

• Les ailes représentent aussi la **faculté de compréhension**, la **connaissance** et, dans la Bible, comme dans la tradition chrétienne, la **spiritualité**, l'esprit (les anges, sont représentés avec des ailes), l'élévation vers le sublime, le dépassement de la condition humaine.

Ceci explique l'adjonction d'ailes à certaines figures symboliques : le serpent (image de la perversion spirituelle) ailé devient un symbole de spiritualisation, de divinité... Le héros qui tue les monstres féroces en porte.

• Elles sont naturellement associées au symbolisme de l'air, élément subtil par excellence et de l'oiseau qui l'habite.

♦ Dans les rêves, les ailes symbolisent la **libération** des forces créatrices.

# AIR
*la spiritualisation*

L'un des quatre éléments, intermédiaire entre le ciel et la terre, le feu et l'eau, l'air est le lieu de manifestation du souffle divin, un symbole de spiritualisation.

• *Véhicule spirituel*, dans la mythologie hindoue, il est représenté par Vâyu, dieu du domaine subtil, du vent qui chevauche une gazelle, dont l'étendard flotte aux 8 vents cosmiques, en rapport avec les 8 directions de l'espace.

Associé au Prâna, énergie dynamique sous-tendant les activités vitales et nerveuses qui supportent les énergies mentales de l'homme, Vâyu régit les plans vitaux reliant l'être physique à l'être purement mental et s'identifie au Verbe, lui-même souffle.

• Dans la Genèse, l'air est une *émanation du souffle de l'esprit qui se meut sur les eaux primordiales pour les séparer et créer le monde* (30).

# ALCHIMIE
*la voie de la perfection*

Au sens profane, l'alchimic consistait en un ensemble de procédés chimiques permettant d'obtenir la transmutation des métaux en or. Ce fut également un système scientifique et philosophique, visant à découvrir les lois cachées régissant l'univers.

Au sens spirituel, c'est l'art de la culture intellectuelle et morale de l'homme.

• L'or potable que l'on cherchait à produire symboliquement, c'était la **perfection humaine** (Oswald Wirth).

Et cette alchimie spirituelle se sert de supports symboliques tels que le *soufre*, élément mâle, énergie expansive provenant du centre de l'individu et le *mercure*, élément femelle, énergie venant de l'extérieur, qui pénètre toute chose. Ces forces antagonistes s'équilibrent dans le *sel*, principe de cristallisation figurant la partie stable de l'être.

• L'alchimiste se livrait à six opérations consécutives : la *calcination*, étape correspondant à la couleur noire, à l'**extinction des désirs** ; la *putréfaction* qui **sépare** les éléments calcinés ; la *solution* correspondant à la couleur blanche symbolisant le sage qui **résiste aux tentations** ; la *distillation* ; la *conjonction* correspondant à la couleur rouge, à l'**union des opposés** et la *sublimation* correspondant à l'or, symbole de **perfection**.

• L'alchimiste, c'est le sage qui, *prenant conscience de sa dimension symbolique, entre dans le «laboratoire» d'une nature qui devient l'oratoire de sa pensée. Il se situe au centre du monde, ou plus exactement au centre d'un monde, d'un monde en formation qu'il doit rendre cohérent. Il découvre alors le cosmos, c'est-à-dire une harmonie où les voix célestes se font entendre... l'univers, la parole divine dans son infinité de mondes et de cosmos* (80-81).

♦ Les opérations alchimiques se confondent avec le processus d'**individuation**, la recherche du *Soi*, cœur de la personnalité, identique à l'*athanor*, creuset de l'alchimiste. Quête qui débute par le *noir absolu* de l'inconscience, se poursuit par la séparation des composantes de la psyché et leur analyse en profondeur, jusqu'à ce que les réelles valeurs de l'existence soient assimilées au conscient et utilisées dans la vie courantc.

• L'art de longue vie et d'immortalité des taoïstes était basé sur une **alchimie interne** destinée à «*fondre la forme*», *refaire le corps, l'affiner par un travail alchimique*. Elle englobe les techniques respiratoires, gymnastiques et diététiques. Ce *cinabre intérieur* visant à obtenir l'élixir d'or et le cinabre transmuté (63), prenait le *Yin-Yang* pour modèle et se conformait aux enseignements des nombres. A travers un langage symbolique, fut organisé un système logique s'appuyant sur *l'idée fondamentale du dynamisme des correspondances transcendantes entre l'homme, le Ciel et la Terre*, de *l'équilibre du Yin et du Yang dans l'organisme humain, l'homme étant considéré comme la réplique exacte du macro-cosme* (65).

Le but recherché était d'agir sur les principes primordiaux: l'*essence, le souffle et les esprits vitaux*, par la concentration et la contemplation intérieure et par la pratique de la *respiration embryonnaire*, sorte de régression *à l'état de l'enfançon dans le sein de sa mère.*

On allait chercher le souffle *dans la Mer du Souffle, près du champ de cinabre inférieur... et on le faisait monter au cerveau, puis circuler à travers tout le corps, en s'efforçant de retenir la respiration normale qui devait être amenuisée au maximum* (64-173).

## ALCOOL
*la libération de l'inconscient,*
*l'inspiration créatrice*

Synthèse de deux éléments opposés, l'eau et le feu, l'alcool symbolise l'énergie vitale, le «feu de la vie» et, pour les Soufis, le feu et l'amour.

Au niveau individuel, il a pour effet de lever les interdits et les tabous, **libérer** les forces vitales et l'imagination. (Voir *Dionysos*).

## ALCYON
*la paix, la tranquillité*
*l'aveuglement dans le bonheur*

---

Dédié à Thétis, l'une des Néréides, cet oiseau fabuleux est associé à l'eau et à l'air et symbolise la fécondité spirituelle et matérielle, cependant menacée par les éléments et la jalousie des dieux. Il avertit du danger d'autosatisfaction, alors que le bonheur ne peut venir que du ciel.

## ALOUETTE
*l'allégresse*

---

Attribut de Cérès, oiseau sacré des Gaulois, l'alouette est, dans les croyances populaires françaises, un oiseau de bon augure. En raison de sa façon de s'élever très haut et de se laisser tomber brusquement, elle représente l'union du terrestre et du céleste. Son envol matinal évoque l'ardeur juvénile, l'élan de l'homme vers la joie.
• Les théologiens considèrent son *chant* comme une prière joyeuse devant le trône de Dieu.

## ALPHA et OMEGA
*la totalité*

---

Début et fin de l'alphabet grec, ces deux lettres sont censées contenir la clef de l'univers et symbolisent le début et la fin de tout ce qui existe. Juxtaposées, elles représentent le cycle du temps où la fin rejoint le commencement (voir *Serpent, Ouroboros*).

## AMANDE—AMANDIER
*la réalité derrière les apparences*

Ce fruit, caché dans son enveloppe, symbolise l'essentiel dissimulé par l'accessoire, le Christ dont la nature divine est cachée par sa nature humaine, le **secret** dans l'ombre, à découvrir afin de s'en nourrir.

• Dans la langue ésotérique du Moyen Age, l'amande mystique désignait la virginité de Marie (d'où l'auréole en ellipse entourant son effigie dans l'imagerie). Le corps des saints est aussi enveloppé dans une amande, divisée par trois lignes exprimant la Trinité, à laquelle ils s'unissent par la vision béatifique.

• En Inde, l'amande est la vulve, la *yoni*, et la manger c'est accomplir l'acte sexuel.

• Dans les Upanishad, elle est considérée comme le *symbole des eaux cosmiques et de l'agitation tournoyante des infinies possibilités de l'existentialité.*

◆ Le rêve où figurent des amandes peut évoquer un problème difficile au contenu précieux, se rapportant souvent à la sexualité.

• Arbre de la **Sagesse**, selon la Genèse, l'**amandier** qui fleurit au printemps, signifie le renouveau, mais aussi la fragilité, car ses fleurs sont sensibles aux frimas.

• Dans la mythologie, il est l'attribut d'Attis, conçu par une vierge à partir d'une amande.

• Pour les Hébreux, il est le symbole d'une vie nouvelle et selon une tradition juive, on pénètre par la base d'un amandier dans la ville souterraine de Luz, séjour d'immortalité, qui est aussi le nom de la ville où Jacob eut la vision qu'il appela la Maison de Dieu (Belth-el). Voir *Noix*.

# AMBRE
*le lien spirituel*

---

L'ambre jaune (en grec: *electron*, d'où électricité) qui possède la propriété de s'électriser par frottement, sert à fabriquer des chapelets et amulettes, véritables condensateurs de courant, qui, en se chargeant d'électricité, déchargent ceux qui les égrènent ou les touchent.

• Il évoque un **fil psychique** reliant l'énergie individuelle à l'énergie cosmique et symbolise l'attraction solaire, spirituelle et divine.

• L'imagerie chrétienne attribue aux saints un visage d'ambre, reflet de la lumière céleste qui les habite.

# ÂME
*le centre énergétique,*
*la manifestation de la réalité invisible dans l'homme*

---

Selon les croyances primitives, tout corps vivant est composé d'une matière visible et d'un esprit invisible, l'âme.

• Le *Livre des Morts* des Egyptiens distingue plusieurs composantes de l'entité humaine :

*L'âme, représentée par deux bras levés (KA) ou par un ibis (BA) (124)*

— Le *KA*, principe spirituel immortel, socle de la vie posthume, son *double éthérique* (à préserver afin de maintenir la cohésion des membres du défunt et d'assurer son entité, d'où découle la pratique de l'embaumement). Représenté par un ibis à aigrette ou par deux bras levés.

— Le *KHAIBIT* ou Ombre (instincts élémentaires, passions animales, vices...) se manifestant sous la forme d'un fantôme (l'écorce des kabbalistes).

— Le *BA*, principe affectif jumelé avec son cœur (*IB*), figuré par un oiseau à tête humaine, capable de juger, raisonner, décider, représenté par un oiseau à tête humaine.

• Les Chinois distinguent deux âmes : *po* qui anime l'homme et demeure longtemps auprès de la tombe après la mort et *hun* qui détermine la personnalité (7-22).

• Les indiens Naskapi du Canada la représentent par une petite flamme sortant de la bouche.

• Saint Paul distingue, en l'homme, l'**âme** (*psyché*) qui anime le corps (*soma*) et l'**esprit** (*pneuma*) immortel, ouvert à l'influence de l'Esprit-Saint, qui doit rayonner par la psyché sur l'homme intégral tel qu'il doit vivre et tel qu'il sera reconstitué après la résurrection.

• Les trois niveaux de l'âme humaine, distingués par la pensée scolastique sont : l'âme *végétative* qui régit les fonctions élémentaires (nutrition, reproduction) ; l'âme *sensitive* qui gouverne les organes des sens ; l'âme *raisonnable*, responsable des fonctions intellectuelles et affectives, qui différencie l'homme de l'animal.

• Souffle vital, principe de vie invisible dont nous ne voyons que les manifestations, l'âme se rapproche du symbolisme de l'air, du souffle. C'est le principe masculin ou **animus**, siège des désirs et des passions, féminin ou **anima**, principe de l'aspiration et de l'expiration de l'air.

♦ Au point de vue analytique, selon Jung, l'âme *désigne un rapport avec l'inconscient... une personnification des contenus inconscients... appartenant au sujet mais aussi au monde des esprits, l'inconscient.*

Pour lui, l'*anima* est la composante féminine de la psyché masculine et l'*animus* la composante masculine de la psyché de la femme.

L'anima comporte quatre stades de développement : le premier, symbolisé par Eve, figure le niveau instinctif, biologique ; le second stade se place sur un plan esthétique et romantique conservant des éléments sexuels ; dans le troisième, l'amour est porté à un niveau élevé de spiritualité et de dévotion, représenté par la Vierge Marie ; le quatrième est représenté par la Sagesse. L'âme humaine doit parcourir ces étapes pour atteindre la spiritualisation.

## AMÉTHYSTE
*le centre intérieur — la résignation*

L'améthyste (en grec : *améthustos*, qui n'est pas ivre), symbole de tempérance, est portée par les évêques qui doivent se garder de toute ivresse, même spirituelle. Elle rejoint le symbolisme de la pierre précieuse et de la couleur violette.

## AMOUR
*la jeunesse spirituelle*

Représenté dans la plupart des cultures comme un enfant nu muni d'ailes, symbolisant l'éternelle jeunesse de l'amour profond associée à une certaine irresponsabilité. Avec ses armes : arc, carquois, torche... il chasse, aveugle ou enflamme. Sa puissance souveraine est figurée par le globe qu'il tient parfois dans ses mains.

Les supports symboliques de l'amour sont :
• *Eros,* la divinité grecque figurant, selon Paul Diel, *la sexualité aussi bien sous sa forme banalisée que sublimée*, dont le pouvoir s'étend à tout ce qui est et qui engage les êtres et les choses à s'unir et à créer la vie. Eros personnifie donc le **désir amoureux**.

L'union des contraires, féminin et masculin, n'est durable que si ce lien est solide, c'est-à-dire s'il dépasse la sexualité et intègre la sensibilité et la spiritualité.

Ce processus est symbolisé par le mythe, bien expliqué par Paul Diel, de Psyché (âme) séduite par Eros (sexualité), sous son aspect pervers (représenté par un monstre). Celui-ci l'enferme dans un palais (prisonnière de la luxure), ne la visite que la nuit afin qu'elle ne voie pas sa laideur (refoulement, les interdits, le tabou). Une nuit, Psyché enfreint l'interdit, contemple son amant à la lueur de la lampe (éveil de la conscience, de la clairvoyance). Se voyant découvert, Eros s'enfuit (culpabilité) chez sa mère, Aphrodite (régression). Folle de douleur, Psyché erre à sa recherche avant de faire appel à Vénus qui lui confie des travaux extrêmement durs (initiation, purification) jusqu'à ce qu'Eros s'échappe du palais maternel et réapparaisse sous sa forme réelle (vision vraie de l'amour, la conscience, la sublimation de l'instinct). Zeus (l'esprit) leur accorde l'autorisation de s'unir (union spirituelle).

• A Eros, désir de jouissance, s'opposent d'une part *Pothos*, **l'amour idéalisé** associé au mythe du héros en quête de l'inaccessible (Prométhée, Ulysse, Jason), personnifiant la jeunesse éternelle dans les mystères de Samothrace, et d'autre part *Thanatos*, messager de la mort demeurant dans les Enfers (l'inconscient). Entre ces extrêmes s'écoule la vie de l'homme.


## AMOUREUX(L')
*la tentation, le doute, la délibération*

Le VIe arcane majeur du **Tarot** symbolise l'incertitude qui caractérise l'adolescence. Il présente un jeune homme hésitant entre la Vertu vêtue de rouge et de bleu (action énergique et spiritualité), symbole d'une vie de luttes, et la Mollesse dont les voiles jaunes et verts (matérialité et passivité) représentent la facilité, l'abandon aux impulsions instinctives.

Cette lame met en relief la dualité ange/démon de la personnalité, présente en tout être humain, la nécessité d'une prise de conscience menant à la connaissance de soi et la résolution des conflits.

**Interprétation divinatoire** : déterminisme, désirs. Délibérations, responsabilités. Epreuve à subir, tentation dangereuse. Libertinage, faiblesse (17-289).

# ANDROGYNE
*le mystère de la création, l'unité primordiale*

La plus ancienne représentation de l'androgynie fut le *menhir* voisinant un bloc arrondi, couple de pierres brutes figurant à la fois l'instant de la naissance du soleil nouveau ou *solstice d'hiver*, l'homme et la femme et, par extension, la **force**, le principe viril actif d'une part et la **matière**, principe féminin passif et générateur, d'autre part. Symboles qui ont survécu dans le *lingam* et le *yoni* hindous (136-77).

Par la suite, on imagina un grand nombre de figures possédant les organes des deux sexes, comme le prouvent les anciennes sculptures : dieux et déesses des *solstices* à deux têtes regardant dans des directions opposées, ou les histoires de femmes à barbe... On en vint même à *vêtir les prêtres d'habits féminins* (136-80). Toutes ces représentations symbolisent *la matière organisée, aux temps primordiaux, au moment où, délivrée du chaos, elle n'était pas encore pénétrée de l'essence éthérée du Créateur*, donc pas encore différenciée (83-38).

• L'androgyne est le symbole du **mystère de la création**, l'illustration anthropomorphique de l'œuf cosmique, origine de la vie dans l'univers, qui ouvre le cycle cosmogonique : *An (le Ciel) et Enlil* (la Terre) des Sumériens ; *Izanagi* et *Izanami* des Japonais confondus dans l'œuf cosmique ; en Egypte, *Ptah* ; en Chine, *Fou-hi* et *Niou-ka* unis par leurs queues de serpent ; *Shiva* en Inde, enlaçant étroitement *Shakti*, sa propre énergie conçue comme une femme, pour ne former qu'un, identification du principe informel de la manifestation ; l'*Hermaphrodite* grec ; *Eros*, le dieu de l'amour ; le *Verbe fait chair*, présenté par la Kabbale et les écrits des gnostiques chrétiens du IIe siècle comme un être androgyne (66-127) ; Adam créé à l'image de Dieu, donc bissexué, qui devient Adam et Eve. *Ce passage de l'élément féminin en une forme différente symbolise le commencement de la chute de l'état de perfection dans la dualité* (66-127).

De cette androgynie primordiale il découle que la femme est le complément de l'homme (le mariage ne serait, selon Platon, qu'une tentative de reconstituer cette unité androgynique à jamais perdue). Elle est aussi son devenir, car elle assure la continuité de sa lignée.

• L'androgynie figure aussi la **dualité fondamentale** répandue dans toute la nature, exprimée par le *Taï-ki* de la philosophie chinoise.

Dualité et *totalité*, elle représente l'alpha et l'oméga, le début et la fin des temps, la naissance et la mort qui produit l'unité originelle, l'homme réintégrant alors une plénitude impliquant l'abolition de la séparation des sexes.

Ces croyances anciennes, qui rejoignent les découvertes de la biologie sur la bipolarisation de l'être humain, expliquent les rites de circoncision et d'excision, visant à établir le sexe de façon définitive (chez la femme, le clitoris étant considéré comme la survivance du pénis et chez l'homme, le prépuce, une survivance féminine).

• En dehors des divinités, le dogme de l'androgynie trouva un large champ d'application : le *bronze*, composé de cuivre (élément féminin) et d'étain (élément mâle) était regardé comme un androgyne et utilisé dans la **magie** purificatrice : dans la Rome antique, on ne pouvait couper la chevelure du grand-prêtre de Jupiter qu'avec un couteau de bronze, les prêtres romains n'utilisaient que des rasoirs de bronze, c'est avec une charrue de bronze que les Etrusques traçaient les limites de toute nouvelle cité (136-81).

# ÂNE
*la pauvreté, la patience, la résignation*

L'âne joue un rôle bénéfique dans de nombreux textes religieux d'Asie, du Proche-Orient et d'Occident où il est associé à des personnages sacrés : l'âne blanc aux Immortels en Chine, l'ânesse à Jésus entrant à Jérusalem...

• En Egypte, il est l'incarnation de Seth, le dieu du mal, mais aussi de la **puissance vitale**.

• Dans la crèche, il illustre les conditions d'**humilité** et de **dépouillement** qui ont accompagné la naissance du Christ.

• Dans les contes de fées, il est réputé pour sa **patience**, son **calme** et sa **sobriété**.

• Les *Bestiaires* du Moyen Age l'associent au passage du temps et à la **connaissance**, car l'*âne sauvage* (onagre) *au 25e jour de mars, brait douze fois la nuit et autant de fois le jour.. car les ânes sauvages sont capables d'indiquer le chiffre des heures par leurs braiments.* L'humble âne d'or d'Apulée est admis à l'initiation après avoir acquis la connaissance transmise par le parfum de la rose mystique offerte par un prêtre d'Isis.

• Nietzsche fait de l'âne le symbole de la **sagesse** lorsqu'il l'associe à des rois qui ont préféré le renoncement aux valeurs d'apparence.

• Mais, sous son aspect nocturne, il est associé à l'**infidélité** : autrefois, on promenait sur un âne les femmes coupables d'adultère.

• L'âne *roux* symbolise le diable, le mal et le feu malfaisant dans de nombreux textes sacrés des Hébreux. En Egypte, l'*âne rouge* est l'un des plus grands dangers rencontrés par les défunts dans leur dernier voyage. En Inde, il est monté par des divinités funestes : Nairrita, gardien de la région des morts, Kâlarâtri, aspect négatif de Dévi. L'asura (démon) Dhenuka est représenté par un âne.

• Dans le mythe grec de Midas, il symbolise l'**irréflexion** et la **sottise** de celui qui accorde trop d'importance aux jouissances matérielles, aux richesses de ce monde. Midas se voit affublé d'oreilles d'âne (emblèmes de sa stupidité) par Apollon, pour avoir préféré la lyre de Marsyas, à la flûte du grand dieu.

Honteux, Midas cache ses oreilles sous un bonnet phrygien (symbole de débauche, les Phrygiens étaient réputés pour leur luxure) jusqu'au jour où son coiffeur, le secret devenant trop pesant, creuse un trou dans la terre et y crie : « Le roi Midas a des oreilles d'âne ». A cet endroit s'élèvent des roseaux (la révélation) qui, en bruissant, répètent son secret.

L'âne représente ici la primauté de la **vie instinctuelle**, de la **jouissance sexuelle** aux dépens de la spiritualité. C'est ce conflit que révèle son apparition dans les rêves.

# ANGES
*les énergies positives et négatives de l'inconscient*

Dans toutes les traditions, dans l'Ancien et le Nouveau Testament, comme dans les théories religieuses de l'Egypte, de la Perse, de l'Inde et de la Chine, on retrouve la croyance à des êtres spirituels supérieurs à la nature humaine. La création était conçue comme une échelle dont l'échelon suprême est formé par les anges, de substance incorporelle, purs esprits, alors que les hommes sont à la fois matière et esprit, corps et âme.

• Selon les enseignements de l'Eglise, les anges ont été créés dans un état de grâce et de bonheur et avec la liberté de choisir entre le bien et le mal. Certains péchèrent par orgueil et furent condamnés à un supplice éternel ; ce sont les démons qui poussent l'homme dans la voie du mal.

Chaque homme est aidé dans la voie du bien par un *ange gardien*, symbole de la conscience.

Les légions d'anges qui constituent l'armée céleste, se divisent en 3 *hiérarchies* distribuées en *3 chœurs* : a) séraphins, chérubins, trônes ; b) dominations, vertus, puissances ; c) principautés, archanges et anges.

• Symboliquement, ces puissances invisibles correspondent à l'échelle des **valeurs humaines**, de la plus haute spiritualité des mystiques à la déchéance totale de l'être livré à ses instincts les plus bas (démons) en passant par les états d'esprit quotidiens.

L'iconographie les représente avec des ailes témoignant de leur essence immatérielle et un vêtement blanc, symbole de pureté.

Au point de vue jungien, les démons représentent les *fonctions inférieures* qui agissent dans l'ombre de l'inconscient humain.

## ANIMAL
*les instincts, conscients et inconscients*
*souvent primitifs et dangereux*

Les Anciens pensaient que tous les hommes, tous les animaux et tous les végétaux étaient imprégnés d'une partie de l'essence divine qui se répand à travers l'univers. *Les caractéristiques des animaux et des plantes étaient regardées non seulement comme une représentation du pouvoir divin, mais aussi comme une émanation continuelle et véritable de sa propre essence* (83-29).

Aussi les animaux sacrés, bouc, serpent, taureau, vache, etc. étaient-ils entretenus comme **images** d'un pouvoir divin.

• Les anciens cultes des peuples chasseurs, pêcheurs ou pasteurs qui précédèrent les religions agraires, astrales ou astronomiques, se caractérisaient par des représentations animales dont les survivances se rencontrent dans les zodiaques chaldéen, chinois, mexicain et dans la religion égyptienne.

Plus tard, le christianisme fit un usage extensif de symboles animaux : représentation des Evangélistes par le bœuf (saint Luc), le lion (saint Marc), l'aigle (saint Jean), pour figurer l'aspect physique ou animal associé à leur nature spirituelle ; du Christ par l'agneau (symbole du sacrifice sur la croix) ou le poisson (symbole de la clandestinité des premiers chrétiens) ; de l'Esprit-Saint par une colombe.

• Sur les chapiteaux des églises, on voit souvent des *animaux-lianes* symbolisant les entrelacements de la nature végétative et humaine où l'on se perd facilement et la nécessité de se connaître afin de s'y retrouver.

• L'animal est le réceptacle d'une **énergie cosmique** et, au Moyen Age, au début de l'année, hommes et femmes revêtaient des peaux de cheval, de loup ou de bœuf pour se pénétrer de cette force vitale, *selon l'ancienne théorie égyptienne des « transformations »,* *par laquelle l'initié acquiert la vertu particulière de chaque être* *en lequel il se transforme* (80).

• L'art chinois et médiéval nous offre un large éventail d'animaux fabuleux : dragons ou aigles bicéphales (la dualité de la nature humaine), renards à neuf queues (les 9 régions de l'Empire du Milieu), fauves à huit têtes humaines (nombre de l'équilibre cosmique), phénix, gargouilles, chimères, licornes.

Dans les *Bestiaires* médiévaux, ces mêmes symboles des civilisations orientale, étrusque et tyrrhénienne, servent de supports symboliques à une doctrine éducative et à des préceptes moraux, illustrent les vertus chrétiennes fondamentales et expliquent les mystères de la religion. Témoignages de la survivance de l'**inconscient universel**, ces concepts archaïques ont si bien survécu à l'extinction de ces civilisations, qu'on les retrouve de nos jours dans les visions fantastiques et complexes offertes par l'art contemporain, surréaliste notamment.

• Les fabulistes (Esope, Hésiode, Florian, La Fontaine... ont également exploité le symbolisme animalier) et à travers les animaux ont exprimé une morale profitable à chacun de nous.

Dans cette symbolique l'animal dépeint généralement les **aspects**

**négatifs** de la nature humaine ou la **sublimation** des instincts (par l'adjonction d'ailes par exemple pour renverser le symbole : cheval, serpent ou dragon ailés ; le serpent tué représente l'instinct dompté, domestiqué).

◆ Archétypes figurant les caractéristiques humaines, dans les tests projectifs et dans les rêves, ces symboles mettent en lumière des aspects cachés ou ignorés de la personnalité : passions, instincts souvent refoulés dont l'influence insoupçonnée met en péril l'équilibre du rêveur ; ou ils dévoilent la « bête » qui se terre au fond de chacun de nous.

En effet, à travers l'**attirance** ou la **répulsion** que nous éprouvons envers les animaux et leur apparition sur l'écran de nos rêves, se révèlent des aspects inconscients du psychisme, des désirs refoulés, l'Ombre, l'Anima, l'Animus, la fonction inférieure dans sa forme archaïque.

Compagnons de notre vie ou animaux sauvages, les animaux reflètent les **instincts élémentaires** qui servent de motivations au comportement humain : conservation, reproduction, l'instinct grégaire, l'agressivité... Ainsi peut-on voir dans le goût des vêtements de cuir ou de fourrure un besoin de jouissance ou de luxe insatisfait, dans le port de la barbe et des cheveux longs un besoin de simplicité ou de *naturel* refoulé par les exigences de la civilisation ou les circonstances de la vie quotidienne.

Reconnaître et comprendre l'animal qui réside au fond de nous permet de le domestiquer, c'est-à-dire d'utiliser l'énergie qu'il représente et qui, refoulée dans l'inconscient, constitue une force négative capable de dominer notre existence consciente, d'empoisonner nos relations. Parce que nous projetons sur autrui ces éléments *animaux* et les images décevantes qu'ils nous suggèrent.

# ANKH
*l'éternité*

La croix ansée égyptienne a la forme d'une croix surmontée d'une boucle ; elle est tenue en main par des divinités et figure sur les tombeaux des personnages de marque. C'est un emblème de vie et d'éternité. (Voir *Nœud, Croix*).

*Ankh*

*Croix ansée. (124)*

## ANNEAU
*le double lien, la domination et la soumission*

L'anneau participe à la symbolique solaire du cercle, symbole du **pouvoir**, pouvoir suprême de la divinité solaire, pouvoir divin des pharaons, des rois, des chefs ecclésiastiques dont il concrétise la **puissance** et la **domination** spirituelle, intellectuelle ou matérielle.

• Il se rattache aux *cercles magiques*, de nature féminine et négative, capables de repousser les influences néfastes.

• Il procède également de la symbolique du *nœud serré* (anneau sans brisure) qui crée une **limitation**, élève une **barrière**, exprime un **arrêt**, un empêchement, un **assujettissement**, une **contrainte**. Il marque une immobilisation, symbolise une **servitude** acceptée (alliance limitatrice du mariage, anneau de la novice, emblème de sa soumission).

• Dans l'alliance du mariage se retrouve l'idée de l'Unité, la reconstitution du **couple primordial** d'avant la Chute, d'un monde nouveau par l'unité retrouvée. Son origine remonte au harem chinois : on passait un anneau d'argent au doigt des courtisanes (à la main gauche) lorsqu'elles approchaient la couche de l'Empereur. Elles le portaient à la main droite après avoir accompli leur fonction. L'anneau d'or était réservé à celles qui étaient enceintes au dernier mois de leur grossesse.

• Dans l'Antiquité, l'anneau, le bracelet, la bague, le collier étaient des **stabilisateurs** chargés de maintenir la cohésion entre le corps et l'âme. On les portait pour maintenir l'âme dans le corps matériel et on les ôtait pour faciliter leur dissociation, au moment de la mort ou lors d'une cérémonie mystique (ce qui expliquerait le nombre de bracelets que portaient les soldats).

• L'anneau servit de **signe de reconnaissance** aux premiers chrétiens.

• En Chine, l'anneau est le symbole du **cycle indéfini** correspondant au trigramme *li*, au feu et au soleil.

*L'anneau de jade, Pi*, qui fut le signe hiératique de la dignité royale et impériale, est composé d'un disque de jade plat avec un orifice central dont les dimensions varient tout en conservant un rapport constant entre l'anneau circulaire et le vide central (son diamètre est le double de celui de l'orifice). Le *Pi* représente le ciel et l'orifice central symbolise le foyer des influences célestes. Aux solstices, on pratiquait une offrande rituelle du *Pi* aux divinités.

Le même symbolisme est exprimé par l'écuelle du *maqueux de soupe* sculpture visible sur un chapiteau de Louviers représentant un homme tenant une écuelle percée d'un orifice central, figurant *le cercle de l'univers sans fond, insondable, mais qu'il est possible de « tenir en mains »* par la pratique du métier (80).

◆ L'anneau du *rêve* n'est pas sans rapport avec le cercle et peut mettre en lumière un désir de puissance : la domination pouvant s'exercer de manière équitable ou tyrannique.

• Le **collier** répond au même symbolisme que l'anneau : en Egypte, il était une marque de **dépendance** et de **servitude** correspondant à la symbolique du cercle fermé (le *porte-collier* était un esclave attaché à un maître) (3-175).

# ANNIVERSAIRE
*le souvenir*

Les anniversaires, célébrés dans tous les pays, toutes les religions comme dans les familles, sont en quelque sorte les symboles d'événements passés. La Pâque juive rappelle la sortie d'Egypte, la Pentecôte évoque la promulgation de la loi, le monde chrétien célèbre Noël, l'Epiphanie, l'Ascension, le jour même de l'année où fut accompli le mystère évoqué... Le premier jour de l'année rappelait aux Romains la fondation de leur cité. Pour les mahométans, c'est l'évocation du jour où Mahomet s'enfuit de la Mecque.

En Chine, on célèbre l'anniversaire du Bouddha, de la déesse de la Mer, Tin Hau, durant le 3e mois lunaire ; les taoïstes ont leur festival le 15e jour du 7e mois lunaire.

• Au niveau individuel, les anniversaires symbolisent les phases importantes du cycle de l'existence, marquent la durée du mariage : 1 an de mariage = noces de papier ; 5 ans = de bois ; 10 ans = de fer ; 25 ans = d'argent ; 50 ans = d'or ; 60 ans = de diamant.

# ANTIMOINE
*le petit roi*

Métal qui s'allie facilement à l'or vulgaire qu'il purifie, l'antimoine fut appelé *régule* (petit roi).

• Pour les hermétistes, il était l'Eau permanente, l'Eau céleste avec laquelle ils lavaient l'or philosophique de toute souillure, opération correspondant à l'avant-dernière étape du processus de recherche de l'or de l'alchimie.

♦ Au point de vue analytique, il symbolise un état proche de **l'étape finale** de l'évolution, de l'individuation. Le plus difficile reste à faire : la transformation du plomb en or, le dégagement de l'*opacité de la matière*. Il exprime donc la possibilité d'un élan suprême ou d'un échec définitif. Il est associé au symbolisme du gris.

## APOCALYPSE
*le destin du monde*

Les apocalypses sont des écrits juifs ou chrétiens contenant des révélations sur les destinées de l'humanité, la fin du monde et l'avènement d'une ère de justice. Ces ouvrages sont basés sur des données symboliques : chiffres, couleurs, pierres précieuses, personnages (Michel, les anges, la femme, le nouveau-né, la prostituée,...), animaux (dragon, lion, bœuf, aigle, la Bête,...), objets, etc. L'apocalypse est devenue le symbole de la fin du monde, avec des catastrophes de toutes sortes : inondations, tremblements de terre, etc.

## ARA
*le feu solaire*

Ce perroquet au bec puissant, à la longue queue rouge, au plumage de teintes vives et tranchées était, chez les Mayas, le symbole du *feu* et de l'*énergie solaire*. Les peuplades d'Amérique centrale utilisent sa plume comme élément décoratif et rituel.

## ARABESQUE
*le mandala musulman*

L'arabesque constitue l'élément de base de l'art musulman qui est un art religieux utilisant une combinaison de lignes et de couleurs, les principes du Coran interdisant la représentation des êtres animés et de l'homme.

• Répétition infinie du même thème, sur un rythme régulier, l'arabesque sert de support à la **méditation**, à la contemplation et permet d'échapper au conditionnement temporel. Elle évoque le labyrinthe dont on atteint le centre après un parcours compliqué, image de l'individuation visant à atteindre le centre de la personnalité.

# ARAIGNÉE
*l'angoisse, le cafard*

Un aspect du symbolisme de l'araignée est rattaché au mythe grec d'Arachné qui, pour avoir osé défier Athéna, fille de Zeus, fileuse accréditée de l'Olympe, fut transformée par la déesse en araignée condamnée à se balancer éternellement au bout de son fil. Nous y voyons le danger de l'ambition démesurée.

• L'araignée qui produit son fil, tisse la trame de sa toile et, une fois l'œuvre terminée, coupe son fil ; n'est-ce pas l'image de la destinée humaine, figurée par les Parques de l'ancienne religion romaine ? D'où le pouvoir de création qui lui est attribué, la toile, réseau compliqué à l'infini, symbolisant le **cosmos** et les motifs mystérieux de l'existence.

• Certaines légendes d'Afrique Occidentale lui attribuent la création du soleil. Vocation cosmique qui est à l'origine de la fonction divinatrice qui lui est prêtée dans diverses parties du monde.

• Dans les contes des Agni (Côte d'Ivoire), l'araignée représente l'*homme instable des conquêtes éphémères et des conquêtes vaines qui s'évanouissent dès qu'elles sont réalisées, incapable d'améliorer sa situation de manière décisive* (139-92).

◆ Au niveau analytique, l'araignée immobile au centre de sa toile, sujet de répulsion pour la plupart des gens, est un symbole d'**angoisse** en rapport avec le narcissisme, l'amour excessif de soi.

Celle du rêve révèle des terreurs cachées, un état de confusion mentale, le repli sur soi et la difficulté de communication.

# ARBRE
*la verticalité*

Pline affirme que les arbres furent les premiers temples. Les Anciens attribuaient un arbre sacré, voire des forêts entières, à leurs divinités : le chêne à Jupiter, le tilleul à Vénus, le laurier à Apollon, l'olivier à Minerve, la vigne à Bacchus, etc. Le chêne et le gui étaient vénérés par les Gaulois.

On venait dans la forêt faire des offrandes aux dieux.

Aujourd'hui encore, on rencontre des statues de saints placées dans des arbres devant lesquelles des ex-voto indiquent la persistance des traditions !

• Les mythes abondent en arbres géants, **voies de communication** entre le ciel et la terre (au même titre que l'*échelle* et l'*arc-en-ciel*) empruntées par certains personnages pour s'élever jusqu'aux dieux. Arbre *solaire* chinois monté et descendu par les souverains ; le frêne *Iggdrasil* des Celtes, qui plonge ses racines dans le monde souterrain ; le frêne cosmique de l'Edda, Heimdallr (*bouton céleste*) ; la plante de vie que Gilgamesh va chercher au milieu de l'océan ; le chêne sur lequel Zeus étendit les continents et les mers ; le pommier auquel s'identifie Idhuma en Scandinavie...

• L'arbre de *connaissance* ou *arbre de la science* du jardin d'Eden est le symbole de l'**immortalité** perdue par l'homme parce qu'il a perdu le sens de l'éternité et de l'unité primordiale. Il représente le *champ de conscience du moi agissant, instruit et adapté aux contingences. Comme l'arbre géant des mythologies...il est parcouru par des êtres humains qui montent et descendent l'échelle naturelle des branches ou quelque autre échelle faite à la mesure de l'homme* : l'homme doit passer par l'initiation pour retrouver le paradis ou l'unité perdue.

• Cet *arbre de vie* universel portant 12 fruits, nombre du renouvellement cyclique (de la Jérusalem céleste de l'Apocalypse, des pommes d'or du jardin des Hespérides), symbolise un **centre spirituel** dont l'origine remonte au pommier de la création du Mérou hindou, *arbre qui satisfait tous les désirs* ou *arbre des périodes*, axe du monde, situé au centre d'un jardin paradisiaque entouré de quatre jardins portant chacun un pommier merveilleux, émanations de l'arbre *cosmique primordial* qui croît sur le mont Mérou. Cet arbre central, qui relie le ciel et la terre, sert de support aux influences spirituelles qui descendent par ce moyen vers les hommes.

• Dans la tradition hébraïque, l'arbre de vie s'identifie avec l'*arbre séphirotique* reliant le ciel à la terre, en passant par les trois mondes des émanations, des créations et des formations pour aboutir au monde des formes au-dessous duquel se situent le monde souterrain des enfers et l'*arbre de la mort*. Ainsi est représenté le cycle total de la vie à la mort.

• Réplique exacte de l'arbre séphirotique, l'*arbre-du-bout-du-*

*monde* chinois, dont le tronc mesure 100 lieues de haut ; les branches portent dix soleils suspendus se prolongeant par dix enfers (4-101).

Il évoque l'*arbre de Noël*, descendant de l'arbre cosmique, qui s'illumine à minuit au milieu de l'hiver (certains attribuent son origine à la vieille coutume de placer des branches de sapin dans sa maison, assurant ainsi de voir la fin de l'année).

• Notons que le sapin rejoint l'interprétation du symbolisme des arbres à feuillage persistant figurant la **vitalité**, la **prospérité**, ce qui dure par opposition avec ce qui est condamné à mourir ou à changer (saisons, êtres vivants,...) ; ainsi les cyprès sont les arbres familiers des cimetières, parce qu'ils évoquent la vie de l'âme après la mort.

Arbre épineux, il représente la nature vierge, le *buisson ardent* qui tient entre ses branches la totalité du cosmos : les bougies sont les répliques des constellations imprégnées de l'éther, les reflets des étoiles de l'arbre cosmique, les boules d'or et d'argent figurent le soleil et la lune, les boules de couleur les planètes et leurs influx (3-115).

• L'*arbre renversé* figurant l'Univers dans les Upanishad, est le symbole de la **création**, de Dieu, « Que ses rayons descendent sur nous ! » dit le Rig-Veda. Thème décoratif très répandu en Orient, l'arbre de vie est représenté dans un grand nombre de peintures sur soie indiennes et islamiques et sur les tapis.

• Jusqu'au XVIIe siècle, l'*arbre de mai* feuillu et enrubanné jouait le rôle de **messager** planté le 1er mai devant la porte des personnes qu'on voulait honorer ou sous les fenêtres des jeunes filles par les jeunes villageois ; le lilas était un hommage à leur beauté, le houx leur reprochait leur mauvais caractère et le sureau leur paresse.

• A l'époque révolutionnaire, le chêne, en mémoire de la tradition gauloise, et le peuplier, en raison de son nom « populus » furent choisis comme symboles du peuple, de la **liberté** conquise, d'**espoir** et de **continuité**... Considérés comme monuments publics, protégés par des lois, c'est à leurs pieds que les paysans brûlent les titres seigneuriaux, sous leur ombrage qu'on signe les actes importants et qu'on prononce le serment civique.

• L'arbre fut aussi le symbole de la **fraternité**, tel celui qui fut érigé sur la frontière française du canton de Genève en témoignage de la concorde existant entre les deux pays.

• Source de vie jaillissante, l'arbre dont le feuillage touffu se couvre de fruits, est l'image de la fertilité. Son tronc, dressé vers le ciel, évoquant la **force**, la **puissance**, est un symbole phallique. Ses racines qui plongent dans la terre où sont ensevelis les morts, représentent l'aspect physique et éphémère de la vie.

• Avec ses branches étendues, l'arbre est aussi le symbole de l'homme.

♦ Intermédiaire entre le ciel et la terre, l'arbre des *rêves* représente les **possibilités d'évolution, d'élévation**. Il nous invite à *nous redresser, à chercher l'axe de notre vie, à planter nos racines dans la terre et à toucher le ciel de notre faîte* (80). (Voir *Ascension, Croix, Forêt*).

# ARC
*le désir*

---

Arme de jet la plus ancienne, de chasse ou de guerre, l'arc et ses éléments constituants, corde et flèche, est doté d'un symbolisme sexuel, en raison des phases de son utilisation : tension, détente, jet. L'arc tendu figure par conséquent le désir et la tension physique et mentale qu'il produit.

• Arme de la chevalerie, tendu vers le haut, l'arc peut symboliser la **sublimation du désir**.

• L'arc et l'arceau, *guirlande* inversée, se rattachent au symbolisme de la corde, agent **protecteur** contre les démons. Dans de nombreuses traditions, le passage sous un arc formé par des branches d'arbre est pratiqué pour se débarrasser de maladies, d'ennemis invisibles, de revenants... Ce sont des *portes étroites* en rapport avec les portes cintrées, arcades, voûtes donnant accès aux lieux saints.

• Les *arcs de triomphe*, répliques des arches naturelles, érigés sur la route des armées représentent une barrière psychologique isolant les survivants des âmes des soldats trépassés dans les combats.

• Les arcs formés par les bras levés dans certaines danses (farandole provençale) sont apparentés à l'arc et à l'arceau (3-173).

## ARC-EN-CIEL
*le pont céleste*

Dans toutes les traditions, l'arc-en-ciel est une **voie de communication entre le ciel et la terre** : escalier aux 7 couleurs emprunté par Bouddha, *Bifrost* celtique (pont tremblant) de trois couleurs dont le rouge, parce qu'il est en ignition afin que les géants de la montagne ne puissent l'emprunter pour remonter au ciel...
• Généralement présage d'heureux événements, en Chine, il annonce aussi des perturbations dans l'harmonie de l'univers.
• En Inde, l'arc d'Indra symbolise l'**activité céleste**, car il dispense la pluie et la foudre.
• Pour l'Islam, ses couleurs sont le reflet des qualités divines et, en Occident, ce signe céleste qui annonce le retour du soleil après la pluie, est considéré comme un heureux présage, allusion au météore que, selon la Bible, dieu proposa à Noé en lui annonçant que lui et sa postérité ne perdraient jamais plus la terre par un déluge.

## ARCHE
*la maison de Dieu*

Les temples égyptiens contenaient l'arche sainte du dieu enveloppée de voiles précieux, qui était portée solennellement par les prêtres lors des processions.

On la retrouve comme objet culturel dans l'*Arche de l'Alliance* des nomades hébraïques, considérée comme la demeure terrestre de Yahvé.

Ce coffre de bois rectangulaire recouvert d'or (symbole de la nature divine accordée à l'Eglise glorifiée) était muni d'un couvercle d'or pur appelé *Propitiatoire*, sur lequel étaient posés deux

*Keroubs* en or battu (chérubins, représentant l'amour divin et la puissance divine). Ce *Kappôret* (propitiatoire en hébreu) figurait le principe immuable du caractère de Jéhovah, la justice (19-23).

Matérialisation du plan que Jéhovah s'était proposé avant le commencement de la création, l'arche symbolisait l'*éternel dessein* de Dieu, le mystère caché et représentait le Christ (20).

Ce Saint des Saints était le cœur du temple, lui-même le centre de Jérusalem, centre de la terre d'Israël centre du monde (19-24).

# ARCHÉTYPE
*l'héritage ancestral collectif*

Les archétypes sont des structures mentales particulières à chacun, tout en appartenant à la collectivité. C'est en quelque sorte l'équivalent mental des instincts biologiques dont l'ensemble constitue des modèles de comportement, des motivations inconscientes d'une part, conscientes de l'autre.

Les notions de Dieu, Mère, Père, l'Anima et l'Animus, le cheval, le serpent... sont des «images primordiales, innées à l'esprit humain» ainsi définies par Jung. Présentes dès le début de l'humanité, elles se sont perpétuées à travers le temps pour former une sédimentation dans le psychisme de chaque être vivant.

# ARGENT
*fidélité, pureté ou corruptibilité*

Symboliquement, l'argent est lié à la lune; comme la planète, sombre le jour, ce métal noircit et doit être poli. Sous son aspect néfaste, il pourrait symboliser la corruptibilité de l'être humain qui doit constamment lutter contre ses tendances négatives s'il veut évoluer.

• Il est aussi en rapport avec la **féminité** et ceux qui sont attirés par lui ont souvent besoin de reconnaître en eux ou d'accepter les forces de l'Anima, négligées ou refoulées.

• En raison de sa blancheur lumineuse, l'argent poli symbolise la **pureté**, la franchise, la fidélité, la droiture, par opposition avec le noir.
• Dans la symbolique chrétienne, il s'identifie avec la **sagesse divine**.

## ARME
*l'agressivité*

Associée à l'idée de guerre, l'arme est un symbole ambivalent, impliquant la lutte contre des ennemis ou la domination. Le plaisir éprouvé à manier les armes à feu ou autres peut révéler la sublimation de tendances agressives.

◆ Les armes qui apparaissent dans les rêves révèlent l'existence de **conflits** intérieurs, en rapport avec la sexualité s'il s'agit de pistolets, révolvers, épées, glaives,...

## ASCENSION
*l'évolution spirituelle*

Les symboles ascensionnels: arbre, montagne, flèche, escalier, échelle… représentent l'évolution progressive vers les hauteurs, vers le ciel.
• Sous leur aspect négatif, ils étaient associés, dans la tradition chrétienne médiévale, au diable et aux cultes orgiastiques.

◆ Dans les rêves, l'ascension est, selon certains psychanalystes, un symbole de l'orgasme.

## ATTELAGE
*la libido*

L'attelage est un archétype rencontré dans toutes les traditions ésotériques. Ses trois éléments : cocher, chevaux et voiture, ont un symbolisme particulier. Les *chevaux* force motrice, représentent la **libido**, énergie animatrice, la passion, puissante motivation des actes de l'homme ; le *cocher* est la nature spirituelle de l'homme, l'image de l'intelligence qui permet d'éviter les écueils et de la volonté qui maintient en équilibre la *voiture* figurant l'être humain. L'harmonie des rapports entre ces éléments-forces assure un bon parcours.

## AURA
*les couleurs de l'âme*

Les bouddhistes pensent que l'aura, le champ magnétique entourant le corps humain, présente les couleurs de l'âme et reflète l'état de santé et les sentiments de l'individu.

Ce halo, c'est la force vitale, formée des radiations colorées émanant des diverses parties du corps.

## AURÉOLE
*la couronne solaire*

L'auréole, imaginée par les Perses, symbolisait la toute-puissance du dieu Ahura-Mazda. Ce *cercle d'or* est une variante de la couronne solaire et se rattache également au symbolisme de l'or, hiéroglyphe de l'Etre suprême et des forces psychiques qui en émanent.

Elle représente à la fois l'**identification à la divinité** solaire et une *prise de pouvoirs* (3-51).

• Nimbant le visage des saints, l'auréole indique la **sainteté**, le sacré, un rayonnement d'origine solaire.

• L'auréole elliptique représente la *lumière spirituelle*.
• Emanation de l'énergie spirituelle centrale, de l'âme, l'auréole circulaire rejoint le symbolisme du cercle et, dans l'art byzantin était réservée aux défunts méritant le ciel grâce à leur vie exemplaire sur la terre.

## AURORE
*la naissance*

Le lever du jour est un symbole de naissance ou de re-naissance, de l'éveil.

◆ L'apparition de l'aurore dans le rêve indique qu'un élément inconscient est devenu accessible, prêt à être utilisé.

## AUTOMOBILE
*l'ego*

L'automobile est l'attelage des temps modernes qui circule fréquemment dans les rêves : le *moteur* (les chevaux) symbolise l'**être humain**, le *conducteur* (le cocher) **l'intelligence**.

Le véhicule en marche figure l'évolution et les événements qui l'accompagnent, ainsi que l'adaptation du sujet à cette évolution, elle-même en rapport avec l'état de la voiture.

La *carrosserie* est le reflet de la *persona*, c'est-à-dire de l'effet qu'on veut produire sur les autres.

Mais, partie intégrante de l'homme moderne, l'automobile est **l'image du moi**. Conduite par un autre, elle trahit la difficulté de mener sa vie comme on l'entend ou l'existence d'un **complexe**.

Le mauvais conducteur qui met en péril la vie des occupants de la voiture révèle le manque de maîtrise de soi, l'irresponsabilité, la nécessité de discipliner ses impulsions.

Si l'on manque de *carburant*, on a présumé de ses forces ou on ne les emploie pas à fond.

Les *gros véhicules*, camions, remorques… bloquant la route

peuvent être l'incarnation d'un proche dont la présence ou l'attitude s'oppose à la progression du rêveur.

Les *autobus* évoquent la vie sociale. S'ils apparaissent trop souvent en rêve, il est temps de revoir son comportement et de songer à son évolution personnelle négligée au profit de la vie de collectivité.


# AVEUGLE
*l'introversion*

---

La cécité symbolise le refus de voir la réalité ou la vision intérieure. Les Hindous considèrent l'aveugle comme un étranger qui «voit autre chose, un autre monde».

♦ Dans les rêves, il peut indiquer un comportement trop **introverti**, un repli sur soi appauvrissant.


# AVION

---

Le symbolisme de l'avion est la combinaison de celui de l'automobile, de l'ascension, de l'oiseau et de l'air. S'y ajoute l'idée de détachement de la terre-matière et du vol.

# B

**BAISER**
*l'amour*

---

Dans la religion chrétienne, le baiser était un signe d'**amour**. Le *saint baiser*, administré par l'évêque, faisait partie du cérémonial de l'eucharistie et à la fin de certaines prières, les fidèles sc donnaient un baiser pour se féliciter (83-101).
• En Chine, le baiser est un symbole de l'union sexuelle.

**Balance**
*22 septembre — 23 octobre* ♎

---

Signe d'air, masculin, cardinal, symbole d'analyse et de discernement. Domicilc diurne de Vénus. Saturne y est en exaltation, Mars en exil et le Soleil en chute.
**Caractéristiques**: sens de la justice, de l'harmonie. Courtoisie. Observation, sens pratique.
En négatif: manque de mesure, égoïsme.
**Correspondances**: chaleur, humidité, automne, stérilité. Cuivre, diamant, quartz.
Dans l'organisme: reins, organes génitaux internes.

## BANDEAU
*la retraite*

Le bandeau recouvrant les yeux de Thémis, déesse de la Justice grecque, est le symbole de son impartialité. Celui d'Eros représente le hasard.

• Sur le plan ésotérique, le bandeau symbolise la retraite intérieure, la contemplation : bandeau de toile blanche porté par les religieuses représentant l'**abnégation**, l'abandon des choses de ce monde.

## BANQUET
*la satisfaction du désir*

Symbole de la **participation** à un rite, à un projet, une fête, le banquet est le **lieu de l'échange** où les distinctions de classe ou de race s'effacent, où tous les participants partagent les mêmes mets *préparés par l'art subtil du cuisinier* (80).

• Dans la religion chrétienne, le banquet évoque le rite de l'eucharistie et symbolise la communion des saints qui partagent la même grâce et la même vie.

• Le banquet rituel est commun à toutes les religions : dans le rituel hindou, celui qui célèbre le sacrifice védique absorbe le *soma*, vin mystique qui « fait apparaître l'essence divine ». Le partage d'un repas avec la divinité représente le summum de la sagesse ou de la félicité.

## BARBE
*la sagesse*

Les anciens philosophes de l'Inde, de l'Assyrie, de la Chaldée, les Hébreux de l'Antiquité laissaient croître leur barbe comme représentation symbolique de leur **sagesse** et souvent comme ornement. Ils en prenaient le plus grand soin allant jusqu'à la parfumer. On y posait les lèvres en signe de respect.

• Dans le conte de Perrault, *Barbe-Bleue* (qui tue ses femmes et les enferme dans une chambre secrète), la barbe est le symbole de la **bestialité** et de l'instinct de possession, le bleu celui de l'effroi (peur bleue). Le personnage est le symbole des *sentiments violents et destructifs... des sombres aspects de la sexualité qui pourraient bien être cachés derrière une porte verrouillée en permanence et étroitement surveillée* (67-492).

Au point de vue cosmique, ce conte est comparé à la mort de l'aurore tuée par le soleil.

# BARQUE
*le voyage*

Symbole d'une **traversée** : le nocher des Enfers, *Caron*, transportait de l'autre côté du Styx l'âme de ceux qui venaient d'expirer. Le *Livre des Morts* des anciens Egyptiens décrit la *barque solaire* dans laquelle les défunts traversaient les 12 régions du monde inférieur affrontant les périls, démons, serpents...

Cette barque, qui portait le disque du soleil figurant le principe solaire inscrit dans le croissant de lune, était le symbole du salut suprême. En effet, y étaient rassemblés les deux principes opposés, unis à l'origine et faisant corps avec la Terre avant de se séparer de celle-ci, puis de se scinder, marquant le début de l'Involution ou de la Chute selon la Bible. Cette synarchie indiquait la défaite « du Sexe et de la Mort, ces deux néfastes conséquences de la Chute ». La barque était le véhicule assurant la montée vers l'Evolution.

• Le yoga compare le corps humain à une barque qui sert de véhicule à l'homme pour gagner l'autre rive de l'océan de l'existence.

◆ La barque représente aussi la **sécurité** dans le voyage périlleux qu'est la vie, se rattachant au symbolisme de la mère.

## BATELEUR
*le début de l'initiation*

Premier arcane du **Tarot**, le Bateleur est un escamoteur agile et habile au regard intelligent, au visage souriant mais fermé.

Symboles : la table aux trois pieds (piliers de monde objectif) porte une coupe (savoir, sagesse), une épée (audace, le Verbe qui chasse les fantômes de l'erreur), la baguette (volonté), un denier (point d'appui concret nécessaire à l'action). Son chapeau : l'infini, les émanations actives de la pensée. Son costume multi-colore : l'activité multiple. Les 5 boutons : la quintessence. Le bouton de rose : le début de l'initiation. Cet arcane correspond au *Kether*, couronne de l'arbre des Séphiroth.

Le magicien figure le *seuil de l'inconscient* et le principe d'auto-création. Il est *la personnification du moi, principe conscient, point de départ de toute initiative*, et représente les potentialités du psychisme prêtes à se dévoiler. On peut y voir aussi le travail de l'imagination nous invitant à découvrir la vérité cachée derrière les apparences.

**Interprétation divinatoire** : le commencement. Initiative, auto-nomie, discernement. Habileté, finesse diplomatique. Absence de scrupules. Exploitation de la candeur humaine (17-119).

## BÂTON
*le soutien, la défense, le guide, le pouvoir*

Dans les sociétés primitives, le *bâton court*, la canne et le pilon (cylindre de bois) furent les symboles de l'**activité** et de la **personne humaine**, figurant dans les cérémonies, l'action passée (en rapport avec un ancêtre), actuelle (adulte actif) ou future (associé au nouveau-né) et par extension, le **pouvoir** (parfois posthume) de l'individu concerné (136-34). D'où une collection de bâtons : le bâton augural des Romains, le bâton de laurier des chanteurs d'épopées, celui des bâtonniers, des diplomates, des maréchaux, des chefs d'orchestre, les crosses et les sceptres de toutes les époques et de tous les pays, représentant tous un aspect de l'activité.

• Les Egyptiens ajoutaient à l'idée de pouvoir celle de **modération** : le *pedum* (bâton augural) et le *fouet* entre les genoux du pharaon, accompagnaient les emblèmes de la royauté comme signes modérateurs (9-85).

• Le bâton (ou *sceptre*), symbole de l'autorité et du pouvoir temporel et spirituel, dans la main des dieux, des rois et des chefs reflète également leur fonction de **guides spirituels**.

La *crosse* de l'évêque, réplique du sceptre du pharaon, sert *à guider magiquement les hommes sur la voie de Dieu* (80) et trouve un prolongement dans la *canne du Compagnon*. Incarnation du maître qui guide les pas du futur initié, elle *rythme la marche sur le sentier étroit de la Connaissance*. Ses dimensions, sa forme, sa flexibilité correspondent à des mesures sacrées.

• Cet insigne du pouvoir est avant tout un instrument *magique* investi d'un **pouvoir occulte**, un réservoir de puissance, de *mana* qu'il transmet par contact ou par les effluves s'échappant de sa pointe : baguette de Moïse, des fées, des sorcières qui le chevauchent (19-205), le *bâton du pèlerin et du pasteur*, descendant de la crosse, des cannes des Maîtres d'œuvre des bâtisseurs des cathédrales, dont la fonction est de condenser les forces cosmiques.

• Une idée d'**ascension** s'attache au *bâton rouge des taoïstes* qui porte 7 à 9 nœuds correspondant aux degrés d'initiation et aux orifices internes qu'il faut ouvrir après la mort, avant de parvenir à *monter* au ciel (19-205).

• Le bâton et ses dérivés (pilier, glaive, flèche, obélisque, phallus, sceptre) étaient regardés comme les attributs de la divinité solaire créatrice, les symboles du **père**, père éternel lorsqu'il est question de la fécondation de la terre par les radiations solaires, père humain lorsqu'ils se rapportent à la génération. Ce sont des symboles phalliques, incarnant la **force** et la **puissance virile**.

• Autre bâton magique, la canne du *Jizô* japonais (dieu du panthéon bouddhique), le *Shakujô*, en sanskrit *Khalkara* et en tibétain *hkhargsil*, de la taille de celui qui la porte, dont l'essence vitale réside dans sa tête en forme d'anneau coupé en deux et toujours en fer.

Cette *canne qui a la voix* est l'un des 16 objets indispensables à l'équipement du bonze-magicien qui, en la plantant en terre, la transforme en rempart magique (19-214).

Au Japon, on attribue une importance considérable à ce sceptre plat en bois porté par les prêtres, dont l'usage est réglé par un rituel rigoureux : *tenir le shaku est en soi une purification et le prêtre en est transformé*. Le *shaku* serait la représentation du **macrocosme** et du **microcosme** : sa partie supérieure symbolise le ciel et la tête de l'homme ; la partie inférieure, la terre et le pied de l'homme. (77-230).

• Au centre du *Caducée*, le bâton figure comme axe du monde-axe de vie, évocation de *sushumnâ* tantrique, colonne vertébrale autour de laquelle circulent les deux courants opposés (les serpents du caducée) de l'énergie cosmique et, sur le plan humain de l'**énergie vitale**, soutien de l'activité sensorielle, affective et intellectuelle de la psyché.

• Le *bâton enfoncé* dans le sol évoque des idées de stabilité, de **sécurité matérielle**, de conservation de la vigueur physique et de **vitalité érotico-sexuelle** : pieux, chevilles, poteau de la case, perche des sociétés traditionnelles (136-48).

• Associé au *cercle*, le bâton forme des symboles couplés, emblèmes de la **génération** : phallus-cteis (organe féminin), lingam-yoni, glaive et bouclier, sceptre-couronne attributs du pouvoir royal autrefois divinisé, crosse-tonsure, flûte-tambourin, accessoires sacrés du mystère d'Attis suspendus au pin substitut du dieu, colonne-voûte (121-16).

• L'aspect négatif du symbole est figuré par les *bastons* médiévaux : armes de guerre, arquebuse, pertuisane, pique... et par la canne romaine qui fut un symbole de **vengeance** et de **brutalité** et qui, jusqu'au Moyen Age, servit d'instrument de **correction**, notamment sur le Pont-Neuf. Certaines de ses victimes sont célèbres : Malherbe, Molière, Racine, Boileau, J.-J. Rousseau, Voltaire, etc. malgré leur génie !

• Le symbolisme héraldique utilise le bâton-massue pour représenter les **forces instinctives et sauvages** que l'homme doit domestiquer.

## BÉLIER
*la fougue, la vitalité sexuelle*

Support symbolique de nombreux mythes, le bélier représente les «forces farouches et créatrices de la nature», l'instinct de procréation qui assure la continuité de la vie, l'impulsion agressive. En Egypte, Khnemu, le dieu de la création et de la fertilité représenté avec une tête de bélier, passait pour le dieu-potier qui avait façonné les dieux et les hommes. Certains hiéroglyphes le figurent avec 4 têtes de bélier représentant les éléments. Il fut identifié avec le Nil, source de vie.

## Bélier
*21 mars-20 avril*

Signe de feu, masculin et cardinal, le Bélier est le domicile de Mars. Le Soleil et Pluton s'y trouvent en exaltation et Vénus en exil, Saturne en chute.
**Caractéristiques**: intrépidité, audace, amour de l'action et de la conception, rapidité, ardeur, vitalité.
**Correspondances**: rouge. Rubis. Plantes piquantes. Loyauté. Sabres, épées, dagues. Fer, industrie, usines, métaux. Brebis, bouc. Bistouri, burins, tout ce qui tranche.
Dans l'organisme: tête, cerveau, nez, face (122-46).
 En négatif: instinct de destruction, impatience désordonnée, impulsivité, égocentrisme, égoïsme (14-21).

## BICHE
*la féminité, l'anima*

Symbole de la béatitude spirituelle, des biches vinrent poser leur museau contre le visage du Bouddha lorsqu'il révéla la doctrine à ses disciples.
• Le mythe de la *biche aux pieds d'airain* poursuivie pendant

un an par Héraclès symbolise, selon Paul Diel, *la qualité d'âme opposée à l'agressivité dominatrice, la patience et la difficulté de l'effort à accomplir pour atteindre la finesse et la sensibilité sublime.* Les pieds d'airain y ajoutent une *vigueur exempte de toute faiblesse sentimentale.*

• Chez les Celtes, la chasse à la biche représente la poursuite de la sagesse.

• Dans la littérature et les contes, la biche (comme la gazelle ou l'antilope) symbolise la douceur, la vulnérabilité, une certaine passivité.

◆ L'apparition de la biche dans les *rêves* révèle l'**anxiété** provoquée par un environnement hostile ou des conditions d'existence pénibles, le besoin de tendresse et de douceur.

# BIJOU
*le talisman*

L'origine du bijou se confond avec celle des peuples : les tombes préhistoriques ont livré des milliers de bijoux en coquille, pierres perforées, ivoire, dents, puis en métal (fer, bronze, argent, or) s'adjoignant souvent l'éclat de pierres précieuses.

• Avant de devenir une parure ou un symbole de richesse, le bijou eut une fonction religieuse, rituelle et, sous forme de **talisman**, servit à conjurer le mauvais sort ou à éloigner la maladie.

• Symbole du **pouvoir** temporel ou spirituel, le bijou ancien, porté par les mages, prêtres et chefs, était fabriqué suivant des normes précises. La forme, le métal, la couleur de la pierre étaient choisis selon leur valeur symbolique et portaient des motifs bien définis : triangle, phallus, épervier, scarabée, lotus... Le chaînon en forme de 8 représentait l'infini.

• Composés d'or — élément du monde souterrain en rapport avec l'énergie cosmique, métal inaltérable, matière «mûrie» des alchimistes — et de gemmes lumineuses, les bijoux symbolisent la **connaissance ésotérique** et invitent à passer au plan de l'énergie primordiale. Les bijoux maçonniques représentent le *grade* ou la *fonction* : équerre et compas entrelacés pour le «maître», croix, rose ou pélican entre les branches d'un compas pour le «rose-croix»...

• Le catéchisme du Compagnon dit qu'il y a dans la loge six bijoux, trois «mobiles» — l'équerre, le niveau, la perpendiculaire — et trois «immobiles» — la pierre brute, la pierre cubique, la planche à tracer.

◆ Au niveau psychologique, les bijoux évoquent les passions, l'**amour**, mais aussi la **cupidité**.

# BŒUF
*le travail physique, le sacrifice*

Le bœuf représente l'obéissance, le labeur paisible et régulier, le renoncement et le sacrifice. Les Grecs, qui l'avaient consacré à certains dieux (Apollon...) l'immolaient en sacrifice. Dans la mythologie hindoue la vache représente la fertilité.

• En Chine, le bœuf (Niou) symbolise le printemps parce que les travaux printaniers commençaient par le labourage. Il était aussi lié à l'eau : on jetait des bœufs dans les digues qui menaçaient de se rompre (7).

Les Chinois vénèrent le patron des bœufs, docteur de la fin des Song devenu laboureur après l'avènement des Yuen (6).

• Deuxième animal du Zodiaque chinois, le bœuf confère la force de caractère, la patience et le sens de la méthode. L'année qu'il patronne est marquée par des épreuves et des difficultés exigeant un labeur acharné.

• Pour les chrétiens, le bœuf évoque saint Luc *parce que c'est un animal de sacrifice et que l'évangile selon saint Luc commence par le sacrifice offert par Zacharie. Il représente aussi le sacrifice et le renoncement du Christ* (5-46).

• Animal sacrificiel, le bœuf remplaça le bouc émissaire : dans l'Orient primitif, on prenait au lasso les buffles sauvages qui devaient être sacrifiés aux dieux à l'équinoxe du printemps. Par ce meurtre rituel ou sacrifice expiatoire, qui est à l'origine de la *corrida*, on pensait assurer le salut du peuple. (Voir *Bouc*).

## BOIS
*la science surnaturelle*

En Chine, le bois est le troisième des cinq éléments correspondant à l'Est, au printemps, à la couleur verte, à l'amour, au trigramme *tch'en*, ébranlement produit par le tonnerre, à l'éveil de l'énergie masculine *yang* et au début de son ascension. Il est le symbole de la souplesse car *sa nature est d'être courbé et redressé*. (8).
- En Inde, il symbolise la **matière première**, la substance universelle.
- Dans la liturgie catholique, le bois est synonyme de la **croix**.

## BOÎTE
*le secret*

Représente le corps maternel, l'inconscient.
- *Fermée*, elle évoque le **secret**, une chose fragile, précieuse ou redoutable.
- Dans la mythologie grecque, la boîte de Pandore représente les interdits : elle renferme tous les maux qui affectent les hommes, répandus sur la terre par la curiosité de la femme (n'évoque-t-elle pas Eve et la pomme ?). Son contenu, ce sont les forces cachées de l'inconscient, qui peuvent détruire mais aussi servir à l'évolution, car au fond de la boîte demeure l'espérance.

## BOITEUX
*la souffrance, l'ombre*

La boiterie est une anomalie généralement provoquée par une souffrance. Dans toutes les mythologies, le dieu des enfers, de la forge, des forgerons représente une claudication, prix de la connaissance acquise en offensant une divinité.
- En symbolique, boiter signifie *être faible, finir* ou *commencer* : le dieu boiteux, Héphaïstos, dans sa forge souterraine est le

*symbole du soleil d'hiver accomplissant la plus grande partie de sa course au-dessous de l'horizon*. Dans les mythes, le boiteux est la personnification du soleil de la fin ou du début de l'année. (121-23)

◆ Dans les rêves, la boiterie symbolise l'**exclusion**, la **solitude**, mais aussi l'**ombre**, les éléments insolites, inadaptés de notre personnalité qui influencent négativement notre comportement.

## BOUC
*la lascivité,
la puissance ambivalente de la libido*

Les Anciens considéraient le plus lascif de tous les animaux comme le symbole du **pouvoir créateur qui a fécondé la matière** et qui l'a organisée. Quelquefois, il servait à représenter l'attribut générateur, au même titre que le serpent et le taureau (83-22, 29).

D'où l'idée de **fertilité** qui lui fut associée : le *bouc des moissons* incarnait l'esprit du blé dans les rites de la fertilité ou *fête du bouc* libyenne, en opposition à la *fête de l'agneau* de l'équinoxe de printemps.

• Pour les Egyptiens, il était l'incarnation de la divinité et *la communication de son esprit créateur à l'homme*, en l'occurrence le dieu Pan, également adoré des Grecs comme le principe de la fécondité et de l'ordre universel, invoqué dans les litanies orphiques comme premier principe d'amour, ou *créateur incorporé dans la matière universelle et formant ainsi le monde* (83-33).

Associé aux faunes et aux satyres (symboles des émanations du créateur), *il figurait l'incarnation réciproque de l'homme et de Dieu incorporée dans la matière universelle ; car la divinité, étant à la fois mâle et femelle, est à la fois active et passive dans l'acte de procréation* (83).

• Dans l'Inde védique, il est identifié au dieu du feu, *Agni*, dont il est la monture et symbolise le **feu sacrificiel** «d'où naît la vie nouvelle et sainte», la vitalité (1).

• Dans la mythologie judéo-chrétienne, il était à la fois **sacré** (symbole de la virilité dans la nature) et **maudit** : le *bouc émissaire* chassé dans le désert, remettait en circulation dans la nature le courant néfaste dont s'était déchargé le peuple hébreu. Manœuvre magique courante : pour se protéger du maléfice d'un miroir brisé, on en jette les morceaux dans un cours d'eau...

• Au Mexique, dans certaines régions d'Afrique, d'Amérique, d'Inde et nordiques, l'animal était remplacé par des parias : prisonnier, esclave, prophète..., auparavant divinisés, sur lesquels on transférait, par des procédés de magie, tous les malheurs et péchés du peuple avant de les lapider, les pendre, les mettre en pièces ou les brûler sur un bûcher. Plus tard on choisit l'éventrement d'un animal à la fin d'un combat féroce (évocation des combats de taureaux).

Par ces meurtres expiatoires rituels accompagnés de toutes sortes d'humiliations : injures, crachats, coups de verge..., on s'assurait un *sauveur* en même temps qu'on se lavait des souillures.

• La tradition fait du bouc un symbole de la **luxure**, du désir sexuel exacerbé, de la lubricité et la personnification du diable.

# BOUCHE
## *le Verbe*

Dans l'ancienne Egypte, la bouche était le symbole de la **porte** et désignait aussi l'idée de *part, portion* et de *chapitre* (9-11).

• La bouche, la langue et le larynx étaient *les organes de la Parole magique, l'instrument perfectionné légué par Thoth, l'arme de combat, par excellence, du défunt.* L'ouverture de la bouche avec un instrument de fer, la Hanche sacrée, était une cérémonie *de haute efficience magique, car elle communiquait au défunt la puissance de la Parole* (10-104) dans l'au-delà, afin qu'il puisse se justifier de ses actes.

Ce rite de résurrection est un thème utilisé par les sculpteurs médiévaux pour symboliser **l'initié**, *l'homme re-né qui acquiert la faculté de parler ; le Verbe devient capable de transmettre l'expérience vécue au-delà des mots* (80).

• La bouche est aussi l'organe du souffle et symbolise « un degré élevé de conscience, un pouvoir organisateur par le moyen de la raison » (1).

• Mais, organe de communication et de transmission, elle sert de support à l'instinct d'agressivité en permettant à l'homme d'infliger des blessures orales, de faire souffrir autrui.

## BOUCLIER
*la protection*

Dans la mythologie solaire, le bouclier et le **glaive** symbolisent respectivement le disque et les rayons solaires, le dieu-père et le dieu-juge ou *Esprit-limite* ou *de partage* représentant le méridien qui divise le cercle équatorial en deux parties égales, orientale et occidentale. Celui-ci marque le point précis où le soleil entreprend sa course diurne autour de la terre (selon la conception primitive, le soleil tournait autour de la terre).

• Le bouclier couvrait les vases rituels, protégeait les chapelles, les arbres et les animaux sacrés. Numa plaça Rome sous la protection de douze boucliers consacrés, suivant un modèle *venu du ciel*, c'est-à-dire imité du disque solaire. Lors de l'ouverture de l'année, les prêtres les utilisaient dans leurs danses sacrées.

• Le bouclier fut le premier chaton de bague et l'origine de l'*écu* qui orne les chevalières modernes.

## BOUE
*l'inertie, les potentialités*

Mélange de terre matricielle et d'eau, principe vivifiant et dynamisant, la boue est, selon l'Ecriture, la matière primordiale dont Dieu se servit pour créer les hommes et les animaux.

• La boue d'où naquit la vie, renferme en elle le secret de la création et représente par extension le **point de départ** d'une évolution, d'un cycle, un monde de possibilités.

• Sous son aspect négatif, elle figure la **décomposition**, la dégradation et s'associe aux bas instincts, aux niveaux inférieurs de la nature humaine.

## BRAS
*la puissance*

Les bras symbolisent la vigueur corporelle, l'autorité, la puissance et la projection.

• Instrument de la justice, au Moyen Age, le *bras séculier* (la puissance du juge laïc) était chargé d'exécuter certaines ordonnances des juges ecclésiastiques (dans le cas de Jeanne d'Arc, par exemple).

• En Inde, la déesse Kali, qui symbolise *la puissance cosmique, la totalité de l'univers, l'harmonisation de tous les couples d'opposés* (66-99), est représentée avec 4 bras figurant sa puissance universelle.

• Dans la liturgie chrétienne, « les bras levés signifient l'imploration de la grâce d'en haut et l'ouverture de l'âme aux bienfaits divins » (1). C'est également un acte de soumission, de reddition signifiant l'abandon de la lutte.

## BROUILLARD
*la confusion*

L'indistinction, l'indéterminé, ce qui précéda l'ordre dans la création, le brouillard dans la Bible précède les grandes révélations.

## BUIS
*la permanence*

Le buis était consacré à Hadès, maître des enfers et à Cybèle, déesse de la fertilité qui détient la clef des richesses terrestres. De là découle une interprétation ambivalente : symbole d'**éternité** pour les Gaulois, d'**immortalité** (mort-résurrection) expliquant sa présence dans les cimetières et les tombes égyptiennes, de **fermeté** et de **persévérance**, en raison de la dureté de son bois et de son feuillage persistant.

• Il est par ailleurs, un attribut satanique, à cause de son odeur forte et de son association avec le dieu du monde souterrain.

# C

## CADUCÉE
*l'acheminement*

Composé de deux serpents enlacés autour d'une baguette surmontée de deux petites ailes, le caducée d'or était l'attribut de
Bacchus, Cérès et surtout de Mercure-Hermès. Celui-ci le reçut
d'Apollon.

Son nom vient du latin *Caduceus* (tomber), dérivé du grec *kêru-
keion* insigne du héraut. Il possède la vertu de faire tomber la
colère ; aussi est-il regardé comme un emblème de **médiation**, de
**paix** et de concorde (la tradition assure aussi que les serpents représentent Jupiter et Rhéa réconciliés par Mercure après une que-
relle).

• Le *bâton*, qui rejoint ici le symbolisme du sceptre, représente
le **pouvoir** que l'homme doit conquérir pour diriger sa vie, maîtriser ses pulsions conscientes et inconscientes afin d'évoluer vers
la spiritualité. Notons encore le parallélisme avec la symbolique
de l'arbre, axe du monde, de la *kundalini* des Hindous : transmutation de la force sexuelle instinctive, accession au plan supra-
humain (les ailes).

• Les *serpents* symétriques évoquent la double spirale et figurent
l'évolution, le développement progressif, la répétition infinie des
**cycles de la vie** (8). Le parcours pouvant s'effectuer dans les deux
sens : (*ascendant*, vers les états supérieurs, et *descendant*, vers

les états inférieurs), ils figurent la dualité des forces s'opposant et s'équilibrant, les deux aspects symboliques du serpent.

On y voit aussi l'équilibre des forces cosmiques réalisé par Mercure à partir du chaos primordial.

Notion qui s'étend au niveau humain : attribut d'Esculape, le caducée représente l'**équilibre psychosomatique** (psycho = psyché ; soma = corps), celui des forces vitales et psychiques et leur évolution vers l'épanouissement et l'équilibre, but de la médecine. La double spirale est demeurée le symbole des médecins et le serpent unique celui des pharmaciens.

*Lion portant la caducée. (47)*

• *Les ailes* mettent l'accent sur l'ascension spirituelle, le divin, l'infini, et symbolisent la libération de l'individu des forces instinctives et son identification au Cosmos.
• On retrouve l'équivalent du caducée dans le bâton brahmanique : double enroulement de lignes en relation avec les deux sens de rotation du *swastika* (35-263). Ou encore dans le calumet indien orné de deux plumes d'aigle, entouré de mèches de cheveux de femme entrelacées (équivalent des ailes du caducée). Ainsi que dans la représentation donnée par le hatha-yoga des deux *nadî*.

Ces courants d'énergie physique et psychique sont disposés autour de l'axe vertébral (*sûshumna*) où circule le principe de l'activité sensorielle, intellectuelle et affective que la volonté doit faire refluer vers le haut, vers *la béatitude suprême du sahaja, de l'Un qui nous est immanent* (11- 114).

• Certains y voient aussi le symbole du **commerce**, domaine du polyvalent Mercure.

◆ Le caducée est donc un symbole dynamique figurant un **acheminement**, une évolution spirituelle.

# CAÏN
*la culpabilité*

Caïn («celui qui est acquis», en langue hébraïque), le premier fils de l'homme, premier cultivateur, premier sacrificateur, premier meurtrier, premier homme errant, ouvre l'ère de la **responsabilité** humaine, de la volonté et pose le problème de la possession, des litiges et sentiments pouvant en découler : **jalousie, envie, vengeance, sentiment d'injustice** (Dieu préféra l'offrande de son frère à la sienne) et de **culpabilité**.

Cet épisode des Ecritures peut aussi représenter la lutte entre le Moi et l'Ombre, entre les tendances opposées qui s'affrontent sans cesse dans l'âme de chaque individu.

# CALUMET
*le centre, l'âme*

La pipe à long tuyau utilisée par les Indiens d'Amérique du Nord est un emblème sacré appartenant à Wakan-Tanka, maître de l'univers. Dans la mystique des Sioux, elle symbolise l'**axe** qui unit les hommes aux puissances surnaturelles.

La pipe sacrée contient tous les êtres de l'Univers, participe à tous les événements de leur vie et leur assure une **protection** inviolable.

• Le rituel du calumet passe par trois phases : la *purification* avec la fumée de l'herbe rituelle ; le *transfert* de l'univers dans le calumet et le *sacrifice* dans le feu, représentant Wakan-Tanka dans le monde (13- 59).

Le calumet prend ainsi une dimension cosmique : l'univers,

représenté par l'offrande aux pouvoirs des Six directions (Ciel, Terre, Quatre Vents) se concentre dans son fourneau de pierre rouge ou *cœur de la pipe*. Les graines de *tabac* figurent toutes les choses créées. Dans son *tuyau* creux s'établissent toutes sortes de contacts (12-86). Il représente tout ce qui croît sur la terre. Les douze *plumes* qui pendent appartiennent à l'Aigle tacheté et représentent tous les êtres ailés du ciel.

• Le calumet est à la fois macrocosme et microcosme. En le bourrant, l'Indien s'identifie à lui et *actualise non seulement le centre du monde, mais aussi son propre centre* (13-53).

• Il est décoré différemment selon les circonstances : paix (tuyau bleu et plumes d'aigle femelle), guerre (tuyau rouge, plumes d'aigle mâle), deuil, victoire,...

• Le calumet est aussi le centre de la culture, l'âme du peuple indien, et symbolise la continuité de la race : *Tant que le calumet sera en usage, notre peuple vivra : mais dès qu'il sera oublié, notre peuple n'aura plus de centre et périra* (13).

## CANARD
*le bonheur à deux*

En Chine, le canard mandarin (yuan-yang) est le symbole traditionnel de la **félicité conjugale** (ils nagent toujours deux par deux) (75-208).

Dans le langage courant, les *canards mandarins de rosée* désignent un couple non marié ; *l'union des canards mandarins* est l'une des trente positions de l'amour (7-64).

## CANCER
*la féminité, le rêve*

Le Cancer est l'écrevisse légendaire envoyée au secours de l'Hydre de Lerne par Héra, tuée par Héraclès qu'elle avait piqué au pied ; Héra la transporta au ciel.

# Cancer
*21 juin-20 juillet*

Quatrième signe du zodiaque, le Cancer est un signe féminin, d'eau, cardinal. Domicile de la Lune, Jupiter y est en exaltation, Saturne en exil et Mars en chute.

Gouverne toutes les poches du corps : estomac, matrice. Métaux : argent, platine. Minéraux : sélénite, pierres tendres blanches, émeraude. Couleur : blanc mat.

**Caractéristiques** : sensibilité, fécondité, maternité, passé, tradition, souvenir.

En négatif : adhérence prolongée au principe maternel, difficulté de se débarrasser de cadres protecteurs. Emotivité prédominante. Son association avec l'univers aquatique fait du Cancer le symbole de l'eau originelle, du mystère des eaux profondes (goût du secret, de l'intimité) (14, 122).

# CAPRICORNE
*la maîtrise de soi, le pessimisme*

Ce monstre mi-chèvre, mi-poisson de la mythologie grecque, consacré à Pan, fut transporté au ciel par Zeus et devint la constellation australe du Capricorne, dont l'apparition est le prélude de l'hiver. C'est le 10e signe du zodiaque.

# Capricorne
*21 décembre-19 janvier*

Le Capricorne est un signe féminin, cardinal de Terre. Domicile de Saturne, Mars y est en exaltation, la Lune en exil et Jupiter en chute.

**Correspondances** : froid, sec, nuit, stérilité, violence, faiblesse des moyens matériels. Métal : plomb. Minéraux : onyx. Gouverne les os et les genoux.

**Caractéristiques** : solidité, doctrine, rigidité, méfiance, silence, joug.

En négatif : esclave ou meneur d'esclaves, dureté, immobilisme (12, 122).

# CARRÉ
*la perfection*

Symbole cosmique, le carré est *l'emblème du monde et de la nature, il résume le symbolisme du nombre quatre et symbolise l'ordre* (15).

• Dans la Chine ancienne, le carré sacré garantit l'ordre du monde et représente la **totalité** de l'Empire (8). Le cosmos est basé sur le carré : la Terre est carrée et se divise en carrés, les champs et les camps sont carrés eux aussi, l'Autel du sol est un tertre carré... Toutes les villes chinoises sont construites suivant le modèle cosmogonique de la Terre, de l'Espace et de la Maison du calendrier ou Ming-t'ang. Le mandala (diagramme mystique ou cosmique servant de support à la méditation des bouddhistes tantriques) est entouré d'une enceinte carrée où s'ouvrent 4 portes aux 4 points cardinaux, représentant la Terre.

• La tradition chrétienne en fait également un symbole du cosmos et il sert de base à la construction de nombreuses **églises** pour représenter la stabilité à intérioriser. Le carré est, en effet, une figure parfaite évoquant la **stabilité**, la solidité.

• *Matière qui tombe sous les sens, le carré parfait implique un idéal d'équilibre. Il représente la Pierre cubique, c'est-à-dire l'individu parfaitement équilibré, en pleine possession de lui-même et dont l'organisme s'adapte rigoureusement en toutes choses aux exigences de l'esprit* (18-36).

• Pour Jung, c'est le symbole de la matière, du corps, de la réalité.

◆ Le carré des rêves est un **symbole d'unité, d'intégralité** ; il représente l'équilibre des quatre fonctions psychiques (Pensée, Sensation, Intuition, Sentiment). *Le concept de quadrature indique souvent la force féminine inconsciente de l'homme sous la forme d'une ville rectangulaire, de fondations de maison ou de* *pluncher de chambre dont le plan est à angle droit* (24-257).

• Le carré est souvent associé au cercle pour exprimer la **dualité** ciel-terre.

• Sous son aspect négatif, le carré représente, en astrologie, l'angle de 90° formé par deux planètes et figure la **difficulté, l'effort, la lutte**.

• Chaque planète a son carré construit en partant du chiffre qui lui est associé : 9 pour Saturne, 16 pour Jupiter, 25 pour Mars, 36 pour le Soleil, 49 pour Vénus, 64 pour Mercure, 81 pour la Lune. La loi des correspondances déterminait le métal servant à la fabrication du pentacle, l'époque propice et la partie du corps où il devait se porter. Réunis sur un système *ascendant* de Saturne à la Lune ou *descendant* de la Lune à Saturne, les 7 carrés des 7 planètes forment un puissant pentacle de protection.

• Les **carrés magiques** (la somme des nombres des colonnes verticales égale celle des colonnes horizontales) sont des **condensateurs d'énergie** dotés d'un pouvoir transmis par le nom ou le chiffre sacré à partir duquel ils sont conçus.

| 4 | 9 | 2 |
|---|---|---|
| 3 | 5 | 7 |
| 8 | 1 | 6 |

*Carré magique.*

Utilisés comme *talismans*, ils ont une valeur **prophylactique** et **ésotérique**. Par exemple, le *ouifk* de 15, le *badoûh'* (nom araméo-persan de Vénus), devenu dans la croyance populaire un djinn ou génie, associé à la planète Saturne, utilisé sous forme de talisman contre les douleurs physiques, l'impuissance sexuelle, pour faciliter l'enfantement et comme instrument divinatoire.

• Il existe aussi des *carrés numériques* d'*air*, de *feu*, de *terre* et d'*eau*, ou formés par le total de la valeur numérique des lettres du Coran, construits à partir d'un *nom* sacré, bénéfiques ou maléfiques (tels les noms dits de la Lune) (19).

• En Chine, ces *carrés arithmétiques* reproduisent l'arrangement du *Lo chou* chinois, image du monde présentée par le dieu au corps de tortue à l'empereur mythique Yu et qu'il fallait reproduire dans le Min-Tang (8).

• Le **cube** est le symbole de la **solidification**, de l'arrêt. Le centre sacré des Musulmans de la Mecque, ou *Ka'ba*, est une pierre cubique construite de telle sorte que 4 lignes partent du centre et se dirigent aux 4 angles correspondant aux points cardinaux (19). Ce cube est le nombril du monde, la Mère des lieux saints, le trône du Khalifa de Dieu sur la terre...

# CARREFOUR
*le choix*

Dans toutes les traditions, il est question de monuments, statues, autels, pierres, construits ou déposés aux carrefours par les hommes dans le but de se concilier les divinités qui les hantent, telle la redoutable Hécate qui se tenait aux carrefours avec un flambeau, suivie d'une horde de démons et de fantômes.

• En Chine, le carrefour est le lieu où l'on se débarrasse des démons : lors de la cérémonie de la chasse aux diables, le magicien, sous l'influence d'une puissance supranaturelle, enferme ceux-ci dans la cendre d'encens placée dans un bol, recouvre ce bol avec des bandes de papier aux 5 couleurs, attachées solidement. Arrivé à un carrefour, il y met le feu et les diables sont brûlés vifs (6).

• Croisée des chemins, le carrefour représente un moment de solitude, le face-à-face avec son destin. Il invite le voyageur à s'arrêter pour faire le point avant de prendre une **décision**, implique un **choix** et une action.

• Il évoque la croisée du transept de l'église, entre les petits et les grands mystères où le pèlerin doit faire *le choix décisif dans la recherche de ses causes*. Son centre correspond à celui de la croix.

◆ Lieu de passage d'un endroit à un autre, le carrefour, figure aussi le passage d'un monde à un autre, d'un état à un autre, de la vie à la mort. On y rencontre d'autres voyageurs, image de la **vie de société**. Mais comme l'on ne s'y attarde pas, il invite à continuer sa route.

Lorsqu'il se présente dans nos rêves, cet endroit dangereux, propice aux embuscades, préconise la **prudence**, la **vigilance**.

# CAVERNE
*la matrice, l'inconscient*

---

Cavernes, grottes... tous les lieux sombres et profonds, souterrains ou enfoncés dans une montagne ou une falaise sont des archétypes de la **matrice** maternelle. Ils figurent dans les mythes d'origine comme dans les rites d'initiation où le novice doit traverser un endroit obscur, symbole de l'athanor, du chaudron celtique, lieu de renaissance.

S'y associe l'idée d'**épreuve**, des difficultés propres à l'étape précédant l'intégration des éléments de la personnalité. Ainsi, dans les mythes, la caverne est hantée par des monstres symbolisant les contenus — dangereux parce qu'inconnus — de l'inconscient.

◆ Demeure des premiers hommes, la caverne est considérée comme un réservoir d'énergie et de souvenirs qui doivent émerger afin de libérer le conscient : complexes, sentiments plus ou moins confus qui s'agitent dans le secret de l'inconscient...

# CEINTURE
*union et liaison*

---

Qu'elle ait eu pour fonction de protéger, comme la *ceinture de chasteté* ou la *ceinture de vierge* portée par les jeunes filles grecques dans l'Antiquité, de plaire, telle la *ceinture de Vénus* qui renfermait toutes les séductions, de guérir, comme la *ceinture merveilleuse* à laquelle on attribuait des miracles jusqu'au XVIIIe siècle, objet d'utilité ou de parure (la *zona* précieuse des Grecs et des Romains) depuis la plus haute antiquité, la ceinture fait partie du vêtement civil et religieux. Dans la Bible, elle représente l'union étroite avec Dieu.

• Symbole de **servitude**, elle ceint la taille du grand-prêtre des Juifs, serviteur de la justice (ancêtre des ceintures liturgiques). La veuve qui renonçait à la communauté des biens pour éviter le paiement des dettes de son mari, *jetait sa ceinture à terre*.

• Elle est aussi un symbole de **privation**, de restriction, de frustration : le cordon des moines qui ont fait vœu de chasteté et de continence... L'expression populaire *se serrer la ceinture* est explicite.

• Diversement colorée, elle indique le **grade** ou le degré : ceintures des soldats, des judokas...

# CENTRE
*l'origine du mouvement*

Le centre du monde, c'est l'**omphalos**, le nombril de la terre, symbolisé par les Vénus préhistoriques obèses.

Plus tard, avec l'avènement de la société patriarcale, ce centre fut représenté par un monticule surmonté d'une pierre figurant le phallus, pilier central dont dépend la continuation de la race humaine. Chaque peuplade eut son centre-axe du monde : mont sacré, temple, palais royal, source de la réalité.

• Le centre-axe cosmique, comme l'arbre de vie, pivot central de l'espace et du temps, a son équivalent dans l'organisme : la **colonne vertébrale** sur laquelle s'étagent les différents niveaux de conscience (les chakras indiens), le plus élevé représentant la rencontre avec le divin, la libération, le plus bas, le domaine de l'instinct.

• Le centre symbolise aussi l'**ordre**, la loi organisatrice (pouvoir central, centralisation...) de l'Etat et, à un niveau supérieur, de l'univers, de la pensée, de l'ascension spirituelle.

• C'est encore le cœur de la Jérusalem céleste, l'**Homme accompli** : atteindre le centre de sa personnalité implique l'intégration des 3 niveaux de conscience : le *ça* (les pression instinctuelles), le *moi* (le conscient) et le *surmoi* (le subconscient, les instances mentales supérieures). Intégration qui correspond à la **maturité** psychologique.

• Le symbolisme du centre rejoint celui du point, pivot dont tout dépend.

# CERCLE
*le développement continu de la création*

Les premiers hommes ont symbolisé par un cercle le **cycle des saisons** formant l'année, qu'ils désignèrent par des émissions vocales donnant à la bouche une forme annulaire : *on, oen, ain* dont les Grecs firent *ennos* (année), les Latins *annulus* (l'anneau) et les Assyriens *Anou* (dieu du ciel) (121).

Le symbolisme du cercle exprima la triple notion de la vie en évolution perpétuelle, du temps et de la divinité.

• Si le centre est le point d'où part le mouvement et par extension la vie, le cercle est le développement du point central, dont il est *l'extension en tous sens* (17), le **retour** constant du temps, des saisons, de la vie, de la mort, du jour, de la nuit...

• Il implique l'idée de mouvement et représente le **cycle du temps**, le mouvement perpétuel de tout ce qui se meut, la ronde des planètes autour du soleil (cercle du zodiaque) qui se projette dans les *temples circulaires*, l'arène, le cirque, la danse circulaire des derviches tourneurs, la circumambulation des pèlerins arabes autour de la Ka'ba, des bouddhistes autour des stûpas, du prêtre autour de l'autel avec l'encensoir, symbole de leur **participation** au grand rythme de l'univers.

• Symbole de la **perfection** pour l'Islam, de la divinité (disque solaire) et de la lumière en Egypte, expression de ce qui n'a ni commencement ni fin, le cercle symbolise l'**éternité** représentée par le serpent (emblème de vie) qui se mord la queue, dit *Ouroboros*, dont la devise est *Un le tout* (17), *la substance universelle raréfiée jusqu'à l'imperceptibilité pour constituer l'essence intime des choses, le fondement immatériel de toute matérialité...*

• Symbole du Soleil en astrologie, image du pouvoir générateur du soleil (le *kneph* ou disque ailé des Egyptiens), on retrouve l'idée de cercle dans les promenades et *marches circulaires*, rites d'adoration et d'assistance au Soleil-Dieu, répondant à la nécessité de soutenir le *Très-haut* aux moments difficiles de son cycle annuel : solstices, équinoxes et éclipses (136-123).

• Le cercle, c'est aussi le zéro de notre numérotation, figurant les **potentialités**, l'embryon. Comportant un point central, le cercle est la représentation de « l'être manifesté », évoquant le concept d'**ordre**, de cosmos, d'harmonie (22), et s'apparente à la roue.

• Agent de **protection**, il a une valeur magique et symbolise la barrière infranchissable qui enferme, clôt et écarte les démons : en Chine, un cercle de chaux décrit autour du bûcher où l'on brûle les démons enfermés dans un bol représente *une forteresse sans issue* d'où il est impossible de s'échapper, ou, autour des tombeaux, *un rempart contre les prêtas qui volent les offrandes envoyées aux défunts* (6-109).

Les Chinoises portent en amulette un collier rigide en or, muni d'un large fermoir appelé *fermoir de longue vie* signifiant que l'esprit de longue vie et de bonheur est en sécurité, enfermé à clef et continuera de dispenser ses bienfaits au porteur. On offre ces *cadenas du bonheur* d'or ou d'argent aux nouveau-nés le 19e jour du 2e mois lunaire, anniversaire de la naissance du Bouddha (75-299).

• S'apparentent au cercle magique : les *chaînes de défense* tracées par les sorciers autour de certaines personnes ou plantes pour éloigner les influences nocives et leur procurer des vertus surnaturelles ; les *cercles d'évocation* des esprits contenant des noms magiques servant à appeler les Génies ; le cercle tracé sur le sol dans lequel s'installe le magicien, qu'il ne franchira qu'après certaines conjurations.

• Au Japon, le *shimenawa* (corde sacrée en paille de riz qui, dans la mythologie, empêche le soleil de disparaître définitivement) remplit une fonction identique : il encercle, pour les protéger, des objets (arbres, rochers sacrés), des édifices ou des sites sur lesquels on doit construire après leur purification, et sa mise en place exige une cérémonie rituelle impressionnante. On les suspend au-dessus de l'entrée des maisons privées ou des temples au Nouvel-An (77-184).

• Signalons encore l'*anneau* magique porté par l'opérateur (sorcier ou magicien) afin de protéger ses doigts des influences dangereuses, ancêtre des *bagues, bracelets, diadèmes* modernes, autrefois destinés à assurer en outre, la **cohésion** entre le corps et l'âme indispensable à la survie de l'homme (ils étaient ôtés à la mort pour permettre à l'âme de s'échapper).

• Le *kyilkhor* (cercle de méditation) des lamas tibétains, est à la fois un instrument magique qui circonscrit les influx spirituels et un *mandala*. Ce diagramme dessiné sur étoffe, papier, métal ou sur le sol à l'aide de poudres de couleur, porte au centre une divinité symbolisée par une *torma* ou petite pyramide de pâte (19-231).

♦ Dans les *rêves*, le cercle est un symbole du **Soi** et indique la fin du processus d'**individuation**, de l'*évolution de la personnalité vers son unité* (24).

• La correspondance spatiale du cercle est la **sphère**. Selon les hermétistes, Dieu fut conçu comme une sphère dont le centre se trouve non seulement au ciel, mais partout, sur la terre et dans le monde inférieur. Ce qui évoque la tripartition égyptienne : *Ciel, Terre, Douat*.
• La sphère symbolise également **le dynamisme psychique**.

## CERF
*la fatuité*

Le cerf est un symbole de **longue vie**, regardé par les Egyptiens comme l'emblème de l'être sensible à la flatterie, parce qu'il se laisse séduire par le son de la flûte (114-117).
• En Chine, le cerf (lu) symbolise la **longévité** et la **richesse** (7-68).

## CHANDELIER
*la parole de Dieu*

Le livre de l'Exode décrit le chandelier d'or martelé placé dans le tabernacle par Moïse, la Menorah, dont les 7 branches portent une lampe à chaque branche, représentant l'Eglise entière dont les 7 stages ou développements furent symbolisés par les 7 congrégations de l'Asie Mineure.
   Ses lampes étaient en forme d'amande, parce que les fruits

en formation de l'amandier apparaissent avant les feuilles comme la prêtrise porte des fruits avant l'apparition des feuilles de la manifestation (20).

Le chandelier est le symbole de la **parole de Dieu** et sa lumière celui de l'illumination sainte, de l'esprit de la vérité. Il éclaire l'Eglise sur les choses profondes de Dieu qui sont entièrement cachées à l'homme naturel. Seuls ceux qui sont vraiment consacrés sont autorisés à voir cette lumière profondément cachée dans le «Saint».

# CHARIOT
*le mouvement*

Dans le 7e arcane du **Tarot**, le jeune conducteur du char, évoquant l'Amoureux (l'affection) et le Bateleur (principe pensant) et portant un sceptre comme l'Empereur (volonté), incarne les **principes supérieurs** de la personnalité humaine pour représenter *l'âme intellectuelle*, l'antimoine des alchimistes.

Son véhicule cubique, support visible de l'invisible, indique une réalisation corporelle dynamique (roue : symbole de l'ardeur vitale entretenue par le mouvement).

Le jeune prince représente la conscience éclairée qui concilie les contraires, les aspects opposés de sa nature symbolisés par les deux sphinx de couleurs opposées qu'il domine superbement.

L'arcane symbolise l'unification par le mouvement.

**Interprétation divinatoire** : victoire, maîtrise de soi, talent, réussite due au mérite personnel, ambition, avancement. Incapacité, manque de talent, de tact ; inconduite (17, 79, 114).

# CHAT
*la féminité*

En Egypte, le chat (*Aelurus*) était le symbole de la lune. On l'adorait sous l'aspect du grand chat *Mau* qui terrassa le serpent mythique Apophis qui, dans le *Livre des Morts*, tente de faire chavirer la barque solaire.

Il était aussi la déesse *Bast*, personnification de la **puissance fertilisatrice** du soleil qu'elle protégeait durant son sommeil contre les serpents. Le peuple de Thèbes appelait la chatte *la Dame du ciel*.

• Les Musulmans le considèrent comme un animal possédant la *baraka* et 7 vies ; mais le *chat noir* est doué de **pouvoirs magiques**.

• En Chine, le chat (*mao*) est un symbole de **clairvoyance**, associé à la lune et à tout ce qui la caractérise. Dans certaines régions, on lui attribue des **forces démoniaques**, la possibilité de voir les esprits la nuit.

Les chats *blancs* passent pour se transformer en esprits nuisibles la nuit parce qu'ils volent les rayons de lune (7-73).

• La tradition attribue au chat une **nature féminine** et les Indiens Pawnees d'Amérique du Nord font du chat sauvage le symbole de l'**adresse** et de l'**ingéniosité**. Comme dans les contes de fées où il personnifie le **savoir-faire** s'appuyant sur le **mensonge** et l'**hypocrisie**.

Dans d'autres traditions, il est maléfique parce qu'il possède la souplesse et l'insaisissabilité du diable et est considéré comme le symbole de la mort.

◆ Le chat des rêves signale une **situation angoissante** ; aussi est-il souvent *ressenti comme hostile, agressif, redoutable* (23). Selon Aeppli, qui retient l'interprétation symbolique des Pawnees, cet animal *à fourrure brillante qui crépite sous la caresse, qui fait patte de velours mais peut à tout moment bondir sur ses griffes... apparaît surtout dans les rêves de femmes, au moment où elles doivent prendre conscience des composantes félines de leur nature* (24-277).

## CHÂTEAU
*l'individuation*

---

Entouré de fortifications, murailles, tours, bastions, le château d'accès difficile, est un symbole de **protection**.

• **Refuge** en cas de danger, il indique aussi la **solitude**, l'isolement souvent nécessaire au processus d'individuation ou de maturité psychique : les héroïnes des contes de fées y dorment en attendant

le prince charmant qui les réveillera (symbole de l'éveil de la conscience).

• Il peut refléter l'**ostentation**, le **luxe** ou l'abandon de l'espoir
(château noir).

• Sans lumière ou aux fenêtres closes, il figure l'inconscient, la
confusion de l'esprit, l'indécision, tandis qu'illuminé, il reflète
la claire conscience, la réalisation des désirs.

*Le château tournoyant du Graal. (47)*

◆ A un niveau plus élevé, le château presque inaccessible est le
symbole de la difficulté d'atteindre le centre de sa personnalité,
le *Soi*, la nécessité de s'attaquer aux défenses de la forteresse,
c'est-à-dire de lutter contre les forces inconscientes, les tendances
irrationnelles du *Surmoi*.

# CHAUSSURE
*le voyage*

Elément vestimentaire indispensable dans les régions tempérées,
la chaussure se rapporte au confort physique et peut représenter
la condition sociale ou financière : la pauvreté ou les restrictions
(chaussures éculées).

• Symbole du voyage et du **voyageur** : Hermès, le messager rapide
des dieux, porte des sandales ailées.

• En Chine, les souliers (*liu hang*) symbolisent la **concorde** et l'**harmonie** et le désir d'avoir des fils. Lors de la cérémonie du mariage, l'échange des chaussures des époux exprime le vœu d'une longue vie commune.

◆ Symbole féminin, la chaussure du rêve se rattache au symbolisme du pied, symbole phallique auquel elle doit s'adapter (25). Porter des chaussures d'enfant révèle un comportement infantile ou inadapté à sa situation ou à son âge.

## CHÊNE
*la sagesse et la force*

Consacré à Zeus, Jupiter et Hercule, le chêne a joué un rôle important dans la mythologie grecque : les prêtres rendaient les oracles sous le feuillage des chênes sacrés qui entouraient le sanctuaire de Zeus.
• Symbole de **force** morale et physique, et de longévité : on raconte que les premiers hommes se sont nourris de glands.
• Il a tenu une grande place dans la religion des Celtes qui le regardaient comme l'emblème de l'**endurance** et du triomphe (il fleurit au solstice d'été). Le chêne est attribué au D (Duir) de l'alphabet des arbres et donne son nom à un mois (10 juin-7 juillet) (107).
• Les Gaulois, qui pratiquaient le culte des arbres et des plantes, le considéraient comme l'axe du monde. Seuls les druides, qui possédaient sagesse et force, pouvaient présider à la cueillette symbolique du gui de chêne. (Voir *Gui*).

## CHEVAL
*l'énergie universelle, la libido*

Le cheval fut le totem des nations germaniques et un symbole solaire : dans les courses de chevaux, figurant la course des astres, il représentait le soleil.

• Dans la Bible, il est le symbole de l'**intelligence**, signifiant que l'homme doit maîtriser ses instincts comme le cavalier guide son coursier.

*Rassemblez-vous au grand festin de Dieu, et vous y mangerez les chairs des chevaux et de leurs cavaliers* (Apoc.XIX,17,18) signifie s'approprier l'intelligence des vérités divines, le cavalier désignant la sagesse qui guide l'intelligence, le char, la doctrine religieuse.

*Jéhovah ne se complaît pas dans la force du cheval* (Ps.CXLVII.10), désigne l'intelligence qui n'est pas maintenue par la sagesse.

*Ne soyez pas comme le cheval ou le mulet qui n'ont point d'intelligence* (Ps.XXXII.9) : l'intelligence de l'homme qui s'abrutit en descendant vers la matière (9-144).

• Suivant la couleur de sa robe, dans l'Apocalypse il est symbole de **victoire** (cheval blanc) ou de **destruction** (rouge-feu).

Noir ou blême, il est lié à la lune et à l'eau et incarne le **diable** ou un damné.

Blanc et ailé (la spiritualité), il symbolise la **maîtrise de soi** : la *Licorne* ne pouvant être capturée que par une vierge, douée d'une force et d'une puissance si merveilleuses que l'Eglise chrétienne en fit le symbole de la **religion**, de la **pureté** et de la virginité physique. *Pégase*, la force vitale ailée, dont le sabot fait jaillir l'éclair de l'**intuition**, de l'inspiration poétique... Un cheval blanc transporte les Ecritures saintes des Indes au Tibet. Un cheval lumineux emporte Mahomet au ciel (25-113).

• Archétype maternel des contes et légendes, représentant la vie purement animale et corporelle, le cheval est encore l'image du **giron maternel** : le cheval de Troie amène la chute de celle-ci parce qu'il porte les ennemis en son sein.

• Symbole de **vie** (solaire), le cheval est aussi une figure chtonienne, image ou incarnation de la **mort** dans de nombreux mythes, associée à toutes les forces cosmiques : avec le principe féminin terrestre et le principe masculin spirituel (les chevaux anthropophages de Diomède dévorant les voyageurs...), l'incarnation de l'**orgueil** et du besoin de **domination** s'opposant à toute forme de spiritualisation (les chevaux des Centaures, le cheval roux de l'Apocalypse...).

• Associé à la **luxure** dans les Bestiaires du Moyen Age, le cheval est considéré comme le symbole universel de l'**énergie psychique** (25) mise au service des passions humaines, en particulier de la passion sexuelle qui, non maîtrisée, mène l'homme à sa destruction.

Il figure aussi l'**impulsivité**, l'impétuosité des désirs, les pulsions instinctives qui servent de motivations à l'homme. N'était-il pas autrefois consacré à Neptune-Poséidon, dieu de la mer et des tempêtes, associé au fougueux Phaéton qui osa affronter Zeus ?

Cette association du cheval avec les forces obscures de l'être humain, la virilité, la sexualité, a été ressentie par de nombreux auteurs (Nietzsche fait dire à Zarathoustra : *Mon pied, c'est un pied de cheval. Il trotte et galope en dépit des obstacles, de droite et de gauche, et ses courses rapides me donnent un plaisir du diable* (23-237).

◆ Le cheval des rêves est un animal psychique exprimant toutes les caractéristiques que lui attribuent les mythes et représente *l'aspect discipliné et achevé des pulsions instinctives, mettant l'individu à même d'atteindre ses buts naturels.*

Le cheval *noir* de la mort et de la destruction est ici synonyme de **misère** ; il incarne la **libido négative**, pervertie. *Blanc*, il trahit le manque de réalisme ou peut être en rapport avec la mort (24-273).

Lorsque le cheval *se cabre*, renâcle, se déchaîne, fuit, il traduit un **dérèglement psychique** dans la vie érotique du rêveur.

● Septième signe du zodiaque chinois, le cheval (*ma*) décrit une nature gaie et charmante mais colérique, changeante et entêtée. L'année du Cheval est trépidante et aventureuse, favorable à des entreprises téméraires, au surmenage et à la tension dans les milieux diplomatiques et politiques (118-145).

# CHEVEUX
*la nature animale*

Dans les cheveux (comme dans les ongles), liés à la puissance vitale et à la force de l'homme, se concentrent les **vertus** et propriétés de l'être : d'où le culte des reliques des saints et la coutume de conserver en souvenir une mèche de cheveux ayant appartenu à un être aimé ou les premières dents de lait d'un enfant.

● La chevelure symbolise la **force physique**, la virilité (Samson et le juge d'Israël lui devaient leur force prodigieuse).

● Symbole de forces instinctives, elle est un élément incontestable **séduction** et d'**attraction sexuelle** de la femme : le sacrifice volontaire de la chevelure, sorte de castration symbolique, représente la sublimation de ces instincts, le renoncement aux valeurs mondaines. Dans les ordres féminins, les religieuses sont tondues lors de la prononciation des vœux. On coupait autrefois les cheveux des femmes de mauvaise vie à titre de punition. Les moines, l'ascète hindou se rasent la tête...

• Dans l'Antiquité, la chevelure était un symbole de **liberté** : on rasait les cheveux aux esclaves et aux criminels (coutume conservée par les prisons).

• Elle est parfois le signe d'appartenance à un groupe, à une **secte** : au Japon, la coiffure du samouraï était un privilège qui le consacrait ; la perte du chignon était pour lui le pire des déshonneurs.

Dans ce pays, la chevelure est intimement liée à la symbolique du *peigne* qui maintient la coiffure et symbolise la force de l'homme, sa noblesse, ses rapports avec Dieu, *tout ce qu'il considère comme l'élément le plus précieux et le plus spécifique de sa personnalité* ; il assure la cohésion de sa personnalité. Les dents du peigne préservent l'individualité des diverses parties de celle-ci (77-242).

Dans la même optique, la mèche de cheveux des musulmans leur garantit un lien avec Dieu au moment de la mort.

• Dans les mythes, la *calvitie totale* exprime l'improductivité de la matière privée des pouvoirs générateurs divins (83-39).

• La *coiffure* est une expression de la *persona* ; elle reflète l'attitude de l'individu à l'égard des forces instinctives : le fait, pour la femme, de les porter longs ou courts, noués ou dénoués exprime la disponibilité ou la réserve, celui de la montrer ou de la cacher trahit le désir de plaire, de se faire remarquer ou au contraire, d'éviter les regards et le désir (la puritaine a les cheveux tirés) (101).

♦ Selon Aeppli, *les cheveux sont avec les poils, un produit de notre union avec la nature animale. L'abondance ou l'insuffisance, le fait de se soigner les cheveux ou de les laisser en désordre sont autant d'indications sur cette nature.*

Aussi, lorsque, en rêve, on rencontre le coiffeur, *il est temps de soigner sa nature brute. Il faut dompter les cheveux hirsutes... réduire à la civilisation ce qui d'un côté est trop viril, trop rude, et de l'autre trop féminin, trop délicat. Il faut les adapter à un ordre conventionnel* (24- 158).

# CHIEN
*le gardien du seuil*

---

Dans la plupart des mythologies, le chien est associé à la terre, à l'eau et à la lune, donc aux fonctions végétatives, féminines, divinatoires, sexuelles, à l'inconscient.

• Dans la Bible, il désigne la **lâcheté**, la **servilité**.

• Compagnon du diable (chien jaune de Méphistophélès), utilisé dans certains rites de magie noire, considéré comme l'ennemi de Dieu, pour l'Islam, il est un objet de **répulsion**.

• Gardien du troupeau, emblème du pontife, il est un symbole d'**obéissance**, de **fidélité** et de **vigilance**.

• Il a rempli la fonction de **psychopompe** dans l'ancien Mexique et en Egypte : les esprits-cynocéphales, serviteurs de Thot, maîtres de sagesse *assis sur la proue de la barque de Râ, annoncent les ordres du Seigneur des mondes* (10).

• Dans les mythes, il représente les **instincts** élémentaires dangereux, l'*animus* inconscient agissant en liberté : les chiens féroces d'Artémis, la meute hurlante de la redoutable et maléfique Hécate, messagère des démons, symbole de la mère autoritaire ou possessive.

• Le chien symbolise également le sein maternel (certaines peuplades disparues faisaient dévorer leurs morts par les chiens dont le ventre figurait le ventre maternel où le mort attendait sa résurrection) et la **maternité** qui étreint et dévore (25-87).

Sous l'aspect de Cerbère, gardien du seuil inférieur, il représente le *potentiel défensif du moi inconscient* (114-123).

• Onzième signe du zodiaque chinois, le Chien (gou) confère l'honnêteté, la loyauté et le sens de la justice.

L'année qu'il patronne apporte la stabilité, l'harmonie au foyer mais est marquée par des confrontations importantes sur l'échiquier mondial (118-223).

◆ Sur le plan psychologique, le chien est un archétype de l'**individuation** et représente le premier stade d'évolution psychique : Cerbère, le chien à trois têtes et aux dents empoisonnées garde la porte des Enfers, symbole du seuil séparant le conscient de l'inconscient, premier stade de l'évolution.

Dans les rêves, il est devenu *l'animal-frère*, symbole de l'animalité conciliée... Mais s'il apparaît délaissé ou martyrisé, il indique que *nos forces instinctives ont été négligées ou mal traitées* (24-276).

## CHIMÈRE
*les pouvoirs divins*

Monstre décrit par Homère composé du bouc, du lion et du serpent qui jetait du feu par la bouche, la chimère symbolisait les pouvoirs de **création** (bouc) de **destruction** (lion) et de **conservation** (serpent) de Dieu, *unis et animés par le feu, l'essence divine des trois* (83).

## CINQ
*l'équilibre, la perfection humaine*

Le 5 était considéré par les Etrusques et les Romains comme un *nombre nuptial* (les 5 flambeaux accompagnant le rite des épousailles) parce qu'il est le premier nombre résultant de l'addition du 1er nombre féminin et du 1er nombre masculin (29-37).

C'est le nombre de l'homme *envisagé comme le médiateur entre Dieu et l'Univers.* A ce titre, la figure humaine s'inscrit dans le pentagramme *car la tête domine les quatre membres comme l'esprit commande au quaternaire des éléments* (17-140).

• Cinq est le nombre de l'**homme physique** qui dispose de 5 sens, 5 doigts de la main, 5 extrémités, dont le corps est constitué de 5 parties égales dans sa longueur : la tête, la poitrine, le bassin, la cuisse et la jambe ; dans sa largeur les bras étendus : de la poitrine au centre, du coude à l'épaule et de la main au coude.

• C'est aussi le nombre de l'**univers** avec les 5 éléments (feu, air, terre, eau, éther), 5 planètes traditionnelles en dehors des 2 luminaires...

C'est encore le 5e élément cosmique, la cinquième essence ou *quintessence* qui parachève et accomplit le quaternaire, qu'il faudrait dissocier des quatre autres afin de découvrir le secret de l'univers. *On l'appelait l'Aither.. ou Protyle* (22-152)....

• Les philosophes grecs avaient admis cinq principes dans l'homme : *corps, âme animale, psyché, intelligence et esprit divin* ; et après eux, les Kabbalistes : le corps et ses quatre alliés (22-152).

• En Chine, cinq (*wu*) est un nombre masculin **porte-bonheur** en correspondance avec les 5 points cardinaux (N, S, O, E et milieu), 5 couleurs, 5 odeurs, 5 saveurs, 5 sons, 5 coutumes (coutumes des fêtes, du deuil, de l'hospitalité, de l'armée et des vœux de bonheur), 5 animaux venimeux, 5 variétés animales (à fourrure, à plumes, à carapace, à écailles et nus), 5 relations entre les hommes (prince et serviteur, père et fils, frère aîné et cadet, ami et ennemi).

• La médecine traditionnelle, l'astrologie, la géomancie, la philosophie chinoises sont basées sur des combinaisons de 5 (7-86). Et les monuments funéraires sont couverts d'ornements symboliques ayant trait aux 5 félicités : bonheur, longévité, dignité, joie, richesse (6-89).

◆ Selon Aeppli, lorsque le 5, *nombre de la vie et de la nature*, apparaît en rêve, *le visage de l'âme se tourne vers un aspect de vie calme, solide et clair* (24-199). Tandis que pour Jung, ce symbole de vie et d'amour érotique, *expression de l'élan irrationnel et amoral de la vie et de l'amour*, est le nombre de la **révolte** (135-153).

## CIRCONCISION
*l'entrée dans la vie adulte*

Epreuve consistant, pour un garçon, à libérer son pénis du prépuce protecteur par une sorte d'agression de la part du circonciseur, la circoncision symbolise et marque la rupture définitive avec son passé enfantin, avec le monde maternel.

Ce rite est encore pratiqué par les sociétés (juives et musulmanes) qui ont purgé leur mythologie de tout élément féminin.

## CLEF
*l'accès au secret*

La clef recouvre un double symbolisme : **fermeture** (ce qui est caché, la captivité, le secret,...) et **ouverture** (moyen d'accéder à ce secret et à la liberté).

• Symbole de **sagesse**, la clef est, avec le bâton, l'attribut de Janus au double visage, dieu des portes du soleil qu'il ouvre et ferme aux solstices, qui remplit aussi la fonction de guide (bâton) ouvrant la voie initiatique.

• Symbole phallique, la clef remise par Barbe-Bleue à sa femme, ouvre la porte de la chambre interdite et *évoque une association avec l'organe sexuel mâle* (67-488). Elle représente la tentation. On peut y voir encore le symbole du mystère à percer, d'une énigme à résoudre, une étape menant à la découverte et par extension, à la lumière.

## COLONNE
*l'axe*

L'idée de la colonne dérive de l'arbre, de la poutre, représentant l'*axe du monde,* comme la tour, le pilier, l'obélisque.

Les colonnes du Tabernacle des juifs étaient en bois, substance corruptible, et représentaient les *croyants justifiés* mais non parfaits. Les Hébreux furent guidés à travers le désert de Sin par une colonne de feu (probablement une *colonne solaire*, colonne lumineuse qui apparaît parfois après le coucher du soleil et brille avec intensité) qui les mena vers la terre promise. Elle symbolise le flambeau qui éclaire l'homme et le conduit vers le centre de sa personnalité.

# COQ
*la vigilance, la combativité*

Le maître de la basse-cour est l'emblème de la **virilité** (le coq castré ou chapon ou coq vierge, est réputé pour sa poltronnerie) et de la **fécondité**.

• C'est comme symbole de la **vigilance** (en grec *alektruor* = celui qui ne se couche pas) du pasteur des âmes que les premiers chrétiens le firent figurer entre Jésus et Pierre et qu'il se dresse sur les clochers, *d'où il surveille l'horizon et met en fuite les démons*.

Par son double caractère de protecteur vigilant et de défenseur courageux de ses enfants, il représente là le Christ qui, placé au-dessus de l'Eglise militante de la Terre, veille sur elle et qui, toujours pour se défendre, fait face aux bourrasques, aux tempêtes, d'où qu'elles viennent (31-48).

Sa vigilance s'est manifestée lorsqu'il rappela saint Pierre à l'ordre en faisant entendre son triple chant (certains l'accusent d'avoir agi en *poulet* à cette occasion!).

• Pour symboliser la **vie victorieuse de la mort**, son chant mettait fin à la danse macabre au Moyen Age. La tradition populaire en a gardé le souvenir, lorsqu'elle assure que son cocorico annonciateur de la lumière et de la puissance divines, chasse les fantômes et spectres nocturnes.

• Emblème du **soleil** dont il annonce la venue chaque matin, il fut consacré à Apollon, et c'est comme symbole de la vitalité qu'il fut attribué au dieu de la médecine, Asclépios (Esculape). Et, en raison de ses tendances combatives et de son courage, à Bellone, compagne de Mars dieu de la guerre.

• Il figure aussi la **victoire** parce qu'il n'abandonne jamais un combat, préférant la mort.

Sur les monnaies républicaines il figura comme symbole de l'union et de la force armée.

• Dans l'art héraldique, le coq, représenté la tête levée, indique la **fierté** et la **vigilance**, *le bec ouvert pour lancer son cri d'alarme et d'éveil*.

• Quant au *coq gaulois*, il tire son nom du latin *gallus* signifiant à la fois coq et gaulois (31-97).

• En Egypte, le coq forme avec l'aigle et le feu un symbole trinitaire de l'**initiation**. Le coq *blanc* était consacré à Jupiter, au soleil et à la lune et Pythagore interdisait à ses disciples de le manger en dehors de la cène pythagoricienne.

● Pour les Incas, adorateurs du soleil, le coq, annonciateur de la lumière divine, est un animal sacré.

● En Inde, il personnifie l'énergie solaire et dans la Roue du Destin des Tibétains, figure la **luxure**, le **désir**, la **volupté** (à côté du serpent et du porc), éléments négatifs dont le sage doit se débarrasser, première étape de son évolution.

● Dixième signe du zodiaque chinois, le Coq (*ji*) confère une personnalité attirante, la fierté ou l'orgueil, la précision, un sens critique développé, le goût de la polémique.

L'année du Coq est marquée par des discussions ou disputes, des manifestations d'égoïsme à tous les niveaux. Durant cette période la prudence est recommandée dans toutes les opérations et initiatives.

# COULEURS
*la vie*

Des six couleurs, trois sont fondamentales : le bleu, le jaune et le rouge ; trois autres résultent du mélange de deux fondamentales : le vert (bleu + jaune), l'orange (rouge + jaune) et le violet (bleu + rouge). La synthèse de ces couleurs donne le blanc.

Les couleurs, qui occupent une place exceptionnelle dans la symbolique traditionnelle depuis le début de l'humanité, *eurent la même signification chez tous les peuples de la haute antiquité.*

Leur langage, *intimement lié à la religion, passe dans l'Inde, en Chine, en Egypte, en Grèce, à Rome...reparaît dans le Moyen Age, et les vitraux des cathédrales gothiques trouvent leur explication dans les livres zends, les Vedas et les peintures des temples égyptiens* (32-2).

● Elles ont joué une fonction **cosmique** et ont représenté des divinités dans diverses cosmogonies : chez les Amérindiens (Mayas, Aztèques, Incas...), le rouge est associé à l'Est, pays du soleil ; le bleu ou le blanc, au Nord (pays du froid) ; le noir, à l'Ouest, (pays de l'ombre) ; le jaune ou le blanc au sud (Wahala inca), en rapport avec les âges de la création (126-174).

• Les Japonais reconnaissent aux couleurs *des significations particulièrement délicates dépassant ce que l'homme est capable de décrire*. Les écoles shintoïstes enseignent à leurs initiés les correspondances suivantes :

— Noir (*Kuro*) et violet (*murasaki*) — Nord — *Ara-mitama* — Primitif, origine, paradis.

— Bleu ou vert (*ao*) — Est — *Kushi-mitama* — Vie, création.

— Rouge (*aka*) — Sud — *Sachi-itama* — Harmonie et expansion.

— Blanc (*Shiro*) — Ouest — *Nigi-mitama* — Intégration et propulsion.

— Jaune (*ki*) — Centre — *Nao-hi* (rayons du soleil) — Créateur, unité.

Cette série de 5 couleurs domine le rituel : lorsque l'Empereur fait à un Kami (dieu) un don d'étoffes, il doit y en avoir au moins une pièce de chaque couleur ; les bannières sont composées de bandes de 5 couleurs ; les bandelettes de 5 couleurs pendent aux grelots portés par les danseurs lors de certaines danses sacrées (77-235).

◆ A travers les sentiments de sympathie ou d'antipathie envers une ou plusieurs tonalités, nous pouvons déceler des émotions refoulées, des sentiments oubliés, des états d'âme confus qui ont laissé une trace profonde dans notre mémoire et tentent de pénétrer dans la conscience par le biais des couleurs.

### Blanc

Synthèse de toutes ces couleurs, le blanc est la **lumière** et les Anciens en avaient fait la couleur de la divinité : les Egyptiens enveloppaient les défunts dans un linceul blanc pour montrer que la mort délivre l'âme pure de son enveloppe charnelle périssable.

• Chez les Hébreux, la tunique de lin blanc représentait la **pureté** du Sacrificateur et la justice divine. Le blanc était la couleur des *vestales* (prêtresses qui étaient brûlées vives lorsqu'elles manquaient à leur vœu de chasteté), des *druides*, des *initiés*.

• Participent de la symbolique du blanc et emblèmes de **pureté, vertu et chasteté** : la robe blanche de la communiante et de la mariée, le bouquet de fleur d'oranger, le lis, la colombe, le lin, l'ivoire, le cygne, le diamant, la neige...

• Sous son aspect maléfique : la lune (le blanc lunaire est celui de la lividité cadavérique et du linceul).

### Rouge

En Egypte, le rouge symbolisait l'amour divin. C'est la couleur du *sang* frais ou vicié, et du *feu* qui, selon les anciennes croyances, a créé le monde et le détruira. Il symbolise la vie, la chaleur et la génération, mais aussi la destruction.

• Dans la langue sacrée des chrétiens, des Egyptiens, des Hébreux et des Arabes, cette couleur a toujours été associée au **feu** et à l'**amour** divin et a symbolisé la divinité et le culte.

Couleur des généraux, de la noblesse, des patriciens et des empereurs à Rome, les cardinaux ont hérité ce symbole de la souveraineté. Au Pérou, elle était liée à la guerre et désignait les soldats.

• Dans le blason, le rouge ou *gueules* exprime la **vaillance**, la **fureur**, la **cruauté**, la **colère**, le **meurtre** et le **carnage**.

• Le rouge vif ou clair est la *force vitale de l'éros triomphant, la richesse et l'amour*. Mais, sous son aspect infernal, le rouge correspond à l'**égoïsme**, à la **haine** et à l'**amour infernal** (couleur du diable).

◆ Au niveau psychologique, le rouge représente la **joie de vivre**, l'**optimisme**, la **vigueur**, l'instinct combatif et ses tendances agressives, la **pulsion sexuelle**, le **désir amoureux**, la **passion**, le **besoin de conquête**.

Nous reconnaissons ici l'**Animus** et sa force matérielle, son pouvoir de création et de procréation. C'est aussi la couleur de la fonction sentimentale. *L'âme est prête à l'action, le sentiment se présente sous forme de conquête ou de souffrance, de don total mais aussi de détresse* (24-202).

### Jaune

Couleur de la lumière, emblème de l'or, associé au miel, le jaune était la couleur de la **lumière céleste** révélée aux hommes et de la doctrine religieuse enseignée dans les temples (32-63).

• Mais le jaune lunaire, couleur de l'or terni et du *soufre* symbolise l'**inconstance**, la **jalousie**, les passions dépravées, l'adultère, la **culpabilité**, la **trahison** (dans plusieurs pays, les juifs devaient porter des vêtements jaunes parce qu'ils avaient trahi le seigneur ; en France, on barbouillait de jaune la porte des traîtres ; dans l'iconographie Judas est vêtu de jaune).

◆ Au point de vue psychologique et dans les rêves, le jaune est la couleur de l'**intuition** et symbolise la **capacité de renouvelle-**

ment, l'**entrain**, la jeunesse et l'**audace**, mais aussi l'instabilité et la vanité (33-129).

Il révèle le besoin de **supériorité** et à l'extrême, la **volonté de puissance** aveugle manifestée en prétentions exagérées à une supériorité factice (souvent compensation à un sentiment d'infériorité mal liquidé ou inconscient).

### Orangé

L'orangé qui procède du rouge et du jaune, désigne la révélation de l'amour divin à l'âme humaine et fut le symbole du **mariage** indissoluble, mais aussi, par renversement du symbole, de l'**adultère**, de la luxure, et dans la langue héraldique, de la **dissimulation** et de l'**hypocrisie**.

♦ Dans les rêves, cette tonalité chaude et brillante, emblème de la luxure, exprime un intense **besoin de jouissance et d'expansion** et reflète un équilibre fragile et la nécessité de contrôler ses impulsions (33-129).

• Attribut de Typhon (le monstre qui, en s'attaquant aux dieux de l'Olympe, engagea la lutte entre la lumière et les forces souterraines) le **roux** a symbolisé dans toutes les mythologies les tendances animales chez l'homme, la fécondité extravagante, la **perversion**, la **concupiscence** et leurs conséquences : intempérance, débauche, **violence**, égoïsme.

♦ C'est la couleur de la fonction **sensation**, de l'instinct génésique avec ses exigences.

### Vert

Le vert, couleur de la nature et des eaux lustrales, est doué d'un pouvoir de régénération, car il capte l'énergie solaire et la transforme en énergie vitale. Il est le symbole de la régénération spirituelle.

• Couleur des bourgeons printaniers signalant la fin de l'hiver, il symbolise l'**espérance**.

• Dans le blason, le *sinople* témoignait de la **courtoisie**, de l'**honneur**, de la **joie** et de la **vigueur** du chevalier qu'il décrivait.

• En Egypte, la couleur verte est attribuée à Phtah, le créateur et le stabilisateur, et à l'eau, parce que dans la cosmogonie égyptienne, l'eau était l'agent primordial de la création. Elle désignait la fondation du temps, la création du monde et symbolisait la naissance matérielle et spirituelle, c'est-à-dire les mystères de l'initiation (9-194).

• Produit de l'association du jaune et du bleu, le vert possède une dualité : c'est la couleur de Vénus symbole de renouveau mais aussi de la **vengeance** ; du dieu-serpent aztèque, inventeur des arts identifié au Thot-Mercure égypto-latin et au Lug Gaulois médecin, magicien, satiriste et artisan, du Kisr musulman qui avait pour fonction de concilier les extrêmes (fonction synthétisée par le Caducée).

• En Chine, le vert désigne l'Est, le printemps, le bois et la charité et dans le christianisme, la régénération dans les actes, c'est-à-dire la **charité** et par antinomie, la **dégradation morale** et la **folie**, le **désespoir**.

• *Teinté de jaune* (couleur des yeux du dragon et des serpents), le vert est la couleur des eaux mortes, de la putréfaction et a une influence **néfaste**.

◆ Sur le plan psychologique et dans les rêves, le vert, couleur de la vigueur sexuelle, reflète le besoin d'**épanouissement**, d'**estime**, de **valorisation**, de **culture** et de **connaissance** (33-131).

### Bleu

Le bleu est associé à la divinité dans toutes les mythologies : à Amon-Râ, dieu du soleil levant dans l'ancienne Egypte ; en Grèce, à Jupiter, père des dieux et des hommes, et à Junon, incarnation de la féminité féconde et épanouie ; en Inde, à Vishnou le justicier...

• En Chine, il symbolise le Tao, la Voie sacrée, le principe insondable des êtres.

• Le bleu jupitérien, couleur froide du vide, est celle de la **vérité** pour les Egyptiens, de la vérité éternelle, de l'immortalité, la **fidélité**, la **chasteté**, la **loyauté** et la **justice** dans la tradition chrétienne.

• Identifié à l'air, au vent, il symbolise la spiritualité, la contemplation, la passivité, et favorise la **méditation**, le **repos**.

◆ Sur le plan psychologique et dans les rêves, le bleu est la couleur de la **tolérance** et représente l'**équilibre**, le **contrôle de soi**, les tendances à la **générosité**, à la **bonté**, un comportement **réfléchi** et le besoin de **sérénité**.

Le *bleu clair* reflète l'inaccessible, le merveilleux, l'évasion (33-130).

### Violet

Le rouge et le bleu s'équilibrent dans le violet qui signifie l'amour de la **vérité** et la vérité de l'amour. Il fut le symbole des noces mystiques du Seigneur et de l'Eglise, de la Passion et des martyrs et représente l'identification totale du Père et du Fils.

• C'est aussi la couleur des veuves, des évêques et des martyrs, et un symbole de mort pour les Chinois.

◆ En psychologie, le violet, couleur de la **fusion amoureuse**, de la **soumission**, traduit le besoin d'**union**, d'**approbation** et d'identification à un être aimé (33-132).

Mais ce rouge refroidi renferme quelque chose d'éteint et peut exprimer un état d'esprit mélancolique s'accompagnant du besoin de **tendresse** et de douceur.

### Rose

Association du rouge et du blanc, le rose, couleur de la chair, de la rosée régénératrice, de la séduction, symbolise l'**amour**, la **pureté**, la **fidélité** (comme la fleur homonyme chantée par les ménestrels et poètes de tous les temps).

### Noir

Le noir, négation de la lumière, est symbole du *néant, de l'erreur, de ce qui n'est pas* et s'associe à la nuit, à l'ignorance, au mal, à ce qui est faux. Il indique *l'ignorance enfantée par le mal et par toutes les passions égoïstes et haineuses.* (9-167)

• Couleur du charbon, il évoque le processus de la combustion, prélude à la **régénération** et renferme une idée de résurrection. Les rites initiatiques de l'antiquité comportaient des épreuves nocturnes : le postulant traversait une mort symbolique dans un lieu obscur, pour devenir un homme nouveau et re-naître à la vie spirituelle.

• Dans le blason, le *sable* signifie **prudence, sagesse** et **constance** dans la tristesse et les adversités.

◆ On peut y voir l'expression du **complexe d'abandon** inséparable de la mélancolie et souvent accompagné de la peur de la vie et du désespoir, tendances reflétées dans les rêves, ainsi que le besoin d'**indépendance**.

### Gris

Union du blanc de l'innocence et du noir de la culpabilité, le gris fut l'emblème chrétien de la **mort terrestre** et de l'immortalité spirituelle, de l'innocence calomniée, noircie, condamnée par l'opinion ou les lois (33- 282).

• C'est aussi la tonalité de la **tristesse** de l'anxiété, de la rêverie vague (33-135).

• Dans la Bible, c'est la couleur de la cendre, symbole de **pénitence** (autrefois le 1er jour du Carême, lors de la pénitence publique, l'évêque répandait de la cendre sur la tête des pécheurs pénitents) et de **deuil** (les Hébreux se couvraient de cendre pour exprimer leur chagrin lors de funérailles).

♦ Couleur équivoque, le gris traduit le manque de vigueur des asthéniques, des déprimés, l'égoïsme, le refus de l'engagement, l'enclos narcissique, et dans les rêves, l'**excès d'indifférence**, l'ennui, la froideur, le besoin de **tranquillité** (33-102).

### Brun

Le brun, couleur de la terre, de la boue et du feuillage d'automne renferme des idées de **dégradation**, de mort (33-134).

• Dans la symbolique chrétienne, le rouge-noir, mélange de feu, de fumée, de cendre et de suie, est le symbole de l'amour infernal et de la trahison (32- 245).

♦ Couleur de la matérialité, le brun correspond au **stade sado-anal** avec l'**agressivité** latente ou déclarée, la méchanceté, l'obstination, l'avarice, l'**égoïsme**.

Dans les *rêves*, il traduit le besoin de **confort physique**, de **sécurité** (33).

## COURONNE
### *la pleine conscience*

Le symbolisme de la couronne se rattache à celui du cercle, de la tête et représente l'accomplissement, la perfection.

• A l'origine, les couronnes étaient faites de feuillages ou de fleurs tressées et avaient un caractère religieux. En Egypte, seuls les dieux et les pharaons avaient droit à la couronne. En Grèce, chaque dieu avait la sienne, chargée de symbolisme : couronne de chêne à Zeus, de laurier à Apollon, de myrte à Aphrodite, de vigne à Dionysos... et dans les cérémonies, le dieu, les prêtres, les adorateurs, les fidèles et les victimes offertes étaient couronnés de ces feuilles, d'où l'usage des couronnes mortuaires sur les tombeaux.

• La couronne représente une **récompense** : les chrétiens espèrent recevoir au ciel la *couronne incorruptible* représentée sur les monuments dans la main de Dieu le Père ; couronne de la mariée, signe de sa virginité...

• Le *nimbe* est la couronne attribuée à la Trinité, figurant comme la *mandorle* (nimbe ovale qui encercle l'effigie des personnages sacrés) la gloire immortelle, l'union avec l'Un.

• Dans le *yoga tantrique*, la couronne, c'est le *sahasrâra*, le lotus aux mille pétales au sommet de la tête, *l'androgyne absolu en dehors du temps et de l'espace* (12), symbole du degré le plus élevé de l'évolution spirituelle.

• La couronne devint, pour les profanes, la manifestation d'un **succès** (on donnait des couronnes aux vainqueurs des Grands Jeux), le symbole d'une dignité, de la souveraineté.

# CRABE
*le recul*

En Egypte, le crabe figurait sur des médailles des anciennes cités comme symbole du *pouvoir productif des eaux, par la puissance qu'il a de séparer de son corps les membres mutilés et d'en faire naître de nouveaux* (83-90).

• Il est confondu avec l'*écrevisse* dans la lame XVIII du Tarot où il dévore ce qui est corrompu dans le marais, symbolisant le **renouvellement**, la nécessité de se débarrasser des croyances mortes qui encombrent le psychisme et doivent être rejetées comme la carapace que l'animal rejette lorsqu'elle est devenue trop lourde.

• Dans certaines armoiries anglaises, le crabe est un symbole d'**inconstance** parce qu'il avance et recule sans cesse.

## CROIX
*l'union des opposés*

La croix, symbole de *l'harmonie entre Dieu et la Terre* (15) est l'un des plus anciens symboles cosmiques. Indiquant les 4 points cardinaux, elle est la base de tous les symboles d'**orientation** : terrestre, céleste, spatiale et temporelle. La branche verticale relie les pôles au plan de l'équateur ; la branche horizontale est en rapport avec les équinoxes et les solstices. A leur point de rencontre s'inscrit le centre.

• Traduction chrétienne de l'**arbre de vie**, de l'axe reliant le ciel à la terre, la croix latine, autrefois appelée le sceau de Dieu, symbolise le Christ crucifié.

De même, le signe de croix est une profession de foi, *c'est le signe du Tout, de la Rédemption. Sur la croix, Jésus sauva l'humanité entière, par elle, il sanctifie tous les hommes jusqu'au plus profond de leur être* (34).

• Symbole de la **foi**, la croix d'étoffe rouge servit de signe de ralliement aux Croisés engagés dans la conquête du saint Sépulcre et de Jérusalem.

• Le *tau*, croix sans sommet fut un emblème de la **création** et de la **génération** avant d'être adopté par la religion chrétienne comme un signe de **salut** : on en élevait aux carrefours et dans les cours des églises. Selon l'Ecriture sainte, l'ange de l'Apocalypse marqua le front des prédestinés du signe de la croix sans sommet (sceau de saint Augustin).

• Inscrite dans le cerle, la croix représente le processus de la **création** et fut autrefois le symbole du soleil (15).

*Croix solaire assyrienne.*    *Croix solaire figurée au tympan de Little Paxton en Angleterre. (121)*

• La croix réalise l'**union des contraires**. Selon les alchimistes, le croisement du trait vertical *dressé, debout, actif, représentant l'action de l'énergie mâle qui transperce et féconde* et du trait horizontal *couché, passif, féminin... est essentiellement un signe de vie, de conjonction fécondante et de pouvoir réalisateur* (17). Evocation du couple lingam-yoni.

• La *croix ansée* des Egyptiens (le tau surmonté d'une anse), appelée aussi la clé du Nil, symbolise *l'intention particulière de donner la vie. Cette croix nous a fourni le plan des cathédrales* (3-18).

En effet, la croix est l'une des formes essentielles de l'église médiévale, *rencontre du temps et de l'espace, du ciel et de la terre. Dans le corps crucifié de la cathédrale, l'homme se trouve au centre de l'être. L'errance cesse au cœur de la croix qui n'est pas un instrument de supplice, mais permanence d'un symbole* (80-151). Car sur le lieu de la mort qu'est le calvaire, c'est la croix-arbre de vie qui fut plantée. *Rejoignant les enfers, là où le Christ est descendu pour délivrer les damnés, elle a atteint les sphères célestes, là où il est monté pour régner* (80-152).

*Croix solaire gravée sur une coquille dans un tumuli du Mississipi.*

*La roue solaire et le Swastika, de part et d'autre d'un Arbre de Vie, sur une ancienne monnaie de l'Inde. (121)*

• Le *swastika*, appelée la « croix gammée » en Occident à cause de la ressemblance de la forme de ses branches avec celle de la lettre grecque *gamma*, était un symbole de **vie**. Comme la croix inscrite dans un cercle, elle figure un mouvement de rotation autour d'un centre fixe, celui du soleil : *l'action du Principe à l'égard du monde*. René Guénon établit une relation entre ce symbole et celui de la double spirale également apparenté au Taï-ki extrême-oriental.

Dans le monde chrétien, la partie intérieure de la croix représente le Christ et les 4 gammas angulaires les 4 Evangélistes (35). Par la suite de la dégradation du symbole, le swastika fut malheureusement associé au nazisme qui en fit un atroce symbole d'intolérance et de mort.


# CYCLOPES
*l'instinct de cruauté*

Ces géants fabuleux qui n'avaient qu'un œil au milieu du front, dévoraient les humains mais forgèrent la foudre, l'éclair et le tonnerre qui permirent à Zeus de conquérir le trône céleste.

Ils symbolisent la **brutalité**, la **cruauté**, l'**aveuglement** causé par la domination des instincts et des passions. Au niveau cosmique, ils représentent la partie obscure de la création assimilée aux puissances infernales dans les légendes irlandaises.

# D

## DANSE
*l'extase, l'identification à l'Unité*

Les Anciens ont comparé le mouvement de l'univers à une danse. En effet, dans l'Ajax de Sophocle, Pan est invoqué comme l'auteur et le directeur des danses des dieux, *la cause et l'effet du mouvement régulier de l'univers dont ces danses divines, innées en lui, sont la représentation.*

• La danse a donc rempli une fonction cosmique en établissant une relation entre le ciel et la terre et représentait l'**harmonie universelle.** L'illustration la plus complète du symbole est le dieu hindou Shiva, le *danseur cosmique* dont les évolutions éveillent les énergies dormantes pour qu'elles donnent forme au monde.

Incarnation et manifestation de l'énergie éternelle, de la **force cosmique à la fois génératrice et destructrice,** Shiva rythme le temps. Il est le principe de création par le battement du tambour qu'il tient dans la main droite.

Sa fonction de créateur est indiquée par son pied droit posé sur le dos d'un nain, symbole du **passage des âmes du monde divin dans la matière**; sa fonction de guide divin, par sa seconde main gauche qui désigne son pied gauche levé dans la position de l'éléphant *qui ouvre la voie à travers la jungle du monde.*

L'**énergie créatrice** du dieu se manifeste dans les bracelets et anneaux de ses chevilles, *serpents vivants* et dans son *cordon brah-*

manique (le cordon, porté de l'épaule gauche à la hanche droite par les castes supérieures, symbolise le Seuil).

Sa fonction destructrice est illustrée par la langue de flamme qu'il tient dans sa première main gauche, symbole du **feu de la destruction du monde créé,** tandis que sa seconde main droite fait un geste rassurant.

Son pied gauche levé (que désigne sa main gauche) indique la **délivrance de l'âme.**

La **régénération** est figurée par le crâne (symbole de mort) qu'orne chevelure en croissant de lune (symbole de naissance et de croissance) et par l'effigie de la déesse du Gange placée sous ses boucles (le Gange en descendant du ciel, déverse sur sa tête les eaux vives du salut que le dieu distribue à l'humanité qui est ainsi régénérée physiquement et spirituellement).

L'**équilibre,** ou **harmonisation des opposés,** est représenté par la boucle d'oreille d'homme qui pend à son oreille droite et la boucle d'oreille de femme à son oreille gauche, dominant !'élan des bras (la création) et le battement rythmé du talon droit (destruction).

Le **centre,** le calme, le **dépassement des joies et des peines** de ce monde est symbolisé par l'impassibilité de son visage (66-334).

• Les activités divines sont symbolisées par les danses rituelles hindoues qui reproduisent des luttes titanesques, des pouvoirs secrets et occultes à l'aide des gestes des mains (les fameux *mudras*), de la tête, les écartements des bras qui ont chacun un sens profond et très secret (38-58).

• Egalement liées aux traditions ou à la cosmogonie, les danses sacrées japonaises (l'*otome-maï* ou danse de jeune fille, le *gosechi-no-maï* ou danse des 5 mouvements exécutée la première fois par un ange féminin descendu du ciel, le *shishi-maï,* danse du lion ou du dragon qui chasse les maux, la danse en jupes rouges,...) retracent toutes un épisode de la cosmogonie japonaise et ont pour but de pacifier, consoler et réjouir le Kami (77-279).

• Au Moyen Age, la même idée dirigeait la danse des douze chanoines (symbolisant les signes du zodiaque), le jour de Pâques, autour du labyrinthe de la cathédrale d'Auxerre, *rendant ainsi manifeste le mouvement des sphères célestes autour de la cité sainte* (80). A cette époque, même les danses populaires étaient calquées sur le mouvement des planètes : la ronde, la *carole, chaîne d'union de danseurs...*

• Dans la Chine ancienne, la danse était liée au symbolisme des nombres et participait à l'**arrangement du monde** : le chef devait *danser sur un pied* pour *féconder la nature,* car *il provoque en dansant la montée de la sève.*

La danse s'associait à l'**ivresse** extatique : on dansait *sans trêve en tourbillon* pour se préparer à l'extase lors des festins offerts aux ancêtres.

Ces évolutions faisaient partie des pratiques taoïstes car *même les Saints qui ont pénétré les plus hauts secrets ne cessent de sautiller à la manière des moineaux tout en se tapant sur les fesses* (8).

• **Prière et appel,** la danse *sacrée* ou hiératique peut être un **cri de joie** (celle de David devant l'arche) ; elle est avant tout une recherche de *libération* dans l'extase, un essai d'identification à l'Un : les *dionysiaques* et les *bacchanales* célébrant le culte de Dionysos (Bacchus), lié à l'Eau, sève et source primordiale de toute végétation, étaient en outre un hymne à la vie.

• La danse-*prière* a fait partie des cultes agraire et solaire, elle peut représenter une véritable **épreuve** dans certaines cérémonies rituelles telle « la danse qui regarde le soleil » des Sioux, pratiquée autour de l'arbre murmurant-axe du monde, qui est une *façon d'envoyer leurs vœux au Grand-Esprit* (13), ou la danse des Aztèques autour d'un mât, où des danseurs figuraient les points cardinaux, représentant le cycle religieux de 52 ans du calendrier rituel (36).

Les danseurs se déplacent en rond, ce qui évoque la circumambulation des derviches tourneurs ou les danses magico-propitiatoires des aborigènes d'Australie, d'Afrique du Sud, et des Papous (39).

Toutes ces danses sont la répétition rituelle du cycle du temps et du mouvement autour de l'axe du monde.

◆ Le danseur du rêve peut dévoiler un comportement trop introverti et indiquer la nécessité de *participer au cycle vertigineux et invisible de la vie...* Le partenaire du bal constituerait uniquement *un aspect de l'autre sexe en nous* (24).

# DÉCAN
*la parcelle d'éternité*

Les décans sont actuellement les 36 divisions du zodiaque qui, à l'origine, représentaient pour les Egyptiens *l'état du ciel à l'instant particulier de l'horoscope de l'éternité, c'est-à-dire lorsqu'on se dirige vers la résidence éternelle.* Ils étaient représentés par des génies qui régnaient chacun pendant 10 jours de l'année.

Les décans jouaient un rôle important dans l'établissement de l'horoscope.

Voici les symboles des décans selon G. Muchery :

**Bélier**
• *1er décan* gouverné par Mars (un bélier bondissant dans un paysage aride devant un château vigoureux), symbolise l'orgueil, l'impétuosité, l'imprudence ou l'irréflexion, la jalousie et l'inconstance en amour, les appétits et désirs excessifs (41).
• *2e décan* gouverné par le Soleil (Andromède sur son rocher livrée à la merci d'un monstre marin lorsqu'un cheval ailé vient la délivrer), symbolise la volonté, le courage.
• *3e décan* gouverné par Vénus (un mammifère marin informe mais très agile et dangereux car imprévisible) symbolise le hasard, l'insécurité, les imprudences, l'égoïsme et le goût des plaisirs.

**Taureau**
• *1er décan*-Mercure (un taureau la queue en bataille, le muffle humide, dont l'élan est arrêté par une génisse), symbolise la concentration, la timidité et la crainte, le matérialisme et la patience.
• *2e décan*-Lune (le masque hideux de l'une des 3 Gorgones, Méduse, dont la chevelure est faite de serpents vivants), symbolise la jalousie, l'excès ; expose à la méchanceté et à l'envie.
• *3e décan*-Saturne (les 7 filles d'Atlas, désespérées par la mort de leur père s'envolant vers les cieux constellés d'étoiles), symbolise l'imagination débordante, l'instabilité et favorise les déplacements.

**Gémaux**
• *1er décan*-Jupiter (2 chérubins unis souriants, bavardant, tenant la flèche de l'ironie narquoise, la lyre des Arts et le bâton de

la science sacrée), symbolise l'esprit pénétrant, ironique ou mordant, le bon goût, le savoir-faire.

• *2ᵉ décan*-Mars (Amalthée, la nourrice de Jupiter, une corne d'abondance remplie de fruits délicieux à sa portée), symbolise l'inquiétude, l'impuissance physique ou morale empêchant de profiter des bonnes occasions, la crainte de l'insuccès, la peur du qu'en-dira-t-on.

• *3ᵉ décan*-Soleil (Sirus et Orion : un chien allongé aux pieds d'un chasseur magnifique), symbolise la souplesse physique, l'habileté intellectuelle qui fait les gagnants, l'optimisme agissant, la diplomatie, le bon sens et le bluff, le désir de plaire.

## Cancer

• *1ᵉʳ décan*-Vénus (une femme au visage ovale, à l'abondante chevelure, aux yeux gris pâle tenant un voile flou qui porte le signe de l'Ecrevisse), symbolise l'inconstance, l'amour du changement, la lenteur, l'absence de courage moral et physique, les caprices et les rêveries ; apporte des mystères dans la conduite de la vie.

• *2ᵉ décan*-Mercure (un vaisseau toutes voiles dehors, des nuages précurseurs de tempête, les flots moutonnants, sur un roc, un adolescent qui s'affaisse, foudroyé), symbolise la fausse sécurité, la discorde, la menace d'un incident qui troublera la quiétude ou la santé.

• *3ᵉ décan*-Lune (un personnage qui descend des nues, flambeau au poing, dissipant la nuit), symbolise l'amitié, l'appui, la possibilité de vaincre les difficultés avec le minimum de risques.

## Lion

• *1ᵉʳ décan*-Saturne (le lion fabuleux dont triompha Héraklès dans le vallon de Némée, le soleil flamboyant à l'horizon), symbolise la puissance, la maîtrise, l'ambition violente, l'impatience, l'amour de tous les plaisirs.

• *2ᵉ décan*-Jupiter (le grand Chien céleste, aux aguets, fureteur, salace, tenace et violent), symbolise la force, la bonté sous des dehors rustres, la fidélité, les rancunes tenaces, la curiosité malsaine, les bavardages.

• *3ᵉ décan*-Mars (l'Hydre aux têtes multiples toujours renaissantes, visqueuse, dans un cloaque immonde), symbolise les difficultés innombrables, les tracas ; conseille de « faire place nette » dès que se présente un obstacle en l'abattant.

**Vierge**

• *1er décan*-Soleil (une jeune femme triste, solitaire tenant un rameau de paix dans une main et dans l'autre l'hexagone, symbole de l'équilibre magique), symbolise la droiture, l'équilibre, la crainte de se tromper et de porter préjudice à autrui ; facteur d'élévation, de perfectionnement.

• *2e décan*-Vénus (un vaisseau dans la tempête, flancs déchirés, mâts brisés, mais qui résiste et arrive au port), symbolise les entreprises difficiles, les contrariétés, les désillusions et les blessures d'amour-propre cicatrisées par le temps, la nécessité de ne jamais abandonner la lutte.

• *3e décan*-Mercure (le profil d'une belle femme, encadré de cheveux blonds pailletés d'étoiles), favorise les amours, la chance pure, procure les dons naturels physiques et intellectuels, mais engendre des dissentiments avec les enfants et les parents par alliance.

**Balance**

• *1er décan*-Lune (les deux plateaux d'une balance tenus par une main ferme représentant la Justice, l'Equité et le Droit), symbolise l'équilibre, le sens de la mesure, l'égalité de l'âme, l'optimisme, la bonne humeur, l'indulgence sans lâcheté.

• *2e décan*-Saturne (un vieux chercheur à la chevelure en bataille où se fluidifient les fleurs de l'esprit, penché sur un ancien manuscrit dont il veut extraire l'essence), symbolise la Science qui permet à l'esprit de se détacher de la matière ; facteur d'intelligence, de compréhension du Tout, de réussite dans la voie choisie.

• *3e décan*-Jupiter (un arbre vigoureux portant des fruits d'or, symbole du travail équilibré de l'homme, un épi blond lourdement chargé de grains dorés), symbolise l'abondance due au travail et au savoir-faire, les plaisirs de la vie et la satisfaction du devoir accompli ; facteur de soucis pour la descendance.

**Scorpion**

• *1er décan*-Mars (un scorpion près d'une eau verdâtre, s'avançant prudemment et sournoisement, à la recherche d'une victime), symbolise la ruse, la dissimulation ; tendance au mépris, à la raillerie, à présumer de ses possibilités ; entêtement dans l'erreur souvent fatale ; facilite la satisfaction des appétits.

• *2e décan*-Soleil (un serpent enroulé sur lui-même entourant une planète avec un anneau), symbolise la perfection dans les œuvres, la persévérance ; facteur de santé, vitalité, courage, prudence, éloquence, dissimulation, astuce, provoquant des alternatives de montée et descente.

• *3ᵉ décan*-Vénus (un loup hurlant à la mort une nuit de pleine lune), symbolise la force physique, la vitalité, la lâcheté et l'amoralité.

## Sagittaire

• *1ᵉʳ décan*-Mercure (un centaure, mi-homme, mi-cheval, armé d'une flèche), symbolise l'élévation spirituelle et sociale, la maîtrise de soi, l'optimisme, le sensualisme ; incite parfois à commettre des excès.

• *2ᵉ décan*-Lune (un colosse ouvrant la gueule d'un lion), symbolise la puissance, la domination, le courage, la volonté au service des désirs ; apporte considération et pouvoir, mais cause des inimitiés et des jalousies puissantes.

• 3ᵉ décan-Saturne (un dragon ailé, à la langue ignée, aux griffes acérées), symbolise la vigilance, la clairvoyance, indiquant qu'il ne faut pas s'endormir dans une fausse sécurité.

## Capricorne

• *1ᵉʳ décan*-Jupiter (un animal fabuleux à tête de bouc, au corps moitié chèvre, moitié poisson), symbolise la lubricité, la tristesse, l'envie ; incite au pessimisme, à l'amertume ou à l'utopie ; facteur de discorde, de perturbation, de longévité et de continuité.

• *2ᵉ décan*-Mars (un rapace ailé veillant au sommet d'un roc inaccessible, scrutant une proie sans méfiance), symbolisant la méfiance, la perspicacité, le don d'observation, la jalousie, la solitude, le pessimisme, la tristesse.

• *3ᵉ décan*-Soleil (un aigle solitaire planant sur des hauteurs inaccessibles qui fond brusquement sur quelqu'un), symbolise l'orgueil, la conscience de sa force, le mépris des bassesses, la fidélité, le destin brutal et capricieux ; facteur de santé et de longévité.

## Verseau

• *1ᵉʳ décan*-Vénus (une conque marine déversant une eau limpide et fécondante), symbolise la raison, la vue juste et élevée des choses, facteur de bonté, de compréhension, d'indulgence, de générosité ; expose à l'ingratitude, à la tromperie ; incite, avec l'âge, à la solitude, à l'amertume et au mépris.

• *2ᵉ décan*-Mercure (un mammifère aquatique glissant en silence sur l'eau, faisant des grâces), symbolise la duplicité, l'hypocrisie, le chantage, la médisance, l'amitié intéressée ; tendance à se laisser duper par les apparences.

• *3e décan*-Lune (Pégase, coursier ailé, piaffant, renâclant, prêt à s'envoler vers le séjour des Immortels), symbolise l'imagination créative ; accorde la protection ; préserve de la chute brutale.

**Poissons**

• *1er décan*-Saturne (deux poissons fuyants, sur un champ d'eau glauque et sombre, qui semblent se faire des confidences), symbolise la tromperie, la médisance, la mauvaise foi ; dispose à la cruauté inconsciente, à l'égoïsme, à la nonchalance.

• *2e décan*-Jupiter (un cygne majestueux, à l'œil trompeur, s'avançant nonchalamment vers l'objet de son désir amoureux et passager), symbolise l'instabilité sentimentale, la duplicité, l'adultère, les amours vénales et trompeuses, l'amour des plaisirs ; facteur de vitalité et de longévité.

• *3e décan*-Mars (un fleuve qui sort lentement de son lit, renversant tout sur son passage), symbolise la fatalité bonne ou mauvaise, les abus en tous genres, suivis de longues périodes d'abstinence et de sagesse ; dispose à la continuité dans l'effort et à la résignation dans la souffrance. Le Temps travaille pour le natif (41).

# DEGRÉS
*les images-symboles*

Chacun des 360 degrés du zodiaque a une attribution et une signification particulières. Il y a des degrés féminins ou masculins, lumineux ou ténébreux, infernaux, honorifiques, vides, voilés, etc., que représentent des images-clés symboliques.

# DEUX
*la dualité*

Symbole de la polarité, de l'opposition, de la **division** de l'unité
en masculin-féminin (yin/yang), le deux est aussi celui de la **sexualité** (30-74).
- Il représente aussi le double pouvoir divin de **création** et de
**destruction** (Shiva).
- Mais c'est surtout l'ambivalence, la **dualité**, symbolisée par
l'androgyne, mélange de caractères masculins et féminins avec
l'organe mâle de la génération, ou par un animal, comme le lima-
çon qui porte les deux organes.

♦ *Dynamique et mouvant,* dans les rêves, c'est, selon L. Paneth,
le nombre de la dissociation, du partage, de la décomposition
qui renferme le ferment de la séparation (135-13).

# DIABLE, DÉMON
*la matérialité, l'énergie incontrôlée*

Pour les théologiens, les diables sont les anges déchus dont le
chef est Satan (l'Ennemi, le mauvais), ou Lucifer (le Porte-
Lumière, le Brillant, par allusion à l'éclat dont il jouissait avant
sa chute), ou encore Azazel, ou Belzébuth.
- Représenté poilu, cornu, avec une longue queue, des pieds four-
chus, le diable est le symbole de l'esprit d'erreur, du mensonge,
des **forces inconscientes** qui influencent la conscience et font régres-
ser l'individu vers le mal physique et moral, provoquant la désintégration de sa personnalité. C'est l'ennemi de la spiritualité, de
l'élévation psychique, Satan figuré par la moitié noire de l'Amphisbène (voir *Serpent*), symbole de la mort psychique.
- Dans la tradition hébraïque, les démons se divisent en dix catégories hiérarchisées, relevant des dix *séphiroth* ténébreux, personnifiant chacun une passion, un vice. Leur chef suprême est
Samaël, l'ange du poison ou de la mort, le Shatan de l'Ecriture
qui, selon le Zôhar séduisit la première femme.
    Son épouse, Lilith est la maîtresse des débauches, la puissance

de la nuit de la Kabbale qui considère ces *daïmons* comme des **forces aveugles de la création,** des êtres inférieurs à l'homme (19-46).

• Selon l'ancienne théologie, les *démons familiers* étaient des **émanations divines** qui résidaient dans le sang, renfermant le principe de la chaleur vitale *et celui des animaux fut en conséquence défendu par Moïse* (83-93).

• L'astrologie voit dans le diable l'influence néfaste des planètes : *les dieux, les démons, les saints et les diables sont les faces différentes des mêmes forces planétaires* et le diable est l'*ombre ou le côté ténébreux de Dieu... inséparable de Dieu comme le côté maléfique d'une planète est inséparable de son côté bénéfique.*

• Les Kabbalistes disent que *le véritable nom de Satan est celui de Jéhovah renversé* (4-40).

◆ Selon Jung, les démons, sont les **névroses** et les **complexes,** *c'est-à-dire des thèmes affectifs refoulés, susceptibles de provoquer des troubles permanents dans notre vie psychique* (42)... C'est ce qui nous fait *prendre l'ombre pour la substance : ils symbolisent les imperfections inévitables du royaume de l'ombre* (66-232).

• Dans le 15e arcane du **Tarot,** le Diable représente les instincts primaires de l'homme et personnifie l'**égoïsme radical.** *Il est le différenciateur, l'ennemi de l'unité, il oppose les êtres les uns aux autres... Le diable nous possède quand nous venons au monde... mais nous sommes destinés à nous affranchir progressivement de la tyrannie de nos instincts innés :* orgueil, paresse, colère, gourmandise, envie, avarice, luxure.

Heureusement, le diable (notre organisme animal, nos instincts élémentaires) *n'est pas aussi noir qu'on le dépeint ; il est notre inéluctable associé dans la vie.* Si nous tenons compte de son existence, nous disposerons de *la puissance magique bienfaisante... L'étincelle divine qui est en nous doit vaincre l'instinct grossier* (17) et domestiquer la bête afin de maintenir l'harmonie entre le corps-matière-instincts et l'esprit.

**Interprétation divinatoire :** surexcitation, déséquilibre, affolement, cupidité, excès de toutes sortes. Ce qui rejoint la pensée des Confucéens : le diable, c'est le mal, l'*égoïsme, la tendance à ne point céder, l'appétit qui veut accaparer, le désir qui dresse le moi contre l'autrui* et qui, insatisfait, tourne en violence (8).

## DIAMANT
*la force indomptable*

Le sens générique du diamant est celui de lumière incréée ou substance universelle de l'univers ou *Yesod* de la terminologie hébraïque, *Télesma* de l'hermétisme alexandrin (114-166).
• Sa dureté sans égale fait de cette pierre, aux *effets optiques particulièrement spectaculaires* (43), le symbole de la **solidité**, de la **fermeté**, de l'**impérissable**.
• Au Moyen Age, on pensait que le diamant était le réceptacle d'une puissance dangereuse impossible à maîtriser.
• Dans la chrétienté, il est le vêtement de lumière de Dieu le Père, le symbole de la sagesse divine et dans le bouddhisme tantrique, il est *vajra,* épée magique et symbole de l'inaltérable, de la **puissance spirituelle invincible.**
• Sa pureté en fait le symbole de la **perfection,** de l'**achèvement** et dans la tradition populaire, l'emblème de la pureté, de la constance et de la gloire, la *pierre de réconciliation* qui entretient l'amour entre les époux.
• Les Anciens lui attribuaient des vertus magiques et prophylactiques : éloigner la peur, favoriser la chasteté, subjuguer les fantômes et terreurs nocturnes... Taillé, il sert à fabriquer des objets liturgiques, *afin de chanter la splendeur du sacré* (80).

## DIEU
*le grand ordonateur cosmique*

Dans les mythes, les dieux sont des personnifications symboliques des lois qui régissent le courant de forces contrôlées provenant de la source originelle. Ils apparaissent à l'aube du monde et se dissolvent à la fin d'un cycle cosmogonique (66-208).
• Selon l'ancienne théologie de la Grèce, Dieu ou **principe primordial d'amour** a été produit par l'Ether, le Temps ou l'Eternité et la Nécessité agissant de concert sur la matière inerte et il engendre éternellement.
   Il est le *Lucide,* le *Splendide* qui se manifeste avec éclat et cette lumière éternelle est son attribut primordial et nécessaire, issu

comme lui de la nécessité et de la matière inerte.

Il est le *Magnifique,* l'*Illuminé* parce que le mouvement de ses ailes, symbole de la **douceur** par laquelle il pénètre le monde et de l'**incubation** qui fait éclore l'œuf du chaos, produit la lumière pure. Ce qui explique les qualités de pureté et de sainteté attribuées à la lumière par les Grecs.

Il a une double nature, mâle et femelle, active et passive et tous les hommes participent de sa divine émanation à des degrés variés (83-17).

• Dans la philosophie orphéique, Dieu est le Père Eternel, le **Temps** ou l'**Eternité** personnifiée, un esprit général et pénétrant sans formes spéciales qui remplit l'infinité et l'éternité.

• Pour les Chaldéens et les Romains, les planètes et les constellations étaient à la fois des représentations des forces cosmiques et des divinités. Ils admettaient l'existence parallèle des *dieux d'en-bas* ou infernaux invoqués dans la magie opérative.

• Pour les tantristes, les divinités sont *les symboles des divers phénomènes qui se produisent sur la Voie.*

# DISQUE
*le soleil*

---

Rattaché au symbolisme du cercle, le disque et ses dérivés (rosace, auréole, bouclier, boule, tonsure...) est un emblème solaire et, avec le bâton et l'œil, il se rapporte aux quatre aspects de la divinité solaire à la fois *une* et *triple.* Il figure le **dieu-juge** ou **esprit-limite** qui possède le pouvoir de séparer les ténèbres de la lumière, le mal du bien (3-30).

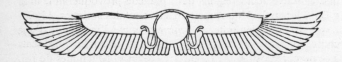

*Disque solaire égyptien. (121)*

## DIX
*le mariage*

Nombre composé, le 10 réunit les significations de 2 (partage, raison) et du 5 (Eros, force de la nature). Il est donc l'Eros rationalisé, légalisé, le **mariage** (135-65). Dans le même esprit, il figure le 1er couple : 1 = l'homme, 0 l'œuf fécondé par le 1.
• C'est aussi le nombre de la **totalité** (il y a 10 chiffres), de l'Univers, des Séphiroth de la Kabbale. Il y a 10 doigts, 10 noms divins, 10 prédicats scolastiques (substance, qualité, quantité, position, lieu, temps, relation, habitus, action, passion).
• C'est le chiffre de la circonférence + son centre, la *tétraktis* (la décade) des pythagoriciens, nombre parfait par excellence puisqu'il représente *tous les principes de la divinité évolués et réunis dans une nouvelle unité* (22-152)... Le symbole de la création dans lequel préexiste *un équilibre naturel entre l'ensemble et les éléments... la racine et le flux éternel de la création... la clé de toutes choses... la nature du pair et de l'impair* (29-38).
• Fin d'un cycle (une dizaine dans le système décimal) et début d'un autre, chez les Mayas, le dix était le chiffre de la vie et de la mort.

## DOUZE
*l'ordre*

Synthèse du système duodécimal et du système circulaire, le 12 régit l'espace et le temps et symbolise l'**ordre** et le **bien.**
• D'après les Perses, tout le bien provient du mouvement régulier des 12 signes du zodiaque, création d'Ahura-Mazda, tandis que le mouvement irrégulier des 7 planètes provoquerait le mal.
• Dans les civilisations judaïques et orientales antiques, 12 correspondait à la **plénitude,** à l'achèvement et à l'intégralité d'une chose. Aussi les peuples anciens ont-ils adapté leur histoire locale à ce nombre cosmique : 12 ancêtres royaux, 12 femmes du roi, 12 souverains malgaches... Les 12 groupes ethniques des indiens Winnebago (Wisconsin), représentant l'union du Ciel et de la Terre, réalisent l'harmonie parfaite avec le ciel. Douze empe-

reurs (correspondant aux signes du zodiaque) ont régné au Pérou (4-92).

• Outre les signes du zodiaque, on compte 12 grands dieux de la mythologie antique, 12 disciples du Christ, 12 pairs de France, 12 chevaliers du Saint-Graal, 12 mois de l'année, 12 anges dans la Bible, 12 tribus et 12 patriarches, 12 heures du jour (30). L'arbre de vie chrétien portait 12 fruits.

• Les Chinois ont également un système duodécimal : 12 insignes impériaux, 12 postes de fonctionnaires créés par l'empereur mythique Shun... La médecine reconnaît 12 viscères, la musique a 12 tons...

# DRAGON
## *l'énergie vitale, le complexe de Diane*

Le dragon symbolise l'**esprit du mal** dans les légendes chrétiennes et les récits de la Chevalerie (terrassé par saint Michel, saint Georges, sainte Marthe... pour illustrer le combat entre le mal et le bien). Il est représenté sous la forme d'un saurien ailé, au regard foudroyant, unissant l'air, le feu et la terre.

• Pour les alchimistes, les 6 attitudes du Dragon symbolisent les étapes du Grand Œuvre : *caché,* la putréfaction ; *dans les champs,* la fermentation ; *visible,* la coagulation ; *bondissant,* la solution ; *planant,* la sublimation.

• En Chine, le dragon (*Long*) qui représente l'Empereur, est le principe actif, l'hexagramme *k'ien* dont les six traits figurent les étapes de la manifestation, opposé au tigre qui règne sur l'ouest et sur la mort.

La cosmologie distingue : les dragons du *ciel,* symboles de la force régénératrice céleste ; les dragons-*esprits* qui font tomber la pluie ; les dragons de la *terre,* qui règnent sur les fleuves et les sources ; les dragons-gardiens de *trésors.* Ils sont dirigés par 4 rois régnant sur les 4 mers qui entourent la terre.

*Dans la classe supérieure, les tenues de cérémonie se distinguent par le nombre de griffes des dragons représentés sur les vêtements ; la robe de l'Empereur pouvait présenter des dragons à 5 griffes, les princes avaient droit à 4 griffes seulement, les autres fonctionnaires n'avaient droit qu'à 3 (7).*

Le dragon *yang* (la force masculine) et le phénix *yin* (la nature féminine) sont le symbole du **couple** associé au **nombre 9,** symbole de la puissance virile (3 × 3) élevée au carré (7).

La lutte entre deux dragons symbolise le **mouvement éternel du cosmos,** l'affrontement de forces apparemment antagonistes qui entretient le mouvement vital (dans la nature comme en l'homme), la résolution des contraires (cf. les serpents du caducée).

Les personnes nées sous ce **cinquième signe animal du zodiaque,** associé à l'Est, à la pluie printanière et au bleu-vert, sont magnanimes, actives, excentriques, égoïstes, capricieuses et exigeantes.

Le Dragon amenant la chance et le bonheur, l'Année qu'il patronne est favorable aux projets grandioses, aux transactions financières ainsi qu'au mariage, à la procréation, mais est également propice aux échecs (118-109).

◆ Image archaïque des énergies les plus primitives, le dragon représente l'inconscient *aussi longtemps que nous ne possédons pas de pont accédant à ce dernier,* où les passions, les complexes inconscients, les désirs refoulés mènent une vie archaïque. *Celui qui s'explique à fond avec les puissances du psychisme,* qui lutte avec le dragon, peut récupérer une partie des énergies inconscientes qu'il peut utiliser pour maîtriser sa vie.

*La lutte avec le dragon est un symbole désignant le fait de devenir véritablement adulte… Alors il aura gagné le trésor que gardent les dragons de presque toutes les mythologies ; il aura délivré l'âme, cette vierge que le dragon tenait prisonnière* (24-294).

# DROITE
## *l'avenir*

Dans le symbolisme de l'espace, la droite a toujours représenté ce qui est *positif, mâle, favorable,* et symbolisé la **force**, le succès, l'avenir, le père, les projets… Tandis que la gauche (en latin *sinister,* origine du mot *sinistre*) est de mauvais augure, associée à la féminité, à la faiblesse, au passé, à la mère, aux regrets, à la nostalgie.

En politique, la droite correspond à l'*ordre, la stabilité, l'autorité, la hiérarchie, la tradition, une relative satisfaction de soi.* Et la gauche représente l'insatisfaction, la revendication, le mouvement, le souci de la justice et du progrès, la libération, l'innovation, le risque (1).

# E

## EAU
### les origines, l'inconscient

L'eau est la source et le symbole de la **vie**, et le culte des eaux se retrouve dans toutes les mythologies.

• Les Sumériens déjà enseignaient que de la Mer originelle était né le Ciel-Terre qui donna ensuite naissance aux autres dieux (45-101).

• Dans la cosmogonie égyptienne, la Genèse, pour les Hébreux et les Hindous, l'eau est *l'essence du pouvoir passif ou féminin;* l'humidité est le plus **fécond** des éléments, base de la **création**.

• Force originelle féminine (*yin*), l'eau (*shui*) s'unit au feu (*yang*) pour donner naissance aux 5 éléments qui, à leur tour, engendrent dix mille choses (la totalité). Dans le système de correspondances, elle est en relation avec le froid, le Nord, les reins, le 6, la couleur noire, la lune, le trigramme *kh'an,* symbole de la difficulté, du péril (6-118).

• Symbole de la **pureté** pour les Egyptiens, *elle désignait la naissance des purs ou des initiés* (9-54).

Elle est demeurée le plus usité des moyens de **régénération** et de **purification** physique et spirituelle :

— Eau *bénite,* symbole des eaux primordiales qui chasse les démons et permet de se régénérer à chaque fois qu'on pénètre dans un lieu saint.

— Eau *baptismale* des chrétiens qui, versée sur la tête de l'enfant, le purifie et l'admet dans la chrétienté. Autrefois en rapport avec l'initiation, le baptême était à l'origine un rite royal et initiatique indiquant l'admission dans une communauté d'initiés. Chez les Esséniens, ce rite était pratiqué plusieurs fois au cours de la vie et à un niveau cosmique, car les cuves baptismales avaient 12 côtés, à l'image du zodiaque, ou *reposaient sur 12 taureaux évoquant à la fois la mer d'airain du temple de Jérusalem et le cosmos dans sa toute-puissance* (80-43).

— Eau *lustrale* des druides, ennemie des maléfices, eau *grégorienne* consacrant, rebénissant donc régénérant les églises profanées.

— Eau des *ablutions rituelles* des musulmans ou des ablutions des statues saintes en Inde et en Extrême-Orient.

Le *bain rituel* dans l'eau froide a une valeur considérable au Japon, où il fait partie du *misogi* (exercices de purification). On le pratique dans un état de nudité totale et dans un ordre précis : la bouche, le visage, les parties sexuelles, la poitrine et le ventre, les pieds et les jambes, les épaules et les bras, le dos et de nouveau la poitrine et le ventre et enfin le corps tout entier.

Ces bains symboliques rappellent aux adeptes du Shinto que, pour être agréable à la divinité, il ne suffit pas de se débarasser de sa saleté corporelle, mais aussi de mettre un frein à ses mauvais penchants, se conformer à la Voie juste et morale (77-139). L'eau remplit une double fonction : purificatrice et moralisatrice.

C'est cette vertu rénovatrice de l'eau que l'homme moderne honore lorsqu'il a recours aux bienfaits des cures thermales ou qu'il se plonge avec délices dans son bain.

• L'eau est une **bénédiction** pour les habitants des pays où règne la sécheresse : rivières et fleuves sont considérés comme des facteurs fertilisants d'origine divine. L'eau qui tombe du ciel est *bénie* dit le Coran.

• Donnée aux hommes par Dieu, elle devient le symbole de la **sagessse** et de la **vie spirituelle.** En héraldique, *l'eau est symbole de l'océan cosmique de l'origine, c'est-à-dire du « réservoir » des possibles dans lequel Dieu puise pour créer les mondes. Les eaux limpides... symbolisent l'harmonie des sentiments et la noblesse de la sensibilité* (47-175).

• En Inde, l'eau est le symbole de la **conscience supérieure,** de *l'existence consciente suprême universelle... l'être conscient dans sa masse et ses mouvements...* Le Véda parle de *2 océans, les* *eaux d'en haut et les eaux d'en bas* correspondant au subconscient obscur et au supraconscient (44-52).

Ces rivières du monde supérieur caché produisent le *Soma*, la boisson des dieux, l'hydromel qui « *est la douceur dans les 7 eaux* », l'élément indispensable du sacrifice védique, la sève vitale. Apparenté au sang, liquide vital, et au vin dionysiaque, le Soma symbolise la montée de la libido, la vitalité, le lien avec l'inconscient, souvent gardé par des monstres parce que cette force vitale provient des instincts « animaux » qu'il faut mater avant de connaître la véritable jouissance.

◆ Selon P. Diel, *l'eau symbolise la purification du désir jusqu'à sa forme la plus sublime, la bonté. L'eau est le symbole de la purification du caractère.*

L'eau fécondante *qui tombe du ciel, la pluie, le nuage...* représente la fécondation sublime. *La vie humaine, ses désirs et ses sentiments se trouvent figurés par le fleuve qui traverse la terre et se jette dans la mer. La mer représente l'immensité mystérieuse vers laquelle s'achemine la vie et dont elle sort. La mer devient ainsi le symbole de la naissance* (36-38).

Tandis que les eaux sous-marines symbolisent le **subconscient** l'eau gelée, la glace, la froideur, la stagnation à son plus haut degré, le manque de chaleur d'âme, *la stagnation psychique, l'âme morte* (36-39).

L'interprétation de G. Bachelard n'est pas éloignée de celle de Diel : il considère l'eau morte, *silencieuse, sombre, dormante, insondable,* comme le support matériel de la mort et voit dans les eaux dormantes le symbole du *sommeil total, dont on ne veut pas se réveiller, de ce sommeil gardé par l'amour des vivants... C'est la leçon d'une mort immobile, d'une mort en profondeur, d'une mort qui demeure avec nous, près de nous, en nous* (46-91).

Dans les *rêves,* l'eau est le symbole de l'**inconscient**. Les *bains* indiquent le besoin de se régénérer, d'oublier le passé. « *Source de vie... paisible ou mouvementée, mais contenue dans ses limites, elle donne un sens favorable au rêve* ». Mais les inondations dénoncent le danger présenté par un sentiment devenu trop envahissant.

# ECHELLE, ESCALIER
*les niveaux de conscience entre l'homme et le cosmos,
entre le ciel et la terre*

Synonyme de l'arbre géant, l'échelle géante est une **voie de communication** entre le ciel et la terre.

• Symbole de l'**ascension** progressive, de la **valorisation,** l'échelle représente le passage d'un plan à un autre, un itinéraire spirituel comportant divers états de conscience figurés par les *degrés* en rapport avec toute **initiation :** ascension à partir du monde matériel (base) vers la spiritualité (sommet).

Cette évolution est déjà évoquée par l'échelle de l'écriture sumérienne, l'idéogramme *litu* se traduisant par *victoire* et *force* dans les textes historiques (47-46).

• L'échelle de Jacob assure le contact entre les hommes et Dieu mais symbolise l'homme conscient, intermédiaire entre le ciel et la terre, *l'être capable de percevoir la magie divine* grâce à l'acquisition de la sagesse.

• *L'échelle philosophique* est l'un des symboles de la doctrine ésotérique des Perses : elle a *7 portes plus une 8e ; chaque porte étant d'un métal différent en rapport avec le soleil, la lune et les planètes* (136-64).

• Les ziggurats mésopotamiennes étaient appelées les échelles célestes.

• L'échelle du rituel maçonnique écossais représente un programme pédagogique identique à celui des universités médiévales où les degrés se nommaient les *7 arts.*

Elle comporte 7 échelons que doit gravir l'initié : la grammaire, la rhétorique, la dialectique, l'arithmétique, la musique, la géométrie et l'astronomie (136-64).

• Dans les blasons du Moyen Age, l'échelle indique la puissance nécessaire pour prendre d'assaut les villes ; le chevalier qui *perçoit les lois célestes* et les fait respecter sur terre doit *savoir gravir les degrés de l'échelle et savoir les descendre aussi* (47-45).

• Au sens cosmologique, elle symbolise le passage unissant le monde souterrain, la terre et le ciel. Ses montants verticaux figurent la dualité de l'arbre de la science et correspondent aux 2 colonnes de l'arbre séphirotique de la Kabbale.

• **L'escalier** figure dans de nombreux rites d'initiation. En *coli-maçon,* il se rattache à la spirale évoluant autour de l'axe cosmique.
• Dans les sanctuaires de l'ancienne Egypte, le cycle lunaire était figuré par un escalier de 14 marches, symboles des maisons lunai-res et de chaque phase d'éclairement, qui servaient aussi bien à la montée vers la *plénitude de l'œil* qu'à la descente. Ces degrés menaient à une terrasse qui arbitrait l'*œil gauche du ciel* assimilé à Atoum, le soleil couchant et l'ouest. La phase ascendante avec l'accroissement de la lune représentait le *remplissage de l'œil* jusqu'à la pleine lune (91-12).

## ECRITURE
*le geste divin*

Geste sacré autrefois réservé aux prêtres, symbole de la langue parlée, l'écriture, au moyen de la forme de ses lettres, était desti-née à transmettre une idée *dont la transcendance originelle était celle du monde considéré comme un livre contenant les messages de Dieu.*
• Le tracé des lettres était une opération magique répétant le geste initial du Démiurge. *La «science des lettres»,* dit René Guénon, *était la connaissance de toutes choses et la calligraphie qui repro-duisait le processus cosmogonique était un rite préalable à l'ini-tiation des scribes.*
• De même les *hiéroglyphes* passaient pour posséder une vie pro-pre et une puissance d'évocation tellement considérable que, pour limiter leur effet et *éviter leur nuisance,* on les coupait par des interruptions du trait ou on les morcelait. Ainsi réduits à quel-ques indications fragmentaires (un détail : bras, tête...), ils ne pouvaient plus provoquer *délires, transes collectives, fureurs, con-torsions, déchaînements d'enthousiasme, mouvements frénéti-ques de plaisir ou d'effroi* (136-104).
• Le caractère magico-sacré des lettres (en tant qu'*images*) est utilisé dans la fabrication des **pantacles,** ainsi que leurs **corres-pondances avec les planètes,** éléments et signes du zodiaque : A - Saturne. B - Bélier. C - Taureau. D - Gémeaux. E - Jupiter. F - Cancer. - G - Lion. - H - l'esprit. I - Mars. J - Mercure. K

- la triplicité de Terre. L - Vierge. M - Balance. N - Scorpion.
O - Soleil. P - Sagitaire. Q - la triplicité d'Eau. R - Capricorne.
S - Verseau. T - Poissons. U - Vénus. V - Lune. X - Air. Z -
Feu (4-78).

La science pantaculaire utilisait également les *lettres à lunettes*
ou *bouletées* (terminées en boule) rappelant les signes cunéifor-
mes, appelées *écriture céleste ou de Malachim; l'epsilon* grec (3
renversé) signifiant l'argent, la lune; le Z, symbole de la Vie correspondant au nombre 7 qui, barré et bouleté, devient le signe
de Jupiter, de l'électrum (19-333).

*Lettres à lunettes. Caractères hébraïques et éthiopiens. (136)*

• L'alphabet hébraïque constitue la base de l'*Arbre séphirotique*.
• Les Celtes irlandais avaient un *Alphabet des Arbres* de 18 lettres utilisé par les druides pour des usages divinatoires, chaque
lettre tirant son nom de l'arbre dont elle est l'initiale. Cinq voyelles et 13 consonnes forment un calendrier de magie saisonnière
des arbres :

B - Beth - bouleau. Le mois du Bouleau s'étend du 24 décembre
au 21 janvier.
L - Luis - sorbier. Mois du Sorbier : 22 janvier - 17 février.
N - Nion - frêne. Mois du Frêne : 18 février - 17 mars.
F - Fearn - aune. Mois de l'Aune : 18 mars - 14 avril.
S - Saile - saule. Mois du Saule : 15 avril - 12 mai.
H - Uath - aubépine. Mois de l'Aubépine : 13 mai - 9 juin.
D - Duir - chêne. Mois du Chêne : 10 juin - 7 juillet.
T - Tinne - houx. Mois du Houx : 8 juillet - 4 août.
C - Coll - noisetier. Mois du Noisetier : 5 août - 1er septembre.
M - Muin - vigne. Mois de la Vigne : 2 septembre - 29 septembre.
G - Gort - lierre. Mois du Lierre : 30 septembre - 27 octobre.
P - Peith - tilleul. Mois du Tilleul : 28 octobre - 24 novembre.
R - Ruis - sureau. Mois du Sureau : 25 novembre - 23 décembre.

Les voyelles :
A - Ailm - épicéa. O - Onn - ajonc. U - Ura - bruyère. E - Eadha
- peuplier. I - Idho - if (107-189).

◆ L'écriture est un geste essentiellement symbolique dans lequel
l'*immense réserve d'images primordiales* accumulées par le long
passé de l'humanité trouve un champ idéal de manifestation. En
effet, *l'inconscient universel* dirige encore nos plumes comme
nos actions (136-102).

Son interprétation symbolique se base :
a) sur deux formes symboliques essentielles : le *bâton,* représenté
par le trait vertical, et la *sphère,* par l'ovale ;
b) sur le symbolisme des quatre directions de l'espace reflété par
les *zones* graphiques : *hampes,* haut de la page et hauteur des
lettres en rapport avec le Haut ; *jambages,* avec le Bas.

Son *orientation* révèle l'attitude de base du scripteur :
dextrogyre-extravertie ; sinistrogyre-introvertie.

Le *corps* des lettres, partie médiane de l'écriture, en rapport
avec le *moi,* révèle l'importance de la vie émotive. Le développement accusé d'une ou plusieurs zones est l'indice d'un intérêt
prépondérant pour les valeurs qu'elles représentent (137-11).

# ÉLÉMENTS
*l'expression des forces sacrées*

Les phénomènes naturels ont servi de base aux sciences occultes,
en particulier à l'astrologie qui répartit les signes du zodiaque
entre les 4 éléments :
**Feu,** symbole du *dynamisme biologique instinctif et subconscient :*
Bélier, Lion, Sagittaire.
**Air,** *aptitude du conscient à être impressionné :* Gémeaux, Balance,
Verseau.
**Terre,** *activité réalisatrice, richesse du subconscient humain :* Tau-
reau, Vierge, Capricorne.
**Eau,** *passivité et réceptivité :* Cancer, Scorpion, Poissons.

La tradition associe chaque signe à une planète, une qualité, un
génie, un animal, une couleur, un jour, une pierre précieuse, une
fleur, une partie du corps :

## TABLEAU DES CORRESPONDANCES ZODIACALES

| Signes | Eléments | Qualités élémentaires | Planètes | Génies | Animaux | Couleurs | Jours | Gemmes | Fleurs et arbustes |
|---|---|---|---|---|---|---|---|---|---|
| Le Bélier | Feu | Sec-Chaud | Mars | Amon | Brebis et petit bétail | Rouge | Mardi | Améthyste | Fougère, Passe-rose Primevère, Œillets |
| Le Taureau | Terre | Sec-Froid | Vénus | Apis | Gros bétail Taureau | Vert | Vendredi | Agate | Lys et Lilas |
| Les Gémeaux | Air | Humide-Chaud | Mercure | Horus | La race simiesque | Gris | Mercredi | Beryl | Verveine et Mélisse |
| Le Cancer | Eau | Froid-Humide | Lune | Hermanubis | Aquatiques | Blanc | Lundi | Emeraude | Muguet et Iris |
| Le Lion | Feu | Sec-Chaud | Soleil | Momphta | Sauvages féroces | Jaune | Dimanche | Rubis | Lavande, Héliotrope |
| La Vierge | Terre | Sec-Froid | Mercure | Isis | Race canine | Gris | Mercredi | Jaspe | Valériane et Jasmin |
| La Balance | Air | Humide-Chaud | Vénus | Omphta | Volatiles | Rose | Vendredi | Diamant | Violette, Rose, Lys |
| Le Scorpion | Eau | Froid-Humide | Mars | Typhon | Rapaces et voraces | Rouge | Mardi | Topaze | Aubépine, Bruyère, et Réséda |
| Le Sagittaire | Feu | Sec-Chaud | Jupiter | Nephté | Chasseurs et carnassiers | Violet | Jeudi | Escarboucle ou Grenat | Giroflée, Seringa |
| Le Capricorne | Terre | Sec-Froid | Saturne | Anubis | Ruminants | Noir | Samedi | Onyx, Calcédoine | Myrrhe, Tussilage |
| Le Verseau | Air | Humide-Chaud | Saturne | Canopus | Poissons marins | Noir | Samedi | Saphir Perle noire | Encens, Myrthe, Romarin |
| Les Poissons | Eau | Froid-Humide | Jupiter | Ichton | Poissons fluviaux et de rivière | Bleu | Jeudi | Chrysolithe et Corail | Thym, Sainfoin, Foin-coupé |

• Selon les alchimistes, les *éléments occultes*, symbolisés par le Triangle, sont des *modalités de la substance unique… des abstractions intelligibles, qui s'opposent deux à deux:* Feu-Eau; Air-Terre.

*Les éléments se distinguent par leurs qualités élémentaires qui sont le sec, l'humide, le froid et le chaud.*

*Froide et sèche, la Terre a pour symbole le Bœuf de saint Luc ou le Taureau zodiacal du printemps. Elle est noire et appartient à Saturne.*

*En l'Air, chaud et humide, s'élève l'Aigle de saint Jean, qui est aussi l'oiseau de Jupiter, visible au firmament parmi les constellations automnales. La couleur bleue, celle de l'atmosphère est attribuée à cet Elément.*

*Froide et humide, l'eau s'écoule de l'urne du Verseau, signe d'hiver, dont saint Mathieu tient chrétiennement la place. A l'Eau convient la couleur verte qui est celle de Vénus.*

*Le Feu, en lequel flamboie l'ardeur de Mars, est chaud et sec. Il semble se dégager de la crinière rouge du Lion de saint Marc, qui parque dans le zodiaque le milieu de l'été* (18).

• Les éléments trouvent leur correspondance dans l'homme physiologique: l'Air place le souffle de vie dans la poitrine; l'Eau est représentée par les liquides organiques, réceptacles d'énergie; le Feu, énergie vitale, source de chaleur et de motricité, habite la pensée. La Terre est la matière corporelle, le socle qui soutient et contient les autres éléments. *Chaque élément est un ligamentum, un lien que Dieu a créé pour relier entre eux les divers aspects de la nature* (80-90).

• Le système de correspondances des Chinois s'articule sur 5 éléments qui régissent tous les êtres animés ou inanimés de la nature, tous les phénomènes visibles… Ils sont reliés par un cycle de subordination et de succession: le bois est vaincu par le métal, le métal par le feu, le feu par l'eau, etc.

• La cosmologie hindoue reconnaît 5 éléments correspondant à 5 états de manifestation: l'air, le feu, la terre, l'eau, l'éther.

• Dans l'éducation dispensée aux Compagnons, l'homme bien intégré au réel doit participer à la vie qui l'entoure jusqu'à devenir un élément du cosmos, s'y sentir bien. Plus il s'accomplit, plus cette communication avec les formes de vie du cosmos s'élargit.

## ELÉPHANT
*l'intelligence, la longévité*

Synonyme de **tempérance,** de pitié, de puissance souveraine, d'éternité et de jeux publics dans la mythologie grecque, l'éléphant était consacré à Pluton.

• En Inde, l'éléphant blanc est l'incarnation de Ganesha, dieu de la **sagesse,** du discernement et symbolise la maîtrise des passions (Ganesha tient sa trompe dans sa main).

## EMERAUDE
*la science, la chasteté*

Appelée la pierre des mages, qui la regardaient comme le symbole de la **chasteté** parce qu'elle se brise lorsque celui qui la porte commet un crime contre les mœurs, l'émeraude était la pierre du secret : la *table d'émeraude* enregistra les lois de la Kabbale et de l'occultisme, dictées par Hermès Trismégiste. D'où découle la signification que lui attribuent les alchimistes : détentrice du **secret** de la création des êtres et des causes de toutes choses, elle favorise la divination et les rêves prophétiques.

• En Amérique centrale, l'émeraude est en relation avec la **création :** associée au printemps, à l'Est, à la féminité, à la planète Vénus et à l'oiseau Quetzalcoatl, symbole de la *réalité humaine de l'ère de Mouvement* (48-119), l'homme créé par le héros civilisateur avec les *ossements arrachés au royaume de la mort* et animé de son propre sang.

• Son origine divine est concrétisée par une légende hindoue selon laquelle elle serait née de la bile que l'Indra des serpents laissa tomber sur la terre (4).

• Consacrée à Vénus, elle passe pour favoriser les entreprises amoureuses.

• Sous son aspect néfaste, l'émeraude symbolise la **science maudite** et est associée aux démons contre lesquels elle peut par ailleurs se retourner, lorsqu'on l'emploie comme talisman.

## EMPEREUR
*la raison d'Etat*

Le 4ᵉ arcane majeur du **Tarot** représente l'Empereur assis sur un trône orné de l'aigle héraldique, brandissant le sceptre de l'autorité. Son attitude rigide, sévère, évoque l'image du maître, du père, de la mesure. Ce personnage est le symbole de la puissance statique, de l'ordre, de la conservation et l'arcane souligne l'influence de la volonté, de l'exactitude, du calcul mais reflète aussi la dureté, le despotisme lié à l'exercice du pouvoir. Antagonismes qui peuvent se concilier par la maîtrise et la droiture (79-309).

**Interprétation :** droit, rigueur, fixité, volonté inébranlable. Matérialisme. Opposition tenace, parti-pris hostile, tyrannie ; masculinité brutale indirectement soumise à la douceur féminine (17-136).

## ENFANT
*le naturel*

Dans toutes les traditions, comme dans la mystique chrétienne, l'enfant symbolise la fraîcheur, la spontanéité, la simplicité, le naturel.
◆ Dans les rêves, cette image peut représenter le début de l'évolution psychologique : *une nouvelle possibilité de vie monte de l'inconscient dans la conscience surchargée de conflits... L'enfant apporte l'harmonie salvatrice* (24-153).

Il peut aussi signaler l'existence d'un complexe provoquant un comportement infantile à surmonter pour amorcer le processus d'évolution.

## ENFER
*l'inconscient, les jours décroissants*

Associé à l'obscurité, à l'origine, l'enfer était un symbole de la

**nuit,** et des terreurs qu'inspiraient aux primitifs le froid, l'ombre et la solitude.

La *Descente aux Enfers* dont parlent les mythes correspond aux premiers jours décroissants, prélude à l'hiver par opposition à l'*Ascension,* entre le premier jour de la croissance suivant l'équinoxe de printemps et le 24 juin.

Au niveau ésotérique, elle représente la **mort allégorique,** l'abandon par l'initié de sa nature profane dans l'obscur cabinet de réflexion maçonnique, le passage du *noir au blanc* des alchimistes. Ce qui rappelle le mythe de l'agneau noir devenant progressivement l'agneau pascal blanc (3-35-126).

• Bien que les peuples anciens aient eu de l'enfer une conception variée, la plupart l'ont imaginé comme un lieu souterrain mystérieux et effrayant où les âmes des défunts subissaient des souffrances indicibles en châtiment des crimes commis sur terre, après s'être présentées devant un Tribunal, image symbolique de la conscience, du **surmoi** de la psychologie jungienne.

• Le Coran lui attribue 7 portes (ou 7 degrés) réservées : aux adorateurs du vrai Dieu qui ont péché (*Gehennem*) ; aux chrétiens (*Ladha*) ; aux juifs (*Hodhama*) ; aux Sabéens (*Sair*) ; aux mages (*Sacar*) ; aux idolâtres (*Gehin*) ; aux hypocrites (*Haoviat*).

• Généralement lié au Feu dévorant qui consume, détruit, l'enfer symbolise le remords, les affres de la souffrance morale ou de la jalousie. Tandis que l'enfer catholique représente le désespoir, l'endurcissement dans le péché et l'erreur par incapacité totale et définitive de s'améliorer.

◆ L'enfer symbolise *la mer nocturne de l'inconscient* qu'il faut traverser, *partir d'une situation de vie consciente mais de plus en plus restreinte* pour aboutir sur l'autre rive. Nous avons là un processus d'**individuation** qui débute par une descente en soi, une *régression,* le repli sur soi (c'est dans le calme et le silence que l'homme peut se retrouver).

Par ailleurs, l'enfer est le séjour de Pluton-Hadès, symbole du **refoulement** selon Paul Diel, mais aussi dieu de la fertilité, père des richesses figuré avec une corne d'abondance dans la main. Il contient donc en lui *toutes les valeurs créatrices, mais elles sont mal réparties, mal distribuées* (80-200), celles de l'inconscient, mises au jour par cette plongée dans les bas-fonds de soi afin d'être exploitées.

# ÉPÉE
*le combat*

Objet sacré et rituel avant d'être employé matériellement comme arme de combat, l'épée évoque la **bravoure**, la puissance, liées à la guerre.

● Elle symbolise le combat intérieur : l'épée flamboyante du Boddhisatva procure la connaissance et la libération des désirs ; celle de Vishnou symbolise la pure connaissance et la destruction de l'ignorance ; son *fourreau* est celui de l'obscurité, de l'aveuglement.

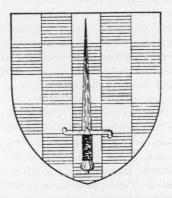

*L'épée, axe de lumière qui transperce les oppositions et les contraires. (47)*

● La tradition chrétienne et la chevalerie l'associent à l'idée de **luminosité** : l'épée est l'*outil lumineux de l'œuvre chevaleresque... l'axe de lumière qui transperce les oppositions et les contraires afin de faire renaître l'unité,* comme la dague elle peut *soit foudroyer l'être indigne, soit transmettre l'esprit créateur, donc conférer des armes spirituelles à celui qui partait à la recherche du Graal.*

Chargée d'une force particulière qui joint l'esprit à la matière, elle devient un symbole de l'achèvement et du **devoir** : l'épée du roi de France consacrant le chevalier *symbolise l'axe vertical qui relie le ciel à la terre et indique au souverain la nécessité d'une rectitude intérieure qui lui permettra d'appliquer l'ordre éternel des choses.*

Celle du chevalier est à double tranchant parce qu'elle frappe les infidèles de l'un, de l'autre les voleurs et les meurtriers. Sa pointe signifie *obéissance* (47-237).

• L'épée céleste qui rassemble les nuages ou qui réprime le feu dans l'herbe, trouvée dans la queue du Grand Dragon, constitue, avec le *Miroir* et les *Joyaux*, les *trésors* du Trône japonais, s'identifiant respectivement aux vertus de *yû* (bravoure), *chi* (connaissance) et *jin* (bienveillance, charité) (77-248).

◆ Jung voit dans l'épée ou le poignard le symbole de la **volonté**, liée à l'idée de *pénétration dans une direction précise* et au désir d'atteindre un but (28-318, 322).

# EPINE
## *la virginité*

L'épine est un des plus anciens symboles du monde : les plantes épineuses étaient l'emblème de l'**humanité primitive**, de l'époque préhistorique et des prémices de la société, précédant la découverte de l'agriculture, l'âge d'or.

• Symbole de la terre vierge, l'épine devint celui de la **femme vierge** : l'oranger de la couronne qui pare le front de l'épousée est un épineux et les Egyptiens utilisaient des couronnes d'épines pour symboliser les *fiançailles ascétiques*. A ne pas confondre avec la couronne d'épines du Christ, symbole de la **vie éternelle dans la nature** auquel s'ajoute l'inscription INRI : *Igne Natura Renovatur Integra* ou *Ignem Natura Regenerando Integrat,* à laquelle les sages de l'Antiquité attachaient l'un des plus grands secrets de la nature, celui de la **régénération universelle** (3-66). Les chrétiens l'ont adoptée comme monogramme du Christ (Iesus Nazareus rex Iudaerum = Jésus de Nazareth roi des Juifs).

Cette couronne d'épines désignait également une couronne naturelle de cheveux blancs (3-67).

• Le symbolisme de l'épine est passé dans celui du Genêt et de l'Acacia.

# ÉSOTERISME
*la science du secret*

L'ésotérisme (du grec *esotêrikos,* réservé aux adeptcs, intérieur) est *le sens intérieur de toute chose,* qui peut être perçu au moyen de l'intuition. C'est aussi *cette attitude de l'esprit qui consiste à se poser des questions sur le mystère et au mystère lui-même.*

# ESPACE
*la totalité*

La symbolique de l'espace est fondée sur la rose des vents, l'Est-droite, l'Ouest-gauche, le haut-Nord, le bas-Sud, moyen d'orientation de l'homme considéré comme centre de l'univers.
• Au-dessus de lui, le ciel, le Nord correspondant à la **spiritualité,** à l'intellectualité, à l'ascension morale et spirituelle, à l'ambition.
   C'est aussi le lieu du début pour les alchimistes : *ils se réunissaient à la petite porte du Nord pour s'entretenir des débuts du Grand Œuvre. Au Nord se génère la lumière incréée* (80-153).
• Au-dessous de lui, le bas est en rapport avec le monde souterrain et ses **puissances cachées,** les représentations obscures, la décadence, les instincts, l'inconscient, tout ce qui est caché, refoulé.
• A sa gauche, l'Occident est lié à l'idée d'origine, par conséquent à l'enfance, la mère, le passé, le malheur, la maladresse et par extension, l'**introversion,** le repli sur soi, la passivité.
   La gauche est (dans les mythes, la danse, la statuaire) assimilée au matriarcat, aux religions lunaires, au passé, au principe conservateur, à la mère.
   Tout ce qui se trouve ou se passe à gauche est **maléfique** : le monde souterrain comportait deux routes, celle de gauche menait au lieu de punition des méchants où *se situe le Jugement dernier où nous sommes confrontés à notre Nombre, à la vérité que nous avons su ou non dégager de notre existence.*
   Le Japon fait exception à cette règle : dans la mythologie et dans le rituel, la gauche (*hidari*) est en rapport avec le soleil, l'élément mâle : la déesse du Soleil, Ameterasu, principal Kami du

panthéon Shinto, provient de l'œil gauche d'Izanagi (77-237).
• La droite correspond à l'Est où apparaît la lumière chaque matin, où *surgit l'impulsion créatrice,* au père, à l'avenir, à l'action, la progression, l'évolution, au but à atteindre, à l'**extraversion**, à l'ouverture à autrui, au bonheur.

Dans les mythes, tout ce qui a lieu à droite est **bénéfique** ; aux Enfers, la route de droite mène au séjour des Bienheureux.

Mais dans la tradition shintoïste, la droite (*migi*) est en rapport avec *mizu,* l'eau, l'élément femelle : la déesse de la Lune, Tsukiyomi, est sortie de l'œil droit d'Izanagi (77-237).

• Les quatre points cardinaux n'ont de signification qu'en fonction du Centre qui les crée, symbole du **Moi affectif** qui intervient dans la vie quotidienne et reçoit constamment des impressions des quatre orientations.
• Ce symbolisme imprègne en profondeur la vie de l'homme du XXᵉ siècle, dont les gestes, l'écriture, les superstitions, le folklore, etc., sont la manifestation tangible.

## ÉTOILE
*le rayon de lumière dans la nuit de l'inconscient*

L'étoile-symbole remonte à l'ancienne Babylonie où trois étoiles disposées en triangle représentaient la **triade** : Sin, Shamash, Ishtar, c'est-à-dire, Lune-Soleil-Vénus.
• L'étoile (la typographie en a tiré l'astérisque) était l'idéogramme choisi pour exprimer le mots **Dieu** et **Ciel** et c'est cet emblème du Ciel à multiples rayons qui surmonte l'*arbre de Noël* qui, avec ses feux, ses sphères (boules d'or et d'argent), ses guirlandes, est la synthèse du Ciel.

Dans le judaïsme primitif, à chaque étoile était préposé un ange gardien et, selon la conception chinoise, chaque homme possède une étoile au ciel à laquelle il doit faire offrande au Nouvel An (7).
• L'étoile *polaire,* autour de laquelle tourne le firmament, a toujours été considérée comme le premier moteur, le symbole de la **prééminence**. En Chine, elle est *le nombril du monde, le pilier solaire* (30).
• L'**étoile annonciatrice** de la chrétienté est *Sirius* de la constella-

tion du Chien, **guide des voyageurs,** symbolisée par le dieu Anubis-Hermès à tête de chien (l'ancêtre de saint Christophe qui a conservé ses attributs : le chien, la palme et le vêtement militaire).

Elle apparaît dans la légende et l'histoire :

a) dans la cérémonie égyptienne qui accompagne l'inondation du Nil à l'équinoxe de printemps : les prêtres observaient son lever et pouvaient prédire la hauteur future des eaux du fleuve, de laquelle dépendait la fertilité de l'année qui débutait réellement avec le lever de cette étoile ;

b) dans la légende de la naissance du Bouddha (cinq siècles avant J.-C.) aperçue en rêve par la mère de Bouddha ;

c) dans la légende de la Nativité du Christ, vue par les Mages.

*L'étoile des mages.   (47)*

● Commun à toutes les civilisations traditionnelles, le dessin d'une étoile à 5 branches (Etoile des mages) ou *pentagramme* est la matrice de l'**homme cosmique,** le schéma figuratif de l'homme aux mesures de l'univers, bras et jambes écartés, du microcosme humain (47-93).

*L'étoile flamboyante.   (18)*

C'est l'*Etoile flamboyante* des hermétistes dont *les 5 pointes correspondent aux 4 membres et à la tête de l'homme. Et comme* les membres exécutent ce que la tête commande, le pentagramme est aussi le signe de la volonté souveraine à laquelle rien ne saurait résister, pourvu qu'elle soit inébranlable, judicieuse et désintéressée (18-100).

Placée entre l'équerre qui sert à mesurer la terre et le compas qui sert à mesurer le ciel, cette Etoile symbolise dans la maçonnerie, **l'homme régénéré**, le compagnon fini dans l'ordre du Compagnonnage (30-70).

Le pentagramme correspond au *nombre d'Or* des pythagoriciens, à la Divine Proportion de Léonard de Vinci qui définit le canon idéal de l'homme « *dont le nombril divise le corps suivant cette même section d'or, commande la spirale logarythmique de croissance suivant laquelle se développent les êtres vivants sans modifications de leurs formes* » (30-71).

• *Inversée* (pointe en bas), l'étoile devient un **signe satanique** appartenant au prince des ténèbres et symbolise *les instincts grossiers, les ardeurs lubriques qui subjuguent les animaux* (18-100).

• Emblème du judaïsme et drapeau officiel d'Israël, signe de paix et d'équilibre, l'*exalpha,* étoile à 6 pointes ou bouclier de David, résultant de l'entrecroisement de 2 triangles, fut autrefois un *talisman de bataille* (3-179). On la considère comme la force en mouvement, l'emblème de la **sagesse.** C'est le sceau de Salomon, une des expressions de la pierre philosophale des alchimistes, but du Grand Œuvre, *grâce auquel le microcosme humain est en rapport avec le macrocosme universel* (47-213).

• **Signe divin** chez les Egyptiens, **symbole solaire** à Babylone, l'étoile à 8 rayons, liée à l'idée de rayonnement, renferme le cercle solaire (pourtour), la croix des solstices et des équinoxes et les points cardinaux. C'est la roue de Cybèle-Déméter couronnée, la roue indienne, l'octopode de l'Amérique précolombienne. Elle figurait sur l'écu des chevaliers du Temple.

• L'Etoile à huit rayons est située au centre de l'arcane XVII du **Tarot** parmi d'autres étoiles. Cette lame présente une jeune fille versant de l'eau à l'aide de deux vases dans un étang, (symbole du mouvement perpétuel du cours de la vie). Le papillon, la rose épanouie et l'acacia évoquent l'illumination résultant de l'initation, l'espérance.

**Interprétation divinatoire :** vaillance supportant allègrement les misères de la vie. Sensibilité, musique, arts. Caractère facile. Candeur, naïveté, jeunesse, charme, séduction. Résignation. Curiosité indiscrète (17-226).

♦ Dans les rêves, l'étoile est un symbole archétypique de la transformation psychique, *le guide immortel du voyageur vers les lieux saints, la lumière permanente du chevalier à la recherche de l'initiation. Or, c'est à l'intérieur, au cœur de chaque étoile que naît une plus petite étoile. Cette dernière détermine trois centres indissociables de la spirale; on sort ainsi du monde de la dualité et de la fixité pour entrer dans celui du mouvement et de l'évolution* (47-93).

# EXCRÉMENTS
*la force psychique*

Associées à Tlazolteotl, la déesse aztèque des immondices, de l'amour charnel, de la fertilité, de la naissance et de la confession, les matières fécales symbolisent une énergie biologique sacrée récupérable après évacuation.

♦ Dans les rêves l'*évacuation* correspond à la **libération psychique**, à l'élimination de sentiments de culpabilité, refoulements, inhibitions, nuisibles à l'épanouissement individuel. La *constipation* au contraire, reflète l'auto-intoxication et révèle un comportement lié à l'**analité** (avarice...).

# F

## FER

Issu du monde souterrain, chtonien, le fer symbolise la **dureté** et la **solidité** : dans la division du monde des Anciens, l'âge du Fer correspond à la méchanceté des hommes et à la sécheresse de la nature, symbole de la matérialité, de l'abandon aux forces instinctives et à la brutalité.

• En Egypte, il était identifié à Seth, personnification de la sécheresse, du mal et de la perversité, dont l'attribut était le couteau primordial, instrument de démembrement et de mort.

• Il est lié au symbolisme de la **forge** et des forgerons.

## FÉTICHE, FÉTICHISME

Objet de vénération, le fétiche est le réceptacle d'une **énergie divine**, de vertus magiques et exerce une influence protectrice : fétiches collectifs (arbre, flèche, hache, pierre, animal, palladium, telle la statue en bois de Pallas-Athéna qui protégeait la ville de Troie, le bouclier de Numa, fétiche des Romains...), fétiches personnels portés sur soi (coquillage, morceau d'or ou d'un autre métal, pierre brillante, main de corail, talisman, amulette...).

Les fétiches sont considérés comme doués d'une vie active ou exerçant une influence particulière par l'intermédiaire d'un esprit et honorés d'un véritable culte.

◆ Le fétiche «moderne» peut être une partie du corps (cheveux, pieds, mains), ou un objet (chaussure féminine, sous-vêtement, mouchoir, gants), ou une qualité (odeur, qualité tactile)...

On décrit classiquement le fétichiste comme celui qui ne parvient à un désir sexuel (génital) et à une éjaculation que par l'association d'un fétiche à sa recherche du plaisir (51).

Selon K. Abraham, pour le fétichiste, *un être n'est souvent que la breloque de cette partie unique de son corps à l'attrait invincible*, mécanisme provenant d'un refoulement partiel, de la dévalorisation de la personne, au profit d'une de ses parties (52).

# FEU
*la force vitale et cosmique*

Première conquête de l'homme primitif, le feu présida aux débuts de la civilisation. On le produisait au moyen de deux bâtons et d'une roue, geste qui, dans les contes, légendes et folklore de nombreux pays, symbolise l'acte sexuel.

● Le rite du feu permanent remonte à la préhistoire, où il répondait à une utilité pratique (remplacer le soleil et écarter les animaux féroces la nuit). A une époque plus tardive, il constitue un rite magico-religieux : il était destiné à empêcher la mort du soleil, à renforcer son énergie vitale ou assurer sa résurrection perpétuelle : feu perpétuel des Vestales romaines, rites mazdéens liés au culte du soleil...

Cette permanence des feux terrestres devient une image de l'**immortalité** de la vie, similaire à la permanence du feuillage des arbres verts (pins, sapins).

● **Essence de la divinité** et dispensateur de la lumière, adoré par les Celtes en Vulcain sous le double emblème du soleil et de la lune, le feu occupait la place du soleil au centre des temples orphiques, les colonnes l'entourant figuraient les parties de l'univers qui lui sont subordonnées.

• Symbole du dieu bon et considéré lui-même comme un être céleste, chef du monde qui se manifeste dans la flamme terrestre et le soleil, le feu était adoré par les Mazdéens. Le culte du feu perpétuel était, avec la préparation du *haoma*, le point central de leur religion.

L'officiant qui l'allumait avec les baguettes sacrées (*baresma*) portait un voile (*le panôm*) devant la bouche pour que son souffle ne souille pas la flamme sacrée (19-191).

Ce culte survit chez les Parsis et les Guèbres de l'Inde, pour lesquels le feu est toujours l'essence de tous les pouvoirs actifs, mais aussi dans les lampes des sanctuaires du monde entier : temples, flamme du soldat inconnu, flambeau des jeux olympiques... témoignages de l'éternité du **principe énergétique de la force essentielle** du Créateur.

• Les Anciens le considéraient comme la **manifestation de Dieu**, qui devient ainsi accessible à la perception et aux sens humains : les platoniciens démontraient les modes d'action de Dieu par les images de la lumière et du feu.

• Dans l'hindouisme, le feu revêt avec Agni un triple aspect : **générateur, purificateur** et **destructeur** dans les feux céleste, terrestre, cosmique, magique et rituel... dans la chaleur de la colère et de la digestion (50-275). Le feu représente ici l'illumination intellectuelle, la volonté de conquête du guerrier destructeur.

• Le feu du ciel : *éclair et tonnerre*, est l'attribut d'Indra, puissance guerrière et agricole, et la chaleur dégagée par le feu s'associe à Surya.

• La flamme du feu du *foyer* des Mayas remplit une fonction identique à la flamme d'Agni : sa lumière exprime la matérialisation de l'esprit divin, *comme la lumière d'une bougie représente l'âme d'un mort* (76-81).

• Symbole de vie, par analogie avec la *chaleur* des rayons solaires, le feu, qui débarrasse la matière des impuretés, rejette les scories, est un agent de **régénération** et de **purification** (les langues de feu purificateur descendirent sur la tête des apôtres le jour de la Pentecôte).

• Selon les gnostiques, le feu est lié à la **génération** : *dans l'homme, le Feu, source de toutes choses, est l'origine de l'acte générateur humain. Ce feu, comme le feu primitif, est un ; mais il est double dans ses effets : chez l'homme c'est le sang chaud et rouge trans-*

*mué en sperme ; chez la femme, le sang se change en lait* (19).

• En Egypte, génération et destruction formaient le double **principe efficace** des deux pouvoirs antagonistes du feu spécialement le *feu éthéré* concentré dans le soleil, agissant perpétuellement dans le monde, l'un créant (incarné par Osiris) (83).

• **Psychopompe** chez les Grecs, *medium entre la vie présente et la vie future*, le feu était le réel émancipateur de l'âme qu'il débarrasse de la souillure terrestre (comme le van sépare le blé de la poussière et de la paille). Aussi faut-il que le corps soit consumé par lui pour que s'effectue la séparation des deux principes, perception (pensée et intuition) et sensation (83-93). D'où la coutume de l'incinération.

• Moteur de la **régénération périodique**, lié aux forces chtoniennes, le feu représentait pour les Mexicains la force profonde qui permet l'*ascension à partir des profondeurs* (48). Aussi offrait-on des sacrifices humains au dieu du feu résidant dans le *nombril de la terre* pour que la vie du soleil ne s'éteigne pas et afin de permettre au feu nouveau de s'allumer. L'allumage de ce feu (tous les 52 ans, marquant la coïncidence des deux calendriers lunaire et divinatoire, moment où le soleil risquait de disparaître) donnait lieu à un rite exceptionnel : après le sacrifice d'un captif à minuit au sommet d'une montagne et l'extinction de tous les feux, on faisait jaillir une flamme d'une planche où tournait un bâton. A ce brasier, des coureurs allumaient des torches de pin et portaient jusqu'aux villages éloignés la flamme nouvelle qui assurait la vie du soleil et du monde pour un nouveau cycle de 52 ans.

Ce rite évoque la fête de Prométhée à Athènes avec ses coureurs, et la *fête du feu nouveau* qu'on va chercher dans le temple à l'occasion du nouvel an, qui se pratiquait encore il y a peu, à Kyoto, souvenir d'un rituel magique pour le solstice d'hiver.

• Pour les tantristes, le *feu* est un symbole masculin, le *foyer* un symbole féminin.

Parce qu'il fait passer ce qu'il embrase d'un état grossier et matériel à un état supérieur, ils l'assimilent à l'ascension de la *kundalini*, l'énergie vitale, le long des centres de la colonne vertébrale (*chakras*), qui sont consumés par la transformation progressive de l'énergie séminale en énergie spirituelle (30-61).

• D'après la loi des analogies, en Occident, le feu correspond au Bélier, au sec, au chaud, à la planète Mars, au rouge, au masculin et au spirituel, à la joie (feux de joie). Et en Chine, le feu (*hio*) est l'un des éléments ou états de mutation fonctionnant en corrélation avec le Sud, le rouge, la saveur amère, l'odeur de brûlé, la poule et l'espèce des animaux à plumes.

• Les alchimistes taoïstes ont appliqué la *chaleur* produite par le feu au contact de la matière au centre du cœur humain, creuset intérieur, anatomiquement localisé au plexus solaire (30-61).
• La chaleur des *rayons solaires* peut s'avérer meurtrière et se comparer au feu de la passion dévorante et de la guerre. Tandis que la *fumée* qui obscurcit, étouffe, symbolise l'aveuglement et l'anéantissement de la conscience.
   L'*incendie*, comme les torches et les bombes incendiaires provoquent la panique et font fuir. Dans cette lignée, le feu devient instrument de châtiment : Lucifer, le porte-lumière est devenu le prince du feu infernal.

◆ Les rêves de feu *ne sont jamais insignifiants; ils touchent à de grandes puissances psychiques...témoignent d'une vie intense et puissante, mais indiquent aussi le péril...* Si un grand feu clair peut exprimer la naissance d'un sentiment nouveau, un incendie indique qu'*un feu a pris naissance dans l'âme... un feu de destruction.* Le rêveur *devra vivre avec la plus grande prudence et rechercher scrupuleusement de quel côté vient l'odeur de brûlé* (24-206).


## FIGUIER
*la connaissance*

En Grèce, le figuier était consacré à Athéna et ses fruits sacrés ne pouvaient être exportés.
• Cet arbre sacré est, pour les bouddhistes, un symbole d'**immortalité** et de **connaissance supérieure** : c'est sous un banian ou *figuier des pagodes* que se termina la recherche de la Connaissance du Bouddha et qu'il reçut l'illumination. Il est vénéré des Hindous parce que Vishnou vit le jour sous son ombre.

• A Rome, la figue était consacrée à Priape, à cause de son abondante productivité et, comme la grenade et l'abricot, elle avait un sens **érotique** (83-140). C'est peut-etre de là que dérive la relation établie en Egypte, entre le figuier et l'acte conjugal, le mariage.

# FLÈCHE
*le père générateur*

Symbole populaire le plus répandu du **père céleste** et des pères humains, la flèche se rattache au symbolisme du rayon solaire, élément **fécondant** de la nature, origine de l'*obélisque*. Ce qui explique les paroles du psalmiste : *comme les flèches dans la main d'un guerrier, ainsi sont les fils de la jeunesse. Heureux l'homme qui a rempli son carquois.*

• La flèche renferme l'idée d'**élévation** : celle du Sagittaire exprime le dépassement.

• *L'arc et les flèches*, attributs de Diane, personnifient les **pouvoirs féminins** créateurs et destructeurs.

*Rosace solaire lanceuse de flèches. (Dessin se trouvant sur un obélisque assyrien). (121)*

# FLEURS
*le soleil, la beauté, la féminité*

La fleur, qui se développe à partir de la terre et de l'eau, est un symbole du principe passif et de la manifestation à partir d'une substance passive. Son calice est le réceptacle de la pluie, de la rosée, donc de l'activité céleste.

• En Chine, la fleur (*hua*) est liée aux saisons : magnolia-printemps ; pivoine et lotus-été ; chrysanthème-automne ; bambou et prunier-hiver. La pivoine symbolise la richesse et les honneurs. Dans l'iconographie, l'association d'une orchidée, d'une pomme sauvage, d'une pivoine et d'une fleur de cannelier symbolise l'aphorisme.

En Chine du Sud, le 5e jour du 5e mois lunaire a lieu une bataille de fleurs, au moment du solstice d'été : *alors que la force virile yang a atteint son apogée et que la force féminine yin commence son ascension, cette bataille symbolique est une sorte de rituel de la fécondité* (7-141).

• Attribut royal dérivé du trident, la **fleur de lis** symbolisait le **pouvoir** à la fois royal et sacerdotal. Emblème encore très répandu de nos jours, la fleur de lis se rencontre dans le blason de nombreuses villes françaises et étrangères : Angers, Bordeaux, Carcassonne, Paris, Lille, Florence, Kosice (Tchécoslovaquie), Perth (Ecosse), Turku (Finlande) (61).

La fleur de lis est aussi la *fleur de lumière* selon l'étymologie hébraïque de son nom, la fleur de la connaissance.

• Divers peuples ont symbolisé le **soleil** par une fleur épanouie. Fleur solaire des Assyriens, la marguerite se fait assister de la camomille simple (cœur jaune d'où rayonnent des pétales blancs) qui était considérée en Perse comme le symbole du **verbe divin** et de son **expansion rayonnante** sur le monde (121-183).

Les fleurs solaires devant servir à des opérations de divination et de magie étaient cueillies au solstice d'été. D'où la coutume des *Herbes de la Saint- Jean*, dont la principale est le millepertuis qui, selon sir J. G. Frazer, était suspendu aux portes et fenêtres pour protéger les maisons contre la foudre, les sorcières et les mauvais esprits.

• Dans l'iconographie chrétienne, la **rose** est le calice qui a recueilli le sang du Christ ; elle figure donc le *Graal* identifié au cœur du Christ, origine de l'emblème des rosicruciens qui la considèrent comme un symbole de **pureté** physique et spirituelle (113-527).

Elle est aussi l'emblème de la beauté divine qui gît en chaque élément vivant (47).

Les anciens la regardaient comme un symbole de **régénération** et la déposaient sur les tombes.

Elle est un symbole de **vie** et d'**initiation** : en pays d'Islam, l'initié *reçoit la rose* de l'initiateur (transmission de la doctrine). La rose héraldique, l'*églantine à cinq pétales*, l'équivalent du pentagramme qui s'inscrit dans un cercle invisible, symbolise le **silence de l'initié**, chevalier ou candidat Maçon. Les Maçons se communiquent les secrets symboliques *sous la rose* et leur Quête intérieure consiste à découvrir le *pot aux roses*.

La rose du silence, ornait le plafond des *chambres d'amour*, des lieux de culte, des salles où avaient lieu des réunions clandestines. Les amants des romans de chevalerie l'offraient à leur Dame, en signe d'une secrète entente (3-185).

• En Inde, le **lotus**, emblème de la fécondité et des eaux, de la **pureté**, est l'attribut de «Brahma représenté un lotus à la main et trônant sur un lotus», de Vishnou, de Krishna qui portait sous chaque pied la marque de cette fleur, de Lakshmi, déesse de l'abondance. Le lotus rose (*padma*) est un emblème solaire et le lotus bleu (*utpala*) un emblème lunaire. Les fleurs du manguier étaient consacrées à Kâma, dieu de l'Amour (62).

*PADMA, symbole bouddhiste de la pureté. (62)*

• La fleur en général était un symbole de **beauté** pour les Mayas, et les fleurs de l'arbre Plumeria (frangipanier), symbolisant les rapports sexuels, furent associées à la fois à la lune et au soleil (60-248) en raison de la hiérogamie soleil-lune.

• Les Egyptiens qui regardaient les fleurs comme des symboles de **joie** et d'**allégresse**, les associaient à leur vie quotidienne et au culte des dieux et des morts.

Le lis et le lotus symbolisaient l'*initiation ou la naissance à la lumière céleste; sur quelques monuments, le dieu Phré, le soleil, est représenté naissant dans le calice d'un lotus* (9-23).

Le lotus qui emprisonnait Rê dans ses pétales repliés avant la création, était consacré au Soleil et constituait l'emblème de la Haute-Egypte. *En le voyant sortir de l'eau et s'épanouir chaque matin et se replonger dans l'eau chaque soir, les Egyptiens supposèrent des rapports secrets entre cette plante et l'astre du jour* (62).

• Au Japon, la fleur est l'emblème du **cycle végétal** et l'*ikebana*, ou arrangement floral, appartient au *furyu*, concept englobant l'art de vivre, la douceur et l'esthétique.

Un ikebana compte toujours un nombre impair (porte-bonheur) de branches d'arbres sans fleurs, de pousses, ou de fleurs, de fruit. Fondée sur la triade *ciel, terre, homme*, la discipline formelle de l'ikebana tente de refléter aussi parfaitement que possible la communion de l'homme avec la nature.

Ses trois formes essentielles sont : *sin* (asymétrie), *so* (symétrie) et la voie intermédiaire ou *gyo*. C'est le style **masculin**, *yo*. Si l'on utilise une seule branche, la tige principale s'élevant vers le haut symbolise le ciel : une branche incurvée sur le côté droit représente l'homme et une branche basse sur le côté gauche symbolise la terre.

Le style **féminin** est basé sur la plante ou la fleur : trois branches différentes, placées très proches l'une de l'autre, représentent la triade. Ainsi un bambou symbolisera le ciel, une branche de pin, l'homme et une branche de fleurs de prunier, la terre (53-304).

C'est le seul arrangement *vivant* dans lequel l'homme est le médiateur entre le ciel et la terre.

• Il existe un **langage des fleurs** qui fut fort prisé des poètes de l'Antiquité et du Moyen Age, basé sur la couleur (les nuances apportant des variations).

**Fleurs rouges** : *ardeur*. Pâles : *ardeur modérée, capricieuse*. Vives : *ardeur exaltée, violente, audacieuse*. Foncées : *ardeur jalouse mêlée de tristesse*.

**Fleurs bleues** : *tendresse*. Pâles : *tendresse inavouée, timidité*. Vives : *tendresse passionnée, déclarée*. Foncées : *tendresse douloureuse, du souvenir*.

**Fleurs violettes** : *douleur*. Pâles : *douleur passée, calmée.* Vives : *douleur inconsolable.* Foncées : *résignation, douleur profonde.*
**Fleurs vertes** : *espérance*. Pâles : *espérance fragile, naissante.* Vives : *espérance robuste, confiance.* Foncées : *espérance secrète, douloureuse, évanouie.*
**Fleurs jaunes** : *bonheur*. Pâles : *joie tendre, bonheur calme, nouveau.* Vives : *joie ardente, bonheur constant, complet.* Foncées : *joie affaiblie, secrète, bonheur menacé, troublé.*
**Fleurs marron** : *défiance*. Pâles : *défiance rassurée.* Vives : *défiance jalouse, violente.* Foncées : *défiance secrète, douloureuse.*

♦ La fleur symbolise la **réalisation des possibilités** latentes. Epanouie à la surface d'un lac, d'un étang ou dans un jardin, elle représente le développement de la manifestation tout entière (30-68).

Symbole de l'**âme**, centre spirituel, la fleur est, dans les *rêves*, un symbole archétypique du **Soi** se manifestant à la fin du processus d'individuation.

*Les roses annoncent presque toujours quelque chose de magnifique, mais le courant contraire du bonheur, la souffrance, est présent également.*

*Lorsque des fleurs éclosent en rêve, lorsqu'un bouquet coloré nous est offert, quelque chose de positif vient à nous, c'est un bouquet de sentiments, en tout lui-même harmonieux* (24-297).

# FLEUVE
*le flot de la vie*

Les fleuves, divinisés par les Grecs, ont souvent été représentés par des vieillards barbus aux longs cheveux entremêlés de plantes aquatiques, tenant un aviron et une urne, ou avec des cornes de taureau, pour exprimer leur **force fécondante**.
• Dans la mythologie chinoise, le fleuve participe à l'**évolution** : c'est à Yu le grand, *qui maîtrisait les eaux et domptait les fleuves,* que le cheval-dragon sorti du fleuve Jaune remit le carré magique et que la tortue venue du fleuve Luo donna l'écriture Luoshu (7).
• Dans les contes, légendes et mythes, la *traversée* d'un fleuve symbolise la nécessité de surmonter un obstacle afin d'atteindre une autre rive, un autre état d'âme ou de pensée. La *descente*

du courant vers l'océan figure le retour à l'indifférenciation, l'accès au non-être, au Nirvana, et la *remontée*, le retour au Principe, à la source divine.

• Les fleuves des enfers, Achéron, Styx, Cocyte, Phlégéton et Léthé menaient les âmes condamnées vers les douleurs, les brûlures, les lamentations, les horreurs et l'oubli.

◆ Le fleuve ou le cours d'eau du rêve est le symbole du flot de la vie, du *flot paternel. Nous disons par exemple : «Notre père le Rhin»* (28-316).

# FORCE
*la maîtrise de soi*

La 11e lame majeure du Tarot représente la Force sous l'aspect d'une femme qui dompte un lion en lui ouvrant la gueule sans effort apparent.

Cet arcane symbolise la **domination des instincts**. et nous indique qu'il *n'y a pas lieu de tuer l'animal, même en notre personnalité*, mais il faut le domestiquer et utiliser judicieusement l'énergie ainsi libérée.

Il est régi par le nombre *onze*, capital en initiation (sa décomposition en 5 et 6 ramène au Pentagramme et au Sceau de Salomon). Réunion du pentacle de la force magique exercée par l'intelligence humaine et de l'âme universelle.

**Interprétation divinatoire :** intrépidité, domination des instincts par la raison et le sentiment. Nature énergique. Dompteur. Vantardise. Insensibilité, rudesse, cruauté, grossièreté, fureur (17-179).

# FORÊT
*l'inconscient et ses mystères*

Dans les contes, le dragon, la sorcière, l'ogre, personnages menaçants, habitent au cœur d'une forêt. Les princesses s'y égarent avant d'atteindre le château (sécurité). Thésée y affronta le Mino-

taure, symbole des passions et des vices qui empêchent l'évolution.

• Si, pour les Celtes, la forêt constituait un **sanctuaire naturel**,
en Chine, elle est habitée par des *tengu* (esprits) inquiétants, symboles des aspects inconscients de la personnalité humaine, mais l'iconographie la représente toujours domptée et non sauvage, entourée
de bâtiments, de sentiers et d'hommes et on y trouve, comme
au Japon, un grand nombre d'arbres sacrés.

♦ Il existe une analogie entre la forêt, *lieu d'enseignement
symbolique pour celui qui sait comprendre le langage des arbres*
et le labyrinthe, celui des passions et des instincts dans lequel
l'homme se perd et qu'il doit maîtriser pour retrouver l'orée,
l'issue, la lumière.

On comprend pourquoi elle était le *lieu d'initiation pour les
charpentiers, lieu d'exploits à accomplir pour les chevaliers* (80-98).

Lieu mystérieux ou secret où l'on n'ose s'aventurer, la forêt
profonde, avec sa végétation envahissante symbolise les puissances actives de l'**inconscient**.

Les animaux sauvages ou féroces qu'elle renferme symbolisent
des instincts et des forces animales.

Dans les *rêves*, la forêt *figure la vie inconsciente et invisible
du dehors... en elle peut se rassembler ce qui un jour sortira dans
le champ cultivé et clair de notre conscience* (24).

Parce qu'elle peut étreindre ou protéger, elle est un archétype
maternel. *Sombre*, elle indique le danger, surtout si l'on s'y perd.


# FOU
*l'inconscience*

Le XXe arcane du **Tarot** présente un personnage au costume
bariolé (multiplicité des influences subies passivement). Son tur-
ban orangé figure les idées dangereuses qui l'assaillent. La trique
qu'il porte sur les épaules est *un trésor de sottises et d'insanités*.
Le lynx blanc, symbole de lucidité et de remords, qui lui mord
la jambe est incapable de le retenir parce qu'il manque de discernement.

Cet arcane dénonce la passivité devant les impulsions ; le Fou, ou Mat, le pêcheur de lune, éternel voyageur en quête de l'inaccessible, symbolise l'**inconscience spirituelle** et évoque ce qui, chez l'adulte, est demeuré infantile, inadapté.

**Interprétation divinatoire** : passivité, incapacité de raisonner, abandon aux impulsions aveugles, extravagance, insouciance, irresponsabilité, instinctivité (17-254).

# FOUDRE
*la révélation*

En Inde, *l'orage est le déclenchement puissant des forces créatrices* (21-81). Le feu céleste, attribut et arme d'Indra, dieu védique de l'atmosphère, comme de Vishnou, sous le nom de *chakra* (roue), est le symbole du **pouvoir créateur et destructeur** divin, figuré par la hache au double tranchant.

• Les Mayas associaient également la hache en pierre polie à la foudre : les Chacs des points cardinaux projettent leurs haches vers la terre produisant le *tonnerre*.
• L'*éclair* est représenté par la flèche de l'archer Krishna (avatar de Vishnou) et le trident (*trisula*), attribut de Rudra, le violent et terrible Puissant du Ciel, dieu de l'orage.

*Le trident.* (90)

• Dans la Grèce antique, le tonnerre était assimilé au beuglement du taureau et, pendant les fêtes de Dionysos, *le sacrifice du bouc était accompagné d'un chant sacré, origine de la tragédie, qui signifie « chant du bouc »*. Attribué à Jupiter, on l'utilisait comme

**moyen divinatoire** pour prédire le destin de la nation.

• Toutes les traditions anciennes (sur tous les continents) font état des vertus magiques des *pierres de foudre*, météorites qu'on croyait issus du tonnerre et qui servaient de supports pentaculaires contre la foudre et les maladies. Deux hachettes de pierre appelées *pierre du tonnerre* font partie des 6 objets précieux de bon augure énumérés par le *Feng-Shui mo* chinois (1588) avec le sceau de jade, le corail blanc, le joyau rouge, la perle précieuse (19-256).

• Dans le *Yi-King*, le tonnerre correspond au trigramme *Tchen* (l'éveilleur), au roseau, au mouvement, au dragon, à la véhémence, à l'agitation, aux pieds, à la secousse, au tambour, au retour à la vie, à ce qui est fort (63). *Il est le bruit du feu et le rire du ciel* (7).

• Un des symboles majeurs de l'iconographie bouddhiste, **le foudre** (*vajra*) indique le *pouvoir spirituel de la bouddhéité (illumination indestructible) qui fait éclater les réalités illusoires du monde.* Il est le symbole de la méthode, du principe mâle et de l'éternité. Accompagné de la cloche, il est l'*esprit illuminé*, dont la note est le son de l'éternité, perçu par l'esprit pur dans toute la création (66-137).

*VAJRA, la foudre. (90)*

Il est aussi le *diamant*, l'outil de la connaissance, l'instrument du Verbe, de l'intellect.
• Le foudre de Jupiter est figuré par un grand fuseau au milieu duquel sortent des dards en zigzag.

♦ Dans les rêves, l'éclair et la foudre sont des images d'événements subits et terribles, des symboles de l'intuition, de la révélation subite et de l'impétuosité.

# G

## GARDIEN
*la conscience individuelle*

Les figures qui gardent les voies d'accès et entrées des temples
et lieux sacrés (dragons, lions, démons menaçants, taureaux
ailés...) sont les gardiens du seuil qui veillent et chassent ceux
*qui ne sont pas capables d'affronter les silences intérieurs plus
élevés. Ce sont les personnifications de la présence.* Ils marquent
la métamorphose subie par celui qui franchit la porte du temple
(66-83).

♦ Au niveau individuel, le gardien (gendarme, agent de police...)
des rêves symbolise la conscience, les **interdits** qui arrêtent l'inter-
férence des désirs dangereux et des actions immorales.

## GÉANT
*la démesure*

Le géant (comme le monstre) est l'incarnation des peurs qui tour-
mentaient les populations archaïques, *peurs sans visage, peurs
anonymes, peur des esprits malfaisants, de l'ouragan, du feu du
ciel, des raz de marée, de l'insécurité, du malheur, de la faim*

*et, en premier lieu, de la mort* (136-146).

Contre ces ennemis redoutables, ils opposaient comme système de **défense** une figure magique et protectrice d'apparence aussi redoutable : les *theraphîms* assyriens, horribles et gigantesques, au visage hideux, aux ailes de chauve-souris, à la queue de lézard et avec une gueule immense ; le monstre pentaculaire mésopotamien, destiné à vaincre les vents du S.-O., à visage squelettique, cornes de bouc, griffes de vautour, corps poilu de chauve- souris ; les gigantesques effigies exposées dans les villages chinois à l'occasion des rites prophylactiques...

Ces énormes mannequins survivent dans les coutumes folkloriques de nombreux pays, tels les *Géants des Flandres*, figures immenses du Mardi-Gras, du jour des Cendres et du premier dimanche de Carême, détruits après un simulacre de jugement ou après la lecture d'une sentence de mort (136-146).

• Les géants chtoniens de la mythologie, nés de la Terre, tels les Titans insurgés contre Zeus symbolisent la **démesure**, *les forces brutes de la terre et, partant, les désirs terrestres en état de révolte contre l'esprit*...

Le géant Atlas vaincu, condamné à porter l'univers sur ses épaules, représente le *sort symbolique de toute exaltation des désirs*. Pétrifié par la tête de Méduse : *refoulement de la coulpe* (36-143).

◆ Les géants peuvent symboliser également les **passions incontrôlées**, les éléments irrationnels qui encombrent la psyché et font obstacle à une vision lucide de la réalité. Energies qui libérées et bien orientées, peuvent servir à la réalisation d'objectifs personnels.

# GÉMEAUX
*le dualisme*

---

La tradition a symbolisé ce secteur du zodiaque par un homme et une femme se donnant la main, symbole de la dualité, des oppositions intérieures, antagonistes ou complémentaires.

## Gémeaux
*21 mai-20 juin*

Troisième signe astrologique, masculin, d'air, double. Planètes : domicile de Mercure en exaltation. Exil de Jupiter, chute de Saturne.

**Caractéristiques** : dualité, mouvement, mesure, pensée, jeunesse. Ambivalence ou synthèse.

En négatif : dispersion mentale, confusion, manque d'objectivité, duplicité.

**Correspondances** : air, chaleur, humidité, positivité, masculinité, printemps. Couleurs bigarrées. Mercure (métal). Minéraux : grenat, béryl.

**Correspondances corporelles** : poumons, bras, mains (114-122-14)

*Le type des Gémeaux a besoin de s'incarner dans les êtres et les choses ; mais a plaisir à prouver sa personnalité propre...* C'est l'individu ambivalent qui, prenant conscience de soi, pratique le *culte du héros* (22-192) et, dans une sorte de *dédoublement intérieur*, se regarde sentir, agir et vivre.

## GRAAL
*le voyage intérieur*

Le vase qui aurait servi au Christ lors de la dernière Pâque avec ses disciples et qui aurait recueilli son sang sur la croix était, suivant une ancienne tradition, taillé dans l'émeraude tombée du front de Lucifer lors de sa chute. Comme il passait pour procurer une éternelle jeunesse à son possesseur, il fut l'enjeu d'exploits chevaleresques et d'aventures imaginaires (légende du Roi Arthur).

Ce *vase mystique de la résurrection éternelle* est préfiguré par le chaudron celtique procurant la renaissance initiatique, la *naissance du nouvel Homme après l'épreuve* (140-44).

*A la fois révélation spirituelle et vie organique, dogme et rituel*, le Graal devint le calice des messes et l'homologue du cœur.

• La *Quête du Graal*, celle de Merlin, Perceval, Joseph d'Arimathie... base de la chevalerie, est le symbole de l'aventure spirituelle qu'est la recherche de Dieu, de l'absolu, ou selon Jung, de la **plénitude intérieure** qui passe par la domination des sens. Aventure du *chevalier* qui faisait vœu de pauvreté et représentait le type d'*homme idéal...possédant trois vertus: le courage, la fidélité, la chasteté* (22-205).

# GOLEM
*l'homme-robot*

L'histoire du Golem, être vivant artificiel créé grâce à la puissance du *mot sacré* convenablement utilisé, est relatée dans toutes les communautés juives médiévales. Sa fabrication est indiquée dans le livre de Jézirah, car sa création passait pour une œuvre divine (19-55).

Ce *théraphim* vivant est une masse d'argile rouge informe qui attend son achèvement (il se rapproche du symbolisme de l'ours). Il suffit d'écrire sur son front le mot *vie* pour qu'il soit doué de parole et de mouvement et devienne rapidement un géant menaçant. Le magicien doit tout effacer immédiatement pour qu'il tombe en poussière.

# GRENADE
*la fertilité*

Les fleurs du grenadier sont un symbole de l'**amitié** parfaite parce que son fruit aux multiples grains représente à la fois l'union et la fécondité (114-213).

• La grenade était consacrée à Attis en tant qu'Adonis-Dionysos; à Jérusalem, son culte était assimilé à celui de Jéhovah (107-433).

• Dans la Chine ancienne, la grenade (*shi-liu*) désignait la vulve et symbolisait la **fécondité**, en raison de la pulpe rouge qui enveloppe les graines *et dont l'apparition a quelque chose d'évocateur* (75-343).

Considérée comme un symbole d'abondance, elle constitue avec la pêche et le *citron à doigts*, la trinité de fruits porte-bonheur (7-158).

# GRENOUILLE
*l'impulsion vitale, la fertilité*

Le symbolisme de la grenouille se rattache à l'idée de **création** rudimentaire (s'apparente à la symbolique de l'ours). Ce batracien figure généralement comme la résultante de forces d'involution.

• En Chine, animal lunaire associé à l'eau, à la pluie, comme le crapaud, elle correspond au yin. Un texte ancien assure que l'une des deux âmes de l'homme ressemble à la grenouille (*wa*). Lorsqu'elle crie, elle réclame la protection divine pour tous les être vivants (7-158).

• En Egypte on la considérait comme l'*emblème du chaos, de la matière première, humide et informe... de l'homme non formé*.

• Pour les Hébreux, elle représente l'état larvaire de l'homme qui prend à peine conscience de soi et commence à se convertir vers la sagesse, le néophyte qui n'est pas encore formé spirituellement, mais qui va ou qui peut l'être.

Elle incarne aussi l'**indécision**, car ce dernier *peut aussi se replonger dans le néant*.

Elle est encore le symbole du *profane éhonté qui, par ses faux raisonnements, prétend détruire la sagesse ; c'est dans ce sens que l'Apocalypse parle de trois esprits impurs semblables à des grenouilles* (9-61).

• Support de l'univers en Inde, dans les *Véda* elle est présentée comme l'incarnation de la terre fécondée par les premières pluies de printemps et son cri est un remerciement (1).

• En raison de ses métamorphoses, dans les contes de fées, elle représente les **différents stades du développement psychique**, le passage à un état supérieur. Elle est aussi le symbole des **relations sexuelles** (elle prédit la conception de la Belle au Bois Dormant) ; *le conte s'adresse à l'inconscient de l'enfant et l'aide à accepter la forme de sexualité qui convient à son âge tout en le rendant sensible à l'idée que... sa sexualité devra, elle aussi, subir une métamorphose.*

## GROTTE, CAVERNE
*la renaissance*

La grotte privée de lumière, qui servit de demeure et de temple aux premiers hommes, est considérée comme la porte du monde souterrain, la caverne, l'antre du mystère. On y pratiquait autrefois les rites d'initiation où le postulant entrait comme dans un tombeau, pour y renaître à une vie nouvelle après avoir laissé dans l'antre ses passions et ses instincts élémentaires.

• Les cavernes initiatiques étaient consacrées à Isis en Egypte, à Héra, Pallas ou Démeter en Grèce, à la Vierge chez les premiers Chrétiens, symbole de la **régression**, du retour au sein maternel pour y être régénéré et retrouver un souffle nouveau. L'enterrement des morts dans des cryptes et tombeaux procède de cette croyance ancienne : retour à la terre, à la matrice universelle d'où naît la vie. La descente des spéléologues au fond des gouffres et des grottes s'apparente à un retour aux origines, à une plongée dans l'inconscient.

♦ Archétype maternel, dans les rêves, la caverne est, comme la grotte, un des symboles du début du processus de la transformation psychique (25). Cet endroit semi-obscur est celui d'une **renaissance interne** (24).

## GRUE
*la régénération*

Si, dans le langage courant, la grue est le symbole de la sottise et de la gaucherie, en héraldique, elle représente la **prudence** et la **vigilance**.

• Consacrée à Athéna et Artémis en Grèce, elle y était considérée comme l'inspiratrice de l'invention des lettres par Hermès et associée aux poètes et à l'**initiation**. La *danse des grues* pratiquée autour d'un autel garni de cornes, reproduisait les *cercles qui s'enroulaient et se déroulaient dans le labyrinthe initiatique* (107-271).

• En Chine, la grue (*he*) est souvent représentée avec un pin et une pierre, comme triple symbole de la **longévité**.

Elle est le symbole de la **sagesse** car les paroles blessantes ou inutiles sont arrêtées par les sinuosités de son long cou, ce qui laisse le temps de préparer un discours plus constructif. Par conséquent, la grue est l'*oiseau des Immortels taoïstes. On croyait qu'elle vivait plus de mille ans et qu'elle savait respirer le cou plié, technique qui assouplit le souffle et qu'imitent les Taoïstes.*

*La blancheur immaculée de ses plumes était naturellement un* **symbole de pureté***, mais sa tête qui a la couleur du cinabre montre que... elle sait entretenir en elle sa puissance de vie et qu'intérieurement, elle est purement Yang et dépourvue de Yin, principe de mort. Aussi la grue est-elle la monture de l'Immortel qui s'ébat dans les cieux* (64-153).

Associée à un phénix, un héron, un canard et une bergeronnette, elle évoque les 5 types de relations entre les hommes, la grue figurant la relation entre père et fils.

# GUÉ
*la traversée*

Point de rencontre ou limite, le gué se rattache au symbolisme du passage, de l'eau (symbole de renaissance) et symbolise la lutte accompagnant le **passage** d'un stade, d'un état ou d'un «âge» à un autre. Il correspond au stade moyen du processus d'individuation ou d'évolution psychique.

# GUERRE
*le combat intérieur*

Les combats que se livrent les dieux de la mythologie représentent l'affrontement entre l'Inconscient et le Conscient, la lutte entre le Moi et l'Ombre.

◆ La guerre qui fait rage dans les *rêves* exprime une situation intérieure conflictuelle et difficile, résultant de la lutte entre des **forces vitales opposées**. Elle peut aussi révéler un différend avec un proche. Souvent il s'agit d'une vérité que le rêveur n'admet pas, d'une situation dont il minimise la gravité.

# GUI
## *la vitalité*

Le *loranthus*, qui pousse sur les chênes, seule plante portant des feuilles nouvelles en hiver, est le souverain du solstice d'hiver (on échange des baisers sous le gui).

Pour les Celtes, il était le symbole du **principe créateur** qui ne pouvait être coupé qu'au moyen d'une faucille d'or, métal symbole du soleil (107-330).

Cette cueillette était faite solennellement par le druide le 6e jour de la lune succédant au solstice d'hiver, procédé magique visant à lui reprendre l'*eau du chêne*, c'est-à-dire la vitalité et la force qu'il lui a dérobées pendant l'été et la sauvegarder pour la végétation.

Ses branches étaient recueillies au vol dans un drap blanc car, pour garder leur pouvoir magique, elles ne devaient pas toucher le sol. Sa distribution tout aussi solennelle était suivie du sacrifice de deux jeunes taureaux blancs, puis le druide s'écriait : *O ghel an heu*, ce qui signifiait *Que le blé lève* (devenu dans la langue populaire *Au gui l'an neuf*).

• Le gui était étroitement associé au chêne, symbole de longévité, de savoir et de force et passait pour un **symbole phallique, de vigueur et de régénération**, *probablement à cause de la viscosité spermatique de ses fruits, le sperme étant le véhicule de la vie* (107-141).

• En raison de l'aspect sphérique et translucide de ses fruits, le gui était en rapport avec la nuit et la lune (renforçant l'idée de **fertilité**).

# GUIDE
*le secours psychique*

Le guide des contes de fées est le porteur de l'aide surnaturelle :
nain, sorcier, ermite, berger, forgeron... qui dispense au moment
critique les amulettes ou conseils nécessaires.

Dans les mythes, c'est le passeur, le psychopompe : Hermès-
Mercure ; Thot, le dieu à tête d'ibis ; le Saint-Esprit.

◆ Dans les rêves, l'image du guide se manifeste dans les
moments difficiles annonçant une nouvelle période, un **stade nouveau** dans le cours de la vie : des valeurs deviennent obsolètes,
les occupations familières peuvent paraître vaines (66-56).

Protecteur et redoutable, maternel et paternel en même temps,
ce principe surnaturel qui protège et dirige, réunit en lui toutes
les ambiguïtés de l'inconscient (66-70).

# H

## HACHE
*la séparation, la pénétration*

Dans toutes les traditions anciennes, la hache était associée à la foudre, à l'eau et à la **fécondité**, et on lui attribuait le pouvoir de faire venir la pluie ou de la faire cesser.

• Signe de la **divinité** et de la **royauté**, elle apparaît dans presque toutes les religions de l'Antiquité. On peut parler d'un culte de la hache en Egypte, Assyrie, Grèce, chez les Parthes... Dans l'écriture hiéroglyphique égyptienne, *la hache était le signe de l'idée de séparer... parce que les choses vouées ou consacrées étaient séparées des autres* (9- 65).

• Elle est un symbole de **pénétration spirituelle** *(jusqu'au cœur du mystère), ainsi qu'un instrument de délivrance... elle entr'ouvre et pénètre la terre : c'est dire qu'elle figure son union avec le Ciel, sa fécondation* (1).

• Elle est encore un instrument de **séparation**, de différenciation, qui tranche, sépare, trie... D'un coup de hache, Héphaïstos fait naître armée et casquée Athéna, déesse de l'intelligence et de la sagesse, du cerveau de Zeus (on peut y voir aussi l'image de l'intuition fulgurante, de l'illumination).

• Dans la main de divinités guerrières, elle est un symbole de **destruction** et de colère.

• En Chine, la hache (*fu*) est l'un des 12 insignes de la puissance impériale et le symbole du patron des charpentiers et de l'entremetteur. En effet, la hache était associée aux cérémonies de mariage et ce dernier détachait symboliquement les rameaux (les fiancés) des deux troncs (les familles respectives) et en faisait des fagots.

# HERMAPHRODITE
*l'intégration*

Le mythe du fils d'Aphrodite et d'Hermès répète celui de l'androgyne évoqué par Platon : la double nature masculine et féminine originelle des hommes, puis la séparation des sexes par les dieux jaloux d'une telle concentration de puissance.
• On représente parfois l'androgyne *avec des ailes* pour symboliser l'union spirituelle ou céleste, l'intégration de la matière à l'esprit (68).

# HÉROS
*le guide*

Fils d'un dieu et d'une mortelle ou d'une déesse et d'un mortel (Héraklès, Dionysos, Achille, les Dioscures, Enée, Hélène...), les héros faisaient, en Grèce, l'objet d'un culte : chaque cité, chaque tribu honorait un héros pourvu d'un attribut, lui offrait des sacrifices, célébrait sa fête dans des sanctuaires appelés *heroon*.
• Le héros des **mythes**, contes et légendes est celui (ou celle) qui est parvenu à *dépasser ses limitations historiques et géographiques et à atteindre des formes d'une portée universelle, des formes qui correspondent à la véritable condition de l'homme.*

C'est l'homme éternel dont les idées et les aspirations, en liaison avec *les sources mêmes de la vie et de la pensée humaines, sont l'expression de la source intarissable qui préside à la naissance de la société* (66-26).

Sa quête est celle de Dieu. Il est donc le *symbole de l'image divine, créatrice et rédemptrice, qui est cachée en chacun de nous, n'attendant pour revenir à la vie que d'être reconnue...*

Le héros du mythe est investi d'une tâche et son aventure se déroule selon un itinéraire-type : naissance virginale, abandon du monde, quête et initiation par l'affrontement de forces fabuleuses, retour. Il remporte une victoire à l'échelle de l'histoire universelle, macrocosmique, et rapporte les moyens de régénérer la société tout entière (Jésus, Mahomet, le Bouddha) ou, dans le cas de héros tribaux ou locaux, à un seul peuple (Moïse, Tezcatlipoca chez les Aztèques).

Tandis que la victoire du héros du *conte de fées* est de dimension microcosmique, familière, sur ses oppresseurs personnels.

• Certains héros sont des **guides spirituels** qui nous mettent sur la voie, vers la Lumière, tel Prométhée ramenant aux hommes une étincelle dérobée au char du soleil.

• D'autres sont des héros **civilisateurs**, des fondateurs de cités, porteurs de la force cosmique (le serpent à plumes Quetzalcoatl des Aztèques, Houang-Ti en Chine...).

♦ L'image du héros peut se manifester dans les *rêves* à tous les stades du développement psychique sous l'aspect d'un meneur, d'un guide en rapport avec le **devenir**, de celui qui apporte le changement indispensable à l'évolution.

# HEXAGRAMME
*la conjonction des opposés*

Composé de deux triangles équilatéraux superposés (l'un droit, l'autre inversé) pour constituer une étoile à 6 branches, l'hexagramme est un symbole universel (voir *Etoile*).

• Pour les Hindous, l'hexagramme symbolise l'**énergie primordiale**, source de toute création, et exprime la pénétration de la *yoni* par le *lingam* ou union des principes féminin et masculin (16-256).

• Les 64 hexagrammes chinois ou *Koua*, qui dérivent des 8 trigrammes, sont des figures géométriques formées de la combinaison des traits Yang et Yin, qui composent le *Yi-king* ou *Livre des Mutations*

Le point de départ est le 2e mois du solstice d'hiver, où le Yang succède au Yin : l'hexagramme *Fou*.

Associés à un nombre, un élément, une couleur, une direction, une planète, une partie du corps, un animal, une période... ces diagrammes correspondent chacun à un symbole particulier et servent à la divination.

Voici leur interprétation divinatoire :

— *Koua 1 :* **Kien**, réussite par le travail et non par la chance.
— *Koua 2 :* **Koun**, nécessité de se montrer réceptif.
— *Koua 3 :* **T'un**, début prometteur puis ralentissement, insécurité.
— *Koua 4 :* **Mong**, met en doute la franchise du consultant.
— *Koua 5 :* **Su**, manque de confiance en soi, santé à ménager.
— *Koua 6 :* **Song**, contestation, procès. Préférer un compromis.
— *Koua 7 :* **Sze**, mauvaise gestion.
— *Koua 8 :* **Pi**, rassemblement.
— *Koua 9 :* **Siao Tchou**, arrêt de courte durée.
— *Koua 10 :* **Liu**, période difficile mais sans conséquences funestes.
— *Koua 11 :* **T'ai**, paix, prospérité, succès.
— *Koua 12 :* **P'i**, laisse présager la décadence. Se méfier.
— *Koua 13 :* **T'ong Jen**, rassemblement fraternel.
— *Koua 14 :* **Ta Yéou**, grande liberté d'action, situation élevée.
— *Koua 15 :* **K'ien**, bienveillance de l'entourage.
— *Koua 16 :* **Yu**, éviter les excès pouvant compromettre la situation.
— *Koua 17 :* **Sui**, éviter les actes inconsidérés.
— *Koua 18 :* **Kou**, décision à prendre immédiatement.
— *Koua 19 :* **Lin**, situation instable. Amélioration passagère.
— *Koua 20 :* **Kwen**, agir avec objectivité.
— *Koua 21 :* **Che Ho**, procès.
— *Koua 22 :* **Pi**, se méfier des apparences.
— *Koua 23 :* **Po**, se méfier de l'entourage.
— *Koua 24 :* **Fou**, retour proche à des jours meilleurs.
— *Koua 25 :* **Wou Wang**, réussite par la persévérance.
— *Koua 26 :* **Ta Tch'ou**, arrêt ; réorganisation nécessaire.
— *Koua 27 :* **Yi**, agir avec modération.
— *Koua 28 :* **Ta Kouo**, situation périlleuse.
— *Koua 29 :* **K'an**, danger, emprisonnement.
— *Koua 30 :* **Li**, obligation d'agir avec droiture.

| 1 | 2 | 3 | 4 | 5 | 6 | 7 | 8 |
|---|---|---|---|---|---|---|---|

| 9 | 10 | 11 | 12 | 13 | 14 | 15 | 16 |
|---|---|---|---|---|---|---|---|

| 17 | 18 | 19 | 20 | 21 | 22 | 23 | 24 |
|---|---|---|---|---|---|---|---|

| 25 | 26 | 27 | 28 | 29 | 30 | 31 | 32 |
|---|---|---|---|---|---|---|---|

| 33 | 34 | 35 | 36 | 37 | 38 | 39 | 40 |
|---|---|---|---|---|---|---|---|

| 41 | 42 | 43 | 44 | 45 | 46 | 47 | 48 |
|---|---|---|---|---|---|---|---|

| 49 | 50 | 51 | 52 | 53 | 54 | 55 | 56 |
|---|---|---|---|---|---|---|---|

| 57 | 58 | 59 | 60 | 61 | 62 | 63 | 64 |
|---|---|---|---|---|---|---|---|

— *Koua 31:* **Hien**, fiançailles.

— *Koua 32:* **Hong**, mariage, stabilité.

— *Koua 33:* **Touen**, nécessité de faire preuve de discrétion.

— *Koua 34:* **Ta Tchouang**, réussite par la diplomatie.

— *Koua 35:* **Tsin**, progression sociale et spirituelle.

— *Koua 36:* **Ming Yi** (symbole de la chute cosmique pour les Taoïstes), accident, blessure grave ou emprisonnement.

— *Koua 37:* **Kia Jen**, conduite de la femme profitable.

— *Koua 38:* **K'ouei**, désunion désaccord.

— *Koua 39:* **Kien**, signe d'arrêt : embûches, obstacles, difficultés.

— *Koua 40:* **Hiai**, disparition des soucis.

— *Koua 41:* **Souen**, nécessité d'équilibrer budget et conduite.

— *Koua 42:* **Yi**, voyage et succès dans les entreprises.

— *Koua 43:* **Kouai**, éviter d'employer la force.

— *Koua 44 :* **Keou,** rencontres inopinées, liaisons amoureuses.

— *Koua 45 :* **Ts'ouei,** réunion politique.

— *Koua 46 :* **Cheng,** réussite rapide, obtention de faveurs.

— *Koua 47 :* **K'ouen,** période difficile : tracasseries et méchancetés.

— *Koua 48 :* **Tsing,** nécessité de se plier aux circonstances.

— *Koua 49 :* **Ko,** changement de goûts, d'idées.

— *Koua 50 :* **Ting,** disparition des soucis. Succès féminins.

— *Koua 51 :* **Tchen,** guerre, troubles provoquant une retraite forcée.

— *Koua 52 :* **Ken,** repos nécessaire pour reprendre des forces.

— *Koua 53 :* **Tsien,** nécessité d'agir avec prudence. Bonnes fortunes.

— *Koua 54 :* **Kouei Mei,** mauvais mariage.

— *Koua 55 :* **Fong,** période difficile pouvant durer 3 ans.

— *Koua 56 :* **Lu,** voyages, déplacements, émigration.

— *Koua 57 :* **Souen,** hypocrisie.

— *Koua 58 :* **Touei,** période de calme de courte durée.

— *Koua 59 :* **Houan,** grand voyage ou déclaration de guerre.

— *Koua 60 :* **Tsie,** nécessité d'agir avec fermeté.

— *Koua 61 :* **Tchoung Fou,** utiliser la confiance pour agir sur autrui.

— *Koua 62 :* **Siao Kouo,** impossibilité de réaliser de grandes choses.

— *Koua 63 :* **Ki Tsi,** échecs dus au manque de conscience de subalternes.

— *Koua 64 :* **Wei Tsi,** nécessité d'un changement radical (69, 70, 71).


# HIRONDELLE
*la fidélité en amitié*

---

Selon la tradition, les hirondelles sont les réceptacles des âmes des rois morts qu'elles transportent de la terre au ciel puis du ciel à la terre pour révéler les mystères de l'au-delà aux initiés (80-129).

• Autrefois dédiée à l'amitié en symbole de la courte durée de son apparition, de la **fidélité** parce qu'elle revient chaque année à son ancien nid, l'hirondelle évoque aussi les longs voyages (114-220).

• En Egypte, elle était le symbole de l'**héritage** paternel parce qu'avant de mourir, elle se roule dans le limon et construit un nid pour ses petits. On l'avait consacrée aux dieux lares parce qu'elle construit son nid sur l'habitation des hommes (9-65).

• En Chine, l'hirondelle (*yan*) est la messagère du printemps. Elle apporte le bonheur et la *grâce d'avoir des enfants, quand elle a fait son nid près de la maison*. Le retour des hirondelles donnait lieu à des rites de **fécondité**.

Dans l'imagerie, parmi les 5 types de relations humaines, elle symbolise le rapport entre le frère aîné avec son cadet.

• Au Moyen Age, la *chélidoine*, concrétion pierreuse engendrée dans l'estomac de l'hirondelle, passait pour guérir le mal caduque (l'épilepsie) et rendre invisible celui qui la portait dans la bouche.

# HOMME
*le microcosme*

---

• Le mythe de l'**homme cosmique** fut utilisé par toutes les civilisations traditionnelles pour représenter la vie universelle. Le Veda considère cet homme porteur de l'univers (idem l'Atlas grec) comme le pilier cosmique, soutien du ciel et de la terre.

\* De la taille de l'univers, il serait à l'origine de toute vie, le Dieu architecte et sa dispersion produisit la diversification des règnes dans la nature : humain, animal, végétal, minéral...

\* Cet homme cosmique ou homme universel, *rassemblant en lui tous les étages et tous les stades de la création* se retrouve dans les 9 points matrices de l'écu du chevalier.

La partie supérieure (A, B, C) correspond à la **tête**, *sommet du corps humain, reflet du monde céleste qui contient des organes d'orientation et de direction*, grâce auxquels l'homme se dirige et trouve sa voie à travers les embûches.

Le **cou**, *étroit couloir* réunissant la tête au tronc, se trouve en D, *le lieu d'honneur orné de colliers et des parures lors des cérémonies rituelles*.

Situé en E, le **cœur** ou l'abîme, *l'océan primordial*, est le lieu *de toutes les possibilités... où l'existence humaine devient cons-*

*ciente... le symbole de la pensée intuitive.*

Le **nombril** se situe en F ; en H le point du flanc gauche, *la partie la plus dangereuse à être offensée.*

Les **jambes** en I ; bas de l'écu, symboles de la constance et de la fermeté face aux événements heureux ou malheureux.

• L'homme (*nan*) est, dans la tradition chinoise, assimilé au *yang*. La littérature distingue chez l'homme deux types fondamentaux : le *militaire* fruste, rude et courageux et le *fonctionnaire civil*, caractérisé par sa douceur, son manque de combativité et sa passivité.

L'organisme forme une unité harmonique, un microcosme implanté dans le macrocosme, vérité exprimée dans le *Nei-king* (traité médical datant de 475 à 221 av.J.-C.). Placé entre le ciel et la terre, principes créateurs actif et passif, il subit constamment leur influence.

Dans le système de correspondances qui domine la mentalité chinoise, les viscères sont associés aux 5 éléments qui *régissent tous les êtres animés ou inanimés de la nature, tous les phénomènes du monde invisible* :

— le **foie** et ses vaisseaux, la **vésicule biliaire**, la **vue** correspondent au Bois, à l'Est ;

— le **geste**, la **rate**, les **reins**, la **vessie**, à l'Eau, à la Pluie et au Nord ;

— les **poumons**, le **gros intestin**, le **fiel** et l'**ouïe**, au Métal et à l'Ouest ;

— la **parole**, l'**intestin grêle**, l'enveloppe du **cœur** au Feu et au Sud ;

— la **volonté**, l'**estomac**, le **cœur** à la Terre et au Centre (143-77).

# HUIT
*l'équilibre final*

Nombre pair, féminin et passif, *premier nombre cubique* (2 x 2 x 2 = 8), huit représente la **Terre**, non dans sa surface mais dans son volume.

• Les Pythagoriciens, qui l'ont appelé la *Grande Tetrachtys*, en ont fait le symbole de l'**amour** et de l'**amitié**, de la **prudence** et de la **réflexion**.

• A Babylone, en Egypte et en Arabie, il était le nombre de la reduplication consacré au soleil : 2 x 2 x 2 : d'où le disque solaire orné d'une croix à 8 bras (107-331).

• Les Egyptiens le regardaient aussi comme le nombre de l'**ordre cosmique** : les disciples de Thot, le *Seigneur du nombre huit*, croyaient qu'il avait créé 4 couples, l'*Ogdoade*, qui à son tour, créa l'Œuf du monde d'où sortit Rê qui organisa l'univers (un dieu primordial en créant huit autres qui établirent l'unité du cosmos). Thot est, en effet, le patron des scribes, le dieu de l'intellect qui apporta l'écriture, le temps et le calendrier aux Egyptiens, donc l'ordre et l'organisation.

• Cette fonction cosmo-équilibrante, l'Orient la représente par les 8 rayons de la roue de la Loi bouddhique, les 8 Règles de conduite du *Chou-King*, les 8 ministres de l'Empire chinois, les 8 pétales du Lotus, les 8 sentiers du Tao, les 8 trigrammes fondamentaux, les 8 piliers du Ming-Tang, les 8 formes de Shiva (parfois figurées par 8 lingams disposés autour d'un lingam central), les 8 bras de Vishnou, les 8 gardiens de l'espace, les 8 planètes autour du soleil, les 8 catégories de prêtres de Zoroastre.

Elle fut adoptée par le christianisme avec les 8 anges porteurs du trône céleste, les 8 catégories de bienheureux... Dans les systèmes initiatiques : les 8 grades du rite templier.

• En Chine, la division octuple, base de l'arrangement du monde, apparaît dans plusieurs systèmes : outre les 8 piliers du ciel en rapport avec les 8 points cardinaux, les 8 montagnes cosmiques, les 8 portes livrant passage aux 8 nuages de pluie et aux 8 vents et les 8 trigrammes, il y a les 8 symboles du lettré (perle, phonolithe, pièce de monnaie, rhombe, livres, corne de rhinocéros, feuille d'artémisial, tableaux), ceux de l'immortalité (éventail, épée, calebasse, castagnettes, corbeille de fleurs, canne de bambou, flûte, lotus), ceux du confucianisme (mollusque marin, ombrelle, baldaquin, lotus, vase, poison, nœud infini, roue de la loi) et les symptômes de la médecine (externe, *Piao* — interne, *Li* — froid, *Han* — chaud, *Jö* — vacuité, *Hu* — pléthore, *Che* — Yin, *négatif* — Yang, *positif*) (48-65).

• Les 8 divisions du zodiaque ou les 8 demi-saisons peuvent se transposer sur le plan terrestre, identiques aux 8 « lieux » de Manilius (répartition des planètes en signes actifs et passifs), les 8 divisions du ciel de la tradition grecque (4-155).

• En outre, le nombre 8 (*ba*) régit la vie de l'homme : à 8 mois il a ses dents de lait ; à 8 ans, il les perd, à 2 x 8 ans, il est pubère et à 8 x 8 ans, il est impuissant (7-171).

• Pour les Japonais qui ont adopté le système chinois, le huit signifie la **multiplicité**.

A Hiroshima, se trouve un bâtiment octogonal érigé en 1932 renfermant les statues des 8 sages du monde (le Bouddha, Confucius, Socrate, Jésus, le prince Shôtoku, Kôbô Daishi et deux prêtres japonais) pour symboliser les formes innombrables de la sagesse qui régit l'effort spirituel et la recherche.

• La mythologie possède 8 nuages, un miroir sacré octuple ; une salle de 8 brasses dans laquelle le couple primordial enfanta la terre et ce qui la peuple ; un serpent 8 fois fourchu muni de 8 queues et 8 têtes qui devait dévorer 8 filles des Kami terrestres, abattu grâce à 8 jarres de saké 8 fois raffiné versé dans 8 cuves placées sur 8 plate-formes derrière 8 portes (77-234).

• Huit est associé à l'idée de **résurrection**, de **renaissance**, d'où la forme octogonale des fonts baptismaux : *Quatre du corps, Trois de l'âme et Un du divin. Il réunit ainsi les conditions nécessaires à la naissance d'une nouvelle vie pour qui purifie dans ses eaux son être entier* (80). Selon l'opinion de Clément d'Alexandrie, le Christ place sous le signe du huit celui qu'il fait renaître.

• C'est aussi le nombre :

— du **repos** (après le 7e jour de la création), de l'accord parfait, de la balance des kabbalistes, du monde intermédiaire entre la circonférence du ciel et la quadrature de la terre, le point d'arrêt de la manifestation (30) ;

— de la réaction et de la **justice** équilibrante (72). Certains y voient la réunion de la sphère céleste et de la sphère terrestre.

• Si la division en 4 symbolise le monde terrestre et par extension le travail intérieur de chaque homme, la division en 8, qui envisage en outre les 4 points intermédiaires, symbolise un monde intermédiaire entre le Ciel et la Terre, figurant la totalité ou la **plénitude de la manifestation cosmique** (4-144).

Cette totalité, c'est l'*équilibre final, résultat de l'évolution*, c'est-à-dire l'état d'affranchissement de la répercussion fatale des actes (*Samsara*) ; raison de son importance dans le bouddhisme et les traditions orientales (4-149).

• En Grèce le huit était dédié à Dionysos, au 8e mois de l'année.

# I

Chez les Grecs, la lettre I symbolisait l'astre du jour et, selon Platon, elle pouvait expliquer les choses délicates, le plus petit détail. Il lui attribuait un sens mystérieux.

## ÎLE
*le centre spirituel*

L'île, *qui émergea des eaux primordiales le premier jour de la création* (80-190), peut être considérée comme le centre et l'axe du monde, un **centre spirituel**.

• **Havre de paix**, éloignée de la foule et de l'agitation des villes, l'île symbolise l'**idéal**, les aspirations, les désirs inaccessibles comme l'Atlantide, paradis perdu dont chacun porte en soi la nostalgie inconsciente.

• Les *Iles merveilleuses*, séjour paradisiaque que les Immortels taoïstes atteignaient en volant, représentent le **centre de la personnalité**, le *Soi* au sens jungien, *notre totalité psychique, faite de la conscience et de l'océan infini de l'âme sur lequel elle flotte... Mon âme et ma conscience, voilà ce qu'est mon Soi, dans lequel* *je suis inclus comme une île dans les flots, comme une étoile dans le ciel* (28-335).

## IMPÉRATRICE
*la protection, la fécondité*

Troisième arcane du **Tarot**, l'Impératrice est la mère protectrice unissant l'énergie temporelle et matérielle (siège couleur chair) et spirituelle (sceptre d'or) à la sagesse de la maturité (voile bleu) et à l'indulgence. Cet arcane, qui marque la fécondité, nous invite au calme, à la réflexion et à un comportement naturel et noble, à la patience et à l'amour (79-307).
**Interprétations divinatoires**: charme, douceur, affabilité, politesse; mais aussi frivolité, vanité, séduction, affectation (17).

## INCONSCIENT
*la vie secrète*

Freud distingue dans le psychisme trois instances: le *conscient*, le *préconscient* et l'*inconscient*, correspondant à des niveaux de conscience décroissants.

Le conscient nous permet de faire face aux exigences de la vie quotidienne de manière intelligente, d'utiliser notre énergie et notre volonté de manière constructive.

*Lorsque quelque chose échappe à notre conscience, cette chose ne cesse pas pour autant d'exister... Nous l'avons seulement perdue de vue... Une partie de l'inconscient consiste donc en une multitude de pensées, d'impressions, d'images temporairement oblitérées qui, bien qu'elles soient perdues pour notre esprit conscient, continuent à l'influencer* (42).

L'inconscient contient tout ce qui est refoulé et qui tente constamment de refluer vers le conscient. C. G. Jung va plus loin et précise que l'inconscient personnel contient une masse de souvenirs oubliés, d'idées pénibles, d'expériences douloureuses refoulées et des *contenus qui ne sont pas encore mûrs pour la*

*conscience... englobe tous les contenus ou tous les processus*
*psychiques qui ne sont pas conscients, c'est-à-dire dont le rap-*
*port avec le moi n'est pas perceptible* (74-447).

• Au-dessous de cette «strate» se situe l'**inconscient collectif**,
réservoir de l'expérience ancestrale, héritage racial qui ne sera
jamais rendu conscient, mais qui se manifeste dans les rêves par
des images archétypiques en rapport avec les mythes, légendes,
etc.

## INDIVIDUATION
*la maturité*

L'individuation est le long processus menant à la réalisation *pleine*
*et entière de tout l'individu*, l'intégration des contenus inconscients à la conscience, aboutissant à l'élargissement de la conscience. Cette transformation psychique s'accompagne de symboles
archétypiques :
• Au **début** : une *catastrophe* cosmique (inondation, tremblement
de terre...) ; des *animaux* (lion, serpent, oiseau, cheval, taureau),
l'*eau*, la *mer*, la *grotte*, la *caverne*, les *armes*, les *instruments*,
le *crucifix*.
• Le **stade moyen** est symbolisé par la *grenouille*, le *passage dan-*
*gereux* (gué, pont...), l'*arbre*, l'action de *voler, planer, être sus-*
*pendu*.
• Au **stade final**, les symboles du Soi : la *croix isocèle*, le *cercle*,
le *carré*, la *fleur*, en particulier la *rose*, la *roue*, l'*étoile*, l'*œuf*,
le *soleil*, l'*enfant*. L'image du *héros* et celle de l'*adolescent* peuvent également se manifester durant les autres stades.

## INITIATION
*la re-naissance*

L'initiation est indissociable des *mystères* de l'Antiquité et du mystère qui entoure les rites et cérémonies qui accompagnent ce passage de l'état d'enfance à l'état adulte.

C'est la mort de l'être inconscient, irresponsable et la naissance d'un autre être, conscient de ses responsabilités et du rôle qu'il doit remplir dans la vie, en passant par une série d'épreuves plus ou moins douloureuses voire dangereuses. *Le mystagogue (le père ou le substitut du père) ne doit confier les symboles de sa fonction qu'à un fils qui s'est réellement purgé de tout vestige infantile inadéquat... Idéalement, celui qui est investi s'est dépouillé de son humanité ordinaire et représente alors une* **force cosmique impersonnelle***. Il est le deux-fois-né, il est devenu le père. Et, par conséquence, il est apte désormais à assumer lui-même le rôle d'initiateur, de guide, de porte du soleil par laquelle on passe des illusions infantiles de « bien » et de « mal » à l'expérience de la majesté de la loi cosmique...* (66-115).

• La *circoncision* (considérée par les psychanalystes comme une *castration atténuée* en rapport avec l'agression œdipienne), l'*excision*, sont des rites d'initiation (66-117).

• L'initiation est comparable au processus d'**individuation**, car, selon Jung, elle *a toujours été imaginée comme un acheminement, comme une descente dans la caverne, où s'entassent les secrets auxquels on va être initié* (28-321).

Descente dans les ténèbres de l'inconscient personnel où s'entassent les énergies à ramener au jour et à utiliser dans la vie courante.

## INSECTES
*les maléfiques*

Dans le test de l'Arche de Noé (23), les insectes sont appelés *la brigade des maléfiques*. Sièges de *fabuleuses transformations*, de métamorphoses, les insectes, *fébriles et voraces*, sont associés au monde magique des enchanteurs, des fées et des sorcières dont ils sont les compagnons dans la littérature.

• L'insecte est le symbole de l'**avidité**, de la **volupté**, de la **multiplicité des désirs**, du besoin de **renouvellement**, caractéristiques se rattachant au *principe de plaisir* freudien. Il représente l'individu qui *n'accepte ni sa vérité profonde, ni ses justifications artificielles,* qui refuse d'aller au fond de soi et disperse son énergie.

• Dans les contes de fées, les insectes symbolisent souvent la **précision**, la **minutie** : on fait appel à leurs services pour des tâches impossibles telles que séparer le sable du grain. Ils se rapportent ici à l'esprit de **différenciation** de l'individu (séparation des contenus conscients et inconscients de la psyché).

♦ Dans les rêves, ils sont liés à des dérèglements organiques et révèlent souvent des troubles du système végétatif. La *fourmi* se rapporte au grand sympathique ; la *guêpe* est un signe d'angoisse ; les *coléoptères* dénoncent une excitation nerveuse ; le *hanneton* se rapporte à la gaîté, à la détente.

# J

## JADE
*la perfection*

Le jade fut vénéré en Asie occidentale, en Mésopotamie, et surtout en Chine où cette substance noble était associée aux rituels astrologique et végétal : les tigres et dragons de jade marquaient les époques de croissance et de décroissance de la nature et symbolisaient les deux grandes constellations astrales qui régissaient les deux moitiés de l'année chinoise, le *yang* et le *yin*.

• Il représentait le ciel et les éléments :

— Symbole de la **perfection** et de la **pureté**, le *Pi* de jade, disque circulaire, représente le ciel et son orifice central symbolise le foyer des influences célestes.

— Le *Ts'ung*, cylindre de *jade jaune* rond à l'intérieur et carré à l'extérieur, est le symbole de la **Terre** et sert de canal aux influences célestes et terrestres du *yang* et du *yin*. Il était aussi un objet votif, souvent orné de *koua*, un symbole impérial qu'on déposait sur l'abdomen des empereurs défunts.

— Le *Kuei*, rectangle de jade (symbole du *yari* femelle, *yin*) terminé par un triangle (la lance antique, le toit familial, le *lingam*) était associé au *Pi* pour symboliser l'**union sexuelle**. Utilisé comme pentacle stellaire, insigne d'une dignité initiatique et plus tard nobiliaire, le *Kuei* porte gravées les 7 étoiles de la Grande Ourse.

— *Chang* était une tablette de *jade rouge*, symbolisant le **Feu** qu'on utilisait dans le rituel solaire.

— Le **Métal** était représenté par le *Tigre de jade blanc* correspondant à l'Ouest, à l'automne, à Orion.

— *Huang* était le 6e instrument culturel en *jade noir*, affectant la forme d'un *Pi* coupé en deux ou en trois, utilisé dans la pratique de la nécromancie.

Ces 6 instruments étaient enterrés avec l'Empereur.

• On fixait d'autres amulettes de jade, symbole d'**immortalité** aux 9 ouvertures corporelles pour préserver le cadavre de la putréfaction (19).

• Symbole de vie, le *k'in-pao* (morceau de jade) est incrusté dans le *front du phénix*, point le plus vital du luth à 7 cordes, considéré comme la réplique d'un être humain vivant.

• Le jade est étroitement lié aux pratiques sexuelles : *jouer avec du jade* signifie faire l'amour, le *liquide de jade* désigne la semence de l'homme ou la sécrétion de la femme, *porte de jade et mur de jade* sont le vagin de la femme, la *tige de jade* est le pénis (7-176).

• Le jade *vert*, qui rappelait la couleur du quetzal, l'oiseau sacré, était sacré en Amérique Centrale : *précieuse pierre de grâce*, symbole de la **pluie fécondante** (et par extension du **sang**) pour les Mayas ; symbole de la **végétation** et de l'**eau** chez les Aztèques, la déesse des lacs, des océans et des cours d'eau était Chalchiuhtlicue dont le nom signifiait *Jupe de jade*.

• En Inde, on lui attribue des propriétés merveilleuses : soulager les douleurs rénales, éliminer les calculs rénaux, guérir l'épilepsie, préserver des morsures des bêtes venimeuses...

## JAGUAR
*la férocité, la jouissance*

---

Le jaguar est un élément important du panthéon méso-américain : associé à la déesse luni-terrestre aztèque, il est représenté sous l'aspect d'une femme enceinte dont la bouche est armée de canines et les mains de griffes de jaguar. Des sentinelles-jaguars surveillaient les 4 chemins du monde et les 4 voies d'accès des villages (76).

• Chez les Mayas, il était une divinité chtonienne en rapport avec les forces secrètes de la terre et les Aztèques l'assimilaient à Tezcatlipoca, dieu de la nuit, représenté par un jaguar dont la peau tachetée ressemblait au ciel nocturne (36), figurant la course nocturne du soleil.

◆ Dans les rêves, cet animal de la jungle symbolise des **tendances instinctives** féroces devenues dangereuses : **besoin de puissance, de jouissance charnelle,...**


# JARDIN
## *le paradis*

---

Le goût des jardins remonte à la plus haute antiquité : la mythologie hindoue parle d'un jardin paradisiaque, centre du cosmos, contenant l'*arbre qui satisfait tous les désirs* ; les résidences des dieux étaient entourées de jardins fleuris avec des étangs. Les jardins terrestres, qui comportaient des grottes, des étangs naturels, des bassins garnis de jets d'eau, de cygnes et d'oiseaux aquatiques, étaient destinés à la méditation (62-9).

• D'une manière générale, le jardin, c'est le centre du cosmos, l'Eden, le Paradis, figuré par le jardin clos des musulmans avec une fontaine centrale, des eaux courantes, par le cloître des monastères...

• Le jardin *japonais* est basé sur l'asymétrie qui *suggère le mouvement* et sur l'inachevé *à dessein qui laisse un vide dans lequel l'imagination de celui qui contemple peut se déverser* (66-136).

• Le jardin divin (*iwasaka* ou *shin-en*) qui précède le temple japonais, est une **synthèse de l'univers** avec son Arbre de vie sacré (*himorogi*), qui *contient dans son sein l'énergie solaire* ; pour y accéder : ses trois *torii* (portails sans portes composés de deux poutres soutenues par des montants verticaux, symboles de perchoirs commémorant l'aide apportée aux dieux par des oiseaux) et ses ponts enjambant un cours d'eau. Entre l'entrée et le sanctuaire on passe toujours devant un petit bassin d'eau pure où l'on se lave les mains et la bouche, l'eau étant un agent purificateur qui oppose une barrière efficace à ce qui est mauvais ou impie (77-164).

◆ Le jardin est une image archétypique de l'**âme**, de l'**innocence**, du **bonheur** et, dans les rêves, *il est le lieu de la croissance et de la culture de phénomènes vitaux et intérieurs... Ce jardin peut être l'allégorie du soi lorsqu'en son milieu se trouve un grand arbre ou une fontaine* (24).

## JASPE
*l'ennemi des sorcières*

Dans l'Antiquité, le jaspe fut employé comme **amulette** contre les morsures de serpent et les maux de tête (Dioscoride) ; contre la fièvre et l'hydropisie (Marbode) ; pour éloigner l'épilepsie et arrêter les maux de dents (tradition grecque) ; contre l'écoulement de sang et pour renforcer le pouls (Jérôme Cardan) ; pour aider la digestion (Renodaeus).

● Il gouverne la 6e heure du jour selon les Egyptiens ; est attribué à la hiérarchie angélique des Trônes d'après Grégoire-le-Grand. En Irlande, il était l'ennemi des sorcières (19).

● En astrologie, il est en harmonie avec le Verseau (78).

## JEU
*l'initiation*

A l'origine, les jeux, tout en constituant un rite social, avaient un caractère sacré et tendaient à assurer la victoire du bien sur le mal, des dieux sur les démons. Un papyrus de l'An VII raconte une partie de brette ayant pour enjeu le Livre de Toth, jouée entre un vivant et un mort, sur des planchettes divisées en compartiments sur lesquels on déplace des pièces nommées *chiens* et *chacals* (136-57).

● Dans la Grèce antique, les jeux publics (lutte, course, pugilat, courses de chars, combats de gladiateurs...) célébrés en l'honneur des divinités, obéissaient eux aussi à des règles précises rappelant les points de la loi divine. Les courses de chevaux dans un cirque ovale et les 12 tours de piste des quadriges symbolisaient la ronde des planètes dans le ciel.

• De nombreux jeux sont la répétition de la **cosmogonie** et ont pour but de contribuer à soutenir la cohésion de l'univers. Les équipes portent sur leurs épaules le poids du monde, et de leur performance dépend le sort du peuple sinon de l'humanité.

Ainsi, l'agencement du *Mât* ou *Jeu de voltige* des Quiché de l'Amérique Centrale, qui dramatise un épisode du Popol-Vuh (ensemble de leurs traditions), est intimement lié au mythe de la création. Des jeunes gens perchés (*hommes oiseaux*), accroupis dans un tambour giratoire fixé au sommet du mât, se lancent dans l'espace et décrivent des spirales de plus en plus larges jusqu'à ce qu'ils touchent le sol. *L'ensemble en plein mouvement représente, en outre, la figuration chronographique d'une roue giratoire qui se projette du cadre cosmique et gravite autour de l'axe de l'univers, montrant ainsi schématiquement l'image d'un cercle qui entoure le cadre du monde* (76).

Ce jeu est comparable au jeu des hommes volants ou *volador* des Mexicains qui avait pour but de favoriser la végétation des jeunes pousses de maïs.

• Le *ti-khi* laotien, ancêtre du jeu de mail qui passionna les rois de France, se déroule obligatoirement le 15e jour du 12e mois à la lune croissante et a pour but de garantir la paix et la richesse au pays pour l'année (79-36).

• Depuis les temps les plus reculés, la *balle*, faite à l'image du Soleil, dieu créateur, fut un objet sacré : associée dans la Chine ancienne et plus tard dans la Grèce antique (sous le nom de *sphaera ourania = sphère céleste*) aux jeux amoureux précédant le mariage...

• Le *jeu de paume* aztèque ou *tlachtli*, joué sur un terrain en forme de H, consiste à faire passer, sans utiliser les mains et les pieds, une balle de caoutchouc d'un camp à un autre à travers un cercle de pierre placé haut dans un mur au centre du terrain. Le mouvement de va-et-vient de la balle symbolise le **circuit du soleil** ; les joueurs figurent les puissances diurnes et nocturnes, le jeu est la répétition du mythe solaire (lutte entre Quetzalcoatl-dieu solaire et Tezcatlipoca-dieu de la nuit, entre la vie et la mort).

• Le *mât de Cocagne* au sommet duquel étaient accrochées des victuailles se rapproche également du mythe de la **conquête du ciel**, le poteau symbolisant l'axe du cosmos, l'arbre cosmique, l'Arbre du Milieu de la Chine, le pilier central reliant le ciel à la terre, le parcours du chaman pendant son ascension.

• De même, les **jouets** étaient consacrés aux dieux, servaient de support aux pratiques magiques ou à la divination (osselets, hochets...). Dérivée du menhir et du bâton, la *poupée* servait autrefois de **réceptacle à l'âme** des défunts. Le *cerf-volant* était, en Extrême-Orient, un objet religieux de la plus grande importance, il figurait l'âme de l'Empereur... La *toupie* était assimilée à l'instrument de torture sur lequel le Christ fut supplicié : au Moyen Age, on faisait tourner des toupies géantes dans le chœur des églises en souvenir de la Passion.

• Les **jeux de société** sont eux aussi dotés d'un symbolisme remontant à la plus haute antiquité.

— Le *patolli* mexicain, sorte de Jeu de l'Oie, *dont le diagramme, une croix sectionnée en 52 cases, figure le nombre d'années du cycle divinatoire et solaire*.

— L'*awalé* africain, réservé aux guerriers et aux prêtres, qui se joue sur une table appelée l'*arche sacrée* consistant à faire circuler des billes autour de 12 trous, marche assimilée à la course des étoiles dans le ciel.

— Le *go* ou *wai K'i*, jeu le plus célèbre de l'Extrême-Orient, autrefois l'un des 4 jeux royaux avec la harpe, la calligraphie et la peinture, est un **microcosme** : le *damier* (identique à une grille de mots croisés) sur lequel on pousse des pions est le symbole de la **mappemonde céleste** ; les 361 *points* d'intersection symbolisent les **astres** ; les *angles* correspondent aux **4 saisons** et les 72 intersections du périmètre à la durée d'une **vie humaine**.

Jeu de stratégie axé sur l'art de la combinaison, dont l'issue est la vie ou la mort d'un territoire, le go offre un excellent moyen de dépasser les conflits mondiaux et personnels en les transposant dans un affrontement pacifique déterminant la **voie juste** (79-104).

— Les jeux ayant un diagramme pour support ont une **fonction initiatrice** et évoquent le *mandala* indien, symbole du cosmos, comportant des épreuves parsemées le long d'un parcours identique à celui de la vie humaine et l'acceptation de règles.

— Le *jeu de l'Oie* possédait à l'origine une signification ésotérique : sa structure en spirale symbolise l'**éternité**, le *mode d'enroulement du code biologique de l'A.D.N.* Sa division est basée sur le septenaire (le sept est le nombre de la création) : 63 cases et

7 séquences (l'être humain se métamorphose tous les 7 ans), la 63e case, le jardin de l'Oie correspond à l'arrivée. D'autre part, l'oie, qui était un animal oraculaire, invite à la vigilance devant le danger figuré par les obstacles : pont, labyrinthe, prison, puits au centre de la spirale dans la 31e case, *selon les spécialistes de la Kabbale, ce nombre indique une conception cosmique de l'homme*. D'autres voient dans le jeu les 4 éléments, les 6 métaux, les 3 principes et les «portes cabalistiques de la connaissance».

• La *marelle* dont le tracé n'a guère varié depuis des siècles (noms des cases : reposoir, lune, enfer, ciel, paradis) conserve un symbolisme *proche du labyrinthe minoen, qui porte des signes en rapport avec les principes astronomiques admis* et sa structure *pure symbolise l'accomplissement, le terme* (3-79-35).

• Le jeu de *cache-cache* remonte au mythe des Bacchantes parties à la recherche de Dionysos… Au Moyen Age, on pratiquait une cérémonie appelée «la Flagellation de l'Alléluia» pour commémorer la Passion du Christ : on faisait tourner des *toupies* dans le chœur des églises et les enfants les chassaient à coups de fouet.

• En Inde, la *balançoire* est le symbole du *mouvement tournoyant du cosmos au sein duquel naissent et disparaissent tous les êtres vivants.* Utilisée au cours d'une cérémonie annuelle par un officiant qui aidait le soleil à remonter, son trajet, qui reliait le ciel et la terre, était associé à la pluie, à la fécondité et au renouveau de la nature.

• Le *cerf-volant* qui, en Asie, désigne les randonnées de l'âme, des fantômes, est attaché au mythe de la conquête du ciel en Polynésie (79).

## JUGEMENT
*le discernement*

Le XXe arcane majeur du **Tarot** présente un ange blond jouant de la trompette (du jugement dernier?), symbole de discernement, de la séparation des bons et des méchants. Les personnes qui prient ne la voient pas, seul celui qui sort du sommeil, réveillé par le son de la trompette la voit.

Cet arcane décrit l'initiation avec les nouveaux horizons qu'elle ouvre, la perspective de découvertes, un tournant de l'existence, une métamorphose... Mais, quelle que soit la voie choisie, on sera toujours jugé selon ses œuvres.

**Interprétation divinatoire** : rétablissement, guérison morale ou intellectuelle. Libération. Réputation, tapage étourdissant. Enivrement, extase dionysiaque (17-245).

## JUSTICE
*le destin*

L'arcane VIII du **Tarot** nous présente Thémis, la Justice *immanente* à l'œuvre dans notre destin, qui récompense ou châtie selon les œuvres, comme l'indique le glaive qu'elle tient à la main, instrument de la fatalité, et la balance qui pèse erreurs et mérites.

Lié à la lettre *Hod* (splendeur, gloire) et placé sous le nombre huit, symbole de la conscience, cet arcane nous conseille la vigilance et indique la nécessité de maintenir l'équilibre et l'harmonie en soi, d'agir avec impartialité et intégrité, en bref, d'établir une discipline de vie.

**Interprétation divinatoire** : impartialité, intégrité, soumission aux usages et aux convenances. Décision, méthode, minutie. Routine. Subalterne sachant obéir mais incapable d'initiative (17-162).

# K

## K

En Grèce, la lettre *kappa* était inscrite sur les vêtements des victimes de la foudre, considérées impures et funestes (11-42-35).

## KA'BA
*le centre sacré*

Symbole de l'Islam, centre sacré, nombril du monde, trône du Khalifa de Dieu sur terre, la Ka'ba est un cube placé au milieu d'une cour au centre de la Grande Mosquée de la Mecque et construit de telle sorte que quatre lignes partant du centre vers les angles correspondent aux quatre points cardinaux.

A l'origine, construite par des tribus sémitiques qui y pratiquaient des sacrifices de chameaux, la ka'ba était un temple consacré aux sept planètes et aux 360 dieux astraux (jours de l'année) que les tribus emportaient à dos de chameau (comme les juifs, l'Arche d'Alliance). L'adoration comportait des conjurations accompagnées par des joueuses de tambourins et des rites sexuels qui furent supprimés par Mohamed.

Recouverte de la *Kiswa*, tapis apporté solennellement d'Egypte chaque année, la Ka'ba n'a qu'une ouverture qui fait face au Nord-Est. A l'intérieur, trois colonnes supportent le toit et, dans l'angle faisant face à l'Est, est scellée la *pierre noire* ou *al hadjar alaswad*. Dans l'angle Sud-Est est scellée une autre pierre sacrée, l'*al hadjar al asaad* (l'heureuse).

La Ka'ba contient également d'autres objets sacrés : le *makâm Ibrâhîm*, pierre sur laquelle Ibrahim s'est reposé pendant la construction du monument ; le puits de *Zanzam* en face de la pierre noire, surmonté de la *Kubba* (19-139).

• Tout musulman est censé faire au moins une fois dans sa vie le pèlerinage de la Mecque. Il devient alors *Hadji*.


## KABBALE
*le secret de la création*

Base de la connaissance ésotérique des rabins, la Kabbale est une doctrine philosophique remontant à Moïse et transmise par les initiés, dont le texte est contenu dans deux livres essentiels : le *Séfer Yetsîrâ* ou Livre de la Création divisé en deux parties, *Les 32 Voies de la Sagesse*, et le *Zôhar* ou Livre de la Splendeur.

Selon ce système, Dieu a établi des degrés de subordination entre lui et les anges, entre les anges et les astres, entre les astres et le monde. Ces rapports fondamentaux sont contenus dans les **lettres**, les **nombres** et les **symboles**. De ce principe découlent les croyances des kabbalistes sur l'influence des astres, des esprits et sur les propriétés symboliques des êtres et des choses (114-235).

L'enseignement ésotérique débute avec l'étude des vingt-deux lettres de l'alphabet hébraïque, leur valeur numérique, les nombres, les *Séphiroth*.

L'interprétation ésotérique se fait suivant plusieurs procédés : la *Géomatrie*, qui consiste à remplacer un mot par un autre dont les lettres forment un même total ; le *Notarique* qui utilise les lettres initiales des mots de la phrase à interpréter pour composer un mot secret ; la *Themoura* ou anagramme ; le *Tsirouphim* ou métagramme qui consiste à changer l'ordre de l'alphabet en substituant la première par la dernière, etc. (19-39).

# KARMA
*les actions*

Notion orientale, le karma est l'ensemble de nos bonnes et mauvaises actions qui nous suivent à travers nos existences successives.

Le karma méritoire (bonnes actions) provoque une renaissance dans les sphères des dieux, des demi-dieux et des hommes. Le karma déméritoire fait renaître dans les sphères inférieures des animaux, des *pretas* et des enfers. Le karma invariable ou *achala karma* fait renaître dans les sphères supérieures de la forme et du sans-forme.

Le karma et l'illusion sont les véritables causes de la souffrance et du *samsâra*, la chaîne des réincarnations successives (141-33).

# L

## LABYRINTHE
*l'errance*

On connaît le labyrinthe d'Egypte, construit sur une base carrée, qui renfermait 12 grandes salles parallèles et un grand nombre de chambres, dont 1500 souterraines, servant de sépulture aux rois et aux crocodiles sacrés.

Mais le plus célèbre est celui de Crète, construit par Dédale (symbole de l'intellect, de l'habileté) sur l'ordre du roi Minos, pour servir de repaire au Minotaure. Ce monstre à corps d'homme, à tête et à queue de taureau est l'aspect nocturne et terrible d'une antique représentation du dieu soleil incarné et roi divin (66-198).

• Lieu où il est facile de s'égarer, de se décourager, le labyrinthe évoque le désespoir de ceux qui errent sans avoir entendu l'appel intérieur vers la spiritualité ou privés de doctrine extérieure. Il représente aussi la **complication**, les **difficultés** et épreuves du parcours initiatique que tout individu doit suivre dans la recherche du Soi, le centre de sa personnalité où s'effectue la seconde naissance. Traditionnellement, le labyrinthe comptait 3 chemins, l'un n'aboutissant nulle part, symbole de l'errance du Fou du Tarot, de l'inconscience ; le second comportant de nombreux détours où l'on s'égare, symboles des fardeaux superflus dont nous nous chargeons ; et enfin le troisième, conduisant directement à l'extérieur, symbole de la Connaissance directe.

• Sur le plan individuel, le Minotaure du labyrinthe représente les aspects néfastes de notre personnalité, les instincts réprimés et refoulés devenus des complexes paralysants, les scrupules... Tout ce magma épuisant doit être détruit (mis à mort) si l'on veut retrouver ce troisième chemin pavé d'espoir, menant à la liberté et à la réalisation totale. Il suffit de suivre le **fil** d'Ariane (suivant le mythe, Ariane permet au héros, Thésée, de sortir du labyrinthe après avoir tué le monstre, en lui remettant un écheveau de fil de lin) symbole de l'**imagination**. *Là où nous pensions trouver un monstre, nous trouverons un dieu; là où nous pensions tuer l'autre, c'est notre propre ego que nous sacrifierons; là où nous pensions cheminer vers un monde extérieur, nous atteindrons le centre de notre propre existence; là où nous pensions être seuls, nous serons avec le monde tout entier* (66-30).

Nous rejoignons ici l'idée de la spirale, du **mandala**, diagramme élaboré autour d'un centre, celui atteint par l'initié.

# LAIT
*l'abondance*

Dans les Véda, le lait de la vache sacrée est l'élixir de la vie impérissable, la nourriture, l'ambroisie des dieux, lié à l'**immortalité** et à la **connaissance**.

Dans le Ramayana, les titans barattent la Mer de lait de la vie immortelle pour en faire du beurre clarifié d'où surgissent des formes de pouvoir concentré : les *Apsaras* (nymphes), *Lakshmi*, la déesse de la fortune, et 13 dieux, le dernier tenant en main la lune, coupe du nectar de vie (66- 144).

Le beurre clarifié ou *nectar de l'immortalité* est la *ghrita* du sacrifice, symbole de la **clarté** pouvant se présenter à 3 niveaux : la *sensation* qui, libérée, conduit à la béatitude ; le *mental* pensant qui mène à la lumière et à l'intuition ; la *Vérité*. Ces niveaux correspondent à Soma, Indra et Sûrya (44-45).

• Pour les tantristes, le lait est l'**illumination**, la conscience lumineuse ou *bodhicitta*.

• Et aux Celtes, Grecs et Egyptiens, ce symbole de **vie**, d'abondance et de fertilité procurait l'immortalité.

## LAURIER
*la victoire*

Le laurier est le symbole de la **victoire remportée sur soi** et de la paix féconde qui en résulte ; ou de la victoire sur l'ignorance et le fanatisme : dans la maçonnerie, lors de l'initiation au 4e grade de Maître secret, on dépose une couronne de laurier et d'olivier sur l'autel.

• Symbole du **pouvoir divinatoire**, c'est la plante des prophètes et des devins qui la brûlaient ou la mâchaient avant de prononcer l'oracle (121-52).

## LETTRES
*les catalyseurs*

Les traditions hébraïques, islamiques, extrême-orientales attribuaient aux lettres de l'alphabet une valeur magico-sacrée. Associées aux planètes pour constituer des pentacles protecteurs, elles déclenchaient les influx planétaires et attiraient *les Forces errantes autour du générateur fluidique ainsi créé* (19).

• Les gnostiques, qui affirmaient posséder une connaissance occulte des secrets de l'univers, employaient les 7 voyelles de l'alphabet grec comme notation vocale et comme syllabe sacrée. Chacune était associée à une sphère, une planète et à l'un des 7 sons de la lyre grecque, l'*heptacorde* qu'ils utilisaient dans leurs cérémonies.

• Les kabbalistes, qui avaient développé une science des lettres, pensaient que les lettres de l'alphabet hébraïque renfermaient une **force créatrice** et avaient établi un système d'analogies avec les 22 *Courants ou Forces en mouvement que l'homme suit ou subit, analogues à celles de la nature* (81), avec les lames majeures du Tarot, l'astrologie, le zodiaque, les planètes.

Voici les correspondances et l'interprétation divinatoire de chaque ensemble :

— *Aleph* — Un — le Bateleur — Neptune = avènement de choses mystérieuses ; protection providentielle ; poste de direction,

création d'œuvres originales, monter une affaire nouvelle.
— *Beth* — 2 — la Papesse — la Lune = projets formulés, début
de la réalisation ; démarches, grossesse, naissance des choses ;
expression des choses par écrit ; jumeaux ; acceptation passive.
— *Gimel* — 3 — l'Impératrice — Vénus = protections inatten-
dues, possibilités de l'initiation ; visites, conversations, fréquen-
tations, serrures, toit, manteau, fourrures,... tout ce qui protège ;
héritages, contrats, promesses.
— *Daleth* — 4 — l'Empereur — Jupiter = imaginer, formuler,
exprimer, agir dans une direction voulue, aller au succès ; œuvre
terminée, difficultés vaincues.
— *Hé* — 5 — le Pape — Mars — Bélier = puissance du Lingam
créateur, production de forme : modelage, peinture, dessin, mou-
lage ; travaux agricoles ; mise en train.
— *Vau* — 6 — l'Amoureux — la Lune — Taureau = choix des
actes de la vie, honnêteté, manque de réactions, indécision, se
laisser influencer, décisions salutaires, provocations, accident par
inertie.
— *Zaïn* — 7 — le Chariot — le Soleil — Poissons = maîtrise
de soi, besoin de conseils, astrologie, géomancie, victoire dans
tous les domaines, spécialistes, avocats.
— *Heth* — 8 — la Justice — Vénus — Cancer = résultat des
actes, expiation, récompenses ; mirages et obsessions ; grossesses.
— *Tesh* — 9 — l'Ermite — le Soleil — Lion = recherches, prudence, travail discret et patient, tares ou vices cachés, missions
confidentielles, voyages de nuit. Voleur.
— *Jod* — 10 — la Roue de Fortune — Mercure — Vierge =
ascension, alternance, chance et malchance ; orgueil, accident par
ascenseurs, avions, chutes,... équilibre de la santé.
— *Caph* — 11 — la Force — Saturne — Bélier = force du pouvoir et de l'argent, force d'âme ; capitalisation, épargne, publi-
cité, spéculations hardies ; danger par grands quadrupèdes.
— *Lamed* — 12 — le Pendu — la Lune — Balance = remords,
pensées coupables, chaînes, désir de se libérer d'un joug, souffrance, épreuves.
— *Mem* — 13 — la Mort — Uranus = changements, perte de
fortune ou de réputation ; deuils, bouleversements sociaux et terrestres ; bonheur après malheur.
— *Nun* — 14 — la Tempérance — le Soleil — Scorpion = régénération individuelle et des choses, union procréatrice, maladies,

guérisons, greffes ; rencontres, amours passagères ; associations.

— *Samek* — 15 — le Diable — Saturne — Sagittaire = obstacles, pessimisme, tentations ; désir de luxe, vengeance, proxénétisme ; l'expiation.

— *Ayn* — 16 — la Maison-Dieu — Jupiter — Capricorne = châtiment, faillite, malchance ; perte de situation ; procès, cataclysmes, baisse boursière.

— *Phé* —17 — les Etoiles — Mercure = inspiration, compréhension, découverte ; lettres cachetées, secrets dévoilés ; prospérité.

— *Tsadé* — 18 — la Lune — Vénus — Verseau = fausseté, calomnies, mauvaises affaires, délation, accidents, ignorance.

— *Coph* — 19 — le Soleil — Jupiter — Gémeaux = équilibre, tranquillité, union, entente.

— *Resh* — 20 — le Jugement — Saturne = rénovation, retour, guérison, éveil spirituel ; changement de situation.

— *Schin* — 21 — le Monde — le Soleil = chance, réussite, renommée, événements imprévus bénéfiques.

— *Tau* — 22 — le Fou — la Terre = ignorance, erreur, danger de maladie ou d'accident.

Toujours dans la tradition hébraïque, les 4 lettres de l'*abracadabra*, disposées en triangle inversé, constituent une formule magique signifiant *envoie ta foudre jusqu'à la mort*. L'*aleph*, qui s'y trouve 7 fois, y jouait un rôle magique dans les amulettes.

```
A B R A C A D A B R A
 A B R A C A D A B R
  A B R A C A D A B
   A B R A C A D A
    A B R A C A D
     A B R A C A
      A B R A C
       A B R A
        A B R
         A B
          A
```

• Les lettres sacrées remplissent une **fonction religieuse et mystique** : les noms qu'elles forment possèdent une puissance magique irrésistible. D'autre part, il existe un rapport mystérieux entre eux et les choses ou les êtres qu'ils désignent.

Ainsi, le nom de Dieu, tenu secret, participant à sa Puissance illimitée, est doué de propriétés si particulières et individuelles qu'*on arrivait à en faire une hypostase spéciale* (19-43).

Ce tétragramme fut associé aux tribus d'Israël et aux mois de l'année (extr. *Amulettes, Talismans et Pentacles*, Marquès-Rivière) :

| Lettres | Tribus | Mois hébraïques | Signes du zodiaque |
|---|---|---|---|
| | Judah | Nisan | Bélier |
| Y | Issachar | Iyyar | Taureau |
| | Zebulon | Sivan | Gémeaux |
| | Ruben | Tammouz | Cancer |
| H | Simeon | Ab | Lion |
| | Gad | Eloul | Vierge |
| | Ephraïm | Tishri | Balance |
| W | Manasseh | Marshesvan | Scorpion |
| | Benjamin | Kislev | Sagittaire |
| | Dan | Tebeth | Capricorne |
| H | Asher | Schevath | Verseau |
| | Nephteli | Adar | Poissons |

• Le nom de Salomon, *le grand maître de la science magique des plantes*, dont la sagesse surpassait celle de *tous les fils d'Orient et toute la sagesse de l'Egypte*, était utilisé en talisman contre l'épilepsie, la rage, la fièvre... et pour conjurer l'influence des démons.

• Dans la tradition islamique, les lettres symbolisent le mystère de l'être, son rapport avec la divinité et sa diversité résultant des innombrables combinaisons réalisables. Les 28 lettres de l'alphabet sont donc l'**essence** des choses, elles ont un rapport secret avec l'univers, les sphères célestes, les signes du zodiaque et les 4 éléments ; elles correspondent aux 28 *demeures de la lune*.

• La *Sîmîa* ou science des lettres attribue une valeur numérique aux lettres qui, dans la fabrication de pentacles, sont transmutées par des calculs sur les nombres qui leur correspondent et les combinaisons obtenues font l'objet d'études sérieuses par les docteurs musulmans. Certains versets coraniques, particulièrement réputés pour leur pouvoir magique (la *bismila* qui commence le texte sacré : *bismi Llâhi Rah'mâni r Rah'îm* = au nom du Dieu clément et miséricordieux) sont employés comme incantation magique et religieuse, chantée, murmurée ou écrite.

La formule fondamentale ou *Shahâdah* (témoignage) de l'Islam est : *Lâ ilaha ill'Allah* ou *Muhammadun rasûlu'Llah*, séparée en 2 parties appliquées aux 2 aspects du macrocosme et du microcosme par l'ésotérisme arabe, *Muhammadun étant l'Homme Universel, l'aspect affirmatif de l'être* (19- 127).

Les incantations contenant le nom de Dieu ont une valeur **conjuratoire** et sont réglées par la *Kitâba*, science de l'écriture magique. Notons que les 7 lettres ne se trouvant pas dans les 7 versets de la première sourate du Coran sont douées de vertus magiques spéciales. Egalement utilisés, les signes hébraïques *à lunettes* ou lettres *bouletées*, éminemment protectrices.

• Dans l'alphabet sanscrit, chaque lettre correspond à l'un des 5 états de manifestation de la cosmologie hindoue : Air, Feu, Terre, Eau, Ether.

Les lettres servent à fabriquer le **mantra**, formule rituelle basée sur les 46 lettres de l'alphabet sanscrit, animées d'une *énergie d'origine informelle… Le son fondamental humain est le grand mantra hindou OM, le Pranava* (19-197)

Le mantra est inscrit dans une figure géométrique ou *yantra* : cercle ou combinaison complexe de lignes.

La récitation du mantra est une sorte de communion avec le cosmos, une participation directe à l'immense vibration de l'univers permettant au récitant de bénéficier de l'énergie spirituelle correspondante.

• Les Tibétains emploient fréquemment l'interjection mystique OM MANI PADME HUM, dont la force magique est parfois consommée dans un but prophylactique : on l'inscrit sur une amulette qu'ont fait tremper dans de l'eau et on boit le liquide coloré obtenu (19).

• Les idéogrammes monosyllabiques chinois constituent une langue vivante, possédant une puissance **mystique** directement accessible (point n'est besoin de créer une science des lettres vivantes comme l'ont fait les musulmans). *Ce sont des forces agissantes, réelles* qu'on associe aux planètes, aux directions cardinales, aux trigrammes, etc., selon la loi des correspondances qui domine la philosophie chinoise.

Les caractères sont gravés sur un sceau en bois de pêcher pour constituer des talismans ou reproduits sur les portes et les murs des maisons dont ils assurent la protection.

## LICORNE
*la pureté*

Cet animal fabuleux à corps de cheval se rattache au symbolisme de la *corne*, symbole de la **force** et de la **puissance** divines. Dans l'Exode, il est dit que, lorsque Moïse descendit de la montagne, sa tête était ornée de cornes, ce qui signifie qu'il était *élevé au pouvoir et à la domination*. Ceci explique pourquoi, dans l'Antiquité, les portraits des rois étaient ornés de cornes.

• Symbole phallique, cette corne évoque aussi l'idée de **fécondité** et de **fécondation spirituelle** et peut être assimilée au rayon solaire, à l'éclair, à l'**intuition**, à l'intellect, à la lumière divine qui pénètre dans l'esprit de l'homme.

• Au Moyen Age, la tradition chrétienne affirmant que la licorne ne pouvait être capturée que par une vierge, cet animal devint le symbole de la **pureté** et de la **religion**. Sa corne, qui avait le pouvoir de déceler et de neutraliser les poisons, faisait partie des trésors des églises (celui de l'abbaye de Saint-Denis par exemple).

• Dans la Chine ancienne, la licorne, qui fait partie des 4 bêtes fabuleuses avec le dragon, le phénix et la tortue, était un animal de bon augure et symbolisait le *bonheur d'avoir des enfants*, surtout des fils, et la **bonté**, car elle *ne marche jamais sur un être vivant, même pas sur l'herbe qui pousse* (7).

♦ La licorne, c'est aussi l'idéal ou le rêve, l'insaisissable qui habitera toujours le cœur de l'homme.

## LIÈVRE, LAPIN
*la fécondité*

Leur incroyable faculté de procréation fait du lièvre et du lapin des symboles de **fécondité** et de la puissance fécondante de la lune, qui régit la végétation, les eaux et le cycle menstruel de la femme (25-116).

• Forme animale du dieu de la lune égyptien, Osiris, le lièvre était *le symbole de la lumière morale révélée aux néophytes et de la contemplation de la divinité* (9-68).

• En Afrique (Dogons, Bantous, Niger), le lièvre est l'un des personnages les plus importants de la légende dorée des animaux et de la mythologie. Innombrables sont ses aventures et ses métamorphoses en Noir, en sorcier et vice versa. Il existe des masques-lièvres aux oreilles stylisées, parallèles, au museau frémissant, et des danses qui *imitent sa course effrénée, sa présence fugace* (138-106).

• Mais **sexualité** et **incontinence** font également partie de l'interprétation symbolique de ces animaux à sang chaud et, dans le calendrier aztèque, les années et les jours *totchli* (lapin) sont régies par Mayahuel, la déesse du maguey, du pulque et de la fertilité (82).

• Symbole de **longue vie** dans la Chine ancienne, lié à la Lune, le lièvre (*tu-zé*) représente le **renouvellement cyclique** perpétuel de la vie et de la nature. Il est l'emblème de la **longévité** pour les alchimistes et le **4e signe du zodiaque**, le plus chanceux de tous, qui confère aux natifs le charme, la grâce, la sagesse, la gentillesse et la réserve.

Les années du Lièvre sont favorables aux relations diplomatiques et amènent une certaine relâche de l'ordre social, la joie de vivre et une tendance à l'indolence dominant les préoccupations individuelles.

◆ Le lapin ou le lièvre du rêve indique *une sorte de petit printemps. Quelque chose de très vivant, pas forcément précieux, a été fécondé chez le rêveur* (24-283).

Il faut se souvenir que ce symbole évoque la quantité souvent au détriment de la qualité.

# LILITH
*les obscures pulsions dans l'inconscient*

Lilith est la déesse lunaire, puissance nocturne et néfaste de la

194 / Le Dictionnaire des Symboles

Kabbale, opposée à Vénus, la maîtresse des débauches, la prostituée, l'épouse du serpent-démon qui, selon le Zohar, séduisit la première femme.

Cette dévoreuse de nouveau-nés était évoquée par les sages-femmes juives *qui faisaient... écrire sur les murs de la chambre où repose la femme en mal d'enfantement, la formule ADIM CH ANAH CHOUTS LILITH, c.-à.-d. « que Lilith soit éloignée d'ici »* (19-46).

• Elle régnait sur le vendredi et on la représentait sous les traits d'une femme nue dont le corps se terminait en queue de poisson. Evocation directe de la sirène, Lilith est la personnification de la **sexualité aveugle et souveraine, de l'ombre**.

# LINGAM
*le principe de la création*

Le lingam, ou linga, est l'organe sexuel masculin qui sert de support symbolique aux Hindous pour représenter le **pouvoir créateur de la divinité**. Ce pouvoir était primitivement figuré par la réunion des deux sexes : une colonne cylindrique dressée (phallus, principe mâle) au milieu d'une cuve carrée munie de rigoles et d'un déversoir appelée *yoni* (la vulve, le principe passif féminin), avec quelquefois un serpent enroulé à la base, *symbole du retour constant du temps sur lui-même* (83-46).

L'ensemble est le symbole de l'union de Shiva et de son pouvoir créateur symbolisé par *Shakti*, son épouse. Cet Ouroboros se rapproche de la monade chinoise et de la spirale.

• On associait le lingam en érection à une divinité pour symboliser sa fonction génératrice ou créatrice prolifique : Osiris en Egypte, Pan, le principe universel chez les Grecs (le Priape des Romains) étaient quelquefois munis d'un organe sexuel indiquant *l'application du pouvoir créateur à la procréation d'êtres sensitifs et rationnels* (83).

• Pour les bouddhistes, le *Linga Sharira* est le Corps astral ou éthérique, *nœud de la personnalité, sur qui tout retentit*, constitué par la fusion de l'âme et du corps, le troisième principe constituant l'individu (18-126).

# LION
*la force psychique*

Dans la symbolique ancienne, le lion représente le **pouvoir destructeur du soleil** aussi nécessaire pour maintenir l'harmonie de l'univers que son pouvoir générateur. Dans les anciens symboles, on l'associait à une divinité pour représenter le pouvoir destructif de celle-ci (83-66-70).

• En Egypte, il existait un rapport étroit entre le dieu soleil et le lion, symbole de force, emblème de l'âme et de l'*incandescence*. En outre, parce qu'il ferme les yeux lorsqu'il veille et les ouvre en dormant, sa tête était le symbole de la **vigilance** et de la **garde**; *c'est pour cette raison qu'on plaçait des lions aux clôtures des temples comme gardiens* (9-71).

• De même, les Bestiaires médiévaux estiment qu'il est le symbole de la **prudence** parce que sa fermeté est dans sa tête, son courage dans sa poitrine, que son front et sa queue manifestent ses sentiments (27-23).

• En Occident, il orne le trône des rois pour symboliser la **justice royale** et le portail des églises pour représenter la **justice ecclésiastique**.

• Dans le blason, il personnifie le **courage** et la **générosité**, la **noblesse** et la **force**.

• Il est la force de l'énergie divine et le symbole de la **puissance spirituelle**: le Bouddha est le Lion des hommes; son trône est le Samhâsana, le trône des lions supportés par 4 ou 8 lions; Vishnou se métamorphose en lion; Krishna et le Christ sont comparés au roi des animaux.

• En Chine, le lion (*shi-ze*) est un animal céleste qui sert de monture à Mansjuri, le Boddhisattva de la **sagesse** et le *lion rouge* est l'or des alchimistes.

♦ Sous son aspect nocturne, le Lion représente la puissance de la **libido**, la **fougue**, l'**agressivité**, le **besoin de domination brutale**, la **susceptibilité** et l'**égoïsme**. Mais, symbole ambivalent de force puissante et agissante, figurant la force morale, *dans notre fosse aux lions, au cœur de nos instincts déchaînés, nous avons à faire preuve quotidiennement de notre qualité de « dompteur », par le seul rayonnement de notre pensée* (80-94).

Cette maîtrise de soi est illustrée par la lame XI du Tarot où le lion, animal féroce, capable de dévorer, détruire, incarne l'égoïsme, les passions, la fougue indisciplinée, mais peut aussi rendre d'immenses services, image de la maîtrise de soi par la volonté et l'intelligence.

C'est l'interprétation donnée par Aeppli pour le lion du rêve : énergie psychique indomptée, *la présence d'une énergie impétueuse qui tente de se frayer un passage vers une personnalité nouvelle et plus disciplinée dans ses instincts* (24).

Dans les tests projectifs, l'image du lion évoque l'**orgueil**, le **besoin de création**. Symbole viril, il exprime l'image du père (23).

## Lion
*21 juillet-21 août* ♌

Signe de feu, fixe et masculin, le Lion est le domicile du Soleil. Neptune y est en exaltation, Uranus en exil et Saturne en chute.
**Correspondances** : chaleur, sécheresse, stérilité, jour, positif, été, roi, Christ. Jaune d'or. Métal : or. Minéraux : rubis, hyacinthe. Parties du corps : dos, cœur.
**Caractéristiques** : générosité, lumière, puissance, volonté, flamme, énergie, force.

En négatif : orgueil, vanité, autocratie, tyrannie, sens démesuré de la grandeur, jalousie. Utilisation des autres (114-122-14).

## LIVRE
*la gnose*

Le livre est le symbole de la gnose, de la connaissance. Le *Livre de vie* de l'Apocalypse se trouve au centre du paradis *où il s'identifie à l'Arbre de Vie* (1).
• Les Livres sacrés, tel le Coran, les Véda.... sont le réceptacle du Verbe (85), du message divin.
• Les oracles des sybilles étaient écrits sur une toile de lin dans les *Livres sybillins* qui renfermaient les destinées de Rome.

• Le livre accompagne l'homme dans la vie de l'au-delà et les peuples qui ont attaché une grande importance à la mort ont laissé un **Livre des Morts**. Celui des Egyptiens est constitué d'une série de tableaux-conseils destinés aux défunts pour les aider à diriger leur existence posthume. Celui des Mayas, qui croyaient à la métempsychose, décrit le rituel complet qui accompagne le défunt de l'agonie à sa *réincarnation dans les entrailles d'une femme en gestation*, en passant par diverses métamorphoses de l'âme (88).

• En Chine, le livre (*shu*) est le symbole de l'**érudition** du lettré et les systèmes de pensée des érudits s'appuient toujours sur des livres : cinq livres classiques, quatre livres du confucianisme.

◆ Dans les rêves, le *livre ouvert* reproduit une action, un événement rappelant la situation psychique dans laquelle se trouve le rêveur. Son titre évoque un moment important, *un extrait de la vie psychique... Il faut lire les titres et les livres que l'on peut rencontrer en rêve parce qu'ils disent ce qui se passe en nous, même s'ils sont plats et «eau de rose», ou sèchement scientifiques* (24-244).

# LOSANGE
*le bonheur, la féminité*

Le losange (*ling-xing*) est l'un des 8 symboles chinois du **bonheur** représentant la bonne marche de l'Etat. Il figure aussi comme emblème de la victoire.

Le double losange (*fang-sheng*), deux losanges imbriqués l'un dans l'autre, est, comme en Occident, une magie défensive.

• Les Mayas établissent un rapport symbolique entre le *rhombe* ou losange et le jaguar (tous deux comportant l'idée de féminité) : il garde les champs en forme de rhombe et tous ceux qui se trouvent à l'intérieur du périmètre de la gigantesque figure rhomboïdale reproduisant celle du monde gardée par les jaguars.

On retrouve la figure du losange sur la carapace de la tortue, symbole de la déesse luni-terrestre (76-171).

## LOTUS, LIS
*la résurrection*

Plante qui vit dans l'eau, se reproduit d'elle-même, s'élève de sa propre matrice sans être alimentée par la terre, le lotus était considéré comme le symbole du **pouvoir producteur des eaux** résultant de l'action du dieu créateur qui donne vie et nourriture à la matière (83-46).

C'est sur ce véhicule de **forces**, de **pouvoirs**, de **puissances génératrices**, que sont posées les images sacrées des bouddhistes et des Indiens.

• Le lotus est le lit de naissance et la couche nuptiale des dieux-créateurs : Isis et Osiris en Egypte ; Bhava, le soleil générateur, et Bhavani en Inde ; le dieu Phré est représenté naissant dans le calice d'un lotus (9-72).

*Lotus égyptien. (124)*

• *De la naissance, le symbole s'étend à la re-naissance ou naissance à la lumière céleste après une* **initiation**. Ce qui fait du lotus le symbole matriciel de toute résurrection : des mondes après le chaos, des âmes dans un nouveau corps (Anou présente au défunt l'espoir de la résurrection sous la forme d'une fleur de lotus, associée à l'*ankh* ou à d'autres symboles de résurrection) (136-69).

• Pour les taoïstes, le lotus n'est pas seulement un symbole de la **beauté féminine** et de la **pureté**, il réunit les éléments et les trois niveaux cosmiques : ses racines plongent dans la boue, sa tige traverse l'eau morte, sa fleur éclôt à la lumière solaire.

Il porte en lui l'image du développement spirituel de l'homme dans le monde : sa racine figure l'insolubilité, sa tige, le cordon ombilical, sa fleur, l'épanouissement, la réalisation au moyen de la lumière.

Il figure aussi le triple aspect du temps : passé par ses boutons, présent par sa fleur, futur par ses graines.

Il est totalité parce qu'il concilie le *yin* de l'eau et le *yang* de la lumière.

Il équilibre en lui les forces *yin* et *yang*. Il symbolise la **perfection** et l'**illumination**, s'engendre lui-même et existe par lui-même : il figure le Tao (86-113).

• Signification identique chez les Tibétains : l'iconographie représente le *bouton* de lotus comme le berceau des **émanations illuminées** des bouddhas, provenant du Vide.

Dans l'expression *Om mani padme hum* (le joyau dans le lotus), *padme*, le lotus, représente l'**épanouissement spirituel** permettant d'accéder au Joyau (*mani*).

Il symbolise aussi le *Dharma* auxquels sont voués les « Hommes de Sagesse » (87), principe de la stabilité universelle, de l'harmonie, de l'équilibre fondamental *présidant à l'existence du cosmos, de la nature, de la société et de l'individu* (50) et le Joyau figure la vérité contenue dans le lotus.

• En Inde, on distingue le lotus rose *padma*, emblème solaire, symbole de la **prospérité** ; le lotus blanc réservé au Bouddha de compassion, Avalokiteshvara ; le lotus bleu ou *utpala*, emblème lunaire consaré aux Târâ et à Shiva.

# LOUP
*la cruauté*

Le loup, perçu comme un monstre dévorant, est l'un des symboles mystiques de l'ancien culte solaire. Cet animal, dont le nom signifie lumière en grec, était adoré comme Apollon, distributeur de la lumière. Symbole maternel associé à l'idée de **fécondité**, une louve nourrit Romulus et Rémus.

• Son aspect négatif est souligné en Egypte où il figurait le **pouvoir destructif du soleil** et dans la mythologie celtique qui représente Lok, le grand destructeur, par un loup (83-77).

• C'est cet aspect dangereux qui est mis en lumière dans les contes et les légendes où le loup personnifie la **férocité**, la force incontrôlée et bornée, apparaît comme le **tentateur** hypocrite, le **séducteur mâle**, avide, dénué de scrupules du *Petit Chaperon rouge*.

Cette image archétypique de la **libido** déchaînée se rapproche du monstre des légendes et représente l'**avidité orale**, les *tendances égoïstes, asociales, violentes, virtuellement destructives du ça* (67-293).

♦ Comme le serpent et l'ours, le loup symbolise également l'*ombre*, aspect sombre et inconscient de la personnalité dont l'émergence peut être dangereuse par les énergies qu'elle réveille et qui menacent de submerger la conscience (16).


# LUMIÈRE
*la vie consciente*

Selon l'ancienne théologie de la Grèce, la lumière, attribut nécessaire et primordial de Dieu, coéternel avec lui et issu avec lui de la matière inerte, est pure et sainte (83-19). Cette idée est exprimée dans les mythes par l'unité préconsciente précédant la dissociation de l'obscurité du chaos primordial et de la lumière. Dualité figurée par les oppositions jour-nuit, veille-sommeil, conscient-inconscient, yang-yin chinois, etc.

• La lumière est produite par le soleil et les anciens sages imaginaient cette lumière solaire, ou mouvement animateur du cosmos, comme une *radiation partant d'un centre et se propageant intarissablement en tous sens à travers l'espace..*

• Pour les hermétistes, la *lumière astrale* est l'agent magique de la **vie universelle**. D'après la Kabbale, c'est une force latente qui vivifie et féconde les mondes, dont le rayonnement a créé l'étendue comme *une vibration ordonatrice du chaos. Ce que la Genèse explique avec le « Fiat lux » divin, apparition de la lumière qui, au début de l'évangile de saint Jean, annonce le Verbe* (30-59).

Aussi la lumière solaire est-elle identifiée à l'esprit, à la connaissance directe par opposition à la lumière lunaire, réflexion des rayons solaires.

• La franc-maçonnerie, dont le but est le progrès par la régénération, représente le Rédempteur par la Lumière intérieure ou *Logos*, Pensée-Raison, clarté spirituelle qui est l'objet de l'**initiation** ou conquête de la lumière. L'expression *recevoir la lumière* signifie être admis aux mystères de la franc-maçonnerie.

◆ Quel que soit l'aspect sous lequel elle apparaît dans les rêves, lampe, veilleuse, bougie, rayon lumineux dans une pièce sombre, lumière solaire ou lumière éblouissante, la lumière est l'expression d'**énergies** (spirituelle ou vitale) rendues disponibles. Elle est un symbole du Soi, centre de la personnalité, traduction d'un état d'âme dépassant la sujétion au Moi individuel.

## LUNE
*la féminité, l'inconscient collectif*

En raison de son pouvoir sur les océans, la lune fut désignée par les Indiens comme la souveraine de l'élément nutritif. *Ses doux rayons accompagnés des fraîches brises de la nuit et de la rosée bienfaisante du matin l'ont fait apparaître aux habitants de ces chaudes contrées comme la conciliatrice et la réparatrice de la terre* (83-55).

    La lumière du soleil, de la lune et du feu était considérée une et unique, émanant de l'être suprême et ils lui ont accordé la suprématie sur le soleil.

• Les prêtres égyptiens choisirent la lune comme le symbole de la **foi** qui réfléchit les vérités révélées, parce qu'elle est *illuminée par le soleil et en reçoit toute sa force vitale* (9-146).

• La lune fut aussi regardée comme la *Mère du monde*, imprégnée des principes féconds du soleil qu'elle sème dans l'air et on lui attribuait les pouvoirs passifs et actifs de la génération, essentiellement les mêmes bien que formellement différents.

• La croissance de la lune pendant les 14 premiers jours de chaque mois lunaire fut associée par analogie à la **croissance** des êtres vivants : d'où l'habitude de semer et couper les arbres pendant cette période et de récolter pendant sa décroissance. Influence qui s'est étendue aux entreprises humaines plus favorisées par la période lunaire croissante que par la période décroissante.

• La rosée étant beaucoup plus abondante par les nuits claires, les peuplades agricoles en ont déduit que l'humidité procédait de la lune ; celle-ci devint le principe **froid** et **humide** produisant la pluie. Ce qui explique que dans les régions sèches et chaudes, le culte de la Lune supplanta celui du Soleil : en Amérique, en Egypte, à Ur, oasis à la limite du désert où l'abondance de l'eau est ressentie comme une bénédiction. De là aussi la dualité Lune/Soleil : la puissance humide procédant de la lune s'opposant à la sécheresse procédant du soleil.

• En raison de sa croissance et de son cours rapides, la Lune est le symbole de la **fertilité**. De la comparaison de la terre humide et fertile avec le sein maternel découla le *culte de la Mater Magna* (Terre-Mère) d'Egypte et de Chaldée, qui trouva son expression dans la lune croissante et le principe humide.

On comprend aisément les affinités existant entre l'astre nocturne et les déesses de ces pays, sources et symboles de vie et **protectrices de la végétation** qui, comme la lune naît et se fane.

En effet, les dieux et déesses lunaires sont légion parmi les peuplades à vocation agraire : Sin, père du dieu solaire Schamash, maître de la végétation ; le Quetzalcoatl aztèque, fils du Soleil qui, en se rapprochant de cet astre, se sacrifie comme le fils de Dieu pour sauver l'humanité ; en Inde, Chandra qui apprécie l'ivresse du *Soma* et possède 28 femmes, symboles des demeures traversées par la lune chaque mois et l'effrayante Kali avide de sang ; Isis l'Egyptienne, le *féminin dans la nature*, coiffée du disque et des cornes de vache (puissance et fertilité) ; Astarté la Phénicienne ; Ishtar la Babylonienne,... Ou encore, les déesses gréco-romaines : Séléné, figurant l'opposition polaire jour-nuit, nature-esprit, volonté masculine-passivité féminine ; Héra, la pleine lune, symbole de la **maternité** et de la **dignité conjugale** féminine ; Diane-Artémis, la *pulsion vitale de l'âme, non contrôlée par la raison* dont l'attribut est l'idéogramme en forme de faucille, le croissant lunaire, transféré à la Vierge Marie par les artistes chrétiens (la Madonne à l'Enfant se tenant sur les cornes de la lune et écrasant la tête du serpent).

• Le *croissant* figure sur de nombreux monuments et documents égyptiens et babyloniens : la barque divine affectait la forme du croissant de lune (comme l'Arche de Noé, le bateau des Argonautes) (89-29). L'Eglise est comparée à la Lune : elle veille sur ses enfants comme une mère, conserve et transmet la lumière (89-29).

• Les principaux symboles lunaires sont : le *lapin* ou le lièvre dans un récipient rempli d'eau (Pré-colombiens, Chinois, Hindous...), l'*esargot*, la *tortue car elle se retire pour plusieurs jours dans sa maison*, la *grenouille*, car on croyait à *sa chute avec la rosée, cet animal aimant la rosée du matin*, et les animaux porteurs de cornes, taureau, vache, sacralisés comme des divinités lunaires (89-27).

• La Lune est parfois citée comme un symbole de **renouvellement** en raison de sa réapparition périodique ; de **dépendance** et de **connaissance indirecte** parce qu'elle réfléchit la lumière reçue du soleil.

Sa lumière atténuée est l'intermédiaire entre l'éclat du soleil et l'obscurité, entre la conscience, l'esprit et le monde inconscient de la nuit.

◆ La Lune incarne l'*anima*, le principe **féminin**, **maternel**, passif, les ténèbres de l'**inconscient**, les erreurs commises avant de parvenir à la lumière du conscient figuré par le Soleil. En caractérologie, la Lune régit les tempéraments lymphatique (Carton), digestif (Sigaud), dilaté (Corman), la constitution endoblastique (Martiny), marqués par l'instinct de conservation, la prudence, un égoïsme foncier, l'amour du calme, de la vie simple, du repos.

**En astrologie,** elle est le symbole de l'âme et sa position dans l'horoscope révèle le mode de réaction du sujet, sa réceptivité et sa capacité de réflexion et d'adaptation aux exigences de la vie quotidienne. Le mince croissant par lequel on la représente figure la lune *Vieille* se dégageant de l'étreinte du soleil pour se transformer en lune *nouvelle* chargée d'énergie.

Ses *phases* correspondent aux périodes du développement de la **vie féminine.**

La *nouvelle lune* est le symbole de l'**enfance** ; la *lune croissante*, celui de la jeunesse, de l'adolescence, de la **réceptivité universelle** et **indifférenciée** qui attire tout à soi, des pulsions infantiles, de l'attachement à la mère, des traditions ; elle correspond au type **extraverti**.

La *pleine lune* correspond à la **maturité**, la grossesse, l'enfantement.

La *lune décroissante*, hémisphère gauche de l'astre illuminé, symbolise le **déclin de la vie** et représente le type **introverti**, dirigé vers la vie intérieure, le sommeil, le pressentiment, la fantaisie, l'inconscient collectif où bouillonnnent les archétypes de l'humanité.

C'est cette dernière phase de la moitié décroissante de la lunaison que les alchimistes appelaient *Lune balsamique* parce qu'à la fin du cycle vital, l'expérience spirituelle de l'homme s'élève, comme l'encens (balsam) des sacrifices vers le royaume de l'Esprit (89-38).

Quant à la *lune noire* (période de 3 ou 4 jours durant laquelle la lune est invisible), elle est le symbole de l'inaccessible, assimilée à Lilith et à Hécate, déesses de la nuit, agissant insidieusement dans les profondeurs de l'inconscient et symbolise les **forces psychiques** puissantes qui échappent au contrôle du conscient.

• Dans l'Antiquité, l'astrologie lunaire était symbolisée par Osiris qui régna 28 ans, *dont le corps déchiré en 14 pièces (nombre des maisons de la Lune croissante ou décroissante) avait été démembré par Typhon lors de la pleine lune (image de la Lune perdant un morceau d'elle-même chacun des 14 jours qui constituent la seconde moitié du mois lunaire)* (91).

• La Lune est le pivot de l'astrologie orientale qui distingue 28 maisons lunaires portant en Chine le nom de *sieou* (passer la nuit). Ces constellations traversées par la lune durant les 28 jours de son cycle correspondaient aux anciens états féodaux et étaient associées à un animal.

• Les astrologues hindous localisent le zodiaque soli-lunaire dans le corps de l'homme. Ils considèrent que pendant la vie utérine, l'individu se développe autour de 2 centres de force ou *chakras* : le *Pingala*, lotus cardiaque à 12 pétales, transposition microcosmique du zodiaque solaire et l'*Ina*, localisation au plan humain du zodiaque des 28 demeures de la Lune ou *nakchtras*. Ainsi Pingala et Ina, centre des forces du développement du fœtus humain, figurent le microcosme (91-23).

Voici la signification des *maisons lunaires* en Occident :
— Maison 1 (Bélier) = ruine de son ennemi.
— Maison 2 (Bélier) = réconciliation, maladie courte.
— Maison 3 (Bélier) = prospérité, bonne fortune.
— Maison 4 (Taureau) = inimitié, vengeance, tromperie.
— Maison 5 (Taureau) = faveurs de grands.
— Maison 6 (Gémeaux) = amours et mariage fortuné.
— Maison 7 (Gémeaux) = bon pour les gains.
— Maison 8 (Cancer) = victoire dans le combat.
— Maison 9 (Cancer) = maladie mortelle.
— Maison 10 (Lion) = richesse.
— Maison 11 (Lion) = crainte de la mort.
— Maison 12 (Lion) = séparation d'admiration.
— Maison 13 (Vierge) = paix et union conjugale.
— Maison 14 (Vierge) = divorce.
— Maison 15 (Balance) = acquisition d'amis.
— Maison 16 (Balance) = gain en marchandise.
— Maison 17 (Scorpion) = larcin, brigandages.
— Maison 18 (Scorpion) = maladies, mort.
— Maison 19 (Scorpion) = guérison.
— Maison 20 (Sagittaire) = chasses.
— Maison 21 (Sagittaire) = calamité et affliction.
— Maison 22 (Capricorne) = fuite et bannissement.
— Maison 23 (Capricorne) = destruction et ruine.
— Maison 24 (Capricorne) = fécondité de tout.
— Maison 25 (Verseau) = affluence et prospérité.
— Maison 26 (Verseau) = désir accompli avec doute.
— Maison 27 (Poissons) = maladies et mort.
— Maison 28 (Poissons) = douleurs puis mort (91-117).

## La Lune du Tarot
*les chimères*

Dans le 18e arcane du Tarot la lune distille des gouttes de rosée renversées (tendance à recevoir sans donner) sur un sol jaune et sec (la matérialité) entre deux tours (mise en garde contre une conduite inadaptée mettant en danger l'équilibre mental ou la santé physique), au-dessus d'un étang dans lequel se trouve une écrevisse (le crabe, le Cancer, symbolisant le passé, le refoule-ment, les complexes, l'immobilisme mais aussi la régénération).

Les deux chiens (attributs de Diane, chasseresse lunaire, et Hécate déesse des enfers) qui aboient (désolation).

Cet arcane est celui des illusions, de la Maya hindoue dont les extrapolations mènent les hommes à leur perte. Il nous incite à mener notre vie avec lucidité et à ne pas nous abandonner à des fantasmes ou à la crédulité.

**Interprétation divinatoire**: fantaisies extravagantes, lubies, folies, curiosités indiscrètes, passivité intellectuelle, embûches, flatterie (17).

# M

## MAI
*la poussée vitale*

Le mois de mai, autrefois consacré à Apollon, aspect printanier du mythe de Bacchus associé à l'automne, est le symbole de l'**éclosion**, du renouveau.

Le premier jour du mois de mai était le symbole de la force végétative du printemps forçant les barrières. A Rome, la fête du feuillage nouveau, que les jeunes gens allaient chercher dans les bois, était l'occasion d'une débauche symbolisant cette poussée violente de la sève. Cette tradition s'est perpétuée dans le rite du *muguet*.

• Une ancienne tradition en fait aussi le jour du **respect à l'autorité**: pour proclamer leur fidélité au seigneur, les paysans plantaient un arbre dit le *May* aux alentours de la porte de sa demeure — ils y brûleront ses titres de noblesse en 1790. (Voir *Arbre*).

## MAIN
*l'outil vital*

Organe unique et inimitable, la main a fasciné l'homme dès les temps préhistoriques, par toutes les possibilités qu'elle recèle:

gestes servant à la communication, à l'activité, etc.

• Elle fut regardée comme le symbole du dieu-père : la *main droite levée* comme signe de **puissance** et de **commandement**, la *main droite étendue ou doigts en avant à l'extrémité des rayons solaires* comme signe de sa divine présence, symbole du dieu vigilant, du **Dieu-providence**, de sa protection et de sa bonté intégrale. En témoignent le geste de bénédiction de la grande déesse crétoise de l'art égéen et les *mains dispensatrices de bienfaits* terminant les rayons émis par le visage du dieu solaire Amida- Avaloki- tèshvara.

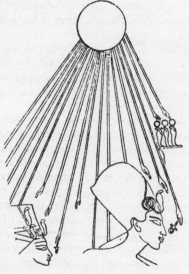

*Mains distributrices de grâces terminant les rayons du disque solaire. (121)*

• *Symbole de la Providence pour les Musulmans, la main est aussi la* **synthèse de la loi** *du Prophète.*

En effet, celle-ci contient *5 dogmes* ou préceptes fondamentaux correspondant aux 5 doigts. Ceux-ci forment *14 phalanges*, 28 pour les deux mains sur lesquelles se répartissent les 28 lettres de l'alphabet (*hurûf*) : les 14 *lumineuses* sur la main droite liée au *Sud* et les 14 *obscures* sur la main gauche liée au *Nord*. De la même manière que les doigts sont soumis à l'unité de la main qui leur sert de base, les dogmes prennent leur source dans l'unité de Dieu.

• Elle est l'organe de la **transmission du savoir**. Lors de l'initiation, le maître procède à une *prise de main* : il pose sa main gauche sur la main droite du candidat placée dans la sienne pendant la récitation des formules consacrées.

Ce rituel, qui reproduit le *pacte de l'agrément* conclu entre Mohammed et ses compagnons sur la route de Médine à la Mecque, réalise le *transvasement spirituel d'un réceptacle à l'autre qui se traduit, conformément à ce symbolisme, par un arrangement ou une remise en ordre des lettres potentielles* contenues par la main.

• La main *droite* est le symbole de l'autorité spirituelle, de la Voie du Ciel, de la clémence et de YHVH. De la main droite du saint émanent toutes les lumières, toutes les **bénédictions**.

• la main *gauche* symbolise le pouvoir temporel, la voie guerrière et royale, la rigueur et Elohim (85-139).

• La *main de justice* (main gauche en ivoire aux doigts levés, caractérisant le pouvoir judiciaire, premier pouvoir de la royauté) fut l'*instrument à couper le temps* du **dieu-juge**, c.-à-d. à séparer le jour de la nuit, la saison chaude et vivante de la saison froide et morte, l'état de veille de l'état du sommeil, et, par extension, le bien du mal, la vie de la mort, les justes des coupables.

L'art antique a représenté cette notion de déclin ou de commencement par la *mutilation* des statues devant figurer le soir ou le matin de la vie, l'aube ou la fin du jour, du mois ou de l'année. Le **manchot** est par conséquent, l'indication d'une fuite hors du temps par le sommeil ou par la mort.

• La main est associée à l'idée d'**activité** et de **domination** ; en Égypte elle signifiait la **force**, la **puissance**, la **vigueur**. Les mains *jointes* symbolisaient la **concorde** (9-74).

• Dans les traditions religieuses, le geste de l'**union des mains**, réceptacles de lettres potentielles, réalise celle des noms sacrés. *La main pontificale qui bénit est le symbole du Tout-Puissant lui-même. Ses bénédictions s'étendent comme les articulations des doigts qui sont attachées à la paume de la main. Cette paume symbolise l'essence divine.* (85-143).

Ainsi le rite de bénédiction trouve son explication dans la Kabbale.

• L'union des mains se retrouve dans trois *mudrâ*, gestes rituels des mains de l'hindouisme et du bouddhisme symbolisant des attitudes spirituelles :

— le *namaskâra-mudra* d'**hommage** ou de **prière** : mains jointes levées à hauteur de poitrine, doigts étendus face contre face ;

— l'*anjali-mudrâ* d'**offrande** et d'**adoration** : mains jointes, doigts tendus ou fléchis devant la poitrine ou le front ou au-dessus de la tête ;

— l'*uttarabodhi-mudrâ* de **perfection** : mains joints tournées vers le haut, pouces et doigts entrecroisés sauf les index qui sont joints et tendus vers le haut.

Voici les autres gestes :

— l'*abhaya-mudrâ* de **sauvegarde**, de **protection** : main droite levée paume en avant, doigts tendus ;

— le *bhûmisparsha-mudrâ* de l'**attouchement de la terre** ou prise de la terre à témoin : main droite pendante paume en dessous, doigts tendus touchant la terre, main gauche dans le giron ;

— le *buddhashramana-mudrâ* de **salutation** : main droite levée au niveau de l'épaule, doigts étendus, paume tournée vers le haut parallèle au sol ;

— le *dharmaçakra-mudrâ* de l'**enseignement** ou de la **mise en mouvement de la Roue de la Loi** : main droite verticale devant la poitrine paume en avant, pouce et index se touchant par les bouts ; main gauche horizontale ou verticale paume en dedans, pouce et index se touchant et touchant ceux de la main droite ;

— le *dhyâna* ou *samâdhi-mudrâ* de **méditation** ou de **concentration** : les deux mains dans le giron l'une sur l'autre paumes en dessous, les pouces se touchant par les bouts ;

— le *tarpana-mudrâ* d'**hommage** : main étendue de côté au niveau de l'épaule, paume vers le bas et parallèle au sol ;

— le *varada-mudrâ* du **don** ou de la **faveur** : main ouverte pendante, paume en avant, doigts tendus ;

— le *vitarka-mudrâ* d'**argumentation** : main levée paume en avant, pouce et index se touchant par les bouts (90-29).

Cette valeur symbolique des mudrâ est la base des *danses rituelles* asiatiques qui sont un véritable dialogue avec les dieux.

• Détentrice de tels pouvoirs, abrégé de la religion, la main *est restée pour les Musulmans un préservatif infaillible contre le mauvais œil*. En invoquant Dieu, dit le Coran, *montrez-lui l'intérieur de vos mains et non l'extérieur ; lorsque vous avez fini, passez les deux mains sur votre visage.*

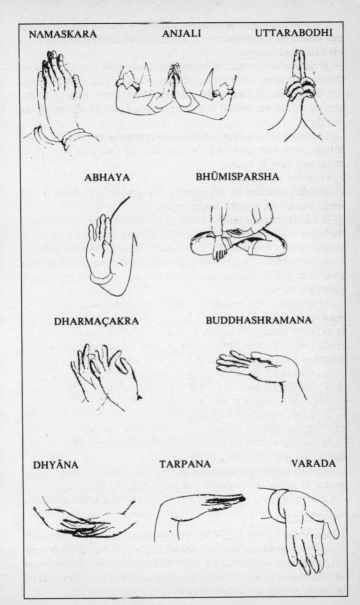

NAMASKARA     ANJALI     UTTARABODHI

ABHAYA     BHÛMISPARSHA

DHARMAÇAKRA     BUDDHASHRAMANA

DHYÂNA     TARPANA     VARADA

Dans les pays islamiques, on place à l'intérieur ou à l'extérieur des maisons une main sculptée ou dessinée, peinte en noir ou en rouge aux doigts allongés. On braque les cinq doigts de la main droite vers les personnes susceptibles d'avoir le mauvais œil.

La *main de Fatima* est l'amulette la plus répandue dans le monde islamique ; les Shi'ites y joignent les symboles de 5 personnages sacrés : Mohammed, Ali, Fâtima, Hassan et Husaïn (19-122).

Il existait à Babylone, une tour surmontée d'une main droite, consacrée à Anu, la Tour Zida signifiant Tour de la main droite (19-93).

• La *main phallique* (fermée, le pouce passé entre l'index et le médius ou le médius dressé, les autres doigts repliés sur la paume) est un symbole phallique, talisman contre les influences malfaisantes, qui servit d'ornement dans l'antiquité.

Ce geste, plus tard nommé *figue*, eut une connotation érotique et le montrer était considéré comme l'insulte la plus méprisante (83-140).

• La main-amulette de propitiation, en bronze, utilisée par les juifs, était une concentration d'**influx spirituels** et magiques émis par des noms inscrits sur les doigts : *Adam* sur la phalange du pouce ; *Abel* à la jointure ; *Eve* sur l'index ; *Caïn* sur le médius, *Seth* sur l'annulaire ; *Noé* sur l'auriculaire ; *El* (Dieu) dans les plis de la main et *Haya* (vivre) sur la paume ; *Sâr Tsebâoth* (Prince des Forces célestes), *En-Soph* (Infini) sur le bourrelet (19-53).
• Le nombre des doigts fut assimilé au nombre de sens et l'iconographie accorde un sixième doigt à ceux qui sont pourvus d'un sixième sens : saints des fresques byzantines, main de Fatima...

• En chirologie, la main *gauche* est le siège de la *prédestination*. Elle correspond au passé, au passif, traduit le tempérament de l'individu : ses tendances innées, ses dispositions psychiques et physiques.

La main *droite* correspond à l'actif, à l'*avenir*, elle enregistre les acquis, les modifications amenées par la volonté et les initiatives individuelles. Sa configuration varie donc constamment ; voilà pourquoi une étude chirologique doit comporter la comparaison des deux mains et être renouvelée périodiquement.

# MAISON
*l'axe cosmique*

La maison est un *centre du monde* comme la cité, le temple, le palais, la montagne, la hutte primitive… répliques de la Montagne cosmique, de l'Arbre du monde ou du Pilier central soutenant les niveaux cosmiques.

La maison se rattache donc à l'idée d'**espace sacré** se développant autour d'un foyer-axe du monde et consacré par ses murs. Au-delà du seuil s'étend l'espace profane.

• Image de l'univers, lien entre le ciel et la terre, elle s'oriente suivant les directions de l'espace et sa construction est une répétition de la cosmogonie : les palais assyro-babyloniens représentent le monde évoluant autour du trône du roi assimilé à l'Omphalos, à la montagne centrale, à l'étoile polaire autour de laquelle gravite le monde.

A l'origine, toutes les demeures, tous les palais ont été construits autour de cet axe du monde assurant la relation entre les 3 niveaux d'existence : souterrain-infernal, terrestre et aérien-céleste.

• La hutte de boue des Indiens Navajos (Nouveau-Mexique et Arizona), ou *hogan*, reproduit fidèlement le plan du cosmos : ouverte à l'est, à 8 côtés figurant les directions spatiales, chaque solive, chaque poutre incarnant un élément du hogan géant de la terre et du ciel.

Cette hutte représente pour l'Indien l'*harmonie fondamentale de l'homme et du monde et lui rappelle la voie cachée de la perfection qu'il doit suivre dans la vie* (66-311).

• Le *tipi* des Sioux est conique comme les feuilles du cotonnier sacré, et leur loge de la Danse-qui-regarde-le-soleil *est le monde en image, le feu entretenu au centre… « est » Wakan-Tanka dans le monde*. Les 28 piliers qui l'entourent évoquent le cycle lunaire mensuel (13-120).

• La maison aztèque était construite autour du foyer, *image et incarnation du « Vieux Dieu », le dieu du feu*. Les trois pierres entre lesquelles brûlait le feu avaient un caractère sacré, car elles abritaient la puissance mystérieuse du dieu (93-152).

• La maison traditionnelle chinoise, le palais impérial, la cité ont une base carrée symbolisant la Terre, un toit rond (le Ciel) relié par des colonnes à leur support carré en rapport avec les 8 directions cardinales, les 8 montagnes, les 8 vents, les 8 trigrammes, etc.

Le carré et la coupole se retrouvent dans les mosquées, mausolées et maisons arabes disposées autour d'un jardin où coule une fontaine, évocation du Paradis.

• La Maison (*Calli*) est un **signe du zodiaque aztèque**, associé à l'Ouest, à la tradition et au nombre 3.

Les personnes nées sous ce signe ont tendance à se montrer dépensières, tricheuses et à se laisser tenter par la luxure. Les femmes sont médisantes, maladroites, paresseuses (125-90).

◆ La maison des rêves avec ses étages et ses pièces, est souvent comparée au corps humain. Elle représente surtout les plans de la psyché : la *façade* symbolise la **persona**, le rôle, la fonction sociale ou masque affiché dans la vie quotidienne.

La *chambre à coucher* est en rapport avec la vie intime ; les *étages* figurent les diverses parties du corps et les états d'âme. Le *toit* et les *étages supérieurs* se rapportent à la tête et aux fonctions conscientes ; au *grenier* se déroulent les souvenirs de jeunesse ; la *cuisine* est le lieu des **transformations psychiques**, elle est *un des symboles de l'initiation* (25) ; la *cave* représente l'inconscient. Les *water-closet* font allusion à un besoin de **délivrance**, d'**ordre**. Les *pièces vides* correspondent à la fonction psychique inférieure qui demande à être développée. Les *escaliers* servent de liens entre les différents niveaux de la personnalité. (24).

## MAISON-DIEU
*la victoire de l'esprit*

La tour du XVIe arcane du **Tarot** décapitée par la foudre (le châtiment), réplique de la tour de Babel, a pour origine le récit biblique du rêve de Jacob qui s'endormit la tête sur une pierre appelée Béthel ou maison-Dieu, terme qui désigna par la suite les lieux sacrés, réservoirs de force tellurique, qui communiquaient avec le ciel.

Cette tour symbolise la société humaine, l'individu et l'arcane nous met en garde contre les exigences affectives du *Moi*, les entreprises chimériques, car *ce qui est déraisonnable se condamne*

*soi-même à l'effondrement* (17). La tour de nos possessions matérielles est bien fragile et la vie pleine de surprises.
**Interprétation divinatoire** : matérialisme, présomption, poursuite
de chimères, mégalomanie. Dogmatisme étroit (17-216).

# MANA
*la source de force*

Le mana est, pour les Polynésiens, une source générale de vie
et de force qui alimente toutes les vies individuelles, tous les mana
individuels.
• Cette énergie actionnant l'univers est, pour les Amérindiens,
une sorte de *pouvoir impersonnel, invisible, omniprésent*, sacré,
magique, surnaturel, étrange, merveilleux. Le Soleil est riche en
mana, *ainsi que les vents et l'océan. Les étoiles, les nuages, une
brise légère en possèdent, mais en moins grande quantité.*
  Tout ce qui touche ce pouvoir possède, pendant un certain
temps, des pouvoirs surnaturels et est qualifié de *Wakan* par les
Indiens des plaines, d'*Orenda* par les Iroquois, de *Manitou* par
les Algonquins,... (12- 41).
• Les *semences de vie* contenues dans l'air et que l'homme puise
par la respiration, sont l'équivalent du mana, comme la substance subtile absorbée par le *yogi* hindou qui pratique des méthodes respiratoires analogues à celles du taoïsme, associées à la
concentration intellectuelle permettant à l'esprit de s'affranchir
de la conscience individuelle pour se fondre dans l'âme du monde.
  Dans ces méthodes, *nous retrouvons les rapports de l'atmosphère avec l'organisme humain qui semble y puiser la vie et, par
suite, la conscience elle-même. (98-151).*

# MANDALA
*le voyage vers le Soi*

Le mandala (en sanscrit *cercle sacré*) est un **cosmogramme**, une
projection géométrique de l'univers. Il représente l'*univers non*

seulement en tant qu'étendue spatiale inerte, mais aussi en tant que révolution temporelle, et l'une et l'autre considérées comme un processus vital se déroulant à partir d'un principe essentiel, tournant autour d'un axe central, le mont Sumeru, l'*axis mundi* sur lequel repose le ciel et dont les fondements plongent dans les mystérieuses régions souterraines (12-31).

Nous retrouvons ici le symbolisme du ziggurat babylonien, de la ville impériale chinoise, iranienne, images du monde au centre duquel l'homme s'identifie avec les forces de l'univers dont il assimile la puissance psychique.

• Le mandala sert de support visuel à la méditation indispensable à l'**initiation** aux différents cycles tantriques. Qu'il soit dessiné sur le sol avec de la poudre de riz ou du sable de différentes couleurs ou bien peint sur soie, sa construction obéit à des rites immuables. Chaque détail est porteur d'une signification symbolique et assiste le méditant dans son effort de concentration en canalisant les courants sensible et mental pour les diriger vers la perspective spirituelle de plus en plus proche de son centre, de son moi véritable.

• Le mandala se compose d'un carré entouré d'un cercle en trois parties. La première, cercle de flammes (la *montagne de feu*) de 5 couleurs constituant une barrière pour le non-initié, symbolise les **éléments** et la **connaissance** qui doit brûler l'ignorance et amener le méditant à la connaissance recherchée.

Le 2e cercle est la *ceinture de diamant* ou *vajra*, symbole de la **conscience suprême**, la *bodhi*, l'état d'illumination qui, une fois acquise, reste inaltérable comme le diamant.

Le 3e cercle est composé de pétales de lotus, symbolisant l'état de **pureté** permettant le déroulement harmonieux de la méditation. A l'intérieur est dessiné le mandala ou *palais*, carré divisé en 4 triangles, portant sur chaque côté une saillie figurant une porte dirigée vers un point cardinal, protégée par un des 4 gardiens cosmiques et couronnée d'un demi-vajra.

Le périmètre constitue un mur coloré des 5 couleurs fondamentales.

Le centre du mandala s'identifie au mont Mérou-axe du monde. Il est entouré d'un cercle de *vajra* et ressemble à une fleur de lotus à 8 pétales sur lequel sont représentées les divinités, aspects de la divinité centrale figurée dans le bouton, lieu d'où sont diffusées les émanations illuminées des bouddhas ou de leurs symboles, issues des rayons du Vide.

Le méditant doit saisir la relation mystique entre les éléments du monde terrestre et le monde divin, maîtriser progressivement les parties du mandala. En arrivant à la figure centrale, symbole de l'**absolu**, il s'identifie avec la vision divine et *retrouve l'unité de la conscience* (12).

• Les Hindous *donnent la vie* à ces diagrammes, comme aux statues des divinités avant de leur rendre un culte par le rite *Prâna-pratishthâ* qui a pour but de transmettre l'énergie de l'adepte à l'objet inanimé, par le biais d'effluves psychiques (19-232).

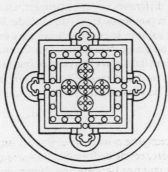

*Schéma d'un mandala. (132)*

• *Répliques des mandala, les peintures de sable* des indiens Pueblos et Navajos remplissent une fonction propitiatoire thérapeutique et magique. Exécutées à l'aide de sables aux couleurs symboliques riches en énergie cosmique et en force surnaturelle, de pierres pulvérisées, craie, charbon, ocre, etc., comportant des figures mythiques aux points cardinaux, des symboles d'éléments sacrés (soleil, lune, éclair, arc-en-ciel, étoiles, lac, nuages, oiseaux...), elles sont entourées d'un arc-en-ciel protecteur (12-241).

• La même fonction symbolique est exercée par les mosaïques de poudres de couleur utilisées par les Hopis dans les cérémonies d'**initiation** : l'une d'elles représente le Soleil irradiant des rayons empennés comme des flèches ; un morceau de quartz emplumé placé au centre du diagramme figure le *cœur du soleil*.

Ces figures symboliques, sortes de *rites écrits*, sont à l'origine du *tapis, broderie talismanique permanente; qui fut, au début, un objet essentiel du rituel magique* (19-184).

• Un principe identique à celui du mandala préside à la construction des temples : dès l'entrée, le fidèle pénètre dans un lieu sacré, celui du mystère. Par la visite du sanctuaire selon les règles prescrites ou le rite de la circumambulation, il parcourt le mécanisme de l'univers et lorsqu'il arrive au *centre mystique* de l'édifice sacré, il est transfiguré et s'identifie avec l'Unité primordiale, le *principe caché de sa propre vie, sa propre essence mystérieuse, le point lumineux de la conscience d'où rayonnent les facultés psychiques*.

• Les adeptes de certaines écoles tantriques ont recours à des mandala *intériorisés* : visualisation mentale ou identification au mandala dans son corps par la réanimation des *chakra, points d'intersection entre la vie cosmique et de la vie mentale*, équivalent de la pénétration initiatique au centre du mandala (92-68).

## MARIAGE
*l'unité et la dualité*

Le mariage, symbole de l'union, de l'entente amoureuse de l'homme et de la femme, a pour effet la reconstitution du couple primordial avant la Chute et d'un monde nouveau par l'unité retrouvée.

Les Grecs le symbolisaient par la *marjolaine*, dédiée à Hyménée qui perdit la vie le jour de son mariage.

• Le mariage des divinités symbolise l'union de principes divins donnant naissance à des *émanations* : l'union de Zeus-Jupiter (puissance) et Thémis (la justice) = Eiréné (la paix), Eunomia (la discipline), Dikté (le droit) (1).

• En alchimie, le *mariage philosophal* est l'union du Soufre et du Mercure transformé en quintessence des éléments ; il est symbolisé par un corps à deux têtes couronnées, l'une d'homme, l'autre de femme, représentant l'union de l'énergie virile et de la sensibilité féminine.

C'est le *Rébis* (Re bis = deux choses, les deux corps de la matière primitive), correspondant à la Matière préparée pour l'Œuvre définitive, au Compagnon digne d'être élevé à la Maîtrise, à l'adepte qui a dominé ses tendances instinctives, surmonté l'animalité, *dégagé tout ce qui l'empêche d'être pleinement Homme* (18-98).

• Dans les civilisations traditionnelles, comme l'Inde, le mariage tient lieu d'**Initiation** pour la femme et la cérémonie se déroule devant le feu sacré, la meule à broyer le grain et le vase d'eau, élément indispensable à l'*âvahana* ou descente de l'essence divine se produisant au cours des cérémonies religieuses (dans le vase se concentrent les forces de l'univers).

## MARS
*la guerre*

Mars (Arès grec) était à l'origine, sous le nom de *Mars silvanus*, le dieu de l'agriculture, régulateur des saisons. Il fut vénéré par les Romains sous le nom de *Mars Gradivus* comme dieu de la guerre, père de Romulus et sous le nom de *Mars Quirinus*, comme ancêtre du peuple romain et protecteur de Rome. Dans son cortège figuraient des divinités allégoriques : *Pallor* (la Pâleur), *Pavor* (l'Epouvante), *Virtus* (le Courage), *Honos* (l'Honneur), *Securitas* (la Sécurité), *Victoria* (la Victoire) et *Pax* (la Paix) figurant les attributions du dieu.

Mars fut représenté par un loup, un cheval, un pivert, une lance et un chêne.

• Le *mois de mars*, qui lui était dédié, correspond au passage du Soleil dans la constellation du Bélier (gouvernée par Mars, en rapport avec la germination, l'éclosion). Durant ce mois, on célébrait les fêtes dédiées à Mars Grandirius (Grandire = croître).

• En astrologie, la *planète Mars* caractérise le dynamisme instinctif, la volonté et le courage, la brutalité ou la violence, l'individualité, la lutte, l'opposition.

# MASQUE
## la Persona

Le masque eut pour origine les travestissements en usage dans les fêtes dionysiaques. Dans l'Antiquité, il figurait les types traditionnels de la tragédie et de la comédie avant d'être porté dans les cérémonies religieuses ou profanes : masques de danse, de théâtre, de cérémonie, de carnaval... Cette tradition presque perdue n'est plus perpétuée que par de rares coutumes dont le sens profond initial est depuis longtemps oublié : Gilles de Binche, Géants des Flandres...

• D'essence dionysiaque, le masque de *théâtre grec* fixe à jamais une même émotion, exprimant l'*épouvante de l'âme devant le destin ou la gaîté libre de l'esprit qui le bafoue... expression fondamentale de l'Egarement*. Il avait pour but d'*imposer au spectateur le sentiment de la Fatalité*, base de la tragédie antique.

L'expression du masque comique est joviale et présente une *image du monde renversée... A l'effroi hagard devant la Fatalité succède la grosse ironie malicieuse... et à eux deux, ils nous livrent l'énigme de l'existence* (138- 27).

• Les masques orientaux accusent les aspects superficiels de la nature humaine, les apparences illusoires adoptées par l'homme : visages bariolés et violemment décorés du théâtre hindou, instruments d'incarnation des dieux, caricatures chinoises des travers humains, types traditionnels dramatiques ou comiques du *Nô* ou du *Gogakou* japonais... Ou mimiques effarées et puériles ou placides des tribus nord-américaines, éblouissants masques d'or des Incas...

Ils comportent tous un détail : ornement, couleur ou motif symboliques qui indique leur destination, la circonstance où ils sont utilisés.

En outre, ils semblent émettre un message, contenir une signification impersonnelle, impalpable, *qui jaillit comme un aveu involontaire... la révélation de l'instinct, de ses convoitises présentes, surtout de ses rêves d'au-delà ; cette sorte de perception hagarde, diffuse, immense, de quelque chose que nous ne discernons pas et que ce visage sans yeux semble voir au-dedans de lui-même, dans les profondeurs de la vie* (138-55).

• Le message transmis par le masque s'exprime à travers son *aspect* (forme, adjonction de plumes, ailes, parures, bijoux, tatouages, etc.), expression de son *âme* et sa *mimique*, transcription visible de son sens profond.

— Le *masque-dieu* est le réceptacle permanent d'une divinité ou d'un ancêtre : masques de papier mâché ou de tissu brodé d'or dans les évocations du Râmâyane hindou, où visages maquillés et peints des acteurs du Kathakali se joignent aux mouvements expressifs des danseurs et au choix des couleurs pour symboliser la puissance multiple de l'être démoniaque comme la bonté des divinités bienveillantes.

— Investi d'un pouvoir magique, le *masque guerrier* assure l'**invulnérabilité** et confère une puissance surnaturelle ; d'un simple mortel, il fait un héros. Evocation du prestige de l'uniforme moderne...

— Le masque du *chaman* est destiné à chasser les forces maléfiques.

— Lié au culte des morts, le masque *funéraire*, dans lequel se réincarne le défunt, exerce une fonction de **protection** contre les esprits du mal et de **préservation de son image**. Sa destruction le condamnerait à errer éternellement. Souvent ce masque représente le défunt lors de la cérémonie des funérailles.

Porte ouverte sur l'absolu, le masque égyptien formant l'extrémité d'une gaine qui emboîtait le corps, constituait *un portrait du mort et une empreinte idéale de son «double»*. Ce portrait surnaturel *aux resplendissantes lueurs d'ocre et de pourpre, d'argent et d'or... indique sa nature nouvelle*. La rigidité des lignes enferme la face dans un cadre définitif, dessine une limite géométrique *qui l'oriente vers la fixe contemplation des vérités éternelles et la maintient ainsi exposée pour toujours aux rayons du dieu solaire qui est aussi le dieu de la Mort*. (138-2)


• Le port du masque est un moyen d'**identification** avec ce qu'il représente. Dans les civilisations primitives, l'identification est totale ; le masque a la même vertu que la peau d'animal dont se revêt le sorcier : celui qui le porte *est* l'être dont il porte la peau ou le masque. *Par conséquent, lorsque dans les cérémonies et les danses rituelles, les acteurs ont mis leurs masques — et souvent ils portent aussi un costume et des ornements qui complètent la transformation — ils sont devenus, ipso facto, les êtres dont les masques... sont les symboles et les représentations* (39-124).

Le chaman sioux revêtu du masque divin s'identifie totalement avec l'Esprit qui s'y incarne : sa démarche, sa voix, ses gestes sont modifiés par la force magique résidant dans les composantes du masque toutes chargées de sens. Le cosmos y est figuré par les couleurs : Nord-jaune ; Sud-rouge ; Ouest-bleu ; Est- blanc ; Zénith-arc-en-ciel ; Nadir-noir (12-237).

• Moyen efficace de **métamorphose**, le masque procure la faculté de changer le visage et, par extension, de personnalité. Fard, faux cils et autres artifices, perruque, style de coiffure, lifting... composent le *masque en visage de chair*. *Visage de magie* trahissant le désir de plaire et de séduire qui n'est nullement l'apanage des filles d'Eve (on ne peut douter de l'affinité masque-instinct !).

Baudelaire énumère aussi les masques de la femme : *les airs charmants et qui font la beauté, sont : l'air blasé, l'air ennuyé, l'air évaporé, l'air impudent, l'air froid, l'air de regarder en-dedans, l'air de domination, de volonté, l'air méchant, l'air malade, l'air chat, enfantillage, nonchalance et malice mêlés* (138-74).

• Le travestissement représente donc la **persona**, cette image idéale qu'on souhaite donner de soi qui passe alors pour le Moi. En même temps, il joue un rôle de **protection** et procure l'anonymat propice à la disparition des inhibitions et des craintes.

Grâce à sa faculté de **transformer la réalité** au gré de l'imagination, le masque sert de support à la *projection* et le choix de cette personnalité d'emprunt trouve ses racines au plus profond de l'inconscient.

*A travers le choix du personnage que l'on aimerait être*, du masque qu'on souhaite porter, *avec tout ce qu'il représente d'évasion et de libération*, se révèlent *des tendances cachées qui n'ont pas la possibilité de s'exprimer dans la vie quotidienne* (94-131).

# MAT
*la supraconscience*

Personnage ambigu que le Fou du XVIIe arcane du **Tarot**, ne portant aucun numéro ! Il apparaît comme un pauvre hère n'ayant pour toute fortune qu'un maigre baluchon, symbole de l'**inconscient**, de l'**irresponsabilité** et de l'**abandon aux impulsions irraisonnées**. Ses idées extravagantes s'expriment dans le bâton bleu mal équarri qui maintient sa besace sur son épaule droite ; son manque de retenue transparaît dans ses chausses jaunes qui pendent. Mais, peut-être n'est-il pas aussi inconscient qu'il le paraît, car en face de lui, le crocodile vert sur l'obélisque renversé symbolise la *lucidité consciente et le remords...* Le salut est donc à portée de sa main ! D'autant plus que la fleur rouge figure la spiritualité agissante, signifiant qu'il est au-delà des apparences, qu'il a dépassé la matérialité, échappé à la *maya*, aux désirs et motivations illusoires et qu'il poursuit sa marche vers l'Infini des possibilités. **Interprétation divinatoire** : abandon aux instincts aveugles et aux passions. Irresponsabilité, folie, esclavage, perte du libre arbitre. Indifférence, insensibilité, nonchalance (17-257).

# MÈRE
*l'enfance, la sécurité*

Réceptacle de la vie, matrice dans laquelle fut conçu le monde animé, associée aux eaux originelles, la mère apparaît dans toutes les traditions et sous une grande multiplicité d'aspects, de la mère-vierge à la marâtre infâme.

Les mythes utilisent le personnage de la *Mère universelle* pour conférer au cosmos les propriétés féminines de la présence première, nourricière et protectrice (66-99).

• Il y a 5000 ans, le culte des innombrables *déesses-mères* était pratiqué dans une partie considérable du monde civilisé. Elles étaient presque toutes des déesses agraires, symboles de la **fertilité** : les Celtes et les Gaulois les vénéraient comme symboles de la Nature, de la Terre nourricière, **force créatrice de toute vie**, avec les emblèmes de la prospérité terrienne (corbeilles de fruits, corne d'abondance) ; comme mères des hommes avec un enfant sur les genoux, un lange... *On se plaçait sous la protection des Mères qui veillaient sur le groupement humain ou la région... On demandait tout naturellement aux Matres, en cas de maladie, la guérison, notamment pour les enfants* (95-55).

• La *Mère cosmique* est incarnée en Inde par Kali sous le double aspect de l'archétype maternel, terrifiant et bienveillant. C'est la représentation de la Puissance cosmique, *la totalité de l'univers... alliant parfaitement la terreur et la destruction absolue à l'impersonnelle, quoique maternelle, consolation... elle crée, protège et détruit* (66-100).

• La mère symbolise la **vie** mais également la **mort** : naissance-sortie de la matrice ; mort-retour à la terre-mère. Dans le Civaïsme, Umâ, la Shaktî (puissance et énergie du dieu conçues comme une femme) est la déesse des céréales, le symbole de *la nature qui engendre, maintient*, mais qui détruit sous l'aspect farouche de Kâli, *la grande Mère ambivalente* (50).

• La mère qui allaite un poupon symbolise généralement une maternité divine. Elle est la Vierge-mère rencontrée dans de nombreux mythes, la mère divine, symbole de l'amour.

◆ Selon Jung, l'archétype maternel évoque l'**origine**, la nature, la **création passive** et, par suite, la nature matérielle, la matrice, le corps, l'aspect instinctif, impulsif et physiologique. La mère incarne le fonctionnement végétatif, l'**inconscient, les assises de la conscience** ; mais également l'obscurité nocturne et angoissante, le *yin* chinois (28-268).

Sous son aspect nourricier, la mère est le symbole de la **satiété**, de la **sécurité**, de la **tendresse** de l'**amour**, de la chaleur et de la compréhension… Elle est la protection, le refuge qu'on souhaite atteindre pendant les tempêtes de la vie.

Premier objet d'amour de l'enfant, la mère est aussi son premier **idéal**, *conservé par la suite comme fondement inconscient de toutes les images de bonheur, de vérité, de beauté et de perfection… cette unité duelle que symbolisent les « Vierges à l'Enfant »* (66).

Dans le psychisme masculin, l'image maternelle est en rapport avec l'**inconscient** et un attachement prolongé à la mère constitue le socle du **complexe d'Œdipe** : amour et désir de réintégrer le paradis perdu opposés à l'instinct de mort (éveillé par la haine inconsciente pour le père).

Selon Aeppli, de fréquentes apparitions de la mère dans les rêves trahissent un manque d'autonomie dans la conduite de la vie.

Dans les rêves masculins, les aspects négatifs de l'archétype-mère se condensent dans les images de *sorcière, cheval* (aspect corporel et animal), *eau, lune, dragon, baleine, tout animal qui enlace, la tombe, les profondeurs aquatiques, le cauchemar et la frayeur féminine de l'enfant…* (24 et 25) figurant l'aspect « dévorant » de la mère, son autorité excessive, et renfermant la somme d'agressivité naturellement réservée à la mère méchante ou absente.

Ces monstres indiquent nettement au rêveur la nécessité de se délivrer de l'influence omnipuissante de sa mère pour devenir un homme.

Dans le psychisme féminin, la mère symbolise sa vie **consciente**, sa jeunesse et l'insouciance heureuse propre à l'enfance.

Les images maternelles sont, selon Jung : l'aïeule, la nourrice, la gouvernante, la déesse, la Vierge, *en tant que but des aspirations à la délivrance... dans un sens plus large, l'église, l'université, la ville, le pays, le ciel, la terre, la forêt, la mer et l'eau stagnante ; la matière, le monde souterrain ; dans un sens restreint de lieu de procréation et de naissance : le champ, le jardin, le rocher, la grotte, l'arbre, la source ; dans un sens encore plus restreint de matrice, toute forme creuse ; le four, la marmite ; sur le plan animal, la vache et tout animal domestique* (24-146).

# MÉTAL
## *l'énergie secrète*

Les métaux sont les symboles d'**énergies cosmiques** condensées et leur symbolique est liée à Pluton, divinité souterraine des richesses, trésors cachés et métaux rares par opposition aux planètes qui sont les métaux du ciel.

• Les alchimistes distinguaient 7 métaux dérivés d'un principe unique, formés sous l'influence des planètes, auxquels sont attribuées une divinité et une couleur fondamentale. Ils les divisaient en *métaux purs ou parfaits* et *métaux impurs ou imparfaits*.

— L'**Or**, incorruptible, formé par le Soleil correspondant à Apollon, au rouge, à l'Esprit pur d'où procède tout ce qui est en nous. *Le Soleil spirituel figure la Lumière divine qui éclaire sans défaillance notre personnalité, plus spécialement notre Esprit animique.*

— L'**Argent**, métal parfait, correspond à la Lune, à Diane, au bleu, à l'Ame éthérée, *formatrice des sentiments et des images idéales.*

— Le **Mercure**, imparfait, correspond à Mercure, au blanc, au Corps éthérique, *nœud de la personnalité.*

— L'**Etain**, imparfait, le plus léger des métaux, correspond à Jupiter et Junon, au violet, à l'Ame spirituelle ou Esprit animique *auquel se rapporte notre conscience jupitérienne.*

— Le **Fer**, imparfait , correspond à Mars, à l'orangé, à l'Esprit corporel d'où *naissent les impulsions véhémentes, parfois féroces qui stimulent la motricité.*

— Le **Cuivre**, imparfait, correspond à Vénus, au vert, à l'Ame corporelle qui *tend à ménager la vitalité que protège la sensibilité.*

— Le **Plomb**, imparfait, correspond à Saturne, au jaune, au Corps matériel, fondement de l'édifice vital *sans lequel aucun travail ne s'accomplirait* (18).

En raison de cet aspect impur, l'usage des outils de métal, en particulier du fer, était interdit dans la construction du Temple de Salomon, parce que ce métal représente le premier état de la matière métallique, qui se transforme en cuivre. En se perfectionnant, celui-ci se change en plomb qui, à son tour devient par progression, étain puis mercure, argent et enfin or. Nous reconnaissons ici le processus alchimique.

• La réalisation des premiers alliages métalliques (bronze) a marqué le passage de la période *sauvage* à la période *civilisée* de l'humanité, de la préhistoire à l'histoire.

Liée au culte du feu, seul procédé possible pour extraire le minerai et forger le métal, la métallurgie primitive fut pratiquée à des fins magiques et militaires : l'Epée, issue du feu et de la forge et le Miroir métallique qui réfléchit le feu solaire sont les éléments essentiels de la mythologie japonaise.

• L'art héraldique utilise deux métaux : l'Or ou le jaune, symbole de l'*homme rénové… après être passé par le chaudron des résurrections* et l'Argent ou le blanc, *expression de la vraie simplicité, c.-à-d. du dépouillement de tout ce qui n'est pas divin en nous* (47-161).

• En Chine, suivant la loi des correspondances, le Métal est l'un des 5 éléments lié à l'Ouest, à la couleur blanche, aux poumons, à l'ouïe, au nez, au froid, à la tristesse. Dégagé du minerai par le Feu, il produit l'Eau puisqu'il se liquéfie.

• Les métaux furent employés par l'art pentaculaire, en particulier le plomb, consacré aux dieux infernaux en raison de son association avec Saturne-Kronos, dieu de la haine et de la vengeance. L'airain (alliage de divers métaux à base de cuivre) ou métal *légal* romain, était un puissant contre-charme, sur lequel on frappait pendant les nuits maléfiques ou *Lémuria*, pour chasser les démons (19).

## MIMOSA
*la certitude*

Symbole de la **sécurité**, le mimosa signifie : « Personne ne sait que je vous aime ».

## MIROIR
*le reflet du monde et de Dieu*

Dans la Chine traditionnelle, le miroir passait pour chasser le mal, *car le mal qui se mire dans un miroir et qui voit sa laideur est saisi d'épouvante*. Au niveau social, il symbolise la **loyauté** et sur le plan spirituel, il est l'attribut du Sage qui *exerce son intelligence à la manière d'un miroir* (86-123).

• Mais c'est au Japon que le miroir (*yata-no-kagami*) joue un rôle primordial : il est l'un des trois trésors impériaux transmis avec le *trône*, avec l'*épée* et les *Trois Joyaux*, symboles des trois vertus de *chi* (connaissance), *Yû* (bravoure) et *jin* (bienveillance, charité).

La tradition Shinto associe le miroir octuple au symbolisme du métal et à l'épopée cosmique d'Amaterasu, la déesse-soleil qu'il fait sortir de la caverne pour renvoyer sa lumière au monde. *Le miroir reflétant la déesse et l'arrachant à l'auguste repos de la non-manifestation divine, est le symbole du monde... l'espace dans lequel son image se reflète*, produisant l'acte de manifestation ou de création (66-170).

• Associé au 8, nombre de la plénitude, le miroir est le symbole de la **perfection divine** (77-244).

• Le miroir est un symbole lunaire : comme la lune, il renvoie une image indirecte. Le shivaïsme explique les *âbhâsas* ou **apparences** par l'analogie du reflet dans un miroir. *De même qu'un reflet dans un miroir n'est en rien différent du miroir, mais apparaît comme quelque chose de différent, ainsi les âbhâsas ne sont pas différents de Shiva et cependant apparaissent comme différents. De même que dans un miroir un village, un arbre, une rivière, etc. apparaissent comme différents du miroir mais ne sont, à parler strictement, en rien différents de lui, ainsi le monde reflété* *dans la conscience universelle n'est en rien différent d'elle* (96).

● Comparé à l'eau, le miroir devient **magique** et sert à la divination au Congo, chez les Bambaras et en Asie. C'est la coupe d'eau ou la glace dans laquelle le médium voit apparaître les esprits.

● Au Moyen Age, il était le **reflet de la parole divine** et le moyen de la comprendre. Signification qui s'est étendue aux livres des théologiens : le *Grand Miroir* ou *Speculum majus*, ouvrage écrit par Vincent de Beauvais, fut mis à l'honneur. *Spéculer, c'est disposer du miroir qui reflétera les lois divines et nous permettra donc de les connaître. C'est aussi observer les astres, apprendre à connaître les lois du cosmos. L'homme juste, selon Vincent de Beauvais, est le miroir du cosmos où se reflète l'invisible. Par la pratique de la spéculation, nous nous mettons donc en état de création.* Les bonnes œuvres sont des miroirs dirigés vers la Lumière, et le miroir, le reflet de la **vie intérieure**.

# MITHRA
## *le protecteur*

Mithra (en persan l'*ami*) est la grande divinité perse, le créateur, né un 25 décembre, jour où était célébrée la renaissance du soleil, après le solstice d'hiver.

Il est le dieu de la **lumière créée**, de la **véracité**, de la **bonne foi**, de la **justice**, invoqué comme garant de la parole donnée et des contrats ; le juge clairvoyant des actions humaines. Personnification de la Lumière, Mithra était adoré comme le **médiateur** entre les deux mondes opposés (le monde lumineux supérieur et le monde ténébreux inférieur), entre les hommes et la divinité suprême.

Son culte, basé sur la doctrine de la résurrection, qui symbolise la **régénération psychique** et **physique** par la puissance du sang et l'énergie solaire et divine, est l'éloge de la pureté et de la vérité. Célébré autour d'une lampe éternelle dans des grottes, il comportait des rites appelés *sacrements* (un baptême par le sang, un baptême d'eau pure, des aspersions d'eau lustrale, des onctions de miel, une distribution de pain et vin consacrés), une initiation à 7 degrés avec des épreuves rappelant celles de la maçonnerie

et 7 classes de *mystes*. Les membres des communautés mithria-
ques s'appelaient *frères* et nommaient leur chef *père*.


# MONDE
*l'unité du monde créé*

La XXIe lame du **Tarot** présente une jeune femme dansant, deux
baguettes à la main (captant les énergies aériennes et telluriques),
entourée d'une couronne de feuilles (rythmes de la nature, circuit
vital). Aux quatre angles, les évangélistes Marc (lion), Luc (bœuf),
Jean (aigle), Matthieu (ange), symboles des éléments qui constituent la matière.

Cet arcane évoque l'unité et l'interdépendance de tous les éléments de la création, la danse de particules atomiques formant
le mouvement, la vie de l'univers. Il nous invite à rester éveillés,
*éveil au monde, à soi, aux autres* (79-328).
**Interprétation divinatoire**: passivité, impulsivité. Jouet de forces occultes. Incapacité de reconnaître ses torts et d'en éprouver
du remords. (17-257).


# MONTAGNE
*l'axe de l'univers*

Tous les pays ont une montagne sacrée répondant à un besoin
de **protection** providentielle: la *montagne des pays* en Mésopotamie, le Potala tibétain, le Mérou hindou, la Montagne Blanche
des Celtes, le mont Thabor des juifs, le Qaf des musulmans, le
K'ouen-louen chinois, le Golgotha chrétien (cime de la montagne
cosmique et sépulture d'Adam).
• Dans les pays plats, elle fut remplacée par un *cairn* (amas de
pierres abritant des tombeaux celtiques en Gaule et Grande-
Bretagne), un tumulus, une pyramide, un monument (la *stupâ*
hindoue, la Kouba islamique, monument arabe composé d'une
base cubique surmontée d'un dôme sphérique élevé sur la tombe
d'un personnage vénéré, l'Omphalos de Delphes, une pierre levée

(bétyle, menhir)... Le beffroi, le donjon, le clocher du village...
sont les répliques modernes de la montagne cosmique. Les temples et les villes furent assimilés à la montagne cosmique : le temple de Barabudur construit en forme de montagne, la ziggourat
babylonienne, la pagode bouddhique à 9 étages en Chine.

• Le sommet de la montagne cosmique est aussi le point de départ
de la création, le **nombril** de la terre où fut créé le premier homme.
*Le Paradis où Adam fut créé à partir du limon se trouve, bien
entendu, au centre du Cosmos... et, d'après une tradition syrienne,
était établi sur une montagne plus haute que toutes les autres...*
là où il fut inhumé, c'est-à-dire sur le Golgotha *et le sang du
Sauveur le rachètera* (97). Elle réalise également la liaison entre
le ciel et le monde souterrain.

• A la fois centre et axe de l'univers, la montagne est considérée
comme le **réceptacle de l'inspiration divine**. Son sommet est le
centre du monde, le point de jonction entre le ciel et la terre.
Le pèlerin qui la gravit se rapproche du Centre du monde et,
lorsqu'il atteint la terrasse supérieure, il *réalise une rupture de
niveau, transcendant l'espace profane, hétérogène, et pénétrant
dans une « terre pure »* (21). La montagne est ainsi le symbole
de la **transcendance**, le terme de l'ascension, de l'élévation spirituelle.

C'est sur le sommet d'une montagne que le sage entre en rapport avec la divinité (Moïse reçoit les Tables de la Loi sur le mont
Sinaï).

• Dans la Chine ancienne, les montagnes *garantissaient la solide
permanence du cosmos* et symbolisaient l'**immutabilité** (un ébou-
lement de montagne est le signe infaillible de la fin d'une dynastie), la présence et la proximité des dieux.

On pratiquait le *culte des cinq montagnes* situées entre 5 points
cardinaux, dominées par un temple taoïste, refuge des Immortels
qui se trouvaient ainsi plus près du ciel et d'où ils s'envolaient
vers les Iles bienheureuses. C'est sur les montagnes que les *dix
mille choses ont leur origine et qu'alternent le yin et le yang.*

• La montagne engendre les nuages et les pluies : dans l'iconographie, une montagne encerclée de nuages symbolise la terre (7).

♦ Dans les rêves, une haute montagne symbolise le **danger**, une
situation périlleuse. Son *escalade* représente l'**élévation intérieure**.

# MORT
*la re-naissance*

La mort symbolise l'aspect périssable, impermanent de l'existence mais aussi de la **révélation**. Les figures allégoriques la représentent sous l'aspect de Chronos portant une faux ou une faucille, outil de la moisson, symbole de la mort, et *nouvelle espérance de récolte* (36).

• La mort-anéantissement a toujours été liée au recommencement, à l'**évolution**. Ce qui relie le symbolisme de la mort à celui de la mère et explique la position du fœtus donnée aux cadavres à l'époque préhistorique, dans l'attente de la renaissance, d'un nouveau départ pour la vie.

• La mort du soleil suivie de sa résurrection, comme la mort et la résurrection annuelle du blé et, par extension, les divinités agraires sont devenues le symbole de la mort et de la résurrection de l'homme : Quetzalcoatl, dieu mexicain du maïs et de la planète Vénus qui meurt et ressuscite périodiquement ; Osiris, en Egypte, dieu solaire auquel était assimilé le défunt, qu'il conduit au ciel, devint le gage de l'immortalité de l'âme humaine (98-295).

Ces représentations de la disparition-dissolution représentent la **mort initiatique**, qui consiste à passer d'un état d'imperfection à un état supérieur : mort exigée du franc-maçon et symbolisée par son séjour dans l'obscurité du caveau funèbre ou Cabinet de réflexion, mort du *vieil homme* après le travail sur soi.

• L'alchimie traduit ce passage par l'apparition de la couleur noire, symbolisée par le corbeau de Saturne, symbole d'une énergie constructive, *base de l'égoïsme individuel*, au début des opérations du Grand Œuvre : c'est la mort au monde et *à ses frivolités* (17 et 18).

• La mort initiatique est le sujet du XIIIe arcane du **Tarot** qui présente un squelette-faucheur muni d'une faux au manche rouge, symbole du feu de la passion qui brûle aux dépens des réserves vitales, provoquant leur extinction ; mais qui *dévore les forces desséchées, paille en laquelle la sève ne circule plus*. Donc la mort revivifie.

Cet arcane, régi par le nombre treize (renouvellement, recommencement), révèle la nécessité d'un **changement radical** dans la vie, d'une **remise en question** fondamentale : un aspect de la personnalité doit disparaître pour laisser la place à d'autres sentiments ou concepts.

**Interprétation divinatoire** : désillusion, lucidité de jugement, détachement, ascétisme. Fatalité, fin nécessaire, transformation radicale. Héritage. Tristesse, deuils, corruption (17-192).

♦ Les rêves de mort concernent généralement la personne du rêveur : il peut s'agir aussi de la disparition d'attitudes, de conceptions dépassées, d'idées ou de sentiments.

La mort d'une personne connue indique, selon Jung, *le détachement mystique avec elle*, la fin d'une relation ou d'un amour, dramatisée par ces données psychiques.

## MOUTON
*la susceptibilité*

Huitième signe du zodiaque chinois, le Mouton (*yang*) caractérise une personnalité timide, douce, sincère, compatissante, capable de créativité mais qui se laisse facilement submerger par ses émotions et par le pessimisme.

Durant l'année du Mouton, les choses se déroulent plutôt calmement et lentement sur le plan mondial et individuel. Mais les relations risquent d'être perturbées par l'hypersensibilité et l'irritabilité générales (118-163).

## MYSTÈRE
*les secrets des dieux*

Les mystères, très répandus autour de la Méditerranée orientale (mystères des Cabires de Samothrace, de Zeus en Crète, de Démeter, d'Hécate, de Proserpine et Cérès à Eleusis, d'Attis et d'Adonis en Asie Mineure et en Syrie, de Dionysos en Grèce et d'Osiris sous la forme du culte d'Isis en Egypte), présentent les mêmes rites fondamentaux : **purifications** par le feu et l'eau (baptême, immersion mystique), une cène, des prédications et enseignements ésotériques présentés sous forme dramatique, drames symboliques effrayants ou rassurants, voyage aux enfers ou dans une caverne, retour à la lumière et résurrection. C'est l'immolation d'un dieu qui sauve le monde, la *passion* d'Osiris, sa mort et sa résurrection, image de celles du blé, résurrection qui *devient le gage de la résurrection et de l'immortalité de l'âme humaine*. Ils étaient réservés à ceux qui avaient reçu une initiation.

La renaissance de la plante cultivée à partir de la semence symbolisait le prélude et l'analogue de la résurrection et de l'immortalité de l'âme humaine (98-294). Le christianisme s'est inspiré de ces rites pour établir les bases de sa doctrine.

# N

## NAIN
*les pulsions primitives*

Dans les légendes et dans le folklore teutonique, les nains et les gnomes, associés aux grottes et cavernes, compagnons des fées, travaillant à extraire les métaux dans les profondeurs de la terre, sont reliés au symbolisme du métal. Ils incarnent les **énergies primitives** qui s'agitent au fond de notre inconscient et représentent souvent la **fonction psychique inférieure**, négligée ou sous-développée.

Ces forces souterraines, mises au jour, représentent un trésor dont l'individu peut tirer parti.

• Ces personnages sous-développés symbolisent aussi la **période pré-adolescente** et la découverte de la sexualité. Ainsi les 7 nains de Blanche-Neige *évoquent des associations phalliques, symbolisent une forme immature et pré-individuelle d'existence que Blanche-Neige doit transcender.* Ils représentent l'*enfance pré-pubertaire, période durant laquelle la sexualité sous toutes ses formes est relativement latente* (67-351).

• En revanche, les Nibelungen (littéralement *fils du brouillard*) de la mythologie scandinave, possesseurs d'immenses richesses mais avides et arrogants, symbolisent le **besoin de domination**, la **mégalomanie** et l'**ambition démesurée**.

## NARCISSE
*l'amour de soi*

Symbole du **bonheur** en Asie, personnification du dieu Narcisse à la beauté remarquable, mais dont l'indifférence désespérait les nymphes, le narcisse est devenu le symbole de la **froideur**.

La contemplation de Narcisse dans le miroir de l'eau est, selon G. Bachelard, une *sublimation pour un idéal... fatalement liée à une espérance* (46-34). C'est pourquoi la déesse des enfers est couronnée de narcisses : au royaume des morts se produit la sublimation de l'*ego* de tous ceux qui n'ont pu se libérer sur la terre (114-287).

• Pour les Chinois, le narcisse (*shui-xian*) ou *immortelle de l'eau*, symbolise le **couple** (comme l'orchidée) et le **bonheur** pour l'année nouvelle, s'il fleurit pour le Nouvel An.

• Dans le langage des fleurs, fleur des amoureux transis, le narcisse correspond au blanc et exprime le message suivant : « *Vous n'avez pas de cœur* ».

## NEPTUNE
*fertilité et tumulte*

Neptune-Poséidon est le dieu des tremblements de terre et de l'élément liquide, de la mer. Il a le pouvoir de susciter et d'apaiser les tempêtes en hurlant ou en frappant les vagues de son *trident*, symbole de la **manifestation active des eaux**, l'équivalent de la foudre du feu céleste (en Inde, ses 3 dents représentent le *temps*, passé, présent et avenir et les 3 niveaux de la manifestation universelle ; il est devenu le triple joyau du bouddhisme).

Il fut souvent considéré comme une divinité agraire parce qu'il concourt à la **fertilité** des champs en dissipant l'humidité.

• **En astrologie**, Neptune, planète qui concerne la collectivité plutôt que l'individuel, incarne la **plasticité** s'extériorisant en imagination, intuition, médiumnité ou troubles psychiques.

Il gouverne le subconscient et, selon G. Holley, est le *symbole de l'Unité vers laquelle tend tout être, plus ou moins consciemment, et avec les facultés dont il dispose suivant le stade d'évolution auquel il est parvenu* (14-50).

Dans un thème natal, il exerce un appel magnétique et fascinant, incitant à se dépasser, mais prédispose aussi aux illusions, utopies, mirages.

J. Gerson-Lacroix décrit le neptunien-type comme un être pratique, pondéré, méthodique, persévérant, doué d'une insatiable curiosité, habile à exploiter les circonstances, parfois animé d'une avidité illimitée, fécond en projets.

C'est un spéculateur ou un pionnier qui adopte souvent volontairement une attitude mystérieuse par goût de la mystification. On observe également fréquemment une prédisposition aux voyages, une jeunesse studieuse, la réussite matérielle dépassant les espérances malgré des débuts médiocres ou difficiles, une carrière amoureuse bien remplie (100-94).

## NEUF
*la hiérarchie*

Nombre impair, mâle et actif, neuf est le premier carré parmi les impairs. Les Anciens le considéraient comme la Terre + les 7 planètes + la sphère des fixes ou les étoiles, soit 9 sphères concentriques.

• C'est le nombre de la **hiérarchie** : Hésiode comptait 9 Muses (divinités de l'inspiration poétique et des arts). On retrouve cette hiérarchie spirituelle avec les 9 chœurs des anges (correspondant aux 9 sphères célestes des gnostiques).

• Nombre de l'**harmonie**, neuf représente la perfection des idées. Chiffre de la Vierge, il exprime l'absolue perfection divine.

• Neuf est le symbole de la **multitude** et, d'après Parménide, concernait les choses absolues et était le symbole de la **totalité** de l'Etre.

Dans cette perspective, l'*Orphisme* définit 9 aspects symboliques de l'univers divisés en 3 triades :
1) la Nuit, le Ciel, le Temps ; 2) l'Ether, la Lumière, les Astres ; 3) le Soleil, la Lune, la Nature.

• En Chine, neuf (*jiu*), nombre *yang* correspondant à la saveur âcre, à l'automne, au métal, est lié à la cosmogonie : le monde est divisé en 9 régions comme l'espace symbolique, représenté par 9 plaines et 9 999 coins. L'Arbre-axe du monde a 9 racines plongeant jusqu'aux 9 sources, séjour des morts ; ses branches s'élancent vers les 9 cieux. Les Aztèques comptaient 9 mondes souterrains (73-84).

• **En astrologie,** la 9e maison est celle de la pensée philosophique ou religieuse, de l'abstrait, des envolées spirituelles vers les sommets.

• Nombre de l'Ermite du **Tarot,** le neuf symbolise l'**initiation** et figure la **synthèse des virtualités réalisatrices** (17-166).

# NEZ
*la vitalité sexuelle*

Le nez (*bi ze*), dans la doctrine ancienne chinoise, est l'orifice qui correspond aux poumons. La ligne qui passe entre le nez et la bouche ou *milieu de l'homme* symbolise les joies du sexe. Un nez *court* est un signe de **vivacité sexuelle** et *arracher le nez de quelqu'un avec les dents est, comme en Turquie, le signe d'une jalousie extrême* (7-234).

• Si, en Occident, cet appendice est considéré comme le symbole de la **lucidité** et du **discernement,** il est avant tout un symbole **phallique** relié par l'odorat à la sensualité, aux organes sexuels.

Dans le langage populaire, il symbolise l'organe viril et l'on établit un rapport entre leurs dimensions respectives. *Il est parfois instructif d'observer les comportements individuels ayant le nez pour agent principal. Se moucher bruyamment, éternuer sans retenue, examiner en public le contenu de son mouchoir trahissent chez l'individu mâle une naïve vanité sexuelle. Fier de son organe, l'homme en exhibe sans gêne les manifestations symboliques* (101-201).

# NIRVANA
*la quiétude parfaite*

---

But suprême des bouddhistes, récompense promise par le Bouddha à ses fidèles, le *nirvana* est l'état de *béatitude parfaite atten-
due après la mort, l'état d'«union divine», une extase permanente*
(50-247)

Symbolisé par l'apparition soudaine de la lune dans le ciel nocturne, cet état correspond au *sahasrâra* du yoga tantriste, dont
*les mille pétales entourent le centre de l'Illumination qui ren-
ferme le Vide existentiel, dont les rayons sont le nectar de l'Immortalité* (102-173).

L'état de nirvana est le dernier stade de l'**ascension spirituelle**,
la délivrance du karma ou chaîne des réincarnations. *Quand le
Bodhisattva conquiert l'illumination, devient un Bouddha, entre
dans le nirvana, il est nirvta. La présence de la psyché est éliminée
pour toujours, le Bodhisattva est dans l'autre plan, le plan de
l'inconditionné qui transcende avidyâ* (ignorance, abandon com-
plaisant à la vie), *mâyâ* (la psyché et le subconscient par opposition à la conscience lumineuse) et *karma* (mort et renaissance)
(11-113).

# NŒUD
*la protection, la défense*

---

Symbole sacré de la science antique, le nœud ou lacet indique
la **clôture**, le **secret** qui entoure les mystères sacrés : seuls ceux
qui le forment savent le défaire parce qu'ils en possèdent le secret.

• En Inde, il est le symbole de l'**arrêt**. Tout ce qui existe dans
l'univers comme dans la vie humaine est relié par une infinité
de fils invisibles liés et maniés par certaines divinités qui en font
des *nœuds, lacets*, des *liens* matériels ou figurés et les utilisent
comme **armes** magiques.

Ces *dieux lieurs* sont les divinités de la maladie et de la mort :
dieux védiques (Varuna, Yama, Nirrti) et autres (nordiques...)

qui s'en servent pour « lier » les coupables, enchaîner les Eaux ou provoquer des maladies (*lacets*) ou la mort (*lien suprême*). Ces liens peuvent être dénoués par une divinité tutélaire (92-150).

• Les liens magiques utilisés dans la sorcellerie et la guerre possèdent la propriété de **troubler l'ordre naturel des choses**, d'empêcher le bonheur ou d'affecter la santé d'une victime. Suivant les principes de la magie imitative, ils représentent l'obstacle physique auquel correspondra un obstacle identique dans l'organisme. A Babylone, les sorciers étaient censés étrangler leurs victimes à distance à l'aide de nœuds faits sur une corde en prononçant des incantations ; Pline va jusqu'à dénoncer certaines postures évocatrices de nœuds, comme croiser les jambes ou tenir ses jambes croisées avec ses mains jointes. L'opération inverse, la *coupure des liens* délivrera les victimes (136-110 et 92-130).

Ces *charmes d'empêchement* et toutes sortes de figures ficelées font partie de l'attirail des magiciens-sorciers de l'Antiquité et... des temps modernes (136-108).

• Mais le nœud est ambivalent et guérit les maux qu'il a provoqués. Ces *nœuds bénéfiques* deviennent des symboles de **protection**, rattachés au symbolisme de la *tresse*, de la *torsade* et de l'*entrelacs*, moyens de défense contre ennemis, animaux sauvages, sortilèges, démons, maladies et contre la mort. Le *nœud d'Hercule* attachant la ceinture des épousées de l'ancienne Grèce, ne pouvait être délié que par le marié (bien que le nœud *maléfique* puisse également empêcher la consommation du mariage), les médecins de l'Antiquité liaient la partie malade du corps ; on portait des amulettes faites de nœuds...

• La loge maçonnique mixte se ceinture d'une corde à nœuds entrelacés ou *houppe dentelée*, héritière du *nœud gordien*, muraille protectrice symbolisant l'**union fraternelle**, la chaîne indissoluble formée par les hommes parvenus à la perfection. Son entrelacement symbolise le **secret** qui entoure leurs mystères (108-60 ; 3-162 et 92-150).

• Pour les bouddhistes, le *nœud infini* s'enroulant et se refermant sur lui-même est l'un des 8 symboles de **longue vie** et figure le **bonheur** dans l'iconographie.

• Dans les *Upanishad* : défaire le *nœud du cœur*, c'est atteindre l'immortalité. En Egypte, le *nœud d'Isis* est un symbole de vie et d'**immortalité**.

• Symboles de **difficultés**, les 7 ou 9 nœuds du *bâton rouge* des taoïstes symbolisent les degrés d'initiation et les orifices internes qu'il faut ouvrir avant de parvenir à l'illumination (19-205).

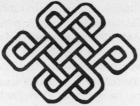

*Le nœud bouddhique sans fin, symbole de l'amour et de la dévotion. (90)*

## NOIX, NOISETTE
*la connaissance, la science*

Dans la symbolique médiévale, la noix est le Christ; l'écorce, la croix du sacrifice; l'enveloppe, le corps qui, correctement nourri, est capable de supporter les épreuves. Elle est le réceptacle de 3 vertus et 3 bienfaits: l'onction, la lumière et le don de l'énergie vitale. Au cœur de la noix, se trouve le divin qui est ainsi à la portée de tous ceux qui veulent le découvrir (80-99).

• En Chine, la noix (*hu-tao*) est le symbole du **flirt**.
• La *noisette* est le fruit de la science et le noisetier fut employé par les druides comme support d'incantation, tandis que dans la tradition grecque, le noyer était lié au don de **prophétie**.

◆ *Le rêve où figurent des noix peut se rapporter à un problème difficilement soluble. Mais ce fruit est plus fréquemment l'image de l'organe sexuel féminin (24-299).*

## NOM
*l'identité*

Dans toutes les religions, les noms de Dieu ont joué un rôle important. (Voir *Lettre*).

Les Chaldéens attribuaient au nom divin *Schem* des propriétés tellement spéciales qu'il en vint à être adoré. La magie hébraïque affirme que le nom de chaque être fait partie de son essence : énoncer un nom suffit pour asservir celui qui le porte. *Nommer*, c'est faire venir ; faire venir, c'est faire obéir.

Cette conception est commune à la plupart des civilisations traditionnelles qui considèrent le nom de quelqu'un comme une partie de sa **personnalité**. Au cours des rites d'initiation, l'initié porte des noms différents à chaque stade différent de la cérémonie.

Aussi le nom est-il souvent gardé secret, car le révéler, c'est accorder une certaine puissance sur soi.

• Les talmudistes croyaient à la puissance absolue du nom secret de la divinité. Le nom de Yahvé, ne pouvant être prononcé dans le Temple qu'à certaines occasions, on lui substituait des équivalents : le Très-Haut, l'Eternel, le Saint, et des *Tétragrammes* signifiant Adonaï, Ehieh, Ha-Schem (le nom) (19-43).

Cette tradition se retrouve chez les premiers Pères de l'Eglise qui précisent que *les noms ne sont pas donnés aux choses par pure convenance comme le pense Aristote, mais... ils ont un rapport profond et mystérieux avec les choses elles-mêmes... De même qu'il y a des noms efficaces, tels que ceux dont se servaient les Sages de l'Egypte, les Mages de la Perse, les Samanéens et les Pontifes de l'Asie... Les noms magiques doivent être employés avec circonspection et prudence* (19-44).

• D'origine hébraïque, la science des noms a été créée par les docteurs juifs qui ont poussé très loin leurs études dans ce domaine. Le nom le plus secret, le *Tétragramme YHWH*, exprimant l'**essence de la divinité**, fut associé aux 12 tribus d'Israël, aux 12 mois de l'année et aux 12 signes du zodiaque.

• D'autres noms étaient investis d'une puissance particulière : le nom formé par les trois premiers Séphiroth, que les prêtres récitaient à voix basse pendant la bénédiction du peuple ; un nom de 42 lettres, *le plus saint des mystères*, enseigné aux initiés contenant le nom des 10 Séphiroth ; le nom de 72 lettres commençant par *En Sôph* et se terminant par le mot *Kadosh* (Saint) répété trois fois.

• Il en est de même pour les musulmans : le nom d'Allah (écrit) est le symbole de l'**être universel** et réunit le principe essentiel (le point) et le principe substantiel (la circonférence) dont la coexis-

tence *réalise l'union des complémentaires... Le nom d'Allah est
le* **symbole complet de l'Etre**, *il comprend les principes actif et
passif,* **l'Essence et la Substance...** *il est* **paix et recueillement...**
*il s'inscrit dans l'Eternel Présent* (85-112) et peut servir de support à la méditation.

• En Chine, on donne aux enfants à la naissance un sobriquet
(petit lion...). Le nom officiel *symbolique*, correspondant à son
caractère ou exprimant un désir du père pour son avenir, connu
seulement de ses proches, ne lui sera donné que vers l'âge de dix
ans. Les noms chinois sont donc révélateurs de la **personnalité**
de ceux qui les portent (7-237).

◆ S'entendre appeler par son nom en rêve est une invitation à
se voir tel qu'on est en réalité. Changer de nom correspond à
une transformation psychique. Oublier son nom, c'est perdre son
individualité (25-110).

# NOMBRE
*l'harmonie cosmique*

Tous les peuples ont accordé une grande importance aux nombres, à leurs propriétés et à leur rôle. Pour Pythagore, *tout est
nombre* et le nombre est divin ; il est la *force qui maintient la
permanence éternelle du cosmos*. Les nombres étant la règle,
l'ordre, la musique, dans le monde tout est réglé, ordonné et musical.
• Les Pythagoriciens représentaient les nombres par des points,
ce qui leur a permis de prouver d'un coup d'œil que *la somme
des nombres impairs est égale à la suite des nombres carrés*
$1 + 3 = 2^2 ; 1 + 3 + 5 = 3^2 ; 1 + 3 + 5 + 7 = 4^2$.
• Le nombre possède donc une *individualité*, une *personnalité*
exprimant les **relations de la partie et du Tout** à l'intérieur d'une
harmonie, de l'individu à l'Etre, du Multiple à l'Un-Tout.
   Et les nombres sont la substance, la matière et le principe du
mouvement des êtres de la nature, la *source et la racine de toutes
choses* (29-29).
• Chaque nombre a sa propre forme (3 le triangle, 4 le carré,

5 le pentagone, 6 l'hexagone, etc.) et possède un sens *propre*, un sens *dérivé* et un sens *allégorique*. Les nombres cardinaux sont indicateurs de quantités et les nombres ordinaux de qualités.

• Liens entre le macrocosme et le microcosme humain, on leur attribue une **puissance** en rapport avec les forces de l'univers et l'homme y puise un pouvoir magique, lui permettant d'exploiter ces forces à son profit.

• Alchimistes et kabbalistes ont également cru à la puissance des nombres et à leur influence occulte. L'enseignement de la kabbale repose sur le symbolisme des nombres, des figures géométriques et de l'alphabet hébraïque. Ce système philosophique basé sur les combinaisons de ces divers éléments permet *d'entrevoir les Lois fondamentales et de pressentir des vérités qu'il nous serait impossible d'approcher* (81). (Voir *Séphiroth, Un, Deux, Trois, Quatre, Cinq, Six, Sept, Huit, Neuf, Dix, Zéro*).

Dans l'arbre des Séphiroth, ils distinguent 5 *nombres premiers*, divisibles par eux-mêmes et par l'Unité dont ils sont les manifestations, représentant chacun une Force dérivant de la Force Primordiale (ils correspondent aux 5 courants primordiaux de Prana chez les Hindous). Ces nombres servent également à la divination ou **onomancie** basée sur le nom d'une personne, le nombre et la combinaison des lettres formant ce nom.

• Nombre de la Grande Tetraktis des Pythagoriciens, **36** est obtenu en faisant la somme des 4 premiers nombres impairs ($1 + 3 + 5 + 7 = 16$) et celle des 4 premiers nombres pairs ($2 + 4 + 6 + 8 = 20$). $20 + 16 = 36$ qui est aussi la somme des cubes des 3 premiers nombres : $1 + 8 (2 \times 2 \times 2) + 27 (3 \times 3 \times 3) = 36$

• **Le nombre d'or**, ou *propriété de la section dorée*, ou *divine proportion*, préside à l'harmonie architecturale. C'est ce *nombre mystérieux où la logique mathématique, le Logos divin, créateur du Cosmos et le sens inné de la Beauté chez l'homme, se rencontrent de façon révélatrice* (22- 152).

Lié au nombre 5, il figure le rapport invariable existant entre le côté du pentagone et son grand segment ou entre la diagonale et le côté du pentagone régulier, qui est toujours équivalent au grand segment. Sa valeur est **1,618** et sa formule mathématique :

$$\frac{1 + \sqrt{5}}{2} = 1,618$$

C'est sur le nombre d'or que furent établis les canons de la beauté du visage humain dans la Grèce ancienne, que furent construits un grand nombre de monuments et de temples, tels le Parthénon, la cathédrale de Strasbourg, la pyramide de Chéops et que furent fixées les lois de la musique, de la philosophie et de la métaphysique.

• Dans la Chine ancienne, le nombre a servi à la figuration de l'arrangement du monde. La numérologie, basée sur la doctrine du *yang* et du *yin*, forces antagonistes et complémentaires, de la *trinité* ciel-terre-homme, du *carré*, des *cinq éléments* et des *huit trigrammes*, régit les spéculations occultes.

• Les Arts des Nombres sont :
— **L'astrologie**, fondée sur le système des 10 *troncs du ciel*, des 12 *rameaux de la terre*, qui examine l'*ordre des 28 constellations, les mouvements des 5 planètes, du soleil et de la lune de manière à consigner les images fastes ou néfastes.* Moyen par lequel gouverne l'empereur.

Les astrologues comptent 4 groupes de 7 constellations soit 28 astérismes ; 72 étoiles terrestres maléfiques et 36 étoiles célestes bénéfiques utilisées dans la fabrication des pentacles. Leur somme constitue le *chiffre sacré* 108, qu'on retrouve dans toute l'Asie : 108 grains du chapelet shivaïque ou bouddhique, le chapelet chinois d'origine tantrique et bouddhique se composant de 1080, 108, 54 ou 24 grains ; 108 lampes sur 12 rangs avec des mèches aux couleurs des 5 éléments (19-208).
— **Le Calendrier**, qui *fixe l'ordre des 4 saisons, ajuste les époques d'équinoxe et de solstice, note la concordance des périodes du soleil, de la lune et des 5 planètes et prévoit le moment effectif du froid et du chaud, de la mort et de la naissance. C'est pourquoi le Saint Souverain doit maintenir en bon ordre les nombres du calendrier de manière à régler les vêtements et les couleurs suivant le système des Trois Règnes.*

Le calendrier populaire, qui est toujours imprimé, est un almanach fournissant des indications utiles dans l'activité quotidienne : jours favorables à la coupe du bois, la réparation des maisons, la coupe des cheveux, au mariage, aux départs en voyage, etc. Il comporte des chapitres sur la médecine, l'interprétation des rêves, les présages...
— Les 5 **éléments**, sont les essences corporelles des 5 vertus permanentes.

— Les **méthodes diverses** sont l'achillée et la tortue, l'interprétation des rêves, la méthode des formes, qui tient compte du nombre des hommes et des 6 animaux domestiques.

— Le **Yi-King** ou *Livre des Mutations* qui, associé à l'achillée, sert à la divination, comporte également un chapitre sur les nombres, nommé le *Hi-T'seu* qui présente les *nombres emblématiques* du Ciel, impairs = 1, 3, 5, 7, 9 dont la somme est 25 ; de la Terre, pairs = 2, 4, 6, 8, 10 dont la somme est 30.

Il démontre également que les nombres divinatoires sont capables d'évoquer l'univers, la totalité des choses qui dépasse *dix mille*. Déduction résultant de l'étude des 64 *Hexagrammes* : les 64 hexagrammes de 6 lignes forment un total de 384 lignes, soit 192 lignes de pairs et 192 lignes d'impairs. Les pairs ou *yin* valant les deux tiers de l'impair ; les compilateurs du Yi-King avaient décidé qu'il y avait 24 hexagrammes de 192 lignes paires donnant 4 608 *essences féminines*. Ils ne multiplièrent pas les 192 lignes impaires par les 40 hexagrammes restants (64 - 24), mais par 36, obtenant la somme de 6 912 *essences masculines*, qui, ajoutées aux essences féminines, donnent le total de 11 520, le nombre des 10 000 êtres, évoquant la **totalité des choses** (69-93).

• La symbolique des nombres englobe tout un complexe, en vertu de la loi des correspondances.

— Elle constitue la base de la musique chinoise, considérée comme un moyen de **communication avec les hiérarchies spirituelles**, et qui, associée aux rites, met les hommes en relation avec l'invisible (69-95).

Les 5 notes élémentaires (correspondant à *do, ré, sol, la* et *mi*) rattachées aux nombres, correspondaient aux 5 planètes, aux 5 couleurs, figuraient les 4 saisons et le centre et pouvaient être disposées en carré reproduisant la disposition du cosmos chinois. Ces notes étaient utilisées par les devins qui pratiquaient la méthode de la Rose des Vents (65-187). Plus tard les Chinois admirent 12 notes (7 tons entiers et 5 demi-tons) correspondant aux 12 mois de l'année et aux signes du zodiaque.

— Elle régissait le cérémonial à la cour : chaque dynastie possédiat son nombre propre et, à chaque changement de dynastie, on modifiait les couleurs des vêtements de la cour, la gamme des pièces de musique de cour.

• Les nombres *favorables* sont : 6, lié à la **longévité** ; 2, symbole de la **facilité** ; 3, associé à l'**accouchement**, à la **naissance** ; 8, à la **prospérité** et 9 à l'**éternité** (103-155).

◆ Les nombres qui apparaissent dans les rêves doivent être rapprochés des événements personnels. Lorsqu'il s'agit de *petits* nombres, le rêveur doit se demander ce qui s'est passé il y a autant d'années ou lorsqu'il avait l'âge correspondant.

Les nombres impairs sont masculins et les nombres pairs d'essence féminine.

# NUAGE
*la confusion*

Intermédiaires entre la terre et le ciel, entre l'esprit et la matière, le rêve et la réalité, les nuages évoquent la nébulosité, une vision obscurcie des choses et aussi la **mélancolie** et la **tristesse**.

● Dans les contes, *disparaître dans un nuage* signifie se transformer en énergie pure (68-90).

● En Chine, les nuages (*yun*) sont produits par l'union du *yin* et du *yang*. Dans l'iconographie, des nuages de 5 couleurs sont un symbole de **bonheur** et de **paix** ; les *montagnes-nuages* ou montagnes très éloignées symbolisent la **séparation** et la **nostalgie**. Un *brouillard de nuages* est un ravissant soutien-gorge. L'expression *nuages et pluie* symbolise l'**union sexuelle**, les nuages indiquant la fusion du masculin et du féminin, la pluie, la fin de cette union (7-240).

◆ Dans les rêves, les nuages relèvent de l'inconscient collectif et expriment ce qui est flottant, changeant, un sentiment d'**insécurité**.

# NUDITÉ
*l'infériorité ou la vérité*

Dans la tradition chrétienne, la nudité est le symbole du péché originel, de la **chute** et, dans la Bible, elle représente une **humiliation**, la pauvreté spirituelle et morale, tandis que pour les gnostiques, elle symbolise l'**idéal** à atteindre.

• Elle fait partie de certains rites d'**initiation** : *dépouillé de ses vêtements et de ses idées fausses*, l'initié *meurt au vieil homme pour renaître à l'homme nouveau* (80-108).

• Dans l'Antiquité chinoise, la dénudation faisait partie du rituel magique de la pluie. *Pour faire venir la pluie par magie, on formait deux lignes de bataille — d'un côté les hommes, de l'autre les femmes, tous sans vêtements — qui s'élançaient l'une contre l'autre* (7-240).

◆ La nudité dans les rêves est révélatrice d'**inhibitions** dont souffre le rêveur, constituant un obstacle à son épanouissement. Il s'agit la plupart du temps de sentiments de **honte**, d'**infériorité**, d'une inadaptation à l'environnement.


# NUIT
*l'ignorance, les virtualités*

La Nuit est la plus ancienne divinité allégorique de la mythologie grecque, fille du Chaos qui s'unit à l'Erèbe pour donner naissance à l'Ether et au Jour. Elle enfanta également des abstractions, certaines défavorables aux humains : la *Discorde*, la *Ruse*, les *Lamentations*, la *Vieillesse*, la *Vengeance*, la *Mort*, la *Fraude*, etc. ; d'autres bénéfiques : les *Songes*, le *Sommeil*...

• Les Anciens associaient la période nocturne à la divinité et lui vouèrent un culte surtout dans les confréries orphiques qui célébraient les rites la nuit à cause de la sainteté qui lui était attribuée, car elle *apportait la bénédiction des dieux*. Ils immolaient des animaux de couleur sombre : brebis noires, coqs, hiboux.

• Symbole de la **gestation**, de la **germination**, de toutes les virtualités, la nuit est la *source de toutes choses*. Elle alimente les lumières du ciel et les productions de la terre, en raison de *la puissance productive qu'elle possédait réellement*, car les Anciens *croyaient que les plantes et les animaux croissent plus la nuit que le jour* (83-99).

• Les Anciens comptaient en *nuits*, en raison des mois lunaires et des phases observées la nuit : *kshapâ* (nuit) est souvent synonyme de jour (*râtri*) dans le Rig-Véda ; le sanscrit emploie *daçaratrâ*

= dix nuits pour dix jours. Et de nombreuses cosmogonies et mythologies considèrent les ténèbres comme l'**origine** des choses, avant l'apparition de la lumière. Et pour certains peuples, tels les Celtes et les Musulmans, synonyme de **commencement**, la nuit est le début de la journée (le jour civil des musulmans commence au coucher du soleil).

◆ Le symbolisme de la nuit rejoint celui de l'obscurité, du *noir* : ignorance, inconscience et inconscient avec toutes ses possibilités.

# O

## OEIL
*la vigilance et la clairvoyance*

Organe de la perception visuelle, l'œil physique est, par extension, celui de la perception intellectuelle.

• Pour les Anciens, l'œil représentait la Providence veillant sur les humains. Pour mettre l'accent sur la bienveillance d'une divinité, ils plaçaient un troisième œil au milieu de son front. Cet *œil frontal* ou *troisième œil*, est en Inde l'attribut de Shiva, le symbole de la **sagesse** et de la **perception intuitive** et pour les bouddhistes, l'organe de la vision intérieure, de la **clairvoyance**, qui permet de percevoir la réalité derrière l'illusion.

• C'est l'*Œil du Cœur* de l'Islam, la projection du cœur et de l'**Eternité**, assurant la vision du présent, d'un présent qui *transcende les polarisations temporelles du passé et du futur, de sorte que c'est l'« Eternel Présent » que l'Œil du Cœur fait connaître et non le présent du cerveau... c'est dans le pôle du Cœur, central et profond, que l'homme initié doit descendre pour réaliser son identité suprême.*

• Par ailleurs, l'œil est le symbole de la **transcendance**. L'œil *gauche* est tourné vers le passé, l'œil *droit* vers l'avenir (85-148).

• La tradition judéo-chrétienne considère l'œil (inscrit dans un triangle) comme le symbole de Jéhovah. A l'échelle humaine, c'est la **conscience** morale.

• Dans l'Egypte ancienne, l'Œil remplit une fonction cosmogonique : un mythe raconte que l'Œil du Soleil quitta cet astre et s'enfuit dans le désert provoquant le déséquilibre du monde et la fin de l'humanité. Thot, le patron de la science sacrée, parvint à le ramener en Egypte, et à rétablir l'ordre primordial (80-33). D'où, peut-être, l'importance que les Egyptiens accordent à la vision et à son organe, comme l'indique clairement ce vers du *Livre des Morts* : « *Je regarde, donc j'existe* », expression de leur mentalité visionnaire.

Le soleil et la lune sont les Yeux du ciel et l'œil symbolise la **connaissance** : dans les centres initiatiques, le principal hiérophante qui possédait le **Savoir sacré** acquis par sa propre voyance était appelé le *Grand Voyant* (10-203).

*UDJAT, l'œil ailé. (124)*

*L'œil brûlant de Rê, le dieu-soleil, symbole de sa nature ignée, était représenté par l'uraeus*, le serpent dressé à l'œil dilaté, symbolisant la divinité, la royauté, les deux divisions du ciel, l'Orient et l'Occident et de l'Egypte (basse et haute). L'*œil ailé* ou *Udjat*, manifestation d'une divinité de combat et de justice rétributive (10-282), se rencontre sur de nombreux monuments. Utilisé comme amulette, seul, en double ou quadruple forme, il était le signe de l'offrande (*Prends cet œil de Hor... dit le texte des Pyramides XIX, 117*) (19-77). Cet œil divin est également regardé comme l'émanation de cette divinité puissante, guerrière, vengeresse (10-93).

• L'art héraldique utilise l'œil comme symbole de la **vigilance**, de l'éveil permanent de la conscience : dans le blason de Santeuil, un visage constellé d'yeux représente la plénitude spirituelle du chevalier *pour lequel l'art héraldique est devenu l'art de penser* *juste*. A l'instar des yeux de Shiva, ces yeux innombrables contemplent la réalité primordiale et ce blason *est une représentation admirable de l'Homme universel reconstitué par la Quête chevaleresque* (47-194).

• L'œil *unique* ou *œil qui voit tout*, est parfois attribué à une divinité (celui des Cyclopes, bergers identifiés aux hommes-dieux, guides de l'humanité et forgerons, constructeurs de sceptres et de boucliers, donc constructeurs du soleil nouveau et héros solaires) (3-23). Il désigne aussi le disque solaire invoqué par Prométhée sur son rocher.

• Support de la projection et de la culpabilité (*l'œil était dans la tombe et regardait Caïn...*), il en est l'antidote : l'*œil magique* utilisé pour calmer l'angoisse et la peur, se rencontre dans toutes les traditions : sur les amulettes byzantines destinées à lutter contre le mauvais œil, à Babylone, en Italie ; l'œil desséché de la brebis égorgée lors de la commémoration du sacrifice d'Abraham, enfermé dans une boule de verre, était porté au cou et dans les cheveux par les femmes et les enfants en Perse ; l'œil noir cerclé de bleu ou jaune à Rhodes ; l'œil-pentacle fixé sur les maisons nouvellement construites ; l'œil de loup enchâssé dans une bague de fer préservait des dangers (19-61).

◆ Les yeux sont le miroir de l'âme : ils expriment toutes les nuances des sentiments et extériorisent les états d'âme, les processus mentaux. Ce sont des **messagers** qui lancent des invitations, signalent l'intérêt, l'indifférence ou la colère.

*Au plan du symbolisme sexuel, l'œil... organe du regard qui pénètre et prend possession... symbolise le membre viril... Le regard durcit : il darde et vise son objectif ; il s'y plante, le pénètre, le perce et le transperce ; il lance des flammes et des éclairs ; il fusille et foudroie. L'œil accomplit symboliquement tous les exploits de la balistique amoureuse* (101).

Il symbolise également l'organe féminin : réceptif, il se laisse pénétrer par le regard de l'autre, le capte, le retient ; il s'humecte, s'embue lorsqu'il verse des larmes.

Dans les rêves, l'œil joue le rôle d'organe de la connaissance. Avoir une vision nette et claire signifie reconnaître, admettre, tandis que la cécité symbolise l'**aveuglement psychique** (il en est de même des rêves de lunettes). (Voir *Paon*).

## ŒUF
*la vie en puissance*
*l'origine de la vie consciente, le devenir*

Symbole de la vie en puissance, renfermant en germe tout ce qui sera créé, l'œuf a été l'un des premiers symboles religieux. Il apparaît comme l'idéogramme de l'embryon ; les Egyptiens et les Celtes le regardaient comme l'essence même des êtres vivants (les druides portaient un œuf symbolique en cristal au cou).

• Réceptacle de la **totalité**, l'œuf *contient les germes de la vie et du mouvement, quoiqu'il ne possède ni l'un ni l'autre et pour cette raison, il est le symbole du chaos, qui contient les semences de toutes choses, lesquelles sont stériles, jusqu'à ce que le Créateur les féconde par l'incubation de son esprit vital et qu'il les dégage ainsi des liens de la matière inerte par sa puissance divine* (83-20).

• Cet Œuf *du Monde*, considéré comme la sphère entourant la terre limitée par les astres où éclôt la vie universelle, se projette dans l'arène comme dans les temples circulaires de l'Antiquité (4-116).

• Symbole de **fécondité** et d'**éternité**, lié à la vie, l'œuf participa aux réjouissances de l'*équinoxe d'automne* et *de printemps*. Ce passage du soleil était regardé comme le principe et le commencement de la génération des corps : en Libye, en Ecosse, en France, on lançait des œufs teints en rouge (la vie) du haut d'une colline (en commémoration du sacrifice rituel du 25 mars, ou équinoxe vernal, tandis que les prêtres du culte mithriaque répandaient le sang d'un taureau ou bœuf équinoxial qui devint plus tard le sang de l'agneau).

Cette *roulée* est à l'origine de l'œuf pascal moderne qui *rappelle la résurrection de l'œuf céleste, c'est-à-dire du Soleil du Printemps* (25-162), la fête de Pâques célébrant par ailleurs la résurrection du Christ. Et l'œuf de la couleur hermétique du Soleil symbolise également le *printemps de Vie et le pouvoir fécondant à leur plus grande puissance* (3-95).

• De nombreuses cosmogonies procèdent de cet *œuf cosmique*, germe de la manifestation, donc de l'univers, enfermé dans une caverne, dont la coquille est la limite du monde dans l'espace

et le germe intérieur (l'*Embryon d'Or* des Vedas) le symbole de
*l'inépuisable dynamisme de vie de la nature.*

L'œuf cosmique est cité dans le *Livre des Morts* des Egyptiens
comme l'*Œuf lumineux pondu par l'oie céleste et couvé à l'Orient*,
symbole de la **totalité synarchique**, microcosme et macrocosme
(10-131), aux formes changeantes. Idée rejoignant la conception
chinoise du *yin* et du *yang*, mouvement permanent engendrant
le *Tao* et la *Samsara* hindoue.

Parfois l'œuf cosmique éclate, découvrant la personnification
anthropomorphe du pouvoir générateur, du démiurge, du Puissant Vivant de la Kabbale (66-220), tel l'*Œuf d'Or* hindou d'où
jaillit Brahma.

• Image de l'œuf cosmique, l'*Œuf philosophique* est la matière
première enfermée dans l'athanor, qui servait d'incubateur à la
pierre philosophale (appelée poussin), symbolisant la **création**
et la **fertilité**. Sa correspondance dans la franc-maçonnerie est
le Cabinet de réflexion où est enfermé l'adepte lors de l'initiation : c'est là qu'il meurt à son passé et renaît à lui-même.

• L'*Œuf divin* contient l'*architecture harmonique du monde.
Le firmament est la coque, la terre, la peau blanche, l'eau est
le blanc, le feu est le jaune. Quand nous mangeons un œuf en
conscience, nous absorbons le cosmos* (80-99). Le jaune en sus-
pension dans le blanc est également comparé au soleil dans l'éther
entre les parois de la voûte céleste.

• Chez les Agnis de Côte d'Ivoire, l'œuf-limite lié à l'idée de
propriété et d'intimité, symbolise la **famille** et son unité.

*Il est unique et la vie qu'il contient est parfaite, protégée et
indemne de tout germe de mort... A son image, la famille possède
une vie protégée par les divinités tutélaires et les divers médica-
ments de prévention et de protection que ses chefs ont acquis*
(139-204 et 228).

• Réceptacle du **bien** et du **mal**, l'*Œuf d'Osiris* contenait 12 pyramides blanches, symboles du bien, et 12 pyramides noires, emblèmes du mal, introduites par Typhon.

◆ Dans les rêves, l'œuf, *symbole de devenir renfermant ses propres moyens, de réserve pour l'avenir*, a une signification positive.

# OGHAM

L'ogham est l'alphabet goïdélique secret utilisé par les druides en Irlande et en Bretagne insulaire avant l'introduction de l'alphabet latin. On le rencontre dans les inscriptions sur pierre. Composé de vingt lettres, cet alphabet pouvait également s'exprimer par des gestes, comme une langue de sourds-muets.

# OIE
*l'alarme*

Dans l'Antiquité grecque, les oies sacrées étaient l'attribut de Priape, dieu de la fertilité (83-97) et de Junon. Les oies du Capitole, qui remplissaient la fonction d'*avertisseuses* et donnèrent l'alarme, empêchant ainsi l'invasion des Gaulois, évoquent la contribution inattendue et indirecte à une action importante.

• En Chine, l'oie sauvage (comme le canard) est le symbole de la **fidélité conjugale** en raison de la régularité de ses migrations. C'est le présent rituel lors des fiançailles (6-26). Elle est aussi la messagère entre le ciel et la terre, comme en Egypte où elle était l'attribut de Geb ou Amen, dieu de la terre appelé le *Grand Caqueteur* parce qu'il produisit l'œuf cosmique (124-49).

• Selon Portal, les Egyptiens représentaient l'idée de *fils* par l'oie (9-75).

# OIGNON
*les niveaux de la personnalité*

L'oignon est en Chine, un symbole d'**intelligence** (7-249).

• Ses enveloppes successives représentent les différentes couches de la **personnalité** ou les habitudes constituant des obstacles à l'épanouissement personnel, dont l'individu peut se débarrasser l'une après l'autre de manière à atteindre le centre de sa personnalité, le *Soi*. C'est ce qu'exprime Ramakrishna lorsqu'il compare ces enveloppes à la structure de l'*ego* effeuillée progressivement par l'expérience spirituelle jusqu'à la vacuité, la fusion en Brahma.

## OISEAU
*la liberté, la quête spirituelle*

En raison de sa capacité de dépasser le plan terrestre en s'envolant librement dans les airs et d'atteindre peut-être le ciel, l'oiseau fut considéré comme le messager des dieux. Ainsi dans le sacrifice de Mithra, l'ange-messager divin est un corbeau, représentation d'Hermès, choisi par les Egyptiens pour exprimer l'**immatérialité** de l'âme.

• Dans de nombreux mythes, il est lié au soleil : Garuda, l'oiseau merveilleux hindou, symbole de l'**immortalité**, le phénix égyptien, l'aigle géant védique sont des dieux solaires. C'est souvent un oiseau qui apporte le feu du ciel aux humains. Dans les contes, les hommes sont métamorphosés en oiseaux. Attribut de Minerve, l'oiseau symbolise la **connaissane de l'inconscient**, base de la sagesse.

*Dessin d'oiseau sur une poterie préhistorique des Hopi d'Amérique du Nord. (144)*

• Aux *ailes* s'attache l'idée d'**ascension** spirituelle, en rapport avec les états supérieurs de l'être. De nombreux peuples ont représenté l'**esprit divin** et, par analogie, l'**âme humaine**, le souffle vital par les ailes ou l'oiseau (Indiens, Egyptiens, Assyriens, Scandinaves, Brésiliens, Mexicains,...).

*Quetzalcoatl, le dieu solaire aztèque.* (48)

Jointes à certains animaux (serpents, dragons...), elles figurent la capacité de s'élever au-dessus des entraves matérielles et de communier avec le monde céleste, siège de l'esprit.

Attachées aux talons ou au casque d'Hermès-Mercure, les ailes symbolisent la **légèreté** et la **rapidité**. La légèreté de l'oiseau représente aussi l'intelligence, l'imagination, la rapidité de compréhension, la fantaisie et le caprice (104-47).

• Les *plumes* de la coiffure des chefs amérindiens symbolisent leur **autorité spirituelle**. Elles ornent la tête de la déesse Maat dans le *Livre des Morts* des Egyptiens pour symboliser la **Vérité-Justice** (10-256). L'âme du défunt y est symbolisée par un faucon.

• Dans le Coran, le *langage des oiseaux* désigne la **connaissance suprême** et il est compris par le héros vainqueur du dragon qui a acquis cette sagesse et conquis l'immortalité virtuelle. De même, les contes chinois font état de sages qui trouvent le salut et la richesse spirituelle par le truchement du langage des oiseaux.

♦ L'oiseau des rêves, image archétypique de l'âme, annonce le début de la **transformation psychique**. Son vol reflète la libération de l'âme de la matérialité. Il peut également signaler le danger représenté par des idées ou préoccupations obsédantes, lorsqu'il vole sans but dans un espace restreint (24-284).

## OLIVIER
*la paix, la sagesse*

Consacré à Athéna, en Grèce, l'olivier est un symbole de **paix** et de **richesse**.
● En Islam, il symbolise l'**Homme**.
● L'olivier a donné son nom et ses vertus au héros de la légende carolingienne, ami du fougueux et irréfléchi Roland auquel il s'oppose par sa sagesse et sa **modération**.

## OM ou AUM
*la totalité, l'illumination*

Monosyllabe sacré qui précède la récitation des hymnes et les prières brahmaniques et bouddhiques, OM est composé des trois lettres sanscrites A, U, M, initiales de la Triade élémentaire : 3 dieux : Brahma-Vishnou-Shiva ; 3 Veda : Rig-Yajur-Sama ; 3 états de l'être : veille-rêve-sommeil profond ; 3 plans de l'homme : physique-verbal-spirituel ; 3 mondes : céleste-terrestre-infernal ; 3 éléments : feu-soleil-vent, etc.
   Il est symbolisé par la *conque*, coquillage employé comme instrument de musique ou récipient à parfums qui est également l'attribut de Lakshmi, la déesse féconde des eaux primordiales (102-202).
   OM est le son primordial, créateur, représentant la totalité du son et par extension, la totalité de l'existence, la manifestation puis la non-manifestation provoquées par la pulsation du cycle cosmogonique, dans le silence de l'inconnu.
   La syllabe est Dieu, créateur-sauveur-destructeur, le silence est éternel, indépendant de la *pulsation de la ronde*.
   Le son A symbolise la conscience de veille, le son U la conscience de rêve, le son M le sommeil sans rêve. Le silence entourant la syllabe est l'inconnu ou le Quatrième, le *Transcendant non manifesté* (66-212-335).
● Cette syllabe apparaît au centre de nombreux Yantra, comme symbole de la **réalisation spirituelle**. Car, répété intérieurement avec foi et concentration, il permet d'arriver à la **perfection** *et,*

*par suite, à la réabsorption qui permet de contempler Dieu dans ses trois grands attributs caractéristiques* qu'il renferme : création, conservation et dissolution.

• La *goutte* ou le point par lequel le son aigu OM est représenté dans l'alphabet sanscrit, est l'infinie potentialité, le Tout, la synthèse de la création. *Semence mystique du dieu, blanche comme un lotus d'automne jaillissant du disque lunaire immaculé* (12-95), elle est le noyau renfermant l'illumination potentielle, la vérité de la vacuité (90-89).

• La formule OM MANI PADME HUM est une interjection mystique adressée au bodhisattva padmapâni. MANI = *joyau*, la non-substance assimilée au *vajra* (diamant, foudre) contenu dans le *lotus* (PADME) symbole du *dharma*, la Loi, l'épanouissement spirituel donnant l'accès au Joyau : *le joyau de l'éternité est dans le lotus de la naissance et de la mort* (66-127). Les 3 syllabes OM, AH, HUM, imposées respectivement sur la tête, la gorge et le cœur de l'adepte à l'initiation du mandala, sont les *trois graines du diamant* qui font pénétrer l'essence divine dans la personne de l'adepte. *A cet instant, s'accomplit une transfiguration qui est le changement de personnalité : but essentiel de toute la liturgie indienne...* (11-91).

## OMBRE
*les imperfections*

L'ombre s'oppose à la lumière ; c'est le *yin* chinois opposé au *yang*.

• Pour les Anciens, les *ombres* étaient les âmes des défunts qui menaient une existence à demi-matérielle et pouvaient intervenir dans les affaires des vivants. D'où les rites funéraires, les sacrifices périodiques visant à venir en aide aux morts.

• L'ombre de quelqu'un est parfois identifiée à son âme : celui qui vend son âme au diable perd son ombre. Dans certaines peuplades, mettre le pied sur son ombre, c'est lui faire une offense mortelle. Midi est l'heure la plus dangereuse, *l'amenuisement de l'ombre équivaut à une menace de mort* (28- 43).

◆ L'ombre, au sens jungien, représente l'aspect négatif semiconscient du psychisme de chaque individu, ce qui est rejeté parce que réprouvé par la morale ou la raison, ce qui paraît insensé ou inacceptable et qu'on refuse de voir... Ce sont les résidus de **complexes** infantiles paralysants qu'on traîne derrière soi, ce que Paul Diel nomme «fausses motivations».

Ces obscurs leviers de nos mauvaises actions, de nos erreurs répétées, de nos attitudes égoïstes ou mesquines se manifestent et souvent se superposent à de soi-disant motivations élevées (105).

Tant que nous demeurons de ce côté-ci du voile, il ne pourra pas être arraché (66-232); car l'intégration de cet *alter ego* est le début de la prise de conscience menant à une attitude objective vis-à-vis de sa personnalité.

Dans les rêves, l'ombre se dissimule dans de sombres déguisements : monstres, personnages maladroits, mal vêtus ou inadaptés... surgissant au cours du processus d'individuation ou de maturation psychique, nous invitant à une sévère critique de notre comportement, de nous-mêmes.


# OMBRELLE
*la puissance*

---

L'Ombrelle d'Or, le *Chattah*, l'un des 8 symboles bouddhiques, est l'emblème de la **puissance** et un symbole de **dignité** (on la tient au-dessus de la tête des dignitaires) (7-251). On peut voir dans les ombrelles anciennes à plusieurs étages, la réplique des toits de la pagode.


# OMPHALOS
*l'axe central*

---

L'omphalos était une grosse pierre sacrée sur laquelle était posé le trépied de la Pythie dans les souterrains de Delphes. Il symbolisait la **fécondité** de la terre et reliait les 3 mondes (ciel-terre-enfer) et les 3 niveaux d'existence.

De nombreux peuples imaginèrent la naissance du monde à partir d'un nombril : l'omphalos pour les Grecs trouve sa réplique en Inde, dans le nombril de Vishnou allongé sur l'océan primordial d'où jaillit le lotus de l'univers manifesté.

• Comme l'arbre cosmique, l'étoile polaire autour de laquelle le ciel semble graviter, le bétyle, la montagne, le pilier cosmique, l'obélisque, le clocher, la pyramide... le nombril est le **centre**, l'axe unissant le ciel à la terre ; c'est aussi un centre spirituel.

• Dans le yoga, c'est au nombril qu'est situé le *manipura-chakra*, centre de la **concentration spirituelle**, présidant au retour au centre de la personnalité.

# ONZE
*l'inconnu d'un nouveau cycle*

Onze est, pour les Arabes, le nombre de la **connaissance de Dieu**, celle-ci passant par 11 étapes :
— la *volonté* correspondant à la maîtrise de soi,
— l'*abstinence* et la musique qui amènent la purification,
— le *temps*, étape de l'errement entre la conscience de soi et Dieu,
— l'*image de Dieu* reflétée dans toute créature,
— la *fin de l'inquiétude*,
— la *tranquillité parfaite* et l'extase permanente,
— l'*emportement hors de soi*,
— la possibilité de *monter vers Dieu,*
— la *perte de la volonté,*
— l'*aller-retour* avec Dieu,
— la *contemplation* permanente donnant le pouvoir de faire des miracles (4-138).

• En Chine, c'est le nombre de l'union centrale du ciel (6) et de la terre (5) ; c'est par lui que *se constitue dans sa perfection la Voie (Tao) du Ciel et de la Terre* (8-166).

• Dans l'arcane XI du **Tarot**, ce nombre rejoint l'interprétation symbolique du Pentagramme (5) et du Sceau de Salomon (6).

# OR
*la connaissance*

Le plus noble des métaux, précieux et inaltérable, associé au soleil et à la couleur jaune, l'or est l'attribut des dieux : Horus, Mithra, Vishnou. Les pères de l'Eglise en ont fait le symbole de Jésus-Christ, de la **lumière**, de la **connaissance** et de la révélation faite par le prêtre aux initiés. *Le soleil, l'or et le jaune étaient les symboles de l'intelligence humaine éclairée ou illuminée par la révélation divine* et, dans la symbolique chrétienne, ils étaient les emblèmes de la foi (32-81).

• Les Anciens l'associaient à la **beauté** et à la **perfection** : *l'âge d'or* correspond à une époque où la vertu était à l'honneur et à une période de bonheur. Les icônes byzantines et les images bouddhiques sont dessinées sur fond doré afin de refléter la *lumière céleste*.

• Dans le blason du chevalier, l'or symbolise l'achèvement, la **sagesse**, de l'*homme rénové... passé par le chaudron des résurrections*, qui a traversé les épreuves temporelles pour se connaître lui-même en tant qu'image de Dieu et pour rayonner comme un nouveau soleil (47-160, 161).

• L'or des alchimistes symbolise l'illumination intérieure et la transmutation, l'évolution de la matérialité en spiritualité : le métal vil (plomb = être brut, dominé par les pulsions instinctives) devient de l'or (homme transformé, dégagé de l'asservissement à la matière).

• La préparation de l'*Or philosophique*, symbole de la **perfection individuelle**, passait par plusieurs états symbolisés par :
— l'*Or astral* dont le centre se trouve dans le Soleil, qui pénètre tout ce qui est sensitif, minéral et végétatif ;
— l'*Or élémentaire*, correspondant à la Lune, portion pure des éléments et des substances qui en sont composées ;
— l'*Or vulgaire*, parfait et inaltérable, le plus beau métal produit par la nature ;
— l'*Or vif des philosophes*, le vrai feu renfermé en tout corps sans lequel nul corps ne saurait subsister.

• Pour les Aztèques, l'or était le symbole du **renouveau** périodique de la nature : Xipe Totec, dieu de la pluie printanière et du printemps était également le dieu des orfèvres ; on écorchait les victimes qui lui étaient offertes et les prêtres revêtaient leur peau teinte en jaune, couleur des feuilles d'or. Cet *acte magique symbolisait la terre qui fait peau neuve* (93-132).

Et les Incas le considéraient comme des fragments de soleil pétrifiés, *obscurcis dans les ténèbres du globe, de la lumière condensée* (138-53).

● En Grèce, l'or, associé au Soleil, était un symbole de **fécondité**, de **richesse** et de **domination**. La *toison d'or*, rapportée par Jason symbolise un trésor précieux entre tous, acquis au prix d'efforts et de luttes dangereuses.

◆ Dans les rêves, l'or est le symbole d'énergies psychiques précieuses. Mais c'est un trésor ambivalent en raison du sentiment de puissance qui s'y associe : l'or-monnaie est, selon P. Diel, le symbole de la **perversion dominatrice**, de la **vanité** (36-172), et les *pommes d'or* du jardin des Hespérides possédaient le pouvoir de semer la discorde.

# ORANGE
*l'amour*

En Chine, l'orange (*ju-zi*), fruit **porte-bonheur**, est consommé en particulier le 2e jour de la fête du Nouvel An.

L'imagerie présente deux oranges, deux poissons dans une corbeille pour souhaiter du *bonheur chaque année* (7-254).

Mais l'orange amère symbolise le **destin**, la fatalité.

◆ Fruit à pépins, l'orange est un symbole de **fécondité** ayant un sens très positif dans les rêves : le recevoir dans la main, c'est acquérir *un fruit d'amour ensoleillé et parfait ; c'est comme si on l'avait cueilli directement sur l'arbre de la vie dans sa beauté dorée* (24-299).

## ORCHIDÉE
*l'ambition*

L'orchidée représente la **beauté** et l'**amour**. Dans le langage des fleurs, elle est l'emblème de la **ferveur**; blanche, elle symbolise l'amour pur; panachée, l'amour ambitieux.

• En Chine, « le lien d'or de l'orchidée» (*lan*) symbolise une relation affective étroite entre deux personnes; l'haleine d'une belle femme est comparée au parfum de l'orchidée (7-255).

## OREILLE
*la réceptivité, l'éveil*

Si, en Afrique, l'organe auditif symbolise l'animalité, en Chine les longues oreilles sont l'apanage de certains héros et personnages illustres, comme symboles de **sagesse** et d'**immortalité**. Mais les oreilles du roi Midas de la mythologie grecque symbolisent la **stupidité** liée à l'orgueil, *la bêtise excessive qui l'a induit à s'imaginer dépasser tous les autres* (36-131).

• Les Gaulois avaient un dieu du Sommeil muni d'une oreille de cervidé symbolisant *la réceptivité à l'égard des prières des mortels... égale à l'ouïe la plus fine des quadrupèdes sauvages au sommeil léger* (95-49).

• En Egypte, l'oreille est liée à l'**avenir**: celle du taureau représentant l'*ouïe* et une chose future, un événement futur.

• Le *percement de l'oreille* était autrefois pratiqué pour marquer un **engagement**: celui des esclaves; ou un **vœu**: certains derviches se perçaient une oreille et portaient une boucle en signe de reconnaissance, la boucle des marins signait leurs fiançailles avec la mer...

♦ Organe de la **communication** reçue, passive, l'oreille trahit par sa dimension et sa forme, l'attitude générale envers autrui et le niveau de réceptivité de l'individu:
— de *petites oreilles* expriment la **timidité**, une évaluation de soi défectueuse par rapport à l'environnement;
— de *larges oreilles* reflètent une attitude **extravertie**, l'adapta-

tion aisée aux situations nouvelles ;

— l'*oreille étroite* est un signe d'**introversion** ; avec un visage étroit, d'**intolérance** ;

— l'*oreille décollée* appartient à l'individu **indépendant,** qui déteste la tyrannie et se fait des choses une opinion personnelle. Tandis que l'*oreille aplatie* indique la **soumission,** la dépendance à l'environnement (106-163).

♦ Dans les rêves, l'oreille est un symbole féminin et le percement de l'oreille est le symbole de la défloration (25-145).

## ORGIE
*la libération, la participation*

Les rites orgiaques faisaient partie de la religion de Dionysos et de Bacchus. A l'origine, ils symbolisaient l'**oubli total,** la **fusion de l'être dans le cosmos** par l'*ivresse... due à la reprise de contact de l'esprit avec le divin*, signifiant en réalité *perte de conscience et extase suprême.*

Ce n'est que plus tard, avec la dégénération du symbole, que cette ivresse fut attribuée au vin et que Dionysos devint le symbole de l'extraversion exagérée, de la licence sexuelle (22-200).

Les rites dionysiaques pratiqués lors de l'initiation impliquaient l'abandon de soi à sa nature animale dans le but de participer à l'action fertilisante de la Terre-Mère. Le *vin* procurait l'ivresse nécessaire à la transmission des secrets de la nature, dont l'essence était exprimée par un symbole d'union sexuelle, celle de Dionysos et d'Ariane, sa compagne, dans la cérémonie sacrée du mariage.

Dans cette perspective, l'orgie est, d'une part, un moyen de reprendre contact avec les forces élémentaires de la vie, d'autre part un retour aux chaos, accompagné de débauche, de luxure de laisser-aller et de travestis.

Nous en retrouvons les traces dans les géants et les monstres du Carnaval, les fêtes des semailles, des moissons et des vendanges célébrées sur tous les continents, exprimant le besoin de libération et de détente après le dur labeur de la terre.

• Les orgies *mystiques* existent dans le védisme où le *Soma*, breuvage de vie et de **longévité**, remplit une fonction de **renouvelle-**

**ment** en procurant une *ivresse mystique*. Il permet la descente du divin en l'humain.

Libation par excellence, breuvage cher aux dieux, le soma est une boisson alcoolique qu'on verse sur le feu sacré du sacrifice pour le nourrir et lui donner des forces. Le rite du soma exerce une fonction médiatrice : l'absorption de l'alcool fait du sacrificateur un homme nouveau. *Le soma est l'immortelle jouissance de l'existence secrètement cachée dans les eaux de la plante...* (44-58), tellement importante qu'il devint l'incarnation d'une divinité, la troisième de la triade Agni-Indra-Soma.

# ORPHÉE, ORPHISME
*le culte solaire*

---

Orphée est un personnage légendaire dont la séduction et les chants apprivoisaient les animaux sauvages. Il fonda les mystères orphiques d'Eleusis en s'inspirant des mystères d'Osiris.

A la mort de sa femme, Eurydice, il obtint la permission de la ramener des enfers à condition de ne pas chercher à revoir ses traits avant son retour sur la terre. Mais au moment d'atteindre le monde des vivants, il se retourna et Eurydice s'évanouit à jamais. Fou de douleur, Orphée dédaigna l'amour des femmes, en particulier des Ménades qui le mirent en pièces.

• Orphée est la personnification mythique d'une doctrine secrète selon laquelle les planètes gravitent autour du soleil placé au centre de l'univers. Par sa force d'attraction, le soleil est la cause de cohésion et d'harmonie de tout et, par les effluves de ses rayons, il est la cause du mouvement des parties de l'univers. Les orphiques attribuaient à l'Amour et au Temps la création de l'univers (à partir d'un œuf) dans lequel Zeus ou Zagréos représentait la force universelle, le soleil.

• Le mythe du primordial engendreur d'amour symbolise l'**immortalité** et la **migration des âmes**. En effet, l'enseignement orphique était basé sur le récit mythique de la reconstitution de la substance divine de Dionysos autour de son cœur sauvé par son père, après la mise en pièces du héros par les Titans.

• L'incapacité de sauver son amour fait aussi d'Orphée le symbole de la **faiblesse humaine**, cause de l'échec au moment du passage du seuil fatal, évocation de l'**aspect tragique de la vie**...

Selon la doctrine orphique, l'âme immortelle habite un corps mortel; après la mort, elle séjourne aux enfers pour se purifier puis se réincarne dans une autre enveloppe humaine ou dans le corps d'un animal, etc., s'enrichissant des expériences acquises au cours de ces transformatins successives (83).

Mais, seuls les *mystes* ou initiés connaissaient les formules magiques permettant la métempsychose et pouvaient prétendre au salut définitif de leur âme.

• L'orphisme comportait des dogmes, des mystères, des principes philosophiques, une initiation aux mystères avec un *baptême* au lait de chèvre, préparant l'âme à la vie éternelle tout en laissant au myste son libre arbitre entre le bien et le mal, *un banquet sacré* où l'on se partageait la chair crue d'un taureau (omophagie) en mémoire de Dionysos (Voir *Orgie*). Les initiés pratiquaient l'abstinence de la chair et portaient des habits de lin blanc, symbole de pureté.

# OUROBOROS
*l'éternité*

Le serpent disposé en cercle qui avale sa queue, ou Ouroboros, est l'incarnation du mouvement perpétuel de l'univers, le symbole de l'Unité et de l'Infini, sans commencement ni fin, identique à la Monade chinoise figurant le *yang* et le *yin* (Taî-Ki), le cycle des jours et de la nuit, des saisons, de la vie et de la mort, l'éternel retour, l'union des opposés, ciel-terre, bien-mal.

• L'ouroboros, qui tourne indéfiniment sur lui-même, sans pouvoir s'élever à un niveau spirituel supérieur, évoque également le *samsara*, la roue des existences bouddhiste, la chaîne sans fin des renaissances.

## OURS
*l'inachevé*

Les Egyptiens désignaient un enfant informe à sa naissance et formé ensuite par les caresses maternelles, par une ourse pleine, parce qu'elle *met bas un sang condensé qu'elle transforme en l'échauffant sur son sein et l'achève en le léchant.*

Ce processus évoque celui de la création (le monde commença informe par le chaos et fut achevé par l'amour de Dieu) et la légende, qui symbolise la malléabilité de la matière servant à la création formelle est reprise par le Bestiaire (27-240). Elle explique aussi l'expression populaire *ours mal léché* désignant un être rustre.

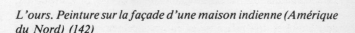

*L'ours. Peinture sur la façade d'une maison indienne (Amérique du Nord) (142)*

• Solitaire, rusé, d'une force terrifiante mais friand de fruits et de miel, image à contrastes, l'ours est pour les Celtes le symbole de la **classe guerrière** opposé au sanglier, symbole de l'autorité spirituelle. Les Gaulois l'associaient à la déesse Artio de la **prospérité terrienne** (95-50).
• Son aspect inachevé fait de l'ours le symbole du premier stade du travail de l'alchimiste sur la matière brute, l'Œuvre au Noir ou *Nigredo*, le chaos d'où sortira la substance primordiale, la *pierre*, aboutissement de l'œuvre.
• Symbole de **vaillance** en Chine, l'ours (*xiong*) symbolise l'**homme**, le serpent représentant la femme ; mais également la **violence** : *dans le débat idéologique opposant la république popu-*

*laire de Chine à l'Union soviétique, l'ours russe fait figure d'agresseur* (7-257).

◆ Selon Jung, l'ours représente le danger que constituent des **contenus inconscients** incontrôlables. Dans les rêves, il peut signaler une période de régression.

# P

## PAIN
*la nourriture psychique*

---

Le pain est un symbole d'**évolution culturelle et psychique**, en raison du long processus impliqué par sa fabrication et des efforts laborieux qu'elle nécessite, chaque étape représentant un stade de création : semailles, croissance, récolte, mouture, tamisage, pétrissage, cuisson au four, partage à la table familiale...

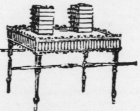

*La table des pains de proposition. (20)*

• *Symbole de* **nourriture** matérielle et spirituelle, le Christ eucharistique est le *pain de vie*. Les 12 pains de *proposition* des chrétiens étaient le symbole de la **nourriture spéciale** réservée à ceux qui sont dans les *ténèbres du dehors* par opposition aux *nouvelles créatures engendrées de Dieu par la Parole de la Vérité* (20-22). Ils figuraient aussi la fonction de l'Eglise consistant à nourrir ses fidèles et à leur communiquer la force et la connaissance et, selon Josèphe, *l'année et le cercle du zodiaque* (107-311).

• Le *levain*, principe actif de la planification, était regardé comme le symbole de la **transformation spirituelle**, le *pain azyme* dont est fait l'hostie représente la privation, le **sacrifice.**

◆ Les rêves se rapportant au pain ne sont jamais négatifs, ils ont trait à des **valeurs vitales élémentaires**, à la **nourriture spirituelle et psychique**, et signalent souvent la fin de difficultés psychologiques. Le pain du rêve peut aussi désigner un corps aimé (24-173), ou encore se rapporter à la vie conjugale quotidienne ou au sacrement du mariage (135-25).


## PALAIS
*le centre de l'univers*

Demeure du souverain associée à la richesse, au secret, le palais symbolise l'**inaccessible**, ce qui échappe au commun des mortels.
• Il est toujours le centre de l'univers pour le pays où il se trouve, le roi qui l'habite et le peuple qui l'entoure, et il joint les trois niveaux céleste, terrestre et souterrain, les trois classes de la société, les trois fonctions.
• En Chine, sa construction obéit à la règle du *yin* et du *yang* et à la géomancie (*Feng-Shiu*).

◆ Sur le plan psychologique, le palais symbolise les trois **niveaux de la psyché** : le surmoi, le moi et l'inconscient.


## PALMIER
*l'horloge antique*

Le palmier fut, pour les premiers agriculteurs égyptiens, le symbole du **temps** ainsi qu'un moyen de mesurer les mois, car il émet régulièrement une pousse chaque mois. La branche de palmier représentait l'année : dans l'iconographie, Toth est représenté inscrivant sur une palme le nombre des années de la vie humaine.

• Dans le langage ésotérique, le palmier était le symbole de la **vérité**, de l'**intégrité**, de la **justice** (*le juste fleurira comme le palmier*, Ps. XCII, 13). Dans l'Apocalypse, les justes portent des palmes à la main (9-143).

• Arbre de la **vie** à Babylone, le palmier est aussi celui de la naissance au Moyen-Orient parce qu'il croît au bord de la mer, regardée comme la mère universelle (107-218).

• Clément d'Alexandrie désigne la palme associée à l'horloge comme le symbole de l'**astrologie**.

# PAN
*Tout*

Dieu des troupeaux et des bergers, difforme, *cornu*, aux pieds de *bouc*, qui se joignait au cortège de Dionysos en jouant du *syrinx* (flûte des bergers), Pan dont le nom signifie *tout*, fut la divinité la plus ancienne et la plus révérée des Arcadiens.

• Il est le principe de l'**ordre universel**, invoqué dans les litanies orphiques comme **premier principe d'amour** ou créateur incorporé dans la matière universelle et formant ainsi le monde. Source et origine de toutes choses, représentant la matière animée par l'esprit divin, ses membres sont faits du ciel, de la terre, de l'eau et du feu. Ses *cornes* symbolisent cette domination universelle (83-33, 36, 99).

Il est l'essence divine de la **lumière**, incorporée à la matière universelle. Aussi, lorsqu'à la suite d'un changement de position de l'axe de la terre, l'île hyperboréenne située aux régions polaires et jouissant d'un climat subtropical (qui lui valut le nom de paradis terrestre), devint froide et sombre pendant 6 mois de l'année, les habitants clamèrent dans l'obscurité : *Pan est mort*, la disparition de la vie végétale et animale tuée par le froid et l'obscurité provoquant une réelle épouvante... Les gens s'*aperçurent alors qu'ils étaient nus* (parce qu'ils avaient froid) et ce fut une fuite *panique* vers le sud. Cette terreur donna naissance aux cultes solaires, aux religions du soleil agonisant et disparu, aux rites bacchiques, etc. (4-35).

• De lui dérivent les créatures mixtes : satyres, faunes... incarnations humaines des émanations du Créateur. Accouplées avec le bouc, elles représentent l'incarnation réciproque de l'homme et de Dieu incorporé dans la matière.

Les figures de Pan ont quelquefois un organe sexuel d'une dimension énorme, indiquant l'application du pouvoir créateur à la procréation d'êtres sensitifs et rationnels (83-33, 39).

• Pan était aussi le dieu de la **divination** identifié par les astrologues au *Capricorne*.

## PANTACLE ou PENTACLE
*le macrocosme*

Forme la plus évoluée du talisman, le pantacle (de *pan* : tout ; objet qui renferme le *Tout*, synthèse du macrocosme) est un *émetteur fluidique* d'essence universelle. Comme l'amulette, il protège ; comme le talisman, il irradie une force magique et sainte, mais en outre, il agit en accord avec les puissances du cosmos.

On lui reconnaissait le pouvoir de contrecarrer l'influence des mauvais esprits et des démons responsables des épidémies, catastrophes et maux de toutes sortes. Bref, le pantacle avait pour mission de vaincre la peur, de *conjurer les terreurs collectives* (136-145), objectif qui présida à la construction des immenses monuments ou des figures énormes toujours accompagnées d'inscriptions (mots magiques en lettres majuscules), qui ne sont, en fait, que des pantacles géants.

Ce condensateur d'ondes va de la Main de Gloire de la magie cérémonielle médiévale au grand pantacle dynamiseur lapidaire ou métallique, *ciel radiant* par lui-même, en correspondance avec les vibrations de l'univers, tel le *Pectoral* du grand prêtre des Hébreux.

• **La fabrication d'un pantacle** se fait selon des règles précises tenant compte de la valeur symbolique et magique :

— des nombres, lettres arabes, kabbalistiques ou hébraïques, des mots qui y sont inscrits (nom des Anges et des Démons, en relation avec les planètes) (19- 10) ;

— de sa forme et de la forme des figures qu'il comporte (carré magique ou triangle, étoile à cinq branches, symboles hébraïques des constellations, signes géomantiques).

Sont également importants :

— le moment où il est dressé;

— la préparation de celui qui le fabrique.

• Le pantacle *personnel*, exécuté sur métal, soie ou parchemin, est calculé à partir de la valeur de la radiation de la personne qu'il met en rapport avec une force surnaturelle: astre, système planétaire, divinité...

• Le pantacle *planétaire* est un centre d'attraction du flux magnétique émis par l'astre gouvernant la naissance. Il est gravé sur le métal correspondant aux heures où l'astre est en position favorable et au jour où son influx est le plus puissant.

• Il existe des pantacles bénéfiques — les *Téraphims* (*rafa* = guérir) — maléfiques, nécromantiques, des pantacles pour les rêves, des pantacles de divination, d'anathème, de protection magique — les *Phylactères*, rouleaux de parchemin portant des passages de l'Ancien Testament, qu'on suspendait à un montant de la porte de la maison, ou le *Palladium*, statuette protectrice d'une ville contre les fléaux, le *Yantra hindou*, le *Kavac* ou *Mantra* enclos dans un étui exerçant une action ésotérique, magique et protectrice.

# PAON
## *le paraître*

Attribut d'Héra-Junon, épouse divine de Zeus-Jupiter, et d'Argus qui avait cent yeux comme lui et n'en fermait que cinquante lorsqu'il dormait, le paon représentait dans l'Antiquité la splendeur céleste et la gloire divine.

• En raison de sa roue assimilée à la *roue solaire* et de sa queue ocellée, image du ciel étoilé, il est un symbole d'**immortalité**.

• Au second siècle avant J.-C., les Romains gravaient des paons sur les pierres pour figurer la **béatitude éternelle**.

• On le rencontre en Birmanie comme emblème de la dynastie, identifié au soleil au Cambodge, monture du dieu des batailles et de la déesse de la poésie et trône d'Indra en Inde.

• En relation avec les serpents dont il absorbe le venin en les détruisant et auxquels il doit la beauté de son plumage, le paon devient le symbole du **pouvoir de transmutation** spontanée.

• En outre, son plumage bariolé évoque la multiplicité, la **création** (associée aux couleurs dans de nombreux mythes).

• En Chine, le paon (*kong-qiao*) symbolise la **dignité** et la **beauté**. Les Mandchous utilisaient ses plumes pour indiquer le rang des dignitaires.

• Dans le culte bouddhique, il symbolise l'attachement aux **valeurs mondaines** et le renoncement à ces valeurs d'apparence par la prise de conscience (23-199).

• Dans l'imagerie du Moyen-Orient, cet *animal aux cent yeux*, figurant de chaque côté de l'Arbre de Vie, symbolise l'incorruptibilité de l'âme et la **dualité psychique** de l'homme.

• Symbole **cosmique**, sa queue déployée figure l'univers pour l'Islam et le ciel étoilé dans la tradition chrétienne.

• *Noble oiseau* du Moyen Age, sa chair était réservée aux *preux* dont il devint le gage de la sincérité et du courage. Lors des festins, le chevalier prononçait le *vœu du paon* ou *vœu d'audace* ou *d'amour*: la main sur le plat, il faisait le serment de planter le premier son étendard sur la ville qu'il allait assiéger. L'inexécution du vœu entraînait une tache sur son écusson.

*Bouquet de trois plumes de paon, attribut divin bouddhique.(90)*

◆ Toujours en fonction des joyaux de sa queue et de son magnifique plumage, le paon symbolise d'une part la beauté de l'existence, d'autre part l'amour de soi, la **vanité**, le **sentiment de puissance** et, corollaire inévitable, l'isolement.

# PAPE
*la sagesse, l'expérience*

Le Ve arcane du **Tarot** nous présente un pontife au visage jovial et paisible vêtu de bleu et de pourpre (idéalité et spiritualité) assis entre les deux montants de la chaire (pôles opposés du domaine de la foi). Il est le symbole de la **sagesse** du maître des âmes qu'il guide vers la connaissance suprême (sa *barbe blanche* symbolise l'intelligence et la lucidité), le conciliateur des antagonismes conjugués, le juste milieu, la *Voie du Tao*.

Ses *gants blancs*, symboles de pureté, portent une *croix bleue*, couleur de la **fidélité** à la foi s'exerçant sur trois plans, comme l'indiquent les *trois couronnes* de sa tiare (symbole de son autorité suprême) et les trois barres de la *croix* pontificale, emblème de son pouvoir spirituel.

Cet arcane nous incite au recueillement, à la méditation favorable à l'écoute de soi, à la tolérance et à la compassion.

**Interprétation divinatoire**: respect des choses saintes, résignation. Dissimulation, inertie, fanatisme (17-142).

# PAPESSE
*l'initiation*

Le IIe arcane majeur du **Tarot** présente la Papesse immobile, impénétrable, abritée sous un manteau bleu foncé (le secret), le pied droit reposant sur un coussin (l'infime bagage des notions positives que nous pouvons acquérir dans le domaine du mystérieux). Son livre ouvert et ses voiles renferment une vérité inconnue mais accessible.

Cette figure hiératique s'apparentant au Sphinx, nous invite à vivre la réalité dépouillée des illusions au lieu de la rêver et à découvrir le véritable sens de notre vie.

**Interprétation divinatoire**: inhibition, restriction, punition. Sacerdoce, enseignement. Certitude, affabilité, bienveillance. Fonction conférant du prestige. Médecin de l'âme. En négatif: immoralité, les défauts se substituant aux qualités.

## PAPILLON
*la légèreté*

Dans la tradition ancienne, le papillon symbolisait le **principe éthéré**.

Ses métamorphoses rappellent l'état de l'**homme** sous sa forme terrestre, *dans laquelle la vigueur et l'activité de l'âme céleste se trouvent entravées et confondues avec l'être matériel.*

• Chrysalide immobile et endormie, sa torpeur et son insensibilité évoquent la **mort**, *état transitoire entre les fonctions vitales du corps et la délivrance finale de l'âme qui avait lieu par le feu.*

• S'élevant dans l'air, le papillon est l'*image de l'âme céleste rompant les liens de la matière pour se confondre de nouveau avec l'éther dont elle émane* (83-94).

• Le papillon (*hu-die*) est, en Chine comme dans la Grèce ancienne, un symbole de l'âme, du **renouveau** et de l'**immortalité**.

Les Chinois y voient également une évocation de l'homme amoureux qui vient boire dans le calice des fleurs (la femme). L'expression *le papillon fou d'amour et l'abeille sauvage* représentent l'union sexuelle.

• Dans l'imagerie, un papillon et un prunier figurent une **longue vie** et la **beauté vierge**, un papillon et un chat expriment le désir que la vie se prolonge jusqu'à 80 ans (7).

• En Occident, le papillon symbolise la **légèreté**, l'**inconstance**.

◆ Dans les rêves, il est un symbole de **renaissance** lié au processus de transformation psychique, de libération des chaînes du Moi (25-191).

## PARADIS
*le bonheur*

Etymologiquement, un paradis est un *verger*. Le paradis terrestre originel avec sa source, ses fleuves coulant dans les quatre directions, fertilisant l'ensemble de la terre, est commun à la plupart des peuples de l'Antiquité.

• Séjour d'**immortalité**, le paradis est le cœur de l'univers, le premier centre spirituel, le lien entre le ciel et les hommes, identifié au mont Mérou hindou, le plus haut de la terre, qui atteint le ciel, au Qaf musulman, aux Iles des Immortels taoïstes, à l'Eden (en hébreu : plaisirs, volupté), lieu de délices de la Genèse où Dieu plaça Adam et Eve.

Cet endroit idyllique où hommes, plantes et animaux croissent pacifiquement côte à côte, est un symbole de **bonheur**, de **paix** et d'**harmonie**. On y trouve toujours un lac, une fontaine ou une source centrale, origine de la vie et de la connaissance, des animaux vivant en liberté et dominés par l'homme, symbole de la domination intellectuelle et spirituelle sur les forces instinctuelles.

Et la nostalgie de ce lieu de félicité symbolise l'aspiration à un état de simplicité et de pureté propre à l'Eden originel.

*Mahomet traversant un jardin du Paradis. (Miniature persane d'un manuscrit ouïgour de la Bibliothèque nationale).*

• Le paradis chinois (*Xi-wang-mu*) représente l'**âge heureux** et l'**état d'innocence** : on n'y connaît *ni l'amour de la vie, ni la haine de la mort... ni l'affection pour soi, ni l'éloignement pour autrui... ni nuages ni brouillard... ni tonnerre ni éclairs* (8-440).

## PARAPLUIE, PARASOL
*la souveraineté*

Si l'ombrelle est un symbole solaire, le *parapluie* est associé à l'ombre, au repli sur soi et symbolise le besoin de **protection**, la crainte de la réalité, le manque de dignité et d'indépendance.
• Emblème royal autrefois réservé à l'usage des princes et des rois, le *parasol* est, en Asie, le symbole du **pouvoir souverain** assimilé au pouvoir céleste : le dais représente le ciel, son manche l'axe cosmique auquel s'identifie le souverain. De même l'*atapatra* des bouddhistes est un symbole de **royauté** spirituelle.
• Au Laos, le parasol sert de lien entre le ciel et l'homme et lors de funérailles, on en place un au sommet d'une colonne pour permettre à l'âme de s'échapper vers le ciel.

*En Inde, le parasol est l'insigne de la royauté. (90)*

• En Inde, il est l'emblème de Vishnou et les tantristes comparent les *chakra* situés le long de la colonne vertébrale à des parasols.
• Assimilé au parasol, le *baldaquin* des musulmans est en rapport avec le paradis.

## PARFUM
*l'offrande*

L'usage du parfum (résines et baumes) fut d'abord réservé au culte des morts avant d'être introduit dans les cérémonies religieuses, comme l'un des éléments de l'offrande sacrificielle (les Egyptiens utilisaient des aromates pour embaumer les corps et conserver les momies).

• L'*encens* était considéré comme le privilège des dieux et les Arabes conservaient une parfaite chasteté pour le recueillir.

• La fumée de l'encens qui se consume dans les temples de toutes les divinités de tous les temps est celle du sacrifice. Les Mayas l'assimilaient au nuage car *tous deux sont les émanations de l'esprit divin* (76-107).

• Cette fumée parfumée est un **véhicule spirituel** : en absorbant la fumée sacrée du tabac, le *parfum de la Grâce*, le Sioux s'exhale *avec elle vers l'illimité, se répand surnaturellement dans l'Espace divin* (13-25).

• Le *parfum*, au même titre que la couleur et la lumière, est une *vibration* que nous captons et qui provoque chez chacun une réaction de sympathie ou d'antipathie. Il exerce sur l'organisme une action calmante ou stimulante, indispose ou provoque une sensation de bien-être ou d'euphorie. Certains parfums se décomposent sur la peau de certaines femmes, s'accentuent sur d'autres, suivant une loi d'affinités.

• La tradition associe les parfums à des influx planétaires et il est recommandé de se parfumer suivant la planète qui gouverne le thème de naissance. Le parfum d'*héliotrope* correspond au Soleil ; d'*iris*, à la Lune ; de *genièvre*, à Mercure ; de *verveine*, à Vénus ; de *bruyère*, à Mars ; de *menthe*, à Jupiter ; de *pavot*, à Saturne.

Ils sont en correspondance avec les signes du zodiaque : Bélier-*fougère* ; Taureau-*muguet* ; Gémeaux-*lavande* ; Cancer-*lis et thym* ; Lion-*myosotis* ; Vierge-*cyclamen* ; Balance-*thym, laurier* ; Scorpion-*jacinthe* ; Sagittaire-*œillet, jasmin* ; Capricorne-*lavande, muguet, œillet* ; Verseau-*héliotrope* ; Poissons-*jasmin* (78-102).

• Dans la fabrication des pantacles, le parfum joue un rôle de **trait d'union** en réalisant l'équilibre entre le magnétisme planétaire et le magnétisme personnel.

En brûlant, il crée une ambiance mystique comparable à celle que provoquent dans les églises les lourdes vapeurs de l'encens et joue le rôle d'*onde porteuse* (78-140).

— Pour composer un pantacle du Soleil, on utilise un parfum composé de *safran, aloès, baume de laurier, girofle, myrrhe,*

*encens, musc, ambre gris.*
— Le pantacle de la Lune demande un mélange de *pavot blanc, styrax, benjoin, poudre de camphre*;
— Mars: *gentiane et encens.*
— Mercure: *genièvre et encens.*
— Jupiter: *styrax et encens.*
— Saturne: *pavot noir, graines de jusquiame, myrrhe.*
— Vénus: *musc, ambre gris, aloès, rose pourpre, corail pulvérisé, piment rouge.*

# PAVOT
*l'oubli*

Attribut de Déméter, déesse de la fertilité et de la moisson (qui retrouva sa fille Perséphonc aux Enfers), le pavot symbolise le cycle perpétuel de la **mort** et de la **résurrection** de la nature.
• Le *pavot des philosophes* est la pierre parfaite au rouge des alchimistes.
• Fleur au parfum lourd, il est aussi le symbole de l'**oubli**, de l'**extase** procurée par la morphine contenue dans ses capsules.
• Dans le langage des fleurs, il sert à désigner le temps: blanc, il indique le matin, coloré, le soir.

# PÊCHER
*l'immortalité*

En Chine, le pêcher ou *p'an t'ao* est un symbole du printemps, du renouvellement, de fécondité et un emblème du mariage. Il représente le troisième mois de l'année et sa fête est célébrée le 3e jour de cette lune.

C'est le plus courant des symboles de **longévité**: le pêcher cultivé par la reine-fée Hsi-wang-mou dans le paradis de l'Ouest produisait *la pêche d'immortalité* dont les fruits venaient à maturité tous les 3 ou 9 000 ans.

Son *bois* est en rapport avec la **fertilité** et possède le pouvoir d'écarter les influences malignes. On en faisait des tablettes pan-taculaires qu'on suspendait à la porte d'entrée le jour du nouvel an (c'est là l'origine des *dieux de la porte* chinois (75-342)... On frappait les malades avec une baguette de pêcher pour les guérir de la fièvre (6-43).

• Dans l'Antiquité, la *pêche* était considérée comme le symbole des parties génitales féminines (75-342) et dans le langage courant, la *fleur* du pêcher est associée à l'**amour** et à ses jeux : comparée au joli teint des jeunes filles, elle désigne aussi une femme légère. Le lieu de rendez-vous secret des amants est nommé *vertes fleurs de pêcher*, le *délire des fleurs de pêcher* désigne les troubles de la puberté, les *yeux de fleurs de pêcher*, le regard attirant des acteurs de théâtre qui jouent le rôle de femmes.

## PÊCHE, PÊCHEUR
*les émotions, l'intuition*

Dans le *Livre des Morts*, la pêche symbolise la guerre sournoise et implacable qui sévit dans l'au-delà. Les défunts doivent se comporter comme les Esprits-pêcheurs qui guettent dans l'ombre les démons à combattre.

• Le *pêcheur* symbolise le sage qui ramène des richesses des profondeurs de l'esprit et, par extension, de l'inconscient. Dans la tradition chrétienne, il est le **rassembleur d'âmes**, le prosélyte : saint Pierre sauvant les hommes de l'enfer, le *poisson* étant les infidèles à convertir.

• En Chine, le métier de pêcheur (*da yu-dî*) est considéré comme l'un des métiers fondamentaux à côté du bûcheron, du paysan, du lettré.

## PEIGNE
*l'arc magique*

Le peigne (*kushi*) joue un rôle capital dans la mythologie japonaise. Intermédiaire entre le ciel et les hommes, c'est un *signe sacré utilisé lorsqu'un être humain entre en rapport avec le Kami.* Ainsi, le peigne d'Izanagi, le *Kami* (dieu) créateur du monde, est doué du pouvoir surnaturel de **métamorphose** : il le protège d'« horribles femelles » qui le poursuivent, du dragon redoutable qui veut le dévorer ; il se transforme en un massif de bambous ; une de ses dents lui sert de torche pour regarder sa femme qu'il veut ramener du pays des Morts.

En plaçant un peigne dans la chevelure d'une femme, on fait d'elle une *fille du Kami*, ce qui s'explique par un texte selon lequel l'Empereur Sûjin, en confiant à sa fille le divin Miroir où résidait Amaterasu, plaça un *peigne d'adieu* dans sa chevelure.

• Le peigne remplit une fonction centrale comme le pilier, l'axe, le moyeu de la roue... On peut le considérer comme *ce qui tient ensemble les parties composantes de ce qui symbolise la force de l'homme, sa noblesse, ses rapports avec Dieu, en un mot ce qu'il considère comme l'élément le plus précieux et le plus spécifique de sa personnalité.*

• Les *dents* remplissent une **fonction protectrice** des diverses composantes de l'individualité réunies par le peigne dans son ensemble (77-241).

# PÉLICAN
*l'énergie secrète*

Dans l'Egypte ancienne, le pélican qui, selon la légende, nourrit ses petits du sang de sa poitrine, symbolisait la naissance de la septième énergie vitale ou âme émanant du Très-Haut, née de la vierge Neith (ils reconnaissaient sept âmes, les six premières ayant précédé le règne humain).

• Pour les kermétistes, il est l'emblème de la charité, du dévouement absolu du Maître, allant jusqu'au sacrifice de lui-même, sans lequel, *en initiation, tout resterait irrémédiablement vain* (18-103).

Il devint ensuite un des principaux symboles de la philosophie rosicrucienne (108-7), figurant l'**amour** *sans lequel le plus savant et le plus puissant des humains ne saurait être, selon saint Paul, qu'un airain qui résonne* (18-125).

• Dans le blason, il est le symbole de la **piété**.

## PENDU
*l'accomplissement en soi du Grand Œuvre*

Le XIIe arcane majeur du **Tarot** nous présente un jeune homme aux bras liés, pendu par le pied à un gibet vert foncé soutenu par deux arbres jaunes (les deux colonnes entourant l'initié, figurent les *aspirations sentimentales qui tendent à soustraire l'homme à la matérialité grossière)* plantés sur des monticules portant des plantes vertes. Ses bras derrière le dos (symbole de l'acceptation) soutiennent des sacs de monnaie d'or et d'argent (*trésors spirituels accumulés par l'adepte qui s'est enrichi intellectuellement...*, *bons sentiments et désirs bénéfiques*). Ses cheveux répandus vers le bas indiquent l'inhibition de l'animalité.

Ce pendu évoque le gardien du premier *Arrit* égyptien (sept portes massives donnant accès aux sept demeures du Duat ou monde souterrain), *l'Etre-aux-aspects-multiples-suspendu-la-tête-en-bas* (10-246).

Cet arcane nous encourage à abandonner notre *ego* afin d'accéder à une connaissance plus grande et à une plus grande ouverture d'esprit et d'âme.

**Interprétation divinatoire** : abnégation, perfection morale, oubli de soi. Enthousiasme nourri d'illusion. Projets irréalisables. Vœux généreux mais stériles. Amour non partagé (17-82).

## PENSÉE
*la pensée affectueuse*

En raison du nombre de ses pétales (cinq), la pensée est le symbole de l'homme et évoque la **méditation**. Dans le langage des fleurs, elle signifie : *toutes mes pensées sont pour vous*.

# PENTAGRAMME
*le microcosme*

---

Pentagonal ou étoilé, le pentagramme se rattache au symbolisme du nombre cinq, symbole de l'homme : la figure humaine s'y inscrit, les quatre membres dominés par la tête (l'esprit qui commande aux quatre éléments).

*Pentagramme. (18)*

C'est l'*Etoile du Microcosme* ou pantacle de la Volonté de la magie, utilisé comme moyen de **conjuration** et d'**appropriation**.
• On y voit le symbole du **mariage**, de l'accomplissement : les cinq branches représentent l'union féconde du 3, principe mâle et du 2, principe féminin.
• Inscrit dans un cercle invisible, le pentagramme représente, pour les pythagoriciens, le **silence de l'initié** : les 5 pointes figurent les 5 années de silence et d'études précédant l'initiation.
• Dans le même ordre d'idées, l'*Etoile flamboyante*, présentée au Maçon qui acquiert le grade de Compagnon, symbolise la *personnalité parvenue à l'illuminisme*, la *quintessence* ou essence du Moi dégagée par le travail sur soi en profondeur (48), et de surcroît, la **pensée libre**, dégagée de tous préjugés et superstitions (121-184).
• Renversé, le pentagramme est l'emblème de la **destruction**, du Diable (tête de bouc), des ardeurs lubriques et des instincts grossiers (18-100).

## PERDRIX
*la lascivité*

---

Selon Aristote et Pline, la perdrix (comme la caille) était consacrée à la déesse de l'amour en raison de sa réputation de lascivité.
• Dans la tradition chrétienne, elle est une incarnation du démon
et selon l'*Ecclésiaste*, la perdrix en cage représente *l'homme vain
qui se réjouit des désastres dans lesquels il entraîne ses voisins*
(107-380).
• En Chine, la perdrix (*zhe-gu*) symbolise l'**attirance mutuelle**.

## PERLE
*l'incorruptibilité, la perfection*

---

Fruit de la coquille, image d'une goutte de sperme ou de rosée
venue du ciel, symbole lunaire en raison de son éclat atténué,
la perle représentait autrefois *une réalité transcendantale*, la **force
génératrice** et l'**énergie cosmique,** ce qui justifie son emploi dans
les rites de renaissance et de funérailles (on plaçait des perles dans
la bouche des morts).
• L'*huître* dont elle provient est associée à l'Eau et à la Lune
en Amérique précolombienne (le *Codex Dresdensis* représente
l'eau coulant de coquilles d'huîtres) et en Chine (à la pleine lune,
les huîtres sont pleines). Les Chinois considèrent d'ailleurs la perle
comme un symbole du soleil, de la **fertilité** et de la **puissance
magique** (75-350).
• Symbole de **longévité**, la perle projette celui qui la porte *aux
sources mêmes de l'énergie, de la fécondité et de la fertilité universelle* (92-192).
• Elle devient **talisman** : en Inde, on suspend une perle au cou
du jeune brahmane pour le préserver de tous les maux : angoisse,
*traits des dieux et des démons* et lui donner **vigueur** et force *pour
la longue vie, la vie de cent automnes* (19-192).
• La perle est un des noms de l'or, exaltée dans les Véda : *Née
du vent, de l'air, de la foudre, de la lumière, puisse la coquille
née de l'or, la perle, nous défendre de la peur !... Elle est le joyau
qui prolonge la vie...*

• Symbole du *Sauveur* en Perse, la perle est l'*image de l'indicible Lumière qui est le Seigneur*, le symbole du Christ-Roi et de son descendant, le chrétien.

• Pour les gnostiques, la *quête de la perle* défendue par des serpents monstrueux, *symbolise le drame spirituel de la chute de l'homme et de son salut...le mystère du transcendant rendu sensible, la manifestation du Dieu dans le cosmos* (92-196).

• Emblème du **mariage** et de l'amour en Grèce, en Inde et dans de nombreux pays, en Chine, la perle (*zhu*) a le pouvoir d'exaucer les vœux. Elle faisait partie des huit joyaux du confucianisme avec le phonolite, la pièce de monnaie, le rhombe, les livres, les tableaux, la corne de rhinocéros et la feuille d'achillée.

Elle est *yin* et symbolise la femme dans sa fonction créatrice, mais aussi *le soleil, la fertilité et la puissance magique* (75-350).

• Née des larmes du dieu de la Lune hindou, emblème de la force aquatique et génératrice, donc liée à l'érotisme, la perle se voit dotée de **propriétés toniques, fertilisantes, gynécologiques** et **aphrodisiaques** encore vantées de nos jours par les médecins indiens.

• En raison de son association avec le serpent (on la croyait tombée de la tête d'un serpent ou contenue dans le gosier d'un dragon), elle a été utilisée pour guérir les maladies des yeux et comme antidote. La poudre de perle additionnée de jus de citron fut un antidote de la pharmacopée anglaise jusqu'en 1600.

• Les médecins chinois n'employaient que la « perle vierge » non perforée contre les maux des yeux, l'épilepsie, la mélancolie.


**PEUPLIER**
*la double polarité*

En raison de la double couleur de ses feuilles, le peuplier symbolise la **dualité** de l'homme.

• Dans la tradition celtique, le peuplier est l'un des cinq arbres magiques représentant des moments de l'année et symbolisant l'équinoxe d'automne, la vieillesse (107-222).

# PHALLUS
*la puissance génératrice*

Le phallus fut vénéré comme *source de vie et de libido, créateur et thaumaturge*, écrit Jung. L'organe générateur était l'emblème de Priape, dieu des vignes, de la navigation et de la **génération**, représenté avec un organe démesuré, personnifiant la virilité, l'amour physique et la puissance de reproduction.

Pour exprimer le pouvoir générateur ou prolifique d'une divinité, on la représentait avec un organe générateur en érection : Osiris, Priape,... En Inde, le lingam (organe sexuel masculin) et le yoni (organe féminin) sont les emblèmes des pouvoirs actifs et passifs de la génération ; l'acte sexuel symbolise le **pouvoir créateur de la divinité**.

Mais l'utilisation du membre viril comme symbole de la **nature créatrice** ne s'est pas limitée au culte de Priape. Elle fut commune à tous les cultes en Orient comme en Occident : cultes de Chronos, Apollon, Hermès, Aphrodite, Déméter, Dionysos, Bacchus... Le phallus, gardien des principes primordiaux de la religion, y était porté *solennellement dans les processions à la célébration des mystères* (83-15).

Ce culte fut pratiqué jusqu'au XIVe siècle et la figure priapique a rempli une fonction de **protection** : peinte sur la façade des maisons ou portée en amulette contre le mauvais œil et autres influences pernicieuses (le *fascinum* suspendu au cou des enfants romains et porté en parure par les femmes) (83-136, 121).

• Participe à la symbolique du phallus, **principe masculin**, tout ce qui est érigé par rapport à ce qui est horizontal : le bâton de Moïse, la baguette de Mercure, le sceptre royal, la lance de Parsifal, l'épée, la marotte du Fou, la crosse, la colonne, le pieu, la clé, les pierres dressées,...

Le phallus affecte la forme de l'*épée* pointe en haut.

# PHÉNIX
*l'âme immortelle*

Oiseau mythique au plumage écarlate, d'une beauté inégalable, qui, après avoir vécu plusieurs siècles, se brûlait lui-même sur un bûcher et renaissait de ses cendres, le phénix est le symbole de l'**immortalité** et de la **résurrection**, celle du Christ, au Moyen Age.

• Assimilé au *soufre philosophique* et au nombre quatre (les quatre éléments de la pierre physique et les quatre étapes de la transmutation) par les alchimistes, le phénix *représente la fixité de l'être vivant en sa mort continuelle, source de renaissances spontanées*. L'image de cet animal légendaire nous incite à *brûler nos insuffisances et à renaître des cendres du vieil homme* (80-218).

• En Egypte il était un symbole des révolutions solaires et une **manifestation de l'âme** de Râ, dieu solaire, associé à Héliopolis, centre initiatique consacré au culte de cette divinité.

• En Chine, le phénix (*feng-huang*) est le deuxième des quatre animaux fabuleux sacrés ou *doués de spiritualité*, unissant en eux le *yin* et le *yang* (86-118). Son corps représente les cinq qualités humaines : sa tête, la vertu ; ses ailes, le devoir ; son dos, le comportement adéquat au cours des rituels ; sa poitrine, la vertu d'humanité ; son ventre, la fiabilité.

• *Oiseau de cinabre* des taoïstes, en raison de sa couleur (le cinabre est le sulfure rouge de mercure), il servait de monture aux Immortels au même titre que la grue.

• Dans l'iconographie, le phénix mâle symbolise le **bonheur** et le phénix femelle, l'impératrice. Rassemblés, ils souhaitent une union heureuse.

# PIED
*la présence*

Dans l'art et les coutumes, les empreintes de pas, la chaussure, les savates symbolisent la **présence réelle** ; les innombrables savates qui figurent sur les poteries funéraires africaines représentent idéologiquement l'espoir en la résurrection du défunt, qui se relèvera pour se chausser et accomplir les *trois pas* d'une incarnation nouvelle : c'est-à-dire *naître, vivre, mourir*.

• A l'origine, un *pas* ou une chaussure allégorique marquait la *renaissance* du dieu solaire au solstice d'hiver et les souliers déposés devant les cheminées (lieux consacrés au soleil par le feu qui y brûle) sont une survivance du culte solaire. Ils expriment l'attente de la résurrection du soleil nouveau qui fera *son premier pas*, c.-à-d. *qui naîtra*.

• Les *trois pas de Vishnou* ont la même signification symbolique. On retrouve leurs traces dans les mythologies et ils accompagnent toujours les salutations maçonniques (121-114).

• Les 7 empreintes du Bouddha symbolisent les 7 cieux de la cosmologie hindoue. L'empreinte de son pas suffit à représenter le Bouddha dans l'iconographie, car elle est à la fois la synthèse de sa doctrine, le symbole la fécondité biologique et spirituelle et de la puissance créatrice.

Sur la *voûte plantaire* est gravé un lotus, symbole de vie solaire, demeure du soleil. Au *talon* et sur les *orteils* figurent deux symboles sexuels : lingam et yoni symbolisant les forces opposées et complémentaires de la création, des swastikas, emblèmes de prospérité et de bonheur et symboles du mouvement de la vie.

• Les pieds sont les points de contact avec le sol, bon conducteur du fluide magique ou spirituel dont est chargé l'homme sacré, qui disparaîtrait au contact du sol. Aussi est-il interdit au personnage divin et à ceux qui l'incarnent de toucher le sol avec leur pied : hors de son palais, le roi de Perse ne se déplaçait qu'à cheval ou dans un chariot ; en dehors des enceintes où il vit, le roi de l'Ouganda et sa proche famille se déplacent à califourchon sur les épaules des hommes du clan du Buffle (66-178).

• Dans la Chine des Song, existait tout un folklore du pied et de la chaussure, les petits pieds pointus d'une femme ou *Lys d'Or*, figurant comme un attribut indispensable à la beauté féminine. Si bien qu'on en vint à les considérer comme la partie la plus intime du corps féminin, le centre de son sex-appeal, le symbole de la **féminité**. Partie strictement *taboue*, les pieds de la femme n'étaient jamais montrés à découvert et n'étaient touchés que lors des préliminaires de l'acte sexuel (75-275).

◆ Selon Paul Diel, le pied est le symbole de la **force de l'âme** dont la faiblesse se manifeste chez le boiteux Héphaïstos et dans le tendon d'Achille.

Il est aussi un symbole phallique infantile : dans le conte de Cendrillon, la chaussure est un symbole féminin et le pied un symbole phallique.

Dans les rêves, en dépit de leur connotation sexuelle, les pieds se rapportent aux possibilités de **progression**, au mouvement de la vie.

## PIERRE
*la fixation, la dureté*

En raison de sa dureté, de sa permanence, de la majesté de ses formes et parfois de ses dimensions gigantesques, la pierre a profondément impressionné les primitifs qui lui ont voué un culte dont les vestiges sont les dolmens, menhirs, pierres sacrées qui jalonnent le paysage symbolique de l'humanité.

• A l'origine, le *menhir* et la *pierre couchée* associés ont symbolisé l'**instant de la naissance du soleil nouveau** ou solstice d'hiver (voir *Androgyne*) et ont incarné des divinités. Les Druses appelaient la pierre dressée *hirmen* et la table de pierre couchée *saul* et leurs divinités *Hiram* et *Salomon* (dont les Gaulois firent *Irmin Sul*) étaient figurés hiéroglyphiquement par un tronc d'arbre et son feuillage (121-112).

• Le *menhir* (symbole du printemps masculin, de la force) associé à une pierre plate (principe féminin, matière), est la plus ancienne illustration de l'**androgynie** (136-77). Ce symbole, commun à la plupart des civilisations primitives, se retrouve en Inde avec le lingam ou pierre debout.

• Les pierres *levées* et, par extension, les colonnes, les *obélisques*, ancêtres des pinacles des églises gothiques sont consacrés au soleil *dont par leur forme et par leur nom, ils représentent les rayons* (83-63). Peut-on attribuer ce symbolisme aux gigantesques ensembles mégalithiques de pierres *levées* et de pierres *plates* de la Préhistoire qui se rencontrent dans toutes les parties du monde, aux milliers de *menhirs* (pierres levées) et de *dolmens* (table en breton) disposés en cercle ou en avenue de Carnac (Morbihan), de Stonehenge, de l'Ile de Pâque, de Malte? Certains y voient un gigantesque almanach, un calendrier religieux et un cadran solaire, les pierres étant disposées de manière à capter successivement les rayons du soleil aux équinoxes et aux solstices. D'autres croient qu'ils sont le symbole de l'*existence d'un « grand ancêtre »* qui a donné au groupe humain son identité et *dans lequel le groupe se retrouvait. Certains de ces tombeaux ont été vidés, puis remplis, brûlés parfois, comme pour marquer symboliquement, entre deux utilisations, la fin d'une époque* (110-181).

• Symboles de la **présence divine** et support d'influences spirituelles, les pierres renferment une **force protectrice et fécondante** : en Grèce, on plaçait le long des routes, des pierres protectrices, les *hermaï*, qui devinrent les *hermès*, image du dieu homonyme ; les cités étaient gardées par un *palladium* ; l'arche d'Alliance était supportée par une pierre sacrée ; l'autel des églises chrétiennes est en pierre.

*Pierre percée à laquelle on attribuait des vertus curatives (à Cour-genay, près de Porrentruy-Berre).*

• Réceptacles d'influx divins et de l'énergie cosmique, elles possèdent une force spirituelle et sont, par conséquent, dotées d'un pouvoir de **guérison**. D'où leur usage dans les pratiques religieuses et magiques : couteaux de pierre de la circoncision ; silex taillé des embaumeurs égyptiens ; poignards de pierre sacrés des templiers ; la hache préhistorique, outil sacré parfois en matière précieuse (agate, calcédoine, émeraude...) ; le *corail*, demeure du dieu polynésien Varuga, maître du bien et du mal, consacré par le chaman, devient vivant et acquiert une puissance surnaturelle ; la **pierre de Lune** qui, portée sur soi, passe pour favoriser la diurèse, les échanges lymphatiques et le drainage cellulaire ; le *silex*, qui, selon les Mayas, a la vertu de conjurer les maléfices, de faciliter l'accouchement (76-166).

• Le culte des pierres *blanches* et des pierres *noires* qui fut pratiqué dès l'Antiquité en Orient, par les Arabes, les Romains et
les Gaulois, est en relation directe avec celui de la lumière, la
**séparation des ténèbres et de la lumière** et par extension du mal
et du bien.

• La pierre *noire* (noir = féminin-négatif-ténébreux) est généralement l'incarnation d'une déesse personnifiant la Nature éternellement vierge et féconde : l'aérolithe noir identifié à Cybèle,
la *Magna Mater deum Ida* du Mont Palatin, la *Ka'ba* de la Mecque dont les pèlerins faisaient sept fois le tour, entièrement nus,
l'*Omphalos de Delphes*, emblème de la fécondité... Une pierre
noire donne naissance à Mithra au milieu des bergers (121-38).

• Certaines pierres furent associées à l'eau : la pierre de la porte
de Capène à Rome était promenée solennellement pour demander la pluie ; ou à des sacrifices : la pierre noire d'Emèse fut l'objet
d'un culte sanglant à Rome.

• A cause de sa dureté et de son usage, la pierre (et le rocher)
devint le symbole d'un **fondement** solide et stable, donc de la
**foi** et de la **vérité** : le Christ nomme Simon Pierre, afin qu'il représente le fondement de l'Eglise (9-139).

• Au Moyen Age, les pierres qui servent à construire les cathédrales sont vivantes et symbolisent *les membres de la communauté chrétienne qui s'intègrent dans l'édifice de la foi. Selon
saint Bernard*, elles sont unies par la **Connaissance** et l'**Amour**.
Ces murs de pierre forment une enceinte magique assurant la
paix entre les êtres, chacun incarne une vertu indispensable sur
le chemin de l'initiation : *la Charité qui organise le palais divin,
l'Humilité préposée aux trésors célestes, la Patience illumine notre
intériorité, la Pureté garantit la nécessaire rectitude* (80-154).

• Certaines pierres sont investies d'un pouvoir **générateur**, telles
les *pierres de fertilité* et les *pierres d'amour* le long desquelles
les femmes stériles se laissaient glisser pour avoir des enfants ou
sur lesquelles les jeunes mariés se frottaient le ventre les premières nuits suivant le mariage (21-193).

N'oublions pas la *pierre noire de Cybèle*, symbole de la **Terre-
Mère**, l'éternelle génératrice, la *pierre sacrée* de certaines tribus
océaniennes, qui s'ouvrit pour laisser sortir un arbre qui, à son
tour, éclata pour enfanter des hommes.

Ces pierres sacrées, pierres d'étoile, de lune, de famine... peuvent agir sur les éléments et provoquer la disette (2-53, 57) ou même *fixer* l'âme des ancêtres, comme en Nouvelle-Calédonie où elles sont regardées comme l'*esprit pétrifié des ancêtres* (136-49).

• Dans toutes les traditions, la pierre, solide et fixe, terme normal de la **cristallisation des forces magiques**, a servi à la **divination**, à la **fabrication des talismans** et à la **guérison** des maladies : des *pierres de foudre*, que l'on croyait produites par la transformation des nuages en cristal sous l'action du feu et du tonnerre, aux oursins fossiles, qui *suent* quand il va pleuvoir, en passant par les coraux et bézoards et les pierres précieuses.

Formé au plus profond de la matière vivante, le *bézoard*, (concrétion calcaire qui se forme dans le corps de certains animaux) passait autrefois pour un talisman tout-puissant et un remède contre la soif (la pierre *alectorienne* du coq chapon), les querelles (la *chélidoine* de l'hirondelle), les morsures de cobra (issus des serpents et des cent-pieds), l'incrédulité (la *rajane* de la tête du coq), ou pour un moyen de divination (la *chélonite* de la tortue).

• Les Annamites avalent les concrétions perlières, réduites en poudre, pour attirer la santé et la prospérité.

• Ces bézoards servent de support à la magie de sympathie : les indiens Jivaros tracent des dessins sur leur visage avec les concrétions stomacales du toucan (*jukka*) et du dindon sauvage (*misha*) avant d'aller à la chasse, parce qu'elles ont le pouvoir d'attirer les oiseaux par la loi magique de sympathie.

• En Italie, le *corail rouge* servait autrefois à faire des amulettes contre le mauvais œil et pour assurer la régularité des menstrues. Les *pierres stellaires* ou *sorcières*, madrépores fossiles à la surface tachetée y sont toujours utilisées contre les maléfices, actuellement « christianisées » (chrismes en croix et figures pieuses).

• La *pierre météorique* ornait des colliers-talismans médiévaux ou *gougad-patereu* (en langue celtique, *gorgés de grains consacrés*) retrouvés en Bretagne.

• Objet le plus sacré du monde pour le musulman, la *pierre noire* de la Ka'ba, ou *al hadjar alaswad*, est la pierre du **pardon**. C'est un assemblage de trois grosses pierres de couleur noir-rougeâtre avec des taches rouges et jaunes, rassemblées par un anneau de pierre enchâssé dans un cercle d'argent de 30 cm de diamètre environ.

Blanche à l'origine, lorsqu'Abraham la reçut de Dieu en récompense de sa fermeté devant les démons tentateurs, cette pierre qu'il suffit d'embrasser pour être pardonné de ses péchés, devint noire comme la nuit, chargée au cours des siècles des péchés de millions de croyants. Le jour de la Résurrection, la *Main droite de Dieu* comme on l'appelle, témoignera en faveur des fidèles qui ont fait le pèlerinage.

• En Chine, la pierre (*shi*) est un symbole de **longévité** utilisé par l'iconographie dans les images offertes aux personnes âgées. On célèbre l'*anniversaire de la pierre* le 10e jour de l'année, vestige peut-être du culte de la pierre qui a existé en différentes parties de la Chine.

On y voit aussi un symbole de **force** : le Seigneur-tête-de-pierre était invoqué pour avoir un enfant aussi fort que la pierre.

Investie d'une **puissance magique**, elle sert à conjurer la peur, à chasser les démons : des pierres sont posées au coin des rues portant l'inscription *la pierre ose s'en charger* ; des lions de pierre sont dressés devant les bâtiments administratifs.

Le 5e jour du 5e mois, avaient lieu des *batailles de pierres* qui protégeaient des épidémies et favorisaient la **fécondité**.

• Les concrétions du corps humain (calculs) sont la force *Ki* cristallisée. La concentration mentale intense provoque la *pétrification* ; la *méditation* concrétise l'image de l'être imaginé et on le retrouve gravé en pierre dans le corps du méditant. Une légende raconte qu'après l'incinération d'un bonze parfait, on recueillit son cœur intact dans les cendres : dans le cœur d'un autre qui s'était adonné à la contemplation, on trouva une statuette de la déesse qu'il avait adorée.

Selon une très ancienne tradition, la désobéissance au rituel ou une intense émotion ou la vision d'un fait surnaturel provoquent la pétrification, évoquée dans le récit de la transformation de la femme de Lot en statue de sel.

• L'idéographie alchimique représentait les trois étapes du Grand Œuvre par des symboles qui furent adoptés par la franc-maçonnerie, équivalant aux trois aspects de la pierre. Représentés dans la loge maçonnique, ce sont *les joyaux fixes* servant de miroir à la nature divine (108-81) :

— Le carré long surmontant une croix (le Tartre, matière dont les philosophes savent extraire leur magistère), représentant la *pierre brute* que les apprentis maçons doivent dégrossir, symbole *des imperfections de l'esprit et du cœur que le Maçon doit s'appliquer à corriger* (109-157), de l'**âme jeune**, du mental indiscipliné du candidat, encore plongé dans les ténèbres de l'ignorance.

— L'hexaèdre ou *pierre cubique*, chef-d'œuvre que chaque apprenti doit réaliser, symbolise l'individu équilibré, en pleine possession de lui-même, bien adapté aux *exigences de l'esprit* (18-36), *emblème de l'âme aspirant à monter à sa source* (109-159).

— Le carré surmonté d'une croix ou *pierre cubique pyramidale* ou tétraèdre, correspondant à la **pierre philosophale** (Sel parfaitement purifié, qui coagule le Mercure et le fixe en un Soufre actif), symbole de l'état du Sage parfait, de la *perfection intellectuelle et spirituelle que le Compagnon doit s'efforcer de réaliser en lui* (109-165).

• Par leur forme, les monuments de pierre symbolisent les **organes sexuels humains** :
— le phallus : colonnes et pierres dressées (cippes), *bétyles*... symboles de l'**énergie masculine créatrice de la nature**. En Arcadie, Hermès-Mercure était adoré sous la forme d'un phallus de pierre debout sur un piédestal (19- 254) ;
— l'utérus : grottes, puits, pierres creuses, pierres percées dotées d'un pouvoir de régénération par l'intermédiaire du principe cosmique féminin...

• L'aspect ambivalent du symbolisme se rencontre chez les Indiens d'Amérique qui considèrent la pierre comme un symbole de **destruction** en rapport avec les armes en pierre. D'autre part, la tradition indienne établit un lien entre le *Vent d'Ouest* porteur de tonnerre et de pluie et le *Rocher*, personnification d'un aspect cosmique de Dieu, *car le rocher réunit en lui les mêmes aspects complémentaires que l'orage : l'aspect terrible par sa dureté destructive... et l'aspect de Grâce parce qu'il donne naissance à des sources qui, comme la pluie, abreuvent le pays* (13-20).

• Dans la Bible et en Egypte, la pierre *tendre* ou taillée reçut la signification d'**erreur** et d'**impiété** et fut attribuée au génie infernal, *fondement* de toute fausseté (ce signe accompagne toujours l'hiéroglyphe de Seth-Typhon, principe du mal et de l'erreur) (9-139).

## Symbolisme des pierres précieuses

Les pierres précieuses sont le symbole de la perfection et de la **transmutation** des ténèbres à la lumière et de la perfection. Dans la Bible, elles désignent la **vérité** et les monuments égyptiens les nomment *pierres dures de la vérité* (9-139).

L'Apocalypse les utilise pour décrire la nouvelle Jérusalem, *ville d'or pur, au rempart construit en jaspe dont les assises... sont rehaussées de pierreries... la première est de jaspe, la deuxième de saphir, la troisième de calcédoine, la quatrième d'émeraude, la cinquième de sardoine, la sixième de cornaline, la septième de chrysolithe, la huitième de béryl, la neuvième de topaze, la dixième de chrysoprase, la onzième d'hyacinthe, la douzième d'améthyste. Et les douze portes sont douze perles... et à la place de la ville est de l'or pur.* (111-182).

Les lapidaires chrétiens s'inspirèrent de cette description et la tradition a utilisé cette riche symbolique des pierres dans l'ornementation et la décoration liturgiques.

• Tout comme le Juge Suprême égyptien portait la déesse Mat taillée dans un *saphir* suspendu à son cou, le Grand-Prêtre hébraïque portait sur la face externe de son *pectoral* douze pierres précieuses symbolisant les douze tribus d'Israël : l'*émeraude*, la tribu de Ruben ; la *topaze*, celle de Siméon ; la *cornaline*, celle de Lévi ; le *béryl*, Judah ; le *lapis-lazuli*, Dan ; l'*escarboucle* ou grenat, Nephtali ; l'*améthyste*, Gad ; l'*agate*, Asher ; l'*hyacinthe*, Issachar ; le *jaspe*, Zabulon ; l'*onyx*, Joseph et la *chrysolithe*, Benjamin.

• Les douze pierres symboliques se retrouvent sur la couronne du sacre du roi d'Angleterre appelée le *diadème qui assure le triomphe*, figurant les vertus que doit pratiquer le souverain (*topaze*), la justice (*émeraude*), l'élévation morale du roi (*sarde*), la sagesse et la prudence (*chrysolithe*), le courage (*calcédoine*), la tempérance et la sobriété (*hyacinthe*), l'abondance qu'il doit assurer au peuple (*jaspe*) ; la recherche des choses célestes (*chrysopale*), le détachement et la pureté (*béryl*), la fonction royale que le souverain ne doit pas abandonner (*améthyste*), l'humilité, la charité et la sincérité du roi (*onyx*).

Le souverain doit aussi porter au quatrième doigt de la main gauche l'*anneau de mariage avec l'Angleterre*, un large *rubis* plat dans un cercle d'or sur lequel est gravée une croix de saint Georges.

• Le souverain du Siam (Thaïlande) portait une chaîne de neuf pierres possédant une puissance magique : diamant, rubis, émeraude, topaze, onyx, saphir, pierre de lune, hyacinthe et œil de chat (19-276).

• En astrologie la loi des semblables établit une correspondance entre les pierres précieuses, les planètes et les signes du zodiaque.

• Incorruptibles, issues de la *terre* qui *produit le mal...mais en même temps le remède à chaque mal*, les gemmes renferment une prodigieuse **puissance curative, talismanique** et **magique** reconnue par la tradition arabe et occidentale qui leur confiait le rôle de **prévenir, garantir** et **guérir** :

— L'**ambre** est souverain contre le goître (Pline), possède des propriétés absorbantes et asséchantes, guérit du croup, de l'asthme, de la coqueluche, arrête les saignements de nez, favorise la virilité et la fécondité.

— L'**améthyste** protège de l'ivresse, calme la goutte, donne de beaux rêves et immunise contre les poisons.

— Pierre de la hiérarchie angélique des Puissances, le **béryl** correspond à la *11e heure du jour*, guérit les maladies oculaires, spasmes et convulsions, protège des périls et des défaites, renforce l'intelligence.

— La **chrysolithe**, pierre du signe du Lion attribuée à la hiérarchie angélique des Dominations, fortifie les esprits.

— Le **corail** soigne les maladies de la peau et la neurasthénie, est aphrodisiaque, fortifie le cœur, guérit la goutte et l'épilepsie.

— La **cornaline** donne du courage dans la bataille, apaise les coléreux, réjouit l'esprit, évite les cauchemars, préserve des maléfices.

— Réceptacle des âmes, le **cristal** amène la pluie, guérit les maux de reins.

— Le **diamant**, pierre de la chasteté, est le réceptacle d'une *puissance extrêmement dangereuse qu'il est impossible de dompter. Il tue l'incapable ou l'inconscient qui osent le manipuler*. Il protège des ennemis, des fantômes et de l'insomnie, éloigne la peur, donne la victoire. Taillé, il sert à fabriquer les ornements liturgiques (80-96).

— L'**émeraude** donne la confiance en la vie, permet de voir l'avenir, de retrouver les objets perdus, est un remède contre l'épilepsie, la dysenterie, la fièvre tierce, les pertes de mémoire. Attachée au bras gauche, elle détourne la fascination.

— Le **jaspe** *gouverne la 6e heure du jour*, est attribué à la hiérarchie angélique des Trônes, éloigne l'épilepsie, arrête les maux de dents, renforce le pouls, facilite la digestion.

— L'**onyx** *gouverne la 10e heure*, attribué à la hiérarchie angélique des Principautés, donne des cauchemars, apporte des ennuis et des querelles.

— L'**opale** noire apporte la bonne fortune.

— La **perle** réduite en poudre et bue est un merveilleux antidote.

— Le **rubis** *gouverne la 4e heure du jour*, renforce la mémoire, apporte la joie, est excellent pour le cœur, la vigueur, clarifie le sang.

— Le **saphir** est attribué à la hiérarchie angélique des Vertus. Il enlève les maux d'yeux, calme les troubles cardiaques, les inflammations, la dysenterie, augmente le courage, la joie, la vitalité générale.

— La **sardoine** (variété de calcédoine) attribuée à la hiérarchie angélique des Séraphins, *commande la 1re heure du jour*, prévient les maléfices.

— La **topaze**, pierre de la sainteté, *commande la 2e heure du jour*, correspond au signe du Scorpion, attribuée à la hiérarchie angélique des Chérubins et à Mercure.

— La **turquoise** *dirige la 24e heure du jour*, préserve du mauvais œil, des noyades et du poison, est le talisman des marins.

♦ Dans les rêves, la pierre précieuse est le symbole du *Soi*, du centre intérieur atteint avec l'individuation.

# PIN
*la Vie sous sa forme impérissable*

Arbre épineux consacré à Cybèle, Attis, Artémis, Déméter, Poséidon, Pan, Sylvain, le pin symbolise la **permanence de la vie végétative**, l'alternance des saisons et la **résurrection** de la nature.

Dans le drame mystique d'Attis, dieu phrygien de la végétation, à l'équinoxe de printemps, les Romains transportaient dans le temple du Palatin un pin enveloppé comme un cadavre et enguirlandé de violettes représentant Attis mort. Le lendemain, le 24 mars, jour du Sang, de jeûne et de tristesse, les fidèles se lamentaient ; le troisième jour, le grand-prêtre se saignait au bras, présentait son sang en offrande à Attis, le sauveur crucifié et ressuscité, annonçait solennellement la résurrection du dieu qui était fêtée par de plantureux banquets et des mascarades. Les officiants dansaient en tournant au son des cymbales, flûtes et tambours, répandaient leur sang sur l'arbre et sur l'autel. Tout se terminait par une grande procession (3-73, 66-84).

• Le pin est l'un des sept arbres-chefs ou nobles de l'Irlande médiévale (107-234).

• Dans le langage des fleurs, la *pomme de pin*, fruit phallique, symbolise *les vains désirs des larves et des spectres et dit* : « Je hante ce que je ne puis posséder » (99-235).

• En Chine, le pin (*song*) est le symbole de la **longue vie** et de la **permanence** parce qu'il supporte le froid de l'hiver sans perdre ses aiguilles. Les Immortels taoïstes se nourrissaient de ses graines et de sa résine. Arbre à double aiguille, il symbolise parfois le **bonheur conjugal** (7-276).

• Les pins et les cèdres symbolisent la **maîtrise de soi**. Dans l'iconographie, un pin et une grue représentent les dernières années d'une longue vie. Un pin, un bambou et un prunier, les *trois amis en hiver*.

• Au Japon, les temples du Shinto et les instruments du rituel sont construits en pin, symbole de l'**immortalité**. Pour s'assurer la protection des *kami*, on place un pin de chaque côté de l'entrée des maisons et on l'entoure de la *shimenawa* (corde sacrée en paille de riz tressée en forme de couronne rattachée à la symbolique du cercle) (77-184). C'est l'un des plus éloquents symboles solaires du rite Shinto de la *grâce miraculeuse du retour à la lumière*. Suspendue à l'entrée des temples ou en guirlandes le long des rues au Nouvel An, elle figure *la résurrection... la rénovation du monde (66-170)*.

• *Dans l'iconographie, le pin est un symbole de* **puissance vitale** et aussi de la force inébranlable témoignée au cours d'une vie difficile.

## PIVOINE
*la sincérité*

Fleur de Pluton, symbole de la **fécondité**, la pivoine exprime la **sincérité**. Rose, elle dit : *ne comptez que sur moi*. Rouge : *mon amour veille sur vous*. Blanche : *veillez sur vous*.
• En Chine, la pivoine (*mu-dan*) rouge est associée au phénix et à la drogue d'immortalité des taoïstes. Dans le langage populaire, une pivoine est une femme ensorcelante et le symbole du sexe féminin : *quand goutte la rosée (semence), la pivoine s'ouvre*.

• Dans l'imagerie, une pivoine en compagnie du chrysanthème et d'un prunier représentent les quatre saisons : la pivoine symbolisant le **printemps**.
• Symbole de **considération**, elle s'associe à l'hibiscus pour souhaiter la prospérité et la considération, au pêcher pour une longue vie, la richesse et la considération (7-278).

## PLANTES
*la croissance psychique*

Manifestation et symboles de l'énergie solaire, les plantes unissent le symbolisme de l'eau, de la terre et de l'air. Elles expriment la manifestation du cosmos, l'apparition des formes (tel le lotus) et les Véda les considèrent comme des divinités.
• La tradition les associe aux planètes : la *racine* est en harmonie avec Saturne ; la *tige* avec Mars ; les *feuilles* avec la Lune ; les *fleurs* avec Vénus ; l'*écorce et les semences* avec Mercure ; les *fruits* avec les Gémeaux.
• En magie, il existe des plantes fondamentales possédant des propriétés particulières : la *renoncule*, correspondant au Soleil, est la plante de l'**ardeur amoureuse** ; la *quintefeuille*, associée à Mercure, procure la **sécurité** ; la *verveine*, plante de Vénus, donne la **science** ; la *jusquiame*, attribut de Jupiter, favorise la **sagesse** ; la *fougère*, plante de Saturne, engendre la **sérénité**.
• Propriétés des plantes secondaires : l'*aloès*, en décoration, facilite

l'accouchement; l'*angélique* (sur soi) protège; l'*armoise* (sur soi) apporte la **sérénité**; la *bruyère* en parfum développe l'**intuition** et la *mélisse*, l'**inspiration**; l'*héliotrope* favorise la **voyance**; le *trèfle* (sur soi) apporte des **gains**; la *rose rouge* (sur soi) est la fleur de la **conception**.

◆ Les rêves de plantes se rapportent à la **croissance psychique**. Vigoureuses ou fanées, elles reflètent notre évolution mentale, normale ou stagnante.

## PLOMB
*la lourdeur*

Le plomb est associé à Saturne, à la lourdeur.
• Les Maçons l'associent au crâne, aux ossements, à la faux et au sablier, attributs de Saturne.
   Lié à l'initiation, il *emblématise la mort du profane qui va renaître à la vie spirituelle: transmutation du plomb vil en or* (109-29).
• Dans les mystères de Mithra, le premier échelon de l'échelle cérémonielle était fait de plomb et correspondait au *ciel* de Saturne (92-61).

## PLUIE
*les gouttes de vérité*

Agent fécondateur de la terre, la pluie symbolise les influences bénéfiques du ciel, la **fertilité** du sol, de la nature et de l'esprit.
• Pour la faire venir ou pour l'arrêter, les Chinois pratiquaient un rituel lié au dragon et à la grenouille, comportant une suite d'opérations identiques et des symboles adaptés à la période de l'année. Ces derniers relevant de la loi des correspondances: nombre-maître des animaux sacrifiés, des danseurs, etc.: 8 et 6 — pairs, *yin*, au printemps et en hiver; 7, 5 et 9 — impairs, *yang*, en été, pendant le dernier mois de l'été et en automne. Cou-

leur : verte au printemps, rouge en été, jaune à la fin de l'été et blanc en hiver. Direction cardinale...

La cérémonie avait lieu autour de l'effigie d'un grand dragon et cinq grenouilles étaient jetées dans un bassin d'eau (65-198).

• Dans la mythologie grecque, la légende de Danaé que Zeus *fertilise* sous l'aspect d'une pluie d'or symbolise à la fois le sperme et le cycle de la végétation qui a besoin d'eau pour se reproduire.

• Issue des nuages et de l'orage, la pluie réunit les symbolismes de l'eau et du feu (éclair).

• Les Mayas, qui l'assimilaient au **sang** et à l'**essence divine**, la représentent par des cordons dans leurs manuscrits et par de petites colonnes sur les monuments ou encore par l'image d'un oiseau tombant d'un toit sur la cour du jeu de paume qui figure *l'esprit de la pluie qui anime et guide les nuages à travers l'univers* (76-152).

Lors des périodes de sécheresse, ils arrosaient le sol d'*eau vierge* pour attirer la pluie par une sorte de magie imitative.

Chez les Mayas-Chorti, les quatre dieux *arroseurs*, monstres mi-hommes, mi-serpents, reliés aux points cardinaux, annoncent la pluie par les coassements de leurs serviteurs-grenouilles, projettent leurs *haches* de pierre vers la terre, provoquant la *foudre*, causent les éclairs et secouent des calebasses pleines d'eau pour faire tomber la pluie (60-250).

• Pour les Sioux, le vent d'ouest est porteur de tonnerre et de pluie, symbole de la **Révélation** et de la **Grâce** ; *Wakinyan-Tanka*, l'Oiseau-Tonnerre qui est aussi le patron de la guerre, habite l'Ouest et protège la terre et la végétation contre la sécheresse et la mort ; il lance des éclairs par les yeux et produit le tonnerre avec ses ailes (13-17). Il est symbolisé par le sifflet en os d'aigle (12-173).

• Les Aztèques associent la pluie et le feu : Tlaloc est le Seigneur des Eaux, le dieu de la pluie de Feu (l'éclair, semence céleste). Ses attributs sont les anneaux entourant ses yeux (stylisation du papillon, hiéroglyphe de la flamme) et un dard (instrument magique du faiseur de pluie) (76-99 et 48-114).

La **pluie** (*quiauitl*) est le nom d'un jour et d'un signe du zodiaque aztèque associé à l'Est et au nombre 19. Il indique un tempérament impétueux et fougueux et prédispose aux rhumatismes et affections de la peau (125-97).

• Les Egyptiens établissaient un rapport entre la première pluie qui prépare la germination des plantes et l'**instruction** qui prépare l'homme à la vie intellectuelle : la pluie (ou la rosée) symbolisait l'enseignement des vérités de la foi (9-92).


# PLUME
*la vérité, la spiritualité*

---

La plume d'autruche était l'emblème de la déesse Thmé, la Thémis égyptienne de la Justice et symbolisait la **justice** et la **vérité**. Elle orne la tête des âmes bienheureuses qui cueillent les fruits des arbres célestes *sous l'inspection du seigneur de la joie*, (le nom hébreu de l'autruche signifie : chant de joie).

• Dans la coiffure des chefs améridiens, les plumes sont le symbole de l'**autorité spirituelle**.

• Les Mayas les identifient aux rayons solaires : le manteau de plumes porté par les prêtres avait le pouvoir de *repousser magiquement toutes sortes de maléfices*, comme les rayons lumineux de l'astre (76-83).


# PLUTON
*l'évolution*

---

Hadès-Pluton fut, à l'origine, une divinité agricole qui jouait un rôle dans les Mystères d'Eleusis (le mot *Plouton* = riche fut d'abord une épithète de Hadès, avant de désigner un dieu chtonien). Il personnifiait la **fécondité de la terre** et garantissait l'abondance de récoltes.

• Dans la tradition orphique, Pluton, le donneur de vie et le destructeur, règne aussi bien sur la création et la conservation que sur la désintégration, sur les vivants que sur les morts (83-66).

• **En astrologie**, Pluton est la plus lente de toutes les planètes connues : elle met 235 ans pour parcourir les 360 degrés du zodiaque.

Planète du collectif, Pluton préside aux grandes transformations et mutations (conquête de l'espace, laser, monde atomique) et régit les techniques ultra-modernes, l'informatique, la télévision, les antibiotiques...

Planète de l'évolution, il met au jour des forces inemployées : peu après sa découverte en 1930, les scientifiques parvenaient à désintégrer l'atome, dégageant ainsi d'immenses énergies.

C'est le grand réformateur qui détruit pour reconstruire en améliorant, qui remet tout en question, abolit les us et coutumes pour en créer de plus efficaces, oblige au recyclage.

Les personnes marquées de son sceau sont les plus aptes à découvrir ces énergies humaines (112-25).

C'est cette influence qu'il exerce dans un *thème natal*, où il introduit la notion de découverte d'énergies, la possibilité de révélations surprenantes sur les forces primordiales qui n'ont pas été intégrées (14-51).

• Le *Plutonien* est un être sociable, possédant un sens aigu du devenir, des transformations des organismes, des idées... des aptitudes de jugement et de discrimination. C'est en général, un critique pénétrant, un bon psychologue, un observateur avisé, un témoin impartial et sans passion (100-102).


# POINT
*le centre, le point de départ*

Le point est le début de toute manifestation. Principe de toute dimension, il engendre la ligne, il est le centre et le support de la croix et du cercle. C'est l'Inévitable Milieu des taoïstes, la Station divine des Musulmans qui concilie les contrastes et les antagonismes, le *Saint Palais* de la Kabbale hébraïque.

• Fixe et immobile, il engendre le mouvement : celui de la roue, etc.

• Selon la doctrine des kabbalistes, le point primordial est le centre du monde *des espaces... et du temps...*, l'Unité, Dieu, *le Cœur de l'univers, d'où partent les étendues illimitées qui se dirigent, l'une en haut, l'autre en bas, celle-ci à droite, celle-là à gauche... l'une en avant et l'autre en arrière* (la tradition hindoue représente ces *lignes en tous sens* comme les cheveux de Shiva).

• Le **point primordial** incompréhensible, c'est l'Un non-manifesté qui en forme trois, symbole du Commencement, du Milieu et de la Fin, assimilables aux trois éléments de la syllabe mystique

AUM et qui, réunis, constituent la lettre *iod*, le point caché qui représente le Principe, de laquelle sont formées toutes les autres lettres de l'alphabet hébraïque, symbole du monde manifesté.

• C'est le centre du Soi : parvenu au *point central*, le sage atteint la paix, la *présence divine* représentée par le cœur.

• Dans la mystique coranique, le point inclus dans un cercle qui surmonte le nom d'Allah est le Nom, la représentation du Principe. *Le point et la circonférence tendent à se rejoindre en un Point qui est le Nom… Cette jonction correspond à un processus « coagulant » du multiple à l'Un, dans le sens de la déification (85-109).*

# POINTS CARDINAUX
*l'ordre cosmique*

Considéré comme la racine de toutes choses, le nombre 4 a permis à l'homme de s'orienter dans l'espace en déterminant les points cardinaux : Nord, Sud, Ouest, Est, auxquels on peut ajouter le Centre et le Zénith.

• Ces points, emblèmes de l'**ordre cosmique**, font l'objet d'une symbolique importante dans toutes les civilisations ; on les trouve déjà sur le cercle de pierres délimitant les tombes de l'âge de fer marqués par des pierres plus grosses, inscrits sur le *cercle de l'année* pour indiquer la position des solstices et des équinoxes. Leurs symboles sont toujours assimilés à des *gardiens*, animaux ou divins :

— les quatre *sentinelles* de la Perse : *Tascher*, gardien de l'Est, *Satevis*, de l'Ouest, *Venant*, du Midi, et *Haftorang*, du Nord, qui veillent sur les *Armées célestes* (les étoiles considérées comme des légions de soldats) divisées en douze bataillons se rapportant aux douze constellations zodiacales comme à autant de Mères (3-132) ;

— les quatre fleuves descendant du mont Mérou hindou renferment la puissance cachée des dieux, les quatre fleuves du Paradis chrétien comparés aux vertus cardinales par saint Ambroise ;

— les quatre fils d'Horus en Egypte, veillant sur le cœur et les entrailles d'Osiris.

• Pour les Mayas, les points cardinaux divinisés sont des piliers qui soutiennent la terre, associés chacun à une couleur différente, à un animal...

• Les théories cosmogoniques chaldéennes établissent une relation entre les points cardinaux et les éléments : *Nord* — Hiver — Eau ; *Sud* — Eté — Feu ; *Est* — Automne — Terre ; *Ouest* — Printemps — Air (121-130).

• Les Lydiens les associèrent aux saisons, aux âges de la vie et aux parties de l'Arbre de Vie : *Nord* — solstice d'hiver — Atlas — la Racine ; *Est* — équinoxe vernal — Hel, l'enfant — la Tige ; *Sud* — solstice d'été — Hanom, l'homme adulte — le Fruit ; *Ouest* — équinoxe d'automne — Ahan Dor, le vieillard — la Graine.

• Les indiens Navajos les honorent dans une pierre précieuse : *Nord* —pierre noire ; *Sud*—turquoise ; *Est*—perle blanche et cristal de roche ; *Ouest*—coquille d'haliotode (126-193).

• Les Annamites les représentent par un animal symbolique : *Nord*— Serpent, Tortue ; *Sud*—Moineau rouge ; *Est*—Dragon blanc ; *Ouest*—Tigre blanc.

• Dans les cultes solaires indo-européens, ils sont représentés par le Lion, l'Aigle, le Taureau et l'Ange figurant la femme (3-130).

• Un hommage particulier est rendu aux points cardinaux par les Amérindiens : tous leurs rites comportent l'offrande et le salut rituels aux *Quatre Directions* en commençant par le Sud (source de la Vie, d'où vient l'homme pour s'avancer vers le soleil couchant de sa vie) (13-35).

• Les Navajos les représentent par des couleurs symboliques qui jouent un rôle prépondérant dans l'iconographie et le culte : le blanc figure l'Est ; le bleu, le Sud ; le jaune, l'Ouest ; le noir, le Nord (66-335).

• Selon les Aztèques, du *Nord*, demeure de Tezcatlipoca, dieu du ciel et du vent nocturnes proviennent tous les maux qui affligent l'humanité : pluie, vents violents qui détruisent les récoltes de maïs, mauvais penchants, le mauvais air qui provoque les maladies. Au Nord se trouvent la Voie lactée, la Lune et l'enfer maya, *mictlampa éhecatl*. C'est là que vont les morts. Sa couleur est le noir, le rouge pour les Mayas, son emblème l'obsidienne *tectpatl*.

Le *Sud*, source de lumière, symbolisé par le lapin *tochtli*, appartient à Uitzilopochtli, dieu du soleil de midi. C'est le pays du feu.

L'*Est*, lieu de naissance du Soleil et de Vénus, symbolisé par le *roseau*, est le domicile de Tlaloc, dieu de la pluie, la maison des plumes vertes. Sa couleur est le rouge.

L'*Ouest*, symbolisé par la *maison*, la résidence des déesses-mères et du dieu du maïs *Centeotl*, des femmes mortes en couches qui accompagnent le soleil depuis le zénith jusqu'à l'horizon occidental (tandis que les hommes résident à l'Est), le côté du déclin, la porte du mystère. Sa couleur est le jaune, celle du maïs.

• Pour les Sioux, les Quatre Quartiers de l'Univers représentent les quatre **manifestations divines essentielles** et par conséquent leurs prototypes dans l'Etre. Le *Nord* est associé au grand Vent blanc qui purifie et donne la **force**. Le *Sud* lié au jaune, qui amène l'été, est la **source de la vie** et de la **croissance**. A l'*Ouest*, lié au noir, vivent les créatures du Tonnerre qui envoient la pluie, c'est-à-dire la **Révélation** et la **Grâce**. L'*Est* d'où jaillit la **lumière** et la **connaissance** et où vit l'Etoile du matin qui donne aux hommes la science, correspond au rouge. Ces quatre Esprits personnifient des aspects complémentaires de l'Esprit universel qui les unit en lui-même, *comme les couleurs s'unissent dans la lumière*.

• Chez les Arapaos, ces quatre principes sont symbolisés par quatre vieillards émanés du Soleil qui veillent sur les habitants de la terre et auxquels sont attribués le jour au Sud-Est, l'été au Sud-Ouest, la nuit au Nord-Ouest et l'hiver au Nord-Est.

— L'axe Sud-Nord figure la *bonne route rouge*, la *Voie du bonheur et de la félicité*, la Voie bonne et droite similaire à la « Voie étroite » du christianisme. C'est la ligne verticale de la croix, l'axe de la potentialité.

— L'axe Ouest-Est est le *chemin bleu ou noir*, la voie de l'erreur et de la destruction. *Celui qui voyage sur ce chemin... est distrait, dominé par les sens, et vit pour soi-même plutôt que pour son peuple* (13-21).

• Une orientation identique existe à Rome : le *cardo* allait du Sud au Nord, le *decumanus* de l'Ouest à l'Est ; dans les quatre quartiers déterminés étaient réparties les *tribus* comprenant quatre *curies*.

• Et chez les Hébreux qui répartissaient leur douze tribus en quatre groupes de trois tribus dont une principale, Juda à l'*Est* ; Ruben au *Sud*, Ephraïm à l'*Ouest* et Dan au *Nord* (4-89).

• Distribution qu'on retrouve en Inde où il existait une correspondance entre points cardinaux, castes, montagnes, animaux sacrés faits d'un métal différent et couleurs : — le *Nord*, région de l'obscurité et de la mort, point de départ de la tradition, est relié au brun ou noir, au fer, aux Shûdras ; — le *Sud*, au rouge, au cuivre et aux Kshatriyas ; — L'*Ouest*, lieu de l'obscurité spirituelle, au jaune, à l'or et aux Vaicyas ; — l'*Est*, au blanc, à l'argent et aux Brahmanes ; — le *Centre*, c'est le mont Mérou, centre du monde (4-99).

• La cosmologie chinoise associe le *Nord* à l'eau, le *Sud* au feu, l'*Ouest* aux nuages, l'*Est* à la foudre. Et l'orientation des Palais Célestes présente une certaine analogie avec les Régions hindoues ; l'*Est*, marqué par la pleine lune dans l'équinoxe d'automne, est vert, l'*Ouest* est blanc, le Palais central, relié à Saturne, planète du *Nord* est jaune, couleur de la terre.

• L'orientation des cathédrales médiévales était en relation avec les directions cardinales : la façade vers l'*Est*, lieu où naît la lumière, où *surgit l'impulsion créatrice* ; tandis que l'*Ouest* est le lieu du Jugement dernier ; le *Sud*, celui de la lumière rayonnante et le *Nord*, celui du froid et de l'obscurité où *se génère la lumière incréée*, en rapport avec la voie initiatique (les alchimistes se réunissaient à la petite porte du Nord pour discuter des débuts du Grand Œuvre. *Au nord sont sculptées des scènes de l'Ancien Testament, fondements du christianisme et fondements de l'être dont l'édification commence* (80-154).

## POIRE, POIRIER
*la fragilité*

En Chine, la poire est, comme le poirier, un symbole de **longévité** et sa fleur est employée comme symbole de deuil et de la **fragilité**.

◆ La poire des rêves est un symbole *typiquement érotique plein de sensualité...sa saveur douce, son abondance de suc...sa forme évoque quelque chose de féminin* (24-299).

## POISSON
*la fécondité*

Le symbolisme du poisson, inséparable de celui de l'Eau, évoque le renouvellement universel de la nature.

• Associé aux renaissances religieuses, le poisson est le symbole du **baptême** : les premiers chrétiens attribuaient la vertu de l'eau des fonts baptismaux à la présence invisible du Christ et firent du poisson, habitant des eaux, le symbole de ce sacrement. Il en firent aussi, sur les monuments, le symbole du Sauveur s'offrant en nourriture à ses fidèles.

• Sur les amulettes, objets portatifs et pierres gravées, le poisson est souvent associé à l'ancre en forme de croix symbolisant l'**espérance en Dieu**.

• Le poisson-phallus-amulette était vénéré des Egyptiens sous l'aspect du poisson Ab qui avala le phallus d'Osiris lorqu'il fut dépecé par Seth (19-80).

*Les MATSYA, poissons d'or, symboles de la liberté.* (90)

• En Chine, le poisson (*yu*) est un symbole de **richesse**, de **vie** et de **fécondité**, en raison de son extraordinaire faculté de reproduction.

Il participait aux rituels de la pluie et du printemps au cours desquels on offrait huit poissons crus aux dieux des grands Fleuves (65-198) et au dieu de la Richesse : les *têtes* de poissons symbolisaient le **début de la fortune**.

La *carpe* représente le **courage**, la **persévérance** et la **volonté**, qualités indispensables à l'accomplissement intérieur, et aussi l'homme qui a réussi les examens d'Etat (86-112).

Dans le bouddhisme, les *Matsya* ou poissons d'or symbolisaient la **liberté de contrainte** dont jouissent ceux qui ont atteint la bouddhéité (90-43).

• Symbole largement utilisé par l'imagerie, le poisson avec un petit enfant signifie : « Puisses-tu avoir en abondance des enfants haut placés ». Avec des fleurs de lotus : « Puisses-tu d'année en année vivre dans l'abondance ». Un *couple de poissons* symbolise l'**harmonie**, les joies sexuelles et des possibilités d'épanouissement. Des poissons rouges (*yin yu*) dans un bassin : « Puissent l'or et les pierres précieuses remplir ta maison » (7-283).

• En Egypte, le poisson était un symbole *néfaste*, il désignait le **crime**, la crainte, la sollicitude.

◆ Dans les rêves, le poisson est l'intermédiaire entre les couches profondes du psychisme et un aspect de l'inconscient devenu accessible. Les gros poissons (la baleine…) figurent un risque d'engloutissement des forces conscientes par des énergies profondément enfouies dans l'inconscient.

## Poissons
*19 février-20 mars* ♓

Signe d'eau, mutable, féminin, domicile de Neptune. Vénus y est en exaltation, Jupiter en exil et Mercure en chute.
**Correspondances** : froid, humidité, nuit, silence, sommeil. Minéraux : rochers, pierre ponce, corail. Parties du corps : pieds.
**Caractéristiques** : évasion, fusion, escroquerie ou extase, pitié, tendresse, dédoublement, divination.

En négatif : ambivalence, utopies, dualité, instabilité, manque de volonté, de méthode, de sagesse (114, 122 et 14).

## POMME, POMMIER
*l'assurance de l'immortalité*

Dans la tradition irlandaise, la pomme est le fruit qui assure l'**immortalité** : coupée en deux, elle dévoile une étoile à cinq branches, le pentagramme, symbole des *cinq stations de la naissance à la mort puis de nouveau à la naissance.*

• La pomme faisait partie du culte orphique et *représente aussi la déesse Vénus (à qui elle était consacrée) adorée comme l'étoile du soir Hesper sur l'une des moitiés de la pomme et comme Lucifer, fils du matin, sur l'autre* (107-300).

◆ Jung interprète la pomme mangée par Adam et Eve comme le symbole de la vie.

Dans les rêves, la pomme rouge et verte est l'expression d'une vie organique harmonieuse. Véreuse, elle révèle une relation apparemment saine mais rongée de l'intérieur.


# PONT
## *la traversée*

Le pont symbolisait les **communications avec le Ciel** et les relations avec la divinité : un thème mythique très répandu fait état d'un tronc d'arbre reliant le sommet de la Montagne cosmique, centre du monde, avec le Ciel (92- 51).

• Intermédiaire entre le ciel et la terre, *l'arc-en-ciel* est un pont de lumière qui facilite le passage du monde sensible au monde surnaturel : arc-en-ciel aux sept couleurs emprunté par le Bouddha pour descendre sur la terre, l'*écharpe d'Iris* des Grecs...

• Moyen de passage d'une rive à l'autre, le pont se rapproche du symbolisme du voyage, de la traversée. Les voyages initiatiques des sociétés secrètes chinoises comportaient le passage de ponts (*qiao*) : *pont d'or* représenté par une écharpe blanche ; *de fer et de cuivre*, évocation de l'œuvre alchimique au noir et au rouge, symbolisé par l'épée.

◆ Le pont symbolise le **passage d'un état à un autre, plus élevé**, évocation de l'ascension, entre deux situations, la fin d'un cycle et le début d'un autre.

## PORC, TRUIE
*la luxure, la maternité épanouie*

L'Islam considère le porc comme un animal impur, symbolisant les tendances néfastes, l'ignorance, la voracité, la luxure et interdit la consommation de sa chair à ses fidèles. Conception partagée par les Egyptiens et les Hébreux.

• En raison de son amour pour les ordures, il devint, dans la symbolique médiévale, l'image du **diable**, de la **volupté** et des **plaisirs immondes**. Mais dans l'imagerie médiévale, un porc placé aux pieds d'un saint (notamment de saint Antoine) indique la victoire sur sa nature animale.

• Réhabilité par les Chinois, le porc (*zhu*) est le dernier des douze animaux du zodiaque et symbolise la **force virile** (7-287) et l'**abondance** (d'où la tirelire en forme de cochon).

◆ Dans les rêves, l'image du porc, en particulier de la truie, est un indice favorable. Autrefois consacrée à Déméter, déesse de la Terre, la truie est un symbole de la **maternité** heureuse et épanouie (tandis que le *verrat* représente la **méchanceté**) (24-276).

## PORTE
*la transition, la métamorphose*

La porte est un élément important d'une maison, symbole du passage d'un lieu à un autre, d'un état dans un autre, de la lumière aux ténèbres.

• Les voies d'accès et entrées des lieux saints (temples, cathédrales...) sont une invitation à participer au mystère qu'ils renferment. En passant le seuil, le fidèle fait abstraction de sa personnalité et de la matérialité, pour affronter le silence intérieur et le recueillement qu'il symbolise.

C'est pourquoi aux portes des temples des animaux géants ou effrayants (dragons, lions, taureaux ailés, etc.) montent une garde vigilante. Même les temples japonais, qui sont précédés de plusieurs *torii* (portails) parfois monumentaux, ont leurs *dieux gardiens* (*Zui-jin*), plantés là pour symboliser ce passage du profane au sacré et arrêter les influences maléfiques.

La porte du temple égyptien était considérée comme donnant accès à l'*Amenta où l'âme s'unissait à l'esprit immortel et où dès lors, elle s'établissait pour toujours* (108-4).

• La porte est liée aux **épreuves de l'initiation**. Lorsqu'on en franchit le seuil, on abandonne les vieux concepts, les idées, les schémas émotionnels qui ne conviennent plus, l'horizon familier s'élargit.

Ce processus est figuré par la descente aux enfers de la déesse sumérienne Inanna qui traverse sept portes pour arriver devant les sept juges du monde inférieur (66-92) ; les douze portes traversées par la Barque Solaire dans l'au- delà (douze étapes de l'initiation) ; les trois portails précédant la Loge maçonnique (à la fois symbole de l'univers et du monde supérieur qu'il aborde en quittant le monde physique), qui représentent les qualités acquises successivement au cours des étapes franchies, discrimination, absence de désirs, maîtrise de soi (108-152).

♦ Accès au refuge, à la chaleur du foyer, la porte symbolise aussi la communication, le contact avec autrui et avec l'extérieur. *Ouverte*, elle attire car elle parle d'**accueil**, invite à la découverte, mais peut également signifier l'**emprisonnement**, l'isolement. *Fermée*, elle signifie le *rejet*, l'exclusion, le secret, mais aussi la **protection** contre les dangers et l'inconnu.

# POULE
*la mère de l'œuf cosmique*

En Chine du Sud, la poule (*ji*) remplit une fonction **démiurge** : une poule noire et une poule blanche pondirent chacune neuf œufs d'où sortirent respectivement les hommes mauvais et les hommes bons. Le sang des poules noires avait le pouvoir de chasser les esprits.

• A Rome, elle servait à la **divination** : on interprétait la manière dont mangeaient les poulets sacrés.

## POUSSIÈRE, CENDRE
*le deuil*

Comparée au pollen des fleurs et à la semence, la poussière symbolise la **force créatrice** (1). Mais les Hébreux l'associaient à la **mort** (comme la cendre) et se mettaient de la poussière sur la tête en signe de deuil.

• Dans le langage populaire, elle est liée à l'**humilité** : *se prosterner dans la poussière, baiser la poussière des pieds de quelqu'un* ; et au **passé** : *secouer la poussière de ses sandales* indique la rupture totale avec son passé.

• En Chine, la poussière *(zhen)*, de même que la fumée, évoque ce qui est **éphémère**. Une *manette de poussière (zen bing)* désigne le pénis pour les bouddhistes.

• Le *plumeau* est le symbole de l'un des huit Immortels (7-290).


## PRUNIER, PRUNE
*la fécondité*

Le prunier *(mei)* est, en Extrême-Orient, un symbole de **fécondité** et de **pouvoir créateur** parce que ses branches noueuses, apparemment sèches, produisent au printemps des brindilles fleuries et font penser à l'*essence vitale qui fait son renouveau après l'hiver*.

Par extension, il finit par signifier le **plaisir sexuel** et les jeunes femmes ; on appela *mei-tou* les maladies vénériennes (75-343).

Les cinq pétales de sa fleur symbolisent les cinq dieux du **bonheur**.

Une composition picturale composée d'un prunier, d'un pin, d'un bambou et d'enfants jouant représente les trois amis de la saison froide, dans l'adversité.

## PUITS
*la vie, la vérité*

Voie de communication entre l'air, l'eau et la terre, le puits est un **lieu sacré** dans toutes les traditions. Dans la Bible, c'est auprès d'un puits qu'ont lieu les rencontres providentielles, les pactes, unions et alliances.

• Pour les Hébreux et les habitants des régions désertiques, il est la source de **vie**.

• Dans le *Yi-king*, le puits (*Tsing*) symbolise l'union du moi intime et des **richesses secrètes** de l'inconscient, l'enseignement venant du passé, les racines de l'être, le lieu central, la mise au jour de ce qui est caché (63-182).

• Dans la littérature érotique, il désigne le vagin.


## PYRAMIDE
*l'essence éthérée divine*

Il existe des pyramides assyriennes, étrusques, mexicaines. On en rencontre en Irlande, en Inde, en Iran, en Thaïlande... Les plus célèbres sont celles d'Egypte qui dérivent du *mastaba* quadrangulaire, premier tombeau royal qui fut surélevé par les souverains de la IIIe dynastie dans le but d'attester leur puissance par les dimensions de leur *demeure éternelle* (115-27). Mais la signification de ces monuments dépasse cette manifestation de magnificence. Car il est probable que les pyramides étaient également destinées à l'initiation ésotérique.

La grande pyramide de Giseh, située à 30° latitude nord, gardée par le grand Sphinx, contient des messages mathématiques, des repères astronomiques et géographiques, le nombre *pi*, le calcul exact des dimensions du rayon solaire terrestre. Ses dimensions intérieures recèlent un message prophétique (mesure des couloirs correspondant à des dates et des événements). Messages symboliques gardés par le Sphinx au masque impassible et majestueux (5-38 et 114-327).

La pyramide est un *bloc à jamais fermé sur l'apparence du mort, et porte ouverte au dedans sur le monde de l'au-delà et ses possibilités infinies, résumé géométrique et astronomique de la création dont la fonction paraît avoir été de mettre l'esprit du royal défunt en rapport avec l'univers en lui livrant la Mesure de toutes choses* (138-15).

• Elle était le symbole du **feu** par lequel s'accomplissait finalement l'émancipation de l'âme : *les Grecs et les Celtes brûlaient les corps des morts comme les Hindous le font encore, tandis que les Egyptiens, chez lesquels le combustible était rare, les plaçaient dans des pyramides* (83-93).

• Par sa forme extérieure, elle est aussi un symbole **ascensionnel** et se situe dans le quaternaire par sa base, dans le ternaire par ses côtés, et son sommet synthétise l'unité, l'union au Verbe.

# Q

## QUATRE
*la totalité*

Quatre est le nombre de l'**organisation.** *Simple projection de l'unité, quatre était le nombre du rythme parfait. C'est le nombre de Jupiter, loi vivante, maître de la protection et de la justice, organisateur de tout ce qui a été créé* (22-58).

C'est le nombre de l'ordre (les quatre directions de l'espace furent le premier moyen d'orientation connu des hommes sur terre comme sur mer), qui fut introduit dans la symbolique par les cultes solaires. A l'origine, il représentait les solstices et les équinoxes, les saisons, les éléments, les points cardinaux, les phases de la lune, les vents des cieux et les fleuves du Paradis.

La plupart des Etats avaient autrefois 4 provinces et les villes, divisées en quartiers, s'ouvraient par 4 portes correspondant aux directions de l'espace (en Chine, au Mexique, au Soudan...).

Ces significations s'étendirent à des titres royaux : Seigneur des quatre Soleils, Maître des quatre mers, Seigneur des quatre parties du monde, termes désignant les rois et les chefs, fréquents dans le sanscrit, l'ancien babylonien, le chinois, le péruvien.

• Nombre de la *symétrie,* il préside à la construction du *mandala* d'où se *dégage une impression d'ordre et de discipline* (135-129).

• Symbole de la **totalité,** il est considéré par les initiations comme la **racine de toutes choses,** car c'est dans le quaternaire que se situe la pyramide, première des figures solides.

A ce titre, il domine les grandes religions qui ont 4 Livres sacrés : en Perse, ceux de Mahabad qui divisa son peuple en quatre castes correspondant aux quatre éléments.

• La doctrine du Bouddha compte 4 Vérités principales, 4 Attentions fondamentales, 4 Voies spirituelles ou bases du pouvoir psychique, 4 Demeures du Bouddha, rattachées aux points cardinaux dont elles expriment les caractéristiques et les qualités.

• Les écritures sacrées de l'hindouisme (*Shastras*) sont divisées en quatre classes : les *Shrutis* provenant de la révélation divine directe, contenant les *Puranas* (épopées et récits mythologiques) traitant de la cosmogonie, de la théologie, de l'astronomie et de la physique ; les *Tantras* (techniques et rituels convenant au culte des déités) qui conduisent au pouvoir supranormal ; les quatre *Védas* (recueils d'hymnes et certaines des *Upanishads* ou traités de philosophie, de Charmes, Liturgie et Spéculations). Ces derniers sont Brahma lui-même, l'Ame du monde, ses quatre faces et ses quatre têtes, les 4 Paroles émanant de ses 4 Bouches... Et sa doctrine est divisée en quatre parties en relation avec les quatre domaines de l'univers : Espace-mondes - Lumière - Sens.


• La tradition chrétienne est régie par le quaternaire : le nom de Dieu compte quatre lettres (YHVH), la croix quatre bras... Il y a quatre Evangélistes, *quatre sens à l'Ecriture :* — la lettre qui enseigne les faits ; — l'allégorie, ce qu'il faut croire ; — la morale, ce qu'il faut faire ; — l'anagogie, ce vers quoi il faut tendre (Nicolas de Lyre). Ces quatre sens, représentés par les quatre fleuves du Paradis sont symbolisés sur un chapiteau du Vézelay par quatre hommes couronnés versant ces sources désaltérantes pour tous ceux qui sont à la recherche de la vérité et de la vie (80-181). Quatre anges dirigent les quatre cieux : Michaël, Raphaël, Gabriel, Uriel.

• Le quaternaire est présent dans le tétramorphe, Karibu assyrien (d'où dérivent les Chérubins) ; sphinx égyptien : tête-corps-pattes-ailes ; lion, aigle, bœuf, homme (correspondant aux évangélistes, Marc, Jean, Luc, Matthieu).

• Dans l'Apocalypse, quatre symbolise l'*universalité de l'action divine* dans le temps et l'espace : 4 cavaliers apportent 4 fléaux et leurs couleurs correspondent à celles des points cardinaux (qui font face aux 4 murs de la Jérusalem céleste) et à celles de la journée, 4 anges destructeurs aux 4 coins de la terre ; 4 animaux (qu'on retrouve dans la Roue de l'Existence du bouddhisme sous l'aspect d'un vieillard, d'un malade, d'un cadavre et d'un ascète).

Car le quaternaire spatial se prolonge dans le temps avec les 4 Ages de l'humanité (d'Or, d'Argent, de Bronze, de Fer), et de la vie (enfance, jeunesse, maturité, vieillesse), et les 4 parties du jour (matin, midi, soir, nuit) en correspondance avec la course du soleil.

• Les pythagoriciens juraient par ce nombre sacré parce qu'additionné aux nombres qu'il renferme, il forme le nombre sacré 10 (4 + 3 + 2 + 1 = 10), ou *tétraktis*.

Ils considéraient le quadrilatère portant Hermès comme le signe de la **raison infaillible** (3-129).

• Quatre est le nombre des *mystiques :* selon la Kabbale, la quatrième lettre de l'alphabet hébraïque, *Dâleth* symbolise l'existence physique des choses animées par Ghîmel et se nourrit des eaux maternelles, origine de toute vie : *Mem,* quarante (115-184).

• Le quaternaire régit la **vie biologique** de l'homme : Hippocrate distingue quatre tempéraments que le docteur Carton inscrit dans la configuration anatomique de l'homme : le *nerveux* (tête), le *sanguin* (thorax), le *lymphatique* (abdomen), le *bilieux* (muscles). Hiérarchisation qui devrait constituer le fondement de l'art médical (117-27). Distinction qui se trouve également dans la Kabbale (Zohar) : Adam, modelé avec la terre, était la synthèse des points cardinaux qui s'unirent aux éléments lors de la création.

Ces tempéraments sont déterminés par les quatre *humeurs* du corps : bile (bilieux), atrabile (nerveux), sang (sanguin), phlegme (lymphatique) ; et les quatre *instincts élémentaires :* matériel (lymphatique), vital (sanguin), psychique (nerveux), moteur (bilieux).

• Le quaternaire régit également le psychisme de l'homme : il y a quatre **fonctions psychologiques** déterminées par C.G. Jung : la pensée, l'intuition, la sensation et le sentiment. Elles *nous révèlent les quatre aspects fondamentaux des choses aux quatre coins de notre horizon spirituel* (28-103).

• Nombre de la force, de l'étain des alchimistes, de la planète belliqueuse et chasseresse Jupiter, 4 figure obligatoirement sur les pantacles de **défense** et sur les armes (19-335).

• En Chine, quatre (*si*), nombre *yin,* correspond à l'Ouest, à la mort, au carré et par conséquent à la Terre qui, selon la tradition, est carrée et divisée en carrés.

L'empire du Milieu était situé au centre des quatre mers, entouré de quatre peuples de barbares. Le chef des quatre montagnes avait pour fonction de maintenir la paix dans les quatre orients. Les quatre grands rois protègent le souverain de jade dans les quatre régions du monde. Dans les jardins des taoïstes se trouvent quatre animaux bénéfiques : le phénix, la licorne, la tortue, le dragon.

• Les quatre *arts du lettré* sont symbolisés par la guitare, l'échiquier, le livre et le tableau de peinture. Les quatre *trésors* du bureau sont l'encre de Chine, la pierre à frotter l'encre, le papier et le pinceau. Les *Quatre Livres* du confucianisme sont les *Conversations* de Confucius, le livre *Meng-zi,* la *Grande Doctrine* et l'*Arrêt du Milieu ;* et les principes moraux des *Quatre Cordes,* le comportement rituel, la conscience du devoir, la pudeur et l'incorruptibilité. Tandis que le communisme chinois combattit les quatre *traditions archaïques :* la civilisation ancienne, les habitudes anciennes, les usages anciens, l'ancien patrimoine spirituel (7-295).

• Quatre est le nombre de l'**initiation :** les quatre voyages que fit le Bouddha sont symbolisés par les Quatre Portes. Chez les Soufis, le candidat à l'initiation doit franchir le même nombre de portes en rapport avec les éléments. Le *sheriat* où il prend connaissance du livre ; la lettre de la religion est dans l'air, c'est-à-dire le vide. La deuxième porte, *Tarikat,* correspondant au Feu, est celle de la Voie où il s'engage dans la discipline de l'ordre ; la lettre se brûle. La troisième ou *Marifet,* en relation avec l'eau, donne accès à la connaissance mystique ; il devient un gnostique. A la quatrième porte, *Hakikat,* en rapport avec la Terre, il atteint Dieu et se fond en lui comme en l'unique réalité (115-207).

◆ Dans les rêves, le quatre a un aspect positif en rapport avec l'**évolution** psychique (24-199).

## QUENOUILLE
*l'écoulement du temps*

Symbole du **temps,** du déroulement inexorable des jours, la quenouille est un attribut des Parques, les fileuses qui tissent la trame de la vie de l'homme et en coupent le fil.

• Elle est aussi un symbole phallique comme le fuseau, appartenant, dans les contes et légendes, aux méchantes fées, personnages dangereux : la piqûre de la quenouille plonge la Belle au Bois Dormant dans un sommeil de cent ans.

# QUYIT
*le geste magique*

Le quyît est un rituel magique de la Chine ancienne exécuté par les magiciens en traçant dans l'air des figures de traits verticaux et horizontaux se recoupant, au moyen de baguettes d'encens. Ces grilles avaient pour but d'arrêter les mauvais esprits (136-133).

# R

## RAMEAU
*la force*

Le *rameau vert* est un symbole de régénérescence et d'**immortalité**. Le **rameau d'or** est la branche de gui dont les feuilles sont dorées au printemps, qui ne devait être coupée qu'avec une faucille d'or par les druides. Il symbolise la lumière, la **connaissance** et la **force spirituelle**.

## RAT
*les obsessions*

Insaisissable et redoutable, animal nocturne et prolifique appartenant au monde souterrain et ténébreux des caves, égouts, lieux humides, cachots et puits, le rat est associé dans la littérature à l'araignée, au lézard, au crapaud et aux vers.

Objet de dégoût, il évoque ce qui **ronge, use, mord, détruit** lentement mais sûrement et les Egyptiens le regardaient comme le symbole de la destruction, également associé à l'idée de **jugement** de l'âme (9-89).

• Lié à la pauvreté et l'avarice en Occident, dieu de la peste en Egypte, le rat (*da shu*) est, en Chine, le premier animal du zodiaque, symbole de **prospérité**. Il confère aux natifs une personnalité brillante, le sens de l'économie et la tendance à se mêler des affaires d'autrui.

Les années du Rat sont des périodes d'abondance, de chance et de croissance marquées par d'heureuses spéculations et des discussions et querelles inutiles (118-43).

◆ En raison de ses déplacements silencieux, de son avidité destructrice, son apparition dans nos rêves peut indiquer la présence d'**idées obsessionnelles** épuisantes (23-169) ou être en rapport avec la mort : disparition d'un aspect de la personnalité, usé par la *dent du temps* (25-154). Il peut représenter les chagrins, soucis confus, peines cachées qui rongent l'énergie vitale (24-282).

# REBIS
*l'initié*

Le *Rebis* est une figure pantaculaire recueillie par J.D. Mylius et Basile Valentin au XVIe siècle, destinée aux hermétistes, comportant les emblèmes de l'Art royal.

L'androgyne alchimique y apparaît au-dessus du dragon (symbole de la *vie instinctive*) dont il triomphe *en initié du deuxième degré, vainqueur du quaternaire des Eléments.*

Le Soleil et la Lune touchant son double visage représentent la *Raison* et l'*Imagination*. L'Etoile de Mercure placée entre ces planètes figure l'*intelligence,* la *connaissance,* la *gnose.*

La dualité est figurée par Mars (Fer, en rapport avec le bras droit qui frappe du maillet, exécute), Vénus (Cuivre) à sa droite (activité), et Saturne (Etain et Plomb, métaux mous) à sa gauche (passivité).

Le cercle, la croix, le triangle et le carré sont les idéogrammes de base de l'hermétisme rattachés aux notions pythagoriciennes de l'Unité, du Binaire, du Ternaire et du Quaternaire.

Cette figure ovale du Rebis évocatrice de l'œuf cosmique et de l'*œuf philosophique* des alchimistes, correspond à *la Matière préparée pour l'Œuvre définitive, autrement dit pour le Compagnon qui s'est rendu digne d'être élevé à la Maîtrise* (18-5,98).

# RENARD
*la ruse, la longévité, la fertilité*

Le Bestiaire du Moyen Age décrit le renard comme un animal très fourbe et plein de ruse incarnant le diable et le compare aux hommes qui s'adonnent aux fornications, homicides, vols et faux témoignages (27-38).

• En Chine, le renard (*hu-li*) est un des symboles de la **longévité** : le folklore lui attribue une vitalité pléthorique parce qu'il vit dans des trous, proche des forces génératrices de la terre. Il peut se métamorphoser en femme à cinquante ans, en jeune fille à cent ans, acquérant alors une vision surnaturelle (il *sait* alors *ce qui se passe à une distance d'un millier de milles; il peut changer les esprits de l'homme et réduire une personne à l'état d'imbécile*). A mille ans, il devient le *Renard céleste, t'ien-hou,* particulièrement sensuel, qui a pour attribut les neuf queues (75-267), symboles de sa puissance supérieure.

• Le renard fait fonction de sirène (les *incubes-renards* dotés de pouvoirs surnaturels se changent en belle femme pour ensorceler les hommes ou provoquer maladies et désastres) lorsqu'il ne joue pas des tours identiques à ceux du goupil du folklore européen (7-298).

• Au Japon, à côté des attributs déjà cités : jeter des sorts, prendre forme humaine et jouer des tours pouvant se prolonger pendant des années, le renard (*Kitsune* ou *Inari*) est associé à Inari, déesse de l'**abondance** et sert de messager au Kami. Il se tient à l'entrée des temples tenant dans la bouche une clé du grenier à riz, une boule symbolisant l'esprit de la nourriture ou un rouleau de sûtra bouddhiques (77-174).

◆ Il symbolise aussi, chez l'homme, les aptitudes spirituelles (sagesse, spéculation, subtilité) demeurées inconscientes ou inévoluées (68) : la part d'inconnaissable, d'insaisissable qu'aucune analyse n'emprisonnera jamais (80-95).

Dans les rêves féminins, il incarne l'*Animus* (68).

## RESPIRATION
*la conquête de l'immortalité*

Dans de nombreuses traditions, le rythme de la respiration symbolise la production et la résorption de l'univers, *kalpa* et *pralaya* en Inde, mouvements centripète et centrifuge à partir du cœur, centre vital.

• Le contrôle respiratoire était l'une des disciplines de l'*Art de nourrir le Principe vital* des taoïstes (avec la gymnastique, la diététique et l'art de la chambre à coucher) permettant au saint d'assimiler le pouvoir de l'air, d'échapper à l'emprise de la maladie, du vieillissement, de la mort, de se libérer de toute crainte, de se dérober à la sujétion du temps et de l'espace. *L'homme véritable respire par les talons,* selon Tchouang-tseu et la méthode idéale consiste, d'après Lao-tseu, à *concentrer sa respiration jusqu'à s'amollir, devenir comme un nourrisson* qui ne dépense pas son énergie et conserve intacte sa puissance de vie. Cette *respiration embryonnaire* (consistant à respirer à la manière du fœtus dans la matrice) entretient la circulation du souffle dans le corps, facilite la communication entre les cinq viscères et les six réceptacles, élimine les obstructions dans les canaux, étend et contracte les nœuds et soutient les esprits vitaux (65-204).

La respiration en circuit fermé, provoquant le retour à l'état primordial, a pour finalité la conquête de l'immortalité.

• Les yogis comme les bouddhistes pratiquent la respiration rythmée dans le but de favoriser la concentration mentale.

## RETOUR
*la répétition du mythe cosmique*

Le retour à l'origine ou au centre est commun aux démarches spirituelles et aux rites rattachés au symbolisme cosmique.

• La vie tout entière est un *retour,* dans les sociétés traditionnelles ; *toute activité responsable et qui poursuit un but bien défini* est un rituel : les rituels qui régissent les activités religieuses, profanes ou agricoles ne sont pas de simples réflexes, mais la répétition d'actes reliés à la cosmogonie.

• Toutes les *danses* sont la répétition ou l'imitation de danses sacrées, à l'origine révélées par une divinité ou un héros, reproduisant les mouvements d'un animal symbolique, exécutée dans le but de se procurer de la nourriture, de maintenir l'harmonie du cosmos, lors d'une initiation, d'un mariage, etc.

• La cérémonie du *sacre* d'un roi en Inde est la *reproduction terrestre* de l'antique consécration de Varuna, le premier Souverain.

• L'utilisation des propriétés *pharmaceutiques* ou magiques d'une plante et sa cueillette rituelle sont des actes répétés depuis qu'elle fut cueillie pour la première fois par un dieu.

• Les territoires, temples, villes avaient leur prototype céleste : en Egypte les noms de lieux et des *nomes* étaient choisis après avoir identifié les *champs célestes;* le tabernacle fut construit suivant le modèle céleste décrit par Jéhovah à Moïse ; les cités babyloniennes avaient leur archétype dans des constellations ; la Jérusalem céleste de l'Apocalypse devait servir de modèle à la Jérusalem terrestre ; les villes royales indiennes reproduisent la cité céleste, demeure du Souverain Universel de l'Age d'Or.

Ces cités sacrées sont considérées comme des *centres du monde* où se répète l'acte de Création, le passage du Chaos au Cosmos réalisé à partir d'un centre (97).

• Au niveau psychique, ce retour au centre s'effectue au moyen du mandala et du labyrinthe (procédés de réintégration au centre de la conscience). Il est réalisé en totalité par le bodhisattva qui, ayant obtenu l'illumination, siège sur le *trône de diamant,* le centre idéal du monde et le plan absolu et s'unit à la conscience essentielle.

• Dans les mythes, le *retour du héros* après sa victoire sur des ennemis redoutables, se rapproche du thème de la résurrection, de la délivrance et symbolise la **réussite** de l'homme.

• Les hermétistes expriment l'idée de l'éternel retour par le serpent mord-queue dit *Ouroboros,* symbole de l'unité cosmique, du cycle perpétuel de la sortie et de la rentrée dans le chaos, dont l'équivalent est l'alun, sel des sels ou substance des substances, qui *n'est que du vide, mais un vide animé, bien que ténébreux et d'essence chaotique* (17-341).

◆ Au niveau individuel, l'étude de ses rêves peut être, au même titre que la méditation, le retour sur soi, « révélateur », aboutissant à la découverte du *Soi,* totalité de la personnalité.

# RÊVE
*la clé de la personnalité*

Le rêve est le produit de l'inconscient. Pendant le sommeil, la raison, la logique n'exercent plus leur contrôle sur la partie consciente de l'esprit, mais cèdent la place à un substrat de pensées, idées, sentiments, désirs qui, refoulés dans l'inconscient pendant l'éveil, jaillissent alors librement.

Cette couche de l'esprit n'obéit qu'à sa propre logique et s'exprime dans le langage de l'inconscient, incohérent, que le cerveau éveillé a de la peine à comprendre. Ce langage est composé d'images, de mots, de situations, d'actes, etc., sélectionnés dans les événements de la vie quotidienne. Mais l'inconscient choisit parmi eux ce qui s'adapte le mieux au psychisme ou à la situation actuelle, et le matériel du rêve, bien qu'exprimé de façon apparemment irrationnelle, sans progression logique, présente un fil conducteur : les *archétypes* (idées se rattachant au symbolisme culturel universel que chacun porte en soi, héritées d'une lignée de générations : figures du héros, du géant, du saint, de la sorcière, de la mère, du père, de Dieu...) et les *symboles,* ratttachés à la vie personnelle, véritables clefs du rêve dont ils permettent l'interprétation.

• Les rêves mènent à la **connaissance de soi.** Jung affirme que le rêve remplit une fonction à la fois **compensatrice** et **complémentaire** du conscient, car il transmet les éléments qui manquent à ce dernier pour comprendre une situation, un état d'âme ou d'esprit. Il tente de rétablir l'équilibre psychique en mettant l'accent sur les exagérations ou sur les lacunes existant dans la conduite de l'individu.

• Le rêve est le **révélateur de l'état psychique du rêveur.**

Il faut savoir que tous les éléments du rêve, si éparpillés ou saugrenus soient-ils, se rapportent uniquement au rêveur lui-même et représentent des aspects de sa personnalité : ses fonctions psychiques personnifiées, expression de ses désirs, sentiments avoués ou refoulés, tendances, de l'Anima (parcelle féminine chez l'homme) ou de l'Animus (aspects masculins de sa nature) chez la femme.

• **Pour comprendre un rêve,** il faut d'abord s'en souvenir, donc le noter dès le réveil, puis le méditer en s'interrogeant sur l'adaptation du symbole à sa situation personnelle *à cette période particulière de sa vie* et, surtout, faire preuve de disponibilité et d'*objectivité*.

Pour décoder le matétiel onirique, il faut dégager l'*atmosphère* générale du rêve et sa *structure* qui donnent aux détails une nuance particulière selon l'ensemble, puis interpréter les symboles.

Une interprétation éclairée, lucide des rêves est une activité enrichissante au point de vue mental, intellectuel et moral pouvant être le point de départ d'un *bilan* psychique et mener à la connaissance de soi, à une attitude plus rationnelle et tolérante à l'égard d'autrui.

• Le premier contact avec son inconscient est généralement douloureux, car il met au jour des aspects qu'on préfère ignorer, dont on n'a aucune raison de se glorifier... et, qui, pour cette raison, sont *refoulés* au fond de l'inconscient où ils s'agitent et provoquent des attitudes inadaptées, causes de souffrances, de troubles relationnels et souvent, névrotiques. Décelés, ces aspects négatifs peuvent être démythifiés, les comportements néfastes expliqués et rectifiés. Il en résulte une attitude plus rationnelle.

• **Les théories et techniques d'interprétation**

— Sigmund Freud (1856-1939), le grand innovateur, créateur de la psychanalyse, plaçait la *pulsion sexuelle* à la base de tous les rêves.

— Alfred Adler (1870-1937), dont la théorie repose principalement sur le sentiment d'infériorité et ses compensations dans la vie quotidienne, pensait que le rêve pouvait mettre au jour les pulsions *agressives* et permettre une adaptation sociale réussie.

— Carl Gustav Jung (1875-1961) établit les trois niveaux de la personnalité : conscient, inconscient personnel, *inconscient collectif,* dont l'importance est considérable dans l'interprétation des rêves. Cet inconscient collectif étant composé d'idées, de concepts fondamentaux héréditaires, communs à tous les peuples du monde, s'exprimant à travers des thèmes éternels. Ce sont les *archétypes* (25 ; 28 ; 119).

• **Le rêve dans les cultures anciennes et primitives**

— Les Sumériens qui considéraient le rêve comme un message du dieu solaire *Shamash* (dont un devin traduisait l'image qui était ensuite déchiffrée par un prêtre), interprétaient les songes en fonction de l'avenir.

— Pour les anciens Egyptiens, la nuit du sommeil est un temps mort de la création, un retour au chaos primordial, qui remet l'homme en contact avec tous les êtres et toutes les visions hantant le monde de l'incréé qui sont cependant une sorte de prémonition de l'avenir.

Les interprètes des songes connaissaient le *songe historique,* le *songe guerrier* où une divinité se présentait pour encourager un pharaon inquiet sur l'issue d'un prochain combat, le *songe oraculaire* apportant la solution d'un problème.

Les techniques d'interprétation étaient : l'association d'idées, la correspondance symbolique entre le rêve et son exégèse, la signification opposée à celle exprimée par le rêve.

— Les anciennes traditions d'Israël considéraient le rêve comme le moyen choisi par Dieu pour manifester sa volonté. Les textes font état de songes *théorématiques,* de *rêves-messages* directement intelligibles au rêveur sans l'aide d'un interprète.

— L'oniromancie était, en Islam, une véritable science enregistrée dans de nombreux recueils, coïncidant avec les croyances religieuses (Mahomet se servit des rêves pour expliquer sa doctrine). Notons que les Arabes ont tenté de comprendre les symboles, en particulier les archétypes.

— La tradition persane distingue trois sortes de songes : les songes *à interpréter* ou ordinaires, conçus par l'âme (*Nafs*), les songes *physiologiques* produits par l'esprit (*Ruh*) et les songes *véridiques* se produisant lorsque la nature du rêveur est pacifiée. Les rêves de l'aube ont une plus grande valeur que ceux de la nuit. L'interprétation repose sur le bon sens ou l'analogie.

— Le brahmanisme reconnaît quatre états de l'âme ou stades de conscience : l'état de veille ; l'état de rêve, état instable où l'âme se meut et explore des domaines inaccessibles à l'état de veille ; le sommeil profond, sans rêve, état de reploiement où l'homme revient vers son centre, qui est une première tentative d'unification de l'être ; et enfin, la plongée dans l'absolu, l'identification au Brahman, au OM le sans-sommeil, le sans-vieillesse, le sans-mort, le sans-douleur (120-213).

La vision provisoire du rêve est un reflet de la Réalité unique qui se perd à nouveau dans l'Un.

On trouve dans l'Atharva Veda des rêves considérés comme signes et une classification des rêves permettant d'identifier le tempérament : le *bilieux* (régi par le Feu, la Lune et le jaune, voit des forêts en flamme, des corps ensanglantés, une lune rouge, des éclairs...). Le *phlegmatique* (dominé par l'Eau, le blanc) voit des forêts de lotus, des rivières limpides, d'énormes masses de neige, des gazelles, des sangliers, des femmes parfumées, du lait caillé... L'*aérien* (sous le signe de l'Air) voit des montagnes, des paysages balayés par le vent, des planètes obscurcies...

Les rêves de première veille portent leur fruit dans l'année, ceux de la 2e veille dans les huit mois, à la 3e veille, ils sont déjà à moitié réalisés (100-216).

— Le rêve est une aventure vécue par l'âme qui quitte le corps de l'homme pendant son sommeil pour les Chinois de l'Antiquité, qui leur donnaient également une valeur de présage. Envoyés par les dieux, par les ancêtres ou par les fantômes, ils sont un moyen de communiquer avec les puissances surnaturelles et les vivants. De plus, ils se sont attachés à rechercher la cause des rêves d'ordre physique ou pathologique (suggérés par un excès de yin ou de yang) ou d'ordre psychologique.

Ce sont les *huit manifestations de l'état de veille* des taoïstes ou connections corporelles (les circonstances, les actions, le fait de recevoir, le deuil, la douleur, la joie, la naissance, la mort) et les *six aspects du rêve* (rêves ordinaires qui apparaissent d'eux-mêmes, rêves d'effroi provoqués par une frayeur, rêves de pensée concernant un sujet discuté ou imaginé la veille, rêves de veille, de joie et de crainte (120-297).

— Les traités japonais d'interprétation des rêves, empruntés à la Chine, constituent l'*ommyôdo* ou voie du yin et du yang. Les rêves étaient interprétés *directement* ou *à rebours* (ils annoncent leur contraire). Les rêves de mauvais augure pouvaient être conjurés par exemple en les *faisant dévorer par un animal mythique,* le *baku,* dont on plaçait l'image sous son oreiller (120-310).

# RHOMBE
*le faux tonnerre*

Le rhombe ou *bull-roarer,* est l'instrument de l'initiation des aborigènes du Sud-Est de l'Australie. Cette planchette de bois qu'on fait tourner à l'aide d'une ficelle passant dans un trou percé à une extrémité, émet un ronflement, analogue au bruit du tonnerre et au mugissement du taureau, connu seulement des initiés et qui, entendu la nuit, provoque chez les non-initiés, une véritable terreur, car c'est la voix des esprits ou des ancêtres et *ils devinent en eux l'approche de la divinité* (21-49).

## RITUEL
*la participation*

Un rituel est l'ensemble des règles à observer dans les cérémonies religieuses, traditionnelles ou magiques : paroles à prononcer, attitudes à prendre, gestes précis à exécuter, vêtements à porter, déroulement des opérations.

Le rituel résulte de la socialisation d'actes collectifs impliquant une participation magique : danses, chants, cérémonies diverses, qui, par un processus inconscient, se « figent ». Lorsqu'il se durcit, il devient un dogme.

A l'origine, le rituel procède de lois naturelles, par conséquent, tous les rituels ne sont que la répétition de rituels correspondants ayant eu cours dans les époques précédentes. Ceci explique que le rituel de l'Eglise romaine présente une analogie avec les rites orphiques, que la fête de Noël rappelle les fêtes du solstice d'hiver ou *nouveau soleil* (Noël), que le *rite du muguet* remonte à la coutume des Grecs d'aller chercher des feuillages nouveaux le premier mai (il se rattache aux fêtes du solstice de printemps repoussées à cette date par les modifications du calendrier).

• Lorsque le rituel se vide de sa substance primitive, perd sa signification originelle, il dégénère ou se transforme en superstition ou en jeu (114-320).

## ROI
*le médiateur*

Dans la société médiévale, le roi était un symbole manifesté appartenant à tous, situé entre les dieux et les hommes, le garant de l'harmonie qui ne pouvait exister sans lui.

Il n'accédait à son pouvoir qu'à la suite d'un cérémonial complexe d'intronisation, puis revêtait le *manteau,* symbole du ciel, la *main de justice* et le *sceptre,* symbole de la **droiture.**

Synthèse de la société entière, il était le responsable, le premier et le dernier, le chef et le serviteur : le Jeudi saint, il lavait les pieds des pauvres, répétant le geste du Christ (80-105).

• En Chine, le roi était le centre de l'Empire, l'intermédiaire entre le ciel et les hommes et le **régulateur** cosmique et social. Une fonction identique lui est attribuée en Inde où il fait tourner la *Roue du monde,* à la manière du Bouddha ou de Manou, le législateur universel.

Responsable de la justice et de la paix, le roi assure l'**harmonie** et l'équilibre du monde.

## ROSACE
*l'image du soleil*

Dans les arts antiques, où tous les détails appartenaient avant tout au langage de l'esprit et avaient valeur de symboles, la rosace, stylisation de la rose, représente le **disque solaire** (rosace à huit pétales étalés) et parfois le disque lunaire (rosace en hélices).

Elle procède du symbolisme du cercle, de la roue, des fleurs solaires (rose, marguerite, camomille, tournesol), de l'étoile et de la croix solaires.

• Chef-d'œuvre du vitrail, la rosace *enseigne comment s'engendre la lumière dans la rose mystérieuse... elle nous apprend deux mouvements essentiels de la pensée : aller de la périphérie vers le centre, aller du centre vers la périphérie. Son immobilité n'est qu'apparente ; en réalité, elle est toujours en mouvement, en accord avec les cycles éternels du cosmos* (80-162).

## ROSE
*l'étoile ou le soleil*

La rose est à l'Occident ce que le lotus est à l'Orient.

Epanouie, elle symbolise le soleil. La *rose héraldique* à cinq pétales se rattache au symbolisme de l'étoile à cinq pointes ou pentagramme ou *étoile flamboyante* du compagnon maçonnique.

*La Rose-Croix. (113)*

• Autrefois symbole du premier degré de **régénération** et d'**initiation** aux mystères (32-218), image de la mort charnelle : tous les ans, au mois de mai, les Anciens jetaient des roses sur les tombeaux, cérémonie nommée *Rosalia* et offraient aux mânes des défunts un mets de roses (32-222).

• Elle représente également le **silence** exigé par l'initiation, la **pensée libre**, dégagée des préjugés et des superstitions, symbolisme commun à toutes les roses sculptées sur les clefs de voûtes des églises qui, stylisées, devinrent les rosaces de plafonds (121-181). On la retrouve comme emblème de parti politique.

• Symbole de la **parole divine** en Inde, la rose reproduit, dans la Bible, la même idée que la *rosée,* mais alors que le rosier est l'image du régénéré, la rosée est celle de la régénération.

• L'iconographie chrétienne l'emploie pour symboliser la coupe qui recueillit le sang du Christ, évocation du *Graal,* et les rosicruciens la placent au centre de leur croix, emplacement du cœur du Christ ou Sacré-Cœur.

La *rose blanche* était le symbole de la **sagesse monastique** et de la **renonciation au monde.** *Rouge,* elle désignait l'initiation à l'amour divin (32-225).

• Pour les Grecs, elle était un symbole de **sagesse** et d'**amour**, consacrée à Minerve comme à Vénus. La rose à cinq pétales ceignait la tête d'Hécate déesse romaine de la mort, pour symboliser le **commencement d'un nouvel état** (32-223).

• L'art héraldique en fit le symbole des mystères de la vie spirituelle (47-193).

• Dans le langage des fleurs, la rose sert à parler d'amour. Blanche : amour qui soupire ; rose : serment d'amour ; thé : galanterie ; rouge vif : amour ardent, signe de beauté.

◆ La rose est un symbole du *Soi* qui apparaît à la fin du processus de la transformation psychique, annonçant une grande spiritualité.

Mais, si les rêves de roses *annoncent presque toujours quelque chose de magnifique... il ne faut pas oublier les épines qui font pressentir la proximité de la croix... le courant contraire du bonheur, la souffrance, est présente également* (24-297).

## ROSEAU
*la fécondation*

Le roseau était, en Egypte, le symbole de la **royauté,** de l'**irrigation** et de la **fécondation de toutes choses** (9-90).

• Chez les Aztèques, le Roseau (*acatl*) est un signe du zodiaque associé à l'Est, à la richesse, à la lumière, à la tradition et au savoir, qui confère aux natifs un tempérament intellectuel, contemplatif, la faculté de concentration, une certaine sécheresse de cœur et prédispose à la méditation (125-99).

## ROUE
*le mouvement vital*

Le symbolisme de la roue se rattache à celui du cercle en y ajoutant l'idée de mouvement associé à la révolution du dieu solaire autour de la terre (selon l'ancienne croyance).

• La roue fut le symbole du **soleil,** parce que ses rayons évoquent ceux de l'astre qui semble animé d'un mouvement circulaire. Ainsi la trouve-t-on sur les monuments antiques de l'Egypte, de la Chaldée, de l'Inde, du Mexique, de la Palestine, du Pérou, des Gaules, de la Scandinavie, dans les temples de Vishnou surmontant une pyramide, dans les monastères où Bouddha est vénéré comme le *Roi des roues* ou la *Roue précieuse de la religion,* dans les caves d'Adjanta et d'Ellora en relief sur le trône-lotus du Bouddha.

La rouelle solaire des Gaulois. (121)

Transformation de la rouelle solaire des Gaulois en emblème chrétien. (121)

• Pour produire les *feux utilitaires* et les *feux sacrés* des fêtes solaires et de fertilité, on frottait deux morceaux de bois en faisant tourner rapidement une roue. D'où l'association de ce double symbole solaire : dans l'île de Mull, cette roue était orientée d'Est à Ouest, c'est-à-dire dans le *sens de la course du soleil.* En Souabe, le *feu du ciel* était obtenu par l'embrasement d'une roue de voiture garnie de paille fixée au sommet d'une perche de douze pieds.

• De là découle la coutume de la *roue flamboyante* du solstice d'été : large roue enveloppée de paille qu'on faisait dévaler du sommet d'une colline le 24 juin, veille du solstice, cercle de feu figurant le **soleil en mouvement.**

Cet acte d'adoration et de foi se transposa au 25 décembre dans certains pays, dont l'Ecosse, avec la *clavie* ou *roue solaire de Noël* (tonneau de goudron flambant qu'on promenait dans les rues de la ville et qui était ensuite précipité du haut d'une éminence) qui entrait dans la célébration de la *gale-night.* C'est aussi le cas de la Suède. Dans les langues nordiques, le nom de la fête de Noël, *Iul,* est le même que celui de la roue solaire, il signifie *révolution,* roue, et le mois de décembre s'appelait *Iul-Manat,* mois du retour.

Le culte de la roue du soleil, *la belle et rayonnante roue* comme la nomme l'Edda, est toujours vivant. La période de Noël ne

s'appelle-t-elle pas *Yule tide* en Angleterre et la bûche, *Yule log* ?
Dans le comté de Lincoln, on appelle encore *Gule-Block* (fourche de Iul), la fourche qu'on met au feu le jour de Noël et qui doit durer l'octave entière. D'autre part, dans les anciens almanachs bretons, le jour de Noël était marqué par une *roue grossière* et des cérémonies traditionnelles rappelaient encore au début du siècle, le culte de la roue solaire.

Cette *roue lumineuse,* parfait emblème du dieu solaire, les Grecs la faisaient tourner dans les temples en signe d'adoration, coutume empruntée aux Egyptiens. Le dieu solaire saxon portait aussi une roue de feu.

• La révolution du soleil est aussi symbolisée par les *figures tournantes :* à l'origine croix solaire (swastika) dont les quatre extrémités sont terminées par des pattes ou pieds dirigés dans le même sens, figurée par des animaux ou bras rayonnants autour d'un axe, thème exprimant dans l'Antiquité égyptienne, l'omniprésence de la ternarité dans le mouvement des mondes (47-182) et témoignant d'un souci de syntonie avec le cosmos.

*Symbole de la rotation solaire: SWASTIKA. (121)*

• Les rondes, promenades solaires, danses tourbillonnantes, processions enveloppantes, courses circulaires aux flambeaux, manèges... procèdent de la même recherche, dans le but d'en obtenir un effet bénéfique. Ils se perpétuent de nos jours dans la procession des *Rogations* (trois processions solennelles faites pour demander à Dieu d'écarter des hommes et des animaux les maladies contagieuses et de bénir les travaux des champs).

• La *roue à quatre rayons* représente l'expansion dans les quatre directions spatiales, le rythme quaternaire de la lune et des saisons.
— *A six rayons,* c'est la *rouelle solaire,* projection horizontale de la croix à six branches que les Gaulois portaient en amulette qui devint le chrisme, monogramme du Christ, ses rayons étant

transformés en I et X ou en P. C'est aussi la *roue de la Vie bouddhique* dont les rayons représentent les *loka* ou mondes, le monde des dieux, des hommes, des titans, des enfers, des revenants et des animaux (4-139).

— A huit rayons, c'est la *roue celtique* figurant les huit directions de l'espace, symbolisant la **régénération,** le renouvellement. Elle s'identifie à la fleur du lotus et à l'octogone des *Pa-koua* chinois (trigrammes).

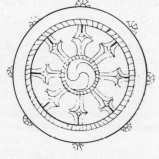

*Le DHARMAÇAKRA ou roue de la Loi. (121)*

Animée d'un mouvement perpétuel, c'est le *Dharmaçakra* ou *roue de la Loi,* sorte de zodiaque cosmique et spirituel, synthèse de l'enseignement du bouddha, principal symbole des écoles bouddhistes.

D'elle naissent l'espace et les divisions du temps. Ses rayons symbolisent les huit sentiers de la *Noble Voie Octuple,* extension des quatre vérités fondamentales du Bouddhisme (règles morales, garde des sens, maîtrise de soi et acquisition du contentement) (4-137). La Noble Voie Octuple est souvent rattachée au chakra *Vishudda* (localisée dans la gorge) à seize pétales (2 × 8), porte de la grande libération.

Le centre de la roue, le moyeu, symbolise le point lumineux de la **conscience** d'où rayonnent les facultés psychiques (12-33).

• Les tantristes hindous appellent *chakras* (parce qu'ils ont l'apparence d'une roue), les centres vitaux situés le long de la colonne vertébrale qui alimentent l'organisme en énergie : *Mûladhâra* à quatre pétales, situé au-dessous des glandes génitales ; *Svâdhistana* à six pétales, au-dessus de ces glandes ; *Mânipûra* à dix pétales, au nombril ; *Anâhata* à douze pétales, dans la région du cœur ;

*Visuddha* à seize pétales, à la base de la gorge ; *Ajnâ* à deux pétales, entre les sourcils ; et *Sahasrâra* à mille pétales, au sommet de la tête (96-123 et 102-1680).

• Dans le *mandala* des bouddhistes, la roue dérivée de la syllabe BHRUM, placée au-dessus du carré, symbolise la **connaissance transcendante** qui est omniprésente (12-41).

• Dans l'art héraldique, la roue symbolise le **mouvement éternel,** *que les anciennes sagesses orientales définissent comme ce qui existe de plus stable,* analogue au *château tournoyant* des contes du Graal, centre du monde immuable mais en perpétuel mouvement. Elle invite le chevalier à rechercher l'emplacement de ce château-centre spirituel *sans jamais croire qu'il pourra obtenir un jour la vérité définitive.*

• La roue à *cinq rayons* est le symbole de l'**harmonie qui doit exister** entre le monde céleste et le monde matériel (47-185).

• La roue solaire fut, au début de l'agriculture, l'emblème de la **fortune** consistant en plantes et graines nourricières. De là naquit la *Roue de la Fortune* qui tourne dans les fêtes foraines, image avilie de la roue solaire, symbolisant le **règne**, la **puissance** et la **gloire** matérielles, propagée par les miniaturistes italiens.

Symbole de la **vanité** des valeurs humaines, elle figurait une femme (la fortune) attachée à une roue tournant perpétuellement (emblème de la gloire du monde), emportée dans un mouvement éternel. Sa tête s'élevant et s'abaissant alternativement représente ceux que la puissance et la richesse ont élevés pour les précipiter dans la misère et la pauvreté (121-89).

• Mais la dégénération du symbole va encore plus loin et la cruauté s'en mêlant, la roue solaire devint l'**instrument de la cruauté** avec la *roulée :* les Libyens s'amusaient à faire tourner une roue de potier sur laquelle ils avaient attaché un nain ou un mendiant ; les Romains enfermaient un juif dans un tonneau qu'ils faisaient rouler du haut du Capitole ; la *rouelle* que les juifs devaient porter sur leurs vêtements au Moyen Age.

◆ Dans les rêves, la roue est un symbole du *Soi,* marquant l'accès à un nouveau stade d'évolution psychique, à un nouvel état. Celui qui est centré au moyeu de la roue a résolu ses antagonismes et s'est libéré de la domination du Moi personnel, de l'égoïsme. Re-né à une nouvelle identité, il a pris conscience de la signification totale de l'univers.

• La **Roue de la Fortune,** 10e arcane majeur du **Tarot,** évoque la *Samsara,* la roue du destin orientale. Elle est aussi l'image de la dualité : roue à deux jantes concentriques, image du double tourbillon générateur de la vie individuelle ; deux barques accolées de couleurs opposées d'où s'élèvent deux serpents également de couleurs opposées, évocation du caducée (tenu en outre par Hermanubis) et symboles des courants vitaux positifs et négatifs, du *yang* et du *yin.* Les deux figures accrochées à la roue représentent respectivement la constellation Sirius, l'été, la chaleur, la vie, la joie et le Capricorne, le poisson-bouc, l'hiver, l'égoïsme, les passions.

Dominant tout cela, le Sphinx impassible figure le principe de fixité et d'équilibre qui assure la stabilité des formes individuelles et invite à éviter les excès, à se tenir, comme le sage, *en dehors du courant qui entraîne les foules... à attendre l'appel ou le signe commandant l'action.*

**Interprétation divinatoire :** manque de sérieux, insouciance, spéculation, caractère bohême. Situation instable, revirements. Aventures, gains et pertes. Dispositions inventives, entrain. Occasions, initiative, réussite fortuite (17-170).

# S

## SABBAT
*la nuit de la semaine*

Le Sabbat (de l'hébreu *Schabbat :* repos) se rattache au symbolisme de la semaine.

Fixé au samedi, septième jour de la semaine consacré à Yahvé, le Sabbat est, chez les juifs, le jour de repos total, la reproduction du septième jour de la création. Le deuxième commandement du Décalogue donne aussi pour raison la nécessité de reprendre des forces après six jours de travail. Temps sacré et jour de festivité, le sabbat permet au croyant de *reprendre son âme.* La défense visait toute œuvre servile, où le corps a plus de part que l'esprit.

C'est aussi la fin d'un cycle ou *nuit de la semaine.*

• A l'origine, le Sabbat de la démonologie et de la sorcellerie était rattaché aux cycles lunaires, aux rites de la fertilité et de la fécondité et au symbolisme de la nuit. Comme le samedi est la nuit de la semaine, le Sabbat est la grande nuit.

C'était la fête de la pleine lune qui se tenait sur le sommet d'une montagne ou dans la solitude d'une forêt. Il est dit que le diable y assistait sous la forme d'un serpent ou d'un bouc.

• Il y avait, au Moyen Age, des «*petits*» *Sabbats au cours desquels on éprouvait l'efficacité des poudres magiques (hallucinatoires), des onguents aphrodisiaques, de toute boisson alcoolisée tenant lieu d'hydromel, etc. En résumé, Bacchus y était fêté, tout comme aux Saturnales... De ces séances, chacun se retirait préci-*

*pitamment au lever du jour, hébété et saturé... Quant au grand Sabbat, il est le résultat et la projection de ce qui s'était ébauché dans les petits...* (114-344).

## SAC
*la richesse*

Le sac de blé était, dans l'ancienne Egypte, le symbole de l'**intelligence,** de la **prudence** et du droit de propriété sur les terres : Mercure, dieu des richesses matérielles et intellectuelles, était représenté avec une bourse dans la main (9-97).

• Dans la Chine ancienne, où le vin était conservé dans des sacs (*bu-dai*), il y avait un dieu des sacs, identique à l'homme primordial (sans visage mais à six pieds et quatre ailes) qui vivait sur la montagne du ciel. C'est pourquoi dans la langue populaire, le sac s'appelle chaos (*hun-dun*), comme les *wantan* (prononciation cantonnaise), boulettes de viande roulées dans de la pâte et cuites dans l'eau bouillante servies dans les restaurants chinois.

♦ Dans les rêves, le *sac du soldat* se charge des choses inutiles, de tout le fardeau superflu qu'on traîne sur le chemin de la vie. Tandis que le *sac à main* de la femme se rapporte à sa féminité.

## SACRIFICE
*le don de soi*

Symbole du **renoncement,** le sacrifice implique l'échange d'un bien matériel contre un bien spirituel. Dans l'Antiquité, il avait pour but d'assurer le salut et de rendre l'innocence à un peuple qui s'était débarrassé de ses fautes en les projetant sur une victime exécutée de manière rituelle avec ses maux.

• Symbole d'**expiation,** de **purification** ou d'**imploration,** le sacrifice se présente souvent sous l'aspect du *meurtre rituel* accompagné d'injures, de coups de fouet, de crachats sur le condamné qui devenait ainsi le *bouc émissaire,* porteur de tous les péchés d'une communauté ou d'un peuple. Tels ceux pratiqués par les Libyens chaque année à l'équinoxe de printemps impliquant la crucifixion, la pendaison, l'abandon des victimes à un bovidé dont les cornes évoquaient la Lune (culte d'Astarté), ou des supplices opérés par un objet roulant dont la forme rappelait celle du Soleil, roue ou char (culte des déesses Bobat et Tanit, liées au principe lumineux).

Les premières victimes rituelles furent les nègres anthropophages réduits en esclavage, dont certains s'offraient pour le sacrifice, puis les chrétiens.

• Ces sacrifices furent une source d'inspiration pour les mythologues de l'Antiquité : mythe de Thésée, s'offrant à combattre le Minotaure, d'Attis pendu, de Bel ou d'Indra crucifiés, d'Osiris débité en morceaux... Jusqu'au moment où l'on opta pour la mise à mort d'un animal (mythe d'Adonis, d'Etion...), occasion d'une lutte passionnante pour les spectateurs assoiffés de souffrance et de sang (121-102).

• Mais le sacrifice était parfois un symbole d'**amour** : celui des *Galles* romains, prêtres de Cybèle qui, lors de la fête du sang du 24 mars, lui sacrifiaient leur virilité, dans une ivresse sacrée.

Les organes étaient alors recueillis, embaumés et conservés dans une ciste et déposés dans la chambre nuptiale de la déesse, la *Thalame*.

*Représentation d'un sacrifice humain chez les Mayas.*

• Chez les Amérindiens, les sacrifices humains avaient pour but ultime la **fertilisation magique** de la terre, produite par l'action du soleil. Ils étaient inséparables de l'agriculture et des rites agraires : *verser du sang était indispensable pour que la terre, ainsi fécondée, produise des fruits.* Lorsque fut proclamée l'inviolabilité de la vie humaine, on remplaça les sacrifices humains par ceux d'animaux (76-93).

• Cette conception rejoint celle des *Veda* qui croyaient également à l'efficacité du sang pour entretenir la vie. Le sacrifice remplit une double fonction : il augmente la force vitale de la divinité et lui permet de continuer à exercer sur terre son action bienfaisante ; en même temps il fortifie l'homme qui prend part au culte, contre les forces de destruction, en lui donnant une nouvelle expansion de puissance vitale.

Le sacrifice védique, qui comportait autrefois 5 victimes : l'homme, le cheval, le taureau, la chèvre et le mouton (98-142), ne comporte actuellement que l'allumage du *feu* divin, l'offrande du *ghrita* (beurre clarifié) et du vin de *Soma,* et le chant de la parole sacrée.

L'adepte fait don de ce qu'il possède en son être à la nature divine et, en échange, bénéficie d'un enrichissement de sa nature humaine grâce à la générosité des dieux. Parallèlement, ceux-ci croissent, se développent mentalement et physiquement et créent, au-delà du ciel et de la terre, d'autres plans ou mondes supérieurs.

Dans cette perspective, le sacrifice est une progression vers la Vérité, la lumière ou le bonheur, à condition qu'il y ait *recours de la pensée en l'être humain à la Volonté et la Sagesse divines représentées par Agni, avec soumission, adoration et don de soi* (44-58).

## Sagittaire
*23 novembre-20 décembre*

Signe de Feu, double et masculin, le Sagittaire est le neuvième signe du zodiaque, domicile de Jupiter et lieu d'exil de Mercure. C'est le signe de la sagesse, de la philosophie, des idées générales, du législateur.

**Caractéristiques et qualités :** optimisme, goût des voyages, de l'exploration, intrépidité, enthousiasme, hardiesse, jugement, sens de l'honneur, jovialité.

En négatif : impatience fébrile, fanatisme excluant l'objectivité, présomption, confiance et enthousiasme aveugles, manque de réalisme.

**Gouverne :** les cuisses, les hanches, les artères et la circulation artérielle (122-55 et 14-38).

**Correspondances :** étain - turquoise - automne.

# SAISONS
*le rythme universel*

Autrefois, les Arabes et les Grecs connaissaient trois saisons : printemps, été et hiver alors que les Nordiques n'avaient que l'été et l'hiver ; puis les Grecs établirent l'automne, suivis par les Romains et les Gaulois.

• Toute la nature est assujettie au rythme universel des saisons, identique aux cycles diurnes divisés en trois parties visibles : lever du soleil, midi, coucher et une quatrième invisible, minuit, en rapport avec les quatre *âges* de l'homme : enfance, épanouissement, maturité, décrépitude.

• Les saisons sont en correspondance avec un élément : Hiver-Terre. Printemps-Air. Eté-Eau. Automne-Feu.

• Dans les contes et les légendes, l'**hiver** est symbolisé par le séjour d'une princesse dans un *souterrain,* un *puits,* un lieu obscur ou dans un *sommeil* prolongé dont elle sortira par l'intervention du Prince charmant, symbole du soleil nouveau ; par les dieux boiteux, manchots, estropiés, s'appuyant sur un bâton (Priape l'unipode) ; le grade maçon de *Simple ;* la caste hindoue des *parias ;* dans le culte de l'arbre, la *racine ;* dans la mythologie celtique, *Granus,* le paysan, la *graine sociale.*

• Les symboles du **printemps** sont les départs en voyage et surtout les *fuites* et fugues pour échapper à un persécuteur ou à l'amour d'une divinité ; l'animal *blanc* (jument) qui s'échappe, en rapport avec le Soleil naissant ; les génies ailés, symboles d'allègement, de libération ; le dieu Vulcain, symbole du soleil printanier ; le *Juif errant,* synthèse de toutes les fuites et de tous les voyages ; les porteurs de sabots des légendes ; le grade maçon de *Carpal* ou Averlan l'apprenti ; l'*Ouvrier* du Tour de France ; *Goeffrin,* le personnage du roman de chevalerie ; dans le culte de l'arbre, le tronc; la caste hindoue des Sûdras; au théâtre, Polichinelle.

• L'**été** correspond aux mythes aquatiques, dieux-poissons, baignades, immersions (Vishnou marchant sur les eaux), les fleuves d'oubli (le Léthé), symbolique qui s'est traduite dans le folklore par les mannequins précipités dans les rivières; dans les rites initiatiques, par la *trempe,* épreuve visant à assurer définitivement l'énergie du candidat et à le détacher de son passé (cela survit dans l'épreuve qu'on fait subir au passager lors de sa première traversée de la *ligne* ou Equateur, par mer); par Mars, image du soleil brûlant; les *soldats;* tout ce qui est riche et porte panache; la caste hindoue des *Kshatrias;* le grade maçon de *Maître* ou *Triple;* dans la société, la *noblesse;* dans la chevalerie, les personnages de *Galbinus, Galvaing* et *Gauvin;* dans le culte de l'arbre, le *fruit* mûr et doré.

• A l'**automne** correspondent les mythes du feu détruisant tout avant le renouvellement total: le mythe d'Héphaïstos qui forge les boucliers, les glaives et les flèches, corps et membres du Soleil nouveau; Argus et les espions des contes, du sorcier au marchand ambulant; tous ceux qui portent le masque (*Arlequin*); la caste hindoue des *Brahmanes*; le grade maçon de Pourple; dans le culte de l'arbre, la *racine* (121-126).

• L'antiquité chinoise a connu cinq saisons en correspondance avec les éléments, couleurs, etc., la cinquième étant très brève et faisant suite à l'été. Si, en Occident, les saisons commencent peu de temps après les solstices ou équinoxes, en Chine, elles débutent un ou deux mois plus tard. Ainsi lorsqu'ils parlent d'un prunier fleurissant en hiver, il s'agit du mois d'avril ou de mai.

Les saisons sont en correspondance avec une couleur, une plante: printemps - vert - pivoine; été - lotus; automne - chrysanthème - blanc; hiver - prunier.

La vie de l'homme, qui commence à la conception (un nouveau-né a déjà un an) est comparée aux quatre saisons: le printemps dure jusqu'à la 15e année; l'été de 16 à 29 ans; l'automne de 30 à 39 ans; l'hiver de 40 à 50 ans ou 60 (7-307).

## SAMSARA
*l'éternel recommencement*

Le mot *samsara* désigne la doctrine de la **transmigration des âmes.**
C'est la réincarnation sans fin, le cycle des existences, que les
doctrines indiennes ont tenté d'interrompre afin d'obtenir la délivrance de l'âme (37-194).

Selon la doctrine des *causes originelles,* l'ignorance est la cause
de ces réincarnations successives. Cet enchaînement des mondes
de la souffrance se divise en douze liens ou causes (*nîdânas*) correspondant aux signes du zodiaque et à des états de conscience
dans un ordre ascendant. Etats qui ne sont que l'extension des
quatre principes cardinaux : règles morales, garde des sens, maîtrise de soi et acquisition du contentement.
• Ce *devenir continu des causes et des effets* (98-193) est symbolisé par une *roue* qui tourne inexorablement (roue du zodiaque
également) et par le dieu hindou Yama qui est aussi l'incarnation
de l'amour, parce qu'*amour et mort sont conjoints, l'un alimen-
tant l'autre* (12-64).


## SANG
*le véhicule de la vie*

Le sang participe de la symbolique du rouge, du feu et s'apparente à celle du soleil : vie, force, vigueur. Dans le mythe grec
d'Adonis, il symbolise la **résurrection** de la nature au printemps
(le sang du dieu se change en anémone, première fleur du printemps et celui d'Aphrodite, son amante, colore les roses blanches
en rouge).
• Véhicule de la vie, il contient le **principe de la chaleur vitale,**
d'où l'interdiction faite par Moïse aux Hébreux de consommer
celui des animaux. C'est pourquoi les Anciens en ont fait le siège
des passions et des démons familiers ou *émanations divines* (83-93).
• C'est au sang, **principe de vie et de force** doté d'une vertu **purificatrice** que les Australiens et de nombreuses tribus dites primitives demandent un accroissement de vigueur : en s'enduisant le

corps de sang, ils pensent *augmenter le principe de vie et fortifier l'âme trop volatile.*

Dans ces tribus, le sang participe à toutes les cérémonies rituelles et sacrées : saignées accompagnant les offrandes de nourriture lors des rites d'initiation, aspersion de sang sur la pierre sacrée où demeure l'esprit d'un personnage mythique. *On boit du sang lors de certaines réunions de réconciliation.* Dans les rites de fertilité, on asperge le champ avec du sang de buffle, de porc ou de poule lors des nouvelles récoltes.

• La même idée préside aux sacrifices (humains d'abord, puis animaux) accompagnant les rites agraires des Aztèques et Mayas, le symbolisme du feu s'ajoutant à celui du sang (le Feu Nouveau était allumé par le prêtre, sur la poitrine de la victime sacrificielle étendue sur l'autel).

Ils attribuent au sang une **vertu curative** et en enduisent le corps des malades ou d'ocre rouge, équivalent «réel», à leurs yeux, du liquide vital.

Tiré du pénis, il acquiert une **vertu magique** et communique l'invulnérabilité.

Il est encore le **véhicule de l'âme**; aussi ne doit-il pas être répandu sur le sol au cours des sacrifices rituels (39-322).

• Pour les Chinois, le sang (*hsue*) frais et rouge est le symbole de la **vie**, le siège de l'âme, doté d'une force magique qu'il communique à tout ce qu'il touche; on *anime* les idoles en peignant l'œil avec du sang. Mais le contact du sang sale, du sang menstruel entraîne le malheur et la maladie (7-307).

◆ Le sang apparaissant dans les rêves est le symbole des **blessures secrètes de l'âme** se manifestant par un état d'**angoisse** incompréhensible dont la cause profonde réside souvent dans la vie quotidienne, trop disciplinée et refoulée (24-167).

## SANGLIER
*la force brutale*

Consacré à Diane, le sanglier incarne, dans le mythe d'Adonis, dieu mésopotamien de la végétation et du grain, symbole du soleil fécondant, l'**hiver** féroce : au solstice d'automne, le sanglier éventre le dieu qui fera une *descente aux enfers* (disparition sous l'horizon).

• On en a fait le symbole de la **destruction** et, dans la tradition chrétienne, celui du **démon,** en raison de sa goinfrerie et de son impétuosité.

• Au Japon, le porc sauvage (*inoshishi*) est l'emblème du **courage,** en mémoire des trois cents porcs qui sauvèrent le trône impérial de l'usurpateur Dô-kyô (77-172). Le sanglier défend l'entrée des temples consacrés à Wake-no-kiyomaro.

• En Chine, il est le symbole de la **débauche** et de la **violence** et apparaît au centre de la Roue de l'Existence bouddhique comme symbole de l'**ignorance,** de la **paresse** et de la **gloutonnerie.**

Douzième signe du zodiaque en relation avec le Nord, l'automne et l'eau, le sanglier (*zhu*) est le symbole de la **sensualité,** de l'**abondance** et de la **satisfaction.** Les années qu'il patronne sont excellentes pour les affaires et l'industrie, favorables au règlement à l'amiable des litiges, aux activités charitables et sociales, mais aussi aux excès de tous genres (118-241).

# SATURNE
## *le tic-tac fatal*

A l'origine, Saturne était un dieu rustique représenté armé d'une serpette de vigneron, qui enseignait l'art du jardinage. Dieu créateur allié à la puissance créatrice *Ops* ou Rhéa, il symbolisait le **progrès,** le principe régulateur de production vitale. Chassé de l'Olympe, il se réfugia en Italie où il perpétua les bienfaits de l'âge d'or institué par Janus.

• Il devint le symbole du **temps** avec, pour attributs, le sablier et la faux, identifié au Chronos grec (qui avait dévoré son père et tuait ses enfants pour ne pas subir le même sort).

• Pour les hermétistes, Saturne représente le Plomb, fondement de leur art, métal vil renfermant l'or en puissance ; la couleur noire, la fin et le début d'un cycle, le travail transformateur effectué, le changement provoqué par action sur la vitalité agissante ; l'arrêt, le déclin, la dématérialisation, la décrépitude, l'âge mûr, l'expérience et la mort (18-26).

• **En astrologie,** il incarne le **dépouillement,** la **fatalité,** la rigueur, le principe de conservation, d'où découlent **prévoyance, sérieux, maturité d'esprit, volonté** et **réflexion.**

Dans le thème individuel il apparaît comme un élément intellectuel qui règle l'utilisation de la mémoire, les fonctions d'**inhibition** et apporte du retard aux réflexes (100-73).

Sous son aspect négatif, Saturne se rattache au complexe de sevrage et à ses conséquences : peur de la vie, ennui, inadaptation, lenteur, paresse, fuite des responsabilités, maussaderie, repli sur soi et retour sur le passé, solitude, tristesse. *Le régime de Saturne est celui de l'inhibition et son climat affectif, celui du manque, de la privation, de la frustration, finalement du renoncement qui est un détachement... Les événements-types de Saturne... retards, entraves, coups de frein, limitations, abandons, séparations, pertes, sacrifices. On lui associe même spécialement... la misère, la pauvreté* (123-110).

**Correspondances :** a) *corporelles :* os, dents, cartilages, foie, oreille droite ; refroidissement, lésion du système nerveux, paralysie entravant la locomotion, faiblesse des jambes, constipation, surdité ; b) *morales :* avarice, méfiance, misanthropie ; c) *générales :* ruine des édifices, froid, brouillard, grêle ; d) *animales :* chameau, ours, âne, rat, taupe, chauve-souris, hibou, corbeau, tortue, crapaud, scarabée, araignée ; e) *végétales :* cyprès, frêne, ellébore, plantes narcotiques ; f) *minérales :* plomb, soufre, roches dures, pierres et terre noires ; g) *sites et divers :* espace désolé et aride, landes, désert, cimetière, prison, cachot, cave ; outil agricole.

# SAULE
*les plaisirs défendus*

En Chine, le saule (*liu*) est le symbole du **printemps,** souvent associé à l'érotisme : l'expression *sentiments de saule et vœux de fleurs* exprime le désir sexuel, *dormir parmi les fleurs et reposer sous les saules* signifie se rendre dans une maison de passe...

• Symbole d'**immortalité,** le saule est l'équivalent de l'acacia maçonnique ; mais le saule *mâle* qui ne porte pas de fruit, est un symbole de **pureté.**

• Le saule *pleureur* est associé à la tristesse et à la mort (1-849).

# SCARABÉE
*l'éternel retour*

Dans l'Egypte ancienne, le scarabée était un animal sacré, symbolisant l'**autocréation** : son apparition dans la boue du Nil fut attribuée à un phénomène de génération spontanée, sans le concours d'une femelle.

S'étant créé de sa propre matière comme le soleil semblait le faire chaque matin (124-83), il devint le symbole du démiurge *Khepara* qui préside au **Devenir cosmique.** *Quand il veut engendrer, il forme, avec de la bouse de bœuf, une boule à l'image du monde, qu'il roule avec ses pattes de derrière d'orient en occident... enfouit cette boule dans la terre pendant 28 jours et le 29e la jette dans l'eau.* On peut y voir l'image du cycle lunaire mensuel et, par extension, le **drame de l'initiation** : mort et nouvelle naissance en même temps que la résurrection des morts à laquelle ils croyaient.

• Sur les sarcophages, le scarabée aux ailes déployées roulant dans ses pattes la boule du monde, figure la **mort** et la nouvelle **naissance** du néophyte céleste.

*Scarabée aux ailes déployées. (124)*

• Symbole du **monde** qu'il façonne, il fut celui de l'**homme,** le *petit monde* (microcosme) dont parlent les Mystères, comme le monde est le *grand homme.*

• Cette boule fut également considérée comme le symbole du **soleil,** source de la vie, roulant à travers le ciel, Dieu *qui embrase le cœur et illumine l'esprit* (9-98).

• Intimement mêlé aux événements de la vie, il est le *psycho-pompe,* accompagnant les momies auxquelles ils garantissent la

résurrection ; et agent de **protection,** porté en amulette pour attirer le patronage de Khepara (124-84).

## SCEAU DE SALOMON
*le macrocosme*

Formée de deux triangles équilatéraux entrecroisés, l'un blanc,
l'autre noir, composant un hexagramme étoilé, cette figure est,
dans les traditions juive et alchimique, une **image du monde,**
l'*Etoile du Macrocosme* ou du *Monde en Grand,* le résumé de
la pensée hermétique.
• On y trouve les idéogrammes des éléments : feu (triangle blanc
à pointe en haut), eau (triangle noir renversé), air (triangle blanc
coupé par la base du triangle noir) et la terre (triangle noir coupé
par la base du triangle blanc).
  Le triangle blanc symbolise aussi Dieu ou les **forces d'évolution.** Le triangle noir, qui lui est opposé et complémentaire, l'**involution,** les forces terrestres.
• Selon certains occultistes, le triangle est le symbole du Christ
solaire des kabbalistes, inversé il est l'*idéogramme de l'Ombre
solaire* ou chute de la spiritualité de Satan, ce qui fait du sceau
l'image du *vrai Soleil englobant la bonne et la mauvaise influence*
(4-61).
• Le Sceau est l'une des expressions de la **Pierre philosophale,**
objectif du Grand Œuvre, englobant les sept métaux de l'art
royal (l'alchimie, qui consiste à transformer, purifier jusqu'à la
perfection les métaux imparfaits, à réaliser l'union du microcosme
humain et du macrocosme), les sept planètes résumant la totalité
du ciel : Argent-Lune-pointe supérieure, Plomb-Saturne-pointe
inférieure, Fer-Mars-pointe supérieure gauche, Vénus-Cuivre-
pointe supérieure droite, Jupiter-Etain-pointe inférieure gauche,
Mercure-Mercure-pointe inférieure droite, Or-Soleil-centre, lieu
de la perfection unique.
• Dans la symbolique maçonnique, le Sceau représente les Offi-
ciers : le Vénérable et les Surveillants qui dirigent la Loge forment
le triangle ascendant (blanc), tandis que triangle descendant figure
l'Orateur, le Secrétaire et les Couvreurs, organisateurs de la Loge.

• Proche du Sceau, la figure de l'Equerre et du Compas entre-croisés des Maçons, évoque l'idée de l'**infini,** l'Esprit et la Matière (109-20).

## SCEPTRE
*l'autorité*

Le sceptre se rattache à la symbolique du bâton et de ses dérivés (pilier, colonne, glaive, flèche, obélisque, phallus), attributs du dieu solaire *créateur* et symboles du Père, *éternel* dont les rayons fécondent la terre, *humain* lorsque le symbole est envisagé au niveau de la génération. Dans l'emblématique populaire ces idéogrammes prirent un sens phallique conforme à la signification ésotérique : créer, donner la vie.
• Le sceptre était associé au *cercle sacré* des Athéniens : les chefs des grandes familles, appelés *fils de Zeus,* portaient un sceptre spécial lorsqu'ils se rendaient à l'*agora* pour siéger dans le cercle sacré.
• Prolongement du bras et de la main, il est le symbole de l'**autorité** agissante et de la puissance.
• Le triple sceptre d'Egypte était composé d'un *fouet,* symbolisant la **domination** sur la matière, d'un *bâton,* le contrôle des sentiments et d'une *baguette,* domination de la pensée (5-109).
• En tant qu'*indice de la dignité royale... le sceptre appartient au groupe des symboles masculins* (25-157), rattaché au symbolisme de la baguette, du bâton. C'est le symbole de l'**axe** central comme le roi lui-même, intermédiaire entre Dieu et ses sujets, garant de la paix et de la justice.
• En Chine, le sceptre (*ru-yi*) est une sorte de porte-bonheur sculpté dans du bois ou du jade. Dans l'iconographie, associé au pinceau, il symbolise le **lettré** ; si l'on y ajoute un soulier d'argent en guise de monnaie, le tableau exprime des vœux de succès dans la profession et les affaires. Autrefois lors des cérémonies de mariage, la famille du marié remettait un sceptre à celle de la mariée (7-309).

## SCORPION
*le secret*

En Egypte le scorpion était consacré à la déesse Selket, associée à la mort, compagne d'Isis au cours de ses pérégrinations. Les Egyptiens croyaient qu'il ne s'attaquait jamais aux femmes (124-143).

• En raison de sa vie souterraine, le scorpion se rattache au serpent et symbolise le **mystère.**

• Il remplit une fonction **purificatrice,** car il *absorbe les poisons de la terre, la rendant ainsi accueillante, « enregistre » des forces négatives que le magicien sait rendre positives* (80-93).

## Scorpion
*23 octobre-22 novembre* ♏

Huitième signe du zodiaque, le Scorpion est un signe d'Eau, fixe, féminin et fécond, gouverné par Mars, énergie réceptrice et féminine.

**Correspondances:** froid, humide, nuit, obéissance, reptation. Métal: fer. Minéraux: topaze, aimant.

Correspondances physiques: organes sexuels et génitaux. Venin, virus, infections (122, 114 et 14).

**Caractéristiques:** persévérance, ténacité, énergie, jalousie, énorme puissance de travail.

En négatif: envie, cruauté, haine, auto-destruction ou destruction d'autrui.

## SEIN
*la tendresse*

Lié à la fécondité, au lait, le sein est un symbole d'**abondance** assimilé à la coupe à laquelle on étanche sa soif.

• Inséparable du lait maternel, il évoque la **protection,** l'amour et la tendresse.

• Dans la Chine ancienne, les sécrétions des seins ou *élixir de la poitrine* étaient l'un des éléments de la théorie de *la Médecine des Trois Pics,* avec la salive de la femme et les sécrétions vaginales (75-132).

• Dans l'iconographie, les seins des déesses symbolisent leur **pouvoir nutritif** (83-90).

◆ Dans les rêves, les seins sont un archétype de la mère, identique à l'apparition du monstre, du dragon, de la baleine et rappellent à l'individu la nécessité de se séparer définitivement du monde douillet de l'enfance afin d'affronter ses responsabilités d'adulte (25-105).

## SEIZE
*l'accomplissement*

Seize, carré de quatre, indique l'accomplissement de la puissance matérielle (1-857).

C'est aussi la somme des quatre premiers nombres impairs : $1 + 3 + 5 + 7 = 16$ qui, par addition théosophique donne $1 + 6 = 7$, nombre sacré. Certaines roses de cathédrales (ex. Strasbourg) ont seize rayons.

• L'Antiquité reconnaissait seize *plantes sacrées :* cataire (plante de la vitalité), centaurée (enchantements), chélidoine (triomphe), gui (salut), héliotrope (sincérité), jusquiame (mort), langue de chien (sympathie), lis (manifestation), mélisse (réconfort), ortie (bravoure), pervenche (fidélité), rose (initiation), sauge (vie), serpentaire (fluides), verveine (amour), virgo pastoris (fécondité).

## SEL
*la sagesse*

Substance primordiale, le *sel du baptême* est le symbole de la **nourriture spirituelle** et de l'**incorruptibilité.**

• Pour les alchimistes, il est à la base de tout ce qui prend forme.

Son action, combinée à celle du soufre et du mercure, produit tout ce qui s'engendre.

• *Principe stabilisateur des corps,* le sel est donc un symbole de **sagesse** et de **pondération.** Sa substance cristallisée devient le corps de la *Pierre des Sages* et les philosophes le consacrent à la *Vierge céleste,* qui féconde l'Esprit (18-16).

• Les Arabes et les Grecs en font le symbole de l'**amitié,** de l'**hospitalité** et de la parole donnée (avec le pain qu'on rompt).

• Au Japon, le sel (*shiö*) est un élément essentiel du culte, considéré comme un agent **purificateur** puissant parce qu'Izanagi s'est baigné dans la mer pour se purifier après avoir contemplé le cadavre d'Izanami.

Dans la vie courante, il est utilisé couramment comme protection contre le mal : devant la maison, matin et soir, ou après une visite importune, à la porte des restaurants, aspersion au retour d'une cérémonie funéraire. Avant de procéder au *misogi* (exercices de purification), on en jette dans la salle de bains. Plusieurs sanctuaires sont consacrés au Kami de sel, dont l'Okama-jinja, temple construit sur l'emplacement où le Kami a extrait du sel pour la première fois, qui contient quatre chaudrons ronds pleins d'eau de mer dont la couleur change lorsqu'une catastrophe menace le pays.

• Le *bain de mer* constitue l'une des formes de purification traditionnelles (77-140).

## SEMAINE
*la section de temps*

La division du temps en semaines remonte à la plus haute Antiquité et l'observation du septième jour fut pratiquée non seulement par les Hébreux, mais aussi par les Phéniciens et par divers pays orientaux. Les sept jours sont déjà symbolisés dans les mythes par les sept fils du Soleil dont le *septième est consacré à sa naissance.*

• En Chine, le septième jour, appelé le Grand Jour, les rois faisaient fermer les portes des maisons et, ce jour-là, le commerce était interdit. Chez les musulmans, il était consacré à Vénus-Uranis, longtemps avant l'avènement de Mahomet.

• Les jours de la semaine sont en correspondance avec une planète : dimanche-Soleil ; lundi-Lune ; mardi-Mars ; mercredi-Mercure ; jeudi-Jupiter ; vendredi-Vénus ; samedi-Saturne.

# SÉPHIROTH
*les mystères de la création*

L'Arbre des dix Séphiroth (singulier *sephira* = numération) ou *Arbre de Vie* constitue la base de la science kabbalistique et tend à expliquer les mystères de la création à l'aide des nombres. C'est une synthèse s'appliquant à toute chose, à toute idée, dans le Plan divin, intellectuel, affectif, matériel, une *logique universelle* qui nous permet d'entrevoir des mondes situés au-delà de notre horizon habituel et d'approcher des vérités difficilement accessibles à l'intelligence humaine.

Les Séphiroth sont les nombres simples de 1 à 10, ce dernier étant considéré comme le retour à l'Unité. Ils sont des attributs divins ou la manifestation de la *substance divine, Ayn Soph*.

A chacun d'eux sont reliées des idées, images, analogies, connaissances.

• Le **un**, *Kether,* est le point de départ de toutes choses, la première manifestation de l'Absolu, du 0 philosophique ; le 10 représente le Monde, la *Fiancée* de la Bible ou l'Univers créé et les nombres intermédiaires figurent le processus de création ou l'Univers en voie de création.

• Les séphiroth sont répartis en trois ternaires :
— 1, 2 et 3 forment un triangle à pointe supérieure, symbole de la **Trinité** spirituelle, du monde des archétypes contenant le Principe des choses en puissance de création, *Olam Atsilus*. Il domine l'Abîme.
— 4, 5 et 6 forment un triangle renversé, symbole du monde de la **Création** *Olam Briath,* renfermant les idées concrètes des choses, en puissance de création.
— 7, 8 et 9 forment le troisième triangle (inversé), le monde des **Formes,** *Olam Yetsirah,* le monde astral renfermant les images exactes des choses en voie de matérialisation, suivant la loi de

la Table d'Emeraude d'Hermès Trimégiste : *tout ce qui est en haut est comme ce qui est en bas.*

L'Arbre de vie se résume par la formule Y H V H.

• Voici les correspondances des Séphiroth :

**0**, *néant* - ouroboros - Dieu non manifesté - possibilités - camphre.

**1**, *Kether :* la Couronne, principe de tous les principes - éveil de la conscience - Neptune - Inspiration, création mentale - projets. Blanc - L'Espace. Ciel de Feu - phallus, aigle, fleur d'amandier, diamant, ambre gris, cygne (extase).

**2**, *Chokmah :* Sagesse, pensée créatrice : logos - l'Air et le souffle - principe féminin - passivité - parole - soutien dans les entreprises - obéissance - réconciliation. Infra-rouge - gris - musc - fleur d'amaranthe. Le Mouvement - yoni, sperme, turquoise, rubis.

**3**, *Binah :* intelligence, compréhension, conception des idées, Eau - Saint-Esprit - Chronos - matière des choses - souffle de vie - Force vitale - temps - eau - Océan - illusion. Processus de réalisation - accouchement - génie - savoir - union des sexes. Opium - myrrhe. Saturne - lys, saphir étoilé, perle, plomb.

**4**, *Chesed,* associée au Feu : Grâce, Miséricorde, Pouvoir qui donne et répand la vie - Jupiter. Ordre - solidité. Matérialisation - ministres - prélats. Constructions - monuments. Olivier - cèdre - pin. Bleu - saphir - améthyste. Chamois. Jupiter - plume d'autruche, cheval, foudre, sceptre.

**5**, *Geburah,* associée au zénith : Force, Rigueur, Sévérité ; correspondant au Devoir. Pouvoir créateur - réalisation des espérances - battements du cœur - nouveautés - nouvelles affaires - dissipation de la fortune - vol à main armée. Les 5 courants de Prana - opérations chirurgicales. Orties - piqûres d'insectes ou de serpents. Rouge. Mars - aigle - glaive, épée - Chêne - tabac - Fer.

**6**, *Tiphereth,* associée au Nadir : Beauté ; en rapport avec la Sensibilité : soleil - vigne. Vitalité abondante - renaissance. Chaleur - affection - abondance. Oliban. Diamant jaune. Soleil - lampe, rayons, diamant et or jaunes, acacia, vigne, grappe de raisins, orange.

**7**, *Netzah,* associée à l'Orient : Victoire, Fermeté ; reliée au Principe coordinateur gouvernant le monde : cycle accompli - force sexuelle - attirance - retour des choses perdues. Succès - production. Restitution. Vert. Vénus - rose - le rosier. Emeraude - benjoin - santal. Cuivre.

**8,** *Hod,* correspondant à l'Occident : Gloire, Splendeur ; la Loi immuable des choses : le Caducée, Mercure. Ecrits - parole - science - astrologie. Médecine : sensibilité - sensation - sympathique et vague. Commerçants - voleurs - écrivains. Perte d'objets. Instabilité. Papiers d'affaires - messagers - jaune clair - multicolore. Opale - storax. Le mercure.

**9,** *Yesod,* le Midi, Fondement, Base, énergies latentes et leur devenir : eau - miroir. Diane. Voyance - réflexion - rêves - stabilité par le changement. Fortune de source mystérieuse - voyages rémunérateurs. Photographies. Bleu clair - Quartz. Jasmin - ginseng - Argent - Lune.

**10,** *Malchuth,* le Nord. Royaume, Règne, Penser, Vouloir, Agir : Terre. Perséphone. Sphinx - prépare le retour à l'Unité. OEuvre réalisée - récolte - vieillesse - fertilité - conséquences de l'acte irrémédiablement accompli. Matérialité - lourdeur - gens bornés - lierre - saule - lys - Cristal de roche - Terre.

• Comme toute représentation symbolique du monde, cette échelle planétaire se continue par le royaume sombre des *Qliphots,* des Séphiroth noires et de l'*Arbre de la Mort,* situé au-dessous de la terre (81, 4 et 17).


# SEPT
*l'harmonie*

Dès l'Antiquité, le nombre sept apparut comme une manifestation de l'Ordre et de l'Organisation cosmiques.

• Nombre **solaire,** il figure sur les monuments de l'Antiquité avec la couronne aux sept rayons en rapport numérique avec les *sept cieux* de Zoroastre, les *sept bœufs* tirant le char du soleil dans les légendes nordiques et surtout avec les *sept planètes* divinisées par les Babyloniens qui formèrent les jours de la semaine à partir de leurs noms.

Ces divinités étaient symbolisées par sept étoiles, sept croix, sept bustes, sept autels flamboyants, sept couteaux plantés en terre ou sept arbres (121-47).

• Les planètes correspondent à 7 Plantes désignées par Hermès Trimégiste : Soleil - prêle. Vénus - verveine. Mercure - quintefeuille. Mars - plantain. Jupiter - plante à sucre. Saturne - asphodèle. Lune - Eglantine.

• Sept, qui régit le **Temps** et l'**Espace**, est, dans l'Ecriture, le **nombre complet** signifiant le *tout* ou l'*entier* de la chose à laquelle il est appliqué.

• Le solstice d'été a lieu quand le soleil passe dans le 7e signe zodiacal, le solstice d'hiver quand il a parcouru 7 signes à partir de ce dernier. Il y a 7 signes d'un équinoxe à l'autre. Ce qui recouvre la totalité du cycle solaire.

• Symbole d'**abondance** et expression de la **totalité divine,** le 7 est lié au passé culturel hébreu : l'année juive débutait dans l'allégresse à la nouvelle Lune du 7e mois, le *jour des Trompettes.* Tous les 7 ans, on fêtait l'Année du Sabbat appelée aussi *Année de Dispense :* on libérait les esclaves et on laissait la terre se reposer.

Au bout de 49 années lunaires (7 × 7), on célébrait *l'Année du Jubilé.* Le chandelier a 7 lampes ; il y a 7 sceaux, 7 trompettes, 7 plaies, etc.

• C'est le nombre de l'**ordre** et de l'organisation de l'espace : les astres errants ont donné naissance au concept des *sept cieux* traversés par l'âme lors de son retour vers l'Eternel, Principe Unique et Organisateur du monde, symbolisés par les *sept étages* des ziggourats, temples babyloniens unissant le Ciel et la Terre.

• Les sept étoiles de la Grande et de la Petite Ourse, les sept bœufs ou *Septem Triones,* ont donné le mot Septentrion.

• Pour les Anciens, ces sept planètes, sous leurs différents aspects, incarnent **tous les aspects possibles de la divinité** et des forces secrètes de la nature et de l'inconnu (4-48).

• Mais sept est aussi le nombre du **péché** (7 péchés capitaux) et, dans l'Ancien Testament, de l'expiation et de la vengeance (Caïn sera vengé 7 fois ; Lemec, son descendant 77 fois. Ce dernier vécut 777 ans) (135-161).

• Cette ambivalence s'applique au nombre 7 qui domine la révélation de saint Jean dans l'Apocalypse : symbole de l'**abondance** divine et nombre du **châtiment.**

• En Occident, le septénaire règle la **vie de l'homme :** après 7 mois de gestation le fœtus est viable. Sept marque les périodes de la vie : première enfance jusqu'à 7 ans, âge de raison ; $7 \times 2 = 14$, fin de l'enfance ; $7 \times 3 = 21$, majorité, fin de l'adolescence ; $7 \times 4 = 28$, jeunesse ; $7 \times 5 = 35$, âge adulte ; $7 \times 6 = 42$, maturité suivie par le déclin des forces (73).

• En Chine, sept (*qi*), nombre *yang,* est associé à la femme *yin* dont il régit le rythme de développement : à 7 mois, apparition des dents de lait qui seront perdues à 7 ans. A $7 \times 2 = 14$, s'ouvre la *route du yin* (apparition de la menstruation) qui se refermera à $7 \times 7 = 49$ ans (ménopause). Après la mort, l'âme se sépare progressivement du monde et de sa famille en passant par des périodes de 7 jours. Le 7e jour donne lieu à des rituels et à des offrandes précises. Le 49e jour, le mort est passé dans l'autre monde (7-312).

• En Egypte, sept était un symbole de **vie éternelle** et les dieux comme les défunts sont soumis au rythme septenaire : à la 7e heure de la nuit, la barque de Râ affronte le Serpent Apophis ; le défunt doit franchir *sept salles* et *sept portes* avant de parvenir aux plus hautes sphères de l'Amenti. Il était également un nombre **créateur.** Osiris passe 7 mois dans le sein de sa mère Nout, et dans certains temples, on déposait sa statue pendant 7 jours sur les branches d'un sycomore (attribut de Nout) ; les chrétiens des premiers siècles faisaient naître la Vierge Marie après 7 mois de gestation (4-49).

• En Perse, c'était un nombre sacré : il y avait 7 grades initiatiques du culte de Mithra : Corbeau - Griffon - Soldat - Lion - Perse - Héliodrome (courrier du Soleil) - Père.

• En Grèce, le septième jour était consacré à Apollon, né le 7e jour du mois, dieu Septime, de la Septième Porte, qui jouait d'une lyre à 7 cordes (heptacorde). De même la flûte de Pan a 7 tuyaux, symbole de l'**harmonie céleste.** La mythologie cite les 7 Hespérides, les 7 enfants de Niobé, les 7 Cyclopes, les 7 filles d'Astarté, les 7 portes et Cercles de l'Enfer…

• Sept est aussi le nombre de l'**initiation** féminine, dans la légende du *Graal* qui présente 7 pucelles défendues par 7 chevaliers affrontant le héros Galaad. Image indiquant au chevalier qu'il *doit libérer le «sept», lui rendre le rayonnement spirituel indispensable à la vie des hommes* (47-142). On le retrouve dans les sept grands

rites des Sioux : la Garde de l'Ame, le Rite de Purification, l'Imploration d'une Vision, la Danse face au Soleil, les Rites de Puberté, l'Apparentage et les Jeux de la Balle (12-89).
• C'est le nombre de la **virginité**, assimilé par les Pythagoriciens à Minerve, issue de la tête de Jupiter, donc sans Mère et déesse toujours vierge de la Raison (4 = 3, Matière + Esprit).

• Sept est le nombre de l'**accomplissement**, exprimé par le Chariot du Tarot et la Septième Séphira *Nezah,* Victoire.

• Le nombre 7, **perfection de la plénitude,** est un symbole commun à toutes les religions : mésopotamienne, sumérienne, hébraïque, grecque, perse, arabe, chrétienne, chinoise, hindoue, etc. L'Egypte comptait 7 dieux de lumière et 7 de ténèbres, prototypes des 7 Esprits de la Présence et des 7 diables des chrétiens.
• C'est le nombre de la **purification,** de la pénitence (7 ans pour chaque péché, libération des esclaves la 7e année, le deuil durait 7 jours, etc...).
• Le nombre 7 est **agent d'évolution :** la création a lieu en 7 jours, il y a 7 patriarches ; dans l'Apocalypse : 7 candélabres, 7 étoiles, 7 esprits, etc. Le nombre 7 est mentionné 700 fois dans l'Ancien et le Nouveau Testament, il renferme le secret de la vraie Croix aux six directions (+ le centre), *étendues indéfinies* se dirigeant vers le haut, le bas, la droite, la gauche, en avant et en arrière. *Dirigeant son regard vers ces 6 étendues comme vers un Nombre toujours égal, il achève le Monde ; il est le commencement et la fin ; en lui s'achèvent les 6 phases du Temps et c'est de lui qu'elles reçoivent leur extension indéfinie : c'est là le secret du nombre 7.*
• L'Islam compte 7 cieux, 7 terres, 7 enfers, 7 portes à son paradis, 7 prophètes associés par les Soufis aux 7 *organes subtils* et à une couleur : Adam-noir mat ; Noé-bleu ; Abraham-rouge ; Moïse-blanc ; David-jaune ; Jésus-noir lumineux ; Mahomet-vert (116-278). Lors du pèlerinage à la Mecque, on fait 7 fois le tour de la K'aba et 7 fois la distance entre les monts Cafâ et Marnia. L'âme des morts demeure 7 jours auprès de la tombe. Le nouveau-né reçoit son nom le 7e jour (73).
• Dans l'hindouisme, sept et un nombre entier obtenu en ajoutant les 3 principes divins aux 3 principes de l'univers et en intercalant un 7e principe d'union, celui de la Conscience de Vérité. Il joue un rôle important dans le système védique qui compte 7 délices (*sapta ratnâni*), 7 flammes d'Agni (*sapta archishah*),

7 rayons ou vaches (*sapta gâvah*), 7 rivières, 7 vaches ou mères nourricières (44-49).

# SERPENT
*la vie ou la mort*

Le serpent apparaît dans toutes les civilisations antiques sous diverses significations :
• Symbole de **vie** et de **vigueur** parce qu'il possède la propriété de changer de peau, retrouvant ainsi l'apparence de la jeunesse, il accompagne les divinités mythologiques qui président à la santé : Esculape, dieu guérisseur, incarnation de la vie intérieure et psychique, symbole du renouvellement perpétuel de la vie, deux serpents enroulés en spirale autour du Caducée pour figurer les courants ascendant et descendant de la **force universelle...**
• Dans son rôle de **protecteur**, il est l'*uraeus* (cobra), incarnation de la déesse Buto de la Basse-Egypte, qui crache du feu pour défendre ceux qui le portent. Il figure en compagnie du vautour (symbole de la Haute-Egypte) sur la double couronne du pharaon, il encercle la roue solaire ailée comme symbole de la **force créatrice.**
• Il remplit aussi la fonction de **psychopompe**, protégeant le défunt contre ses ennemis au cours de son voyage dans l'au-delà.
• Le serpent figure aussi l'ensemble des **cycles de la manifestation universelle** : dans la *Pistis Sophia* (attribuée à Valentin), le corps du serpent gnostique est partagé suivant le zodiaque (4-57).
• Il apparaît aussi comme le symbole de la **mort,** de Satan qu'on rencontre réuni au serpent de la vie, son opposé, dans l'*Amphisbène*. Cette figure porte une tête à chaque extrémité, l'une, blanche, ailée et couronnée représente l'*initié qui, par un sérieux travail sur lui-même, a dégagé le volatil du fixe, vaincu sa nature inférieure, décanté ses lies,* figurées par la partie noire. La torsion centrale représente la souffrance impliquée par cette recherche obstinée de spiritualité (136-94).

• L'art héraldique utilise l'image du serpent couronné donnant naissance à un enfant pour symboliser la **révélation** résultant de l'initiation ou naissance de l'initié avec *sa véritable dignité*.

Le reptile représente les forces cachées du monde souterrain procurant *la force invincible au chevalier* (47-190).

• On le rencontre également comme symbole de la **Terre** dans le *Livre des Morts* des Egyptiens, et relié à la **création** chez les Mayas-Chortis : l'accouplement ciel-terre duquel naît l'humanité maya-quiché est synthétisé par l'Oiseau-Serpent (ou serpent à plumes) *Quetzalcoatl,* présent dans l'iconographie sous l'aspect d'un oiseau de proie enfonçant ses griffes dans le corps d'un serpent pour en extraire le sang destiné à former le corps de l'homme civilisé (76-269).

Tandis que les Aztèques l'adoraient comme symbole du **pouvoir suprême,** de l'**Esprit unique** qui imprègne toutes les formes de l'univers (5-50).

• Dans le processus de création, *entourant l'Œuf cosmique* (le chaos), il symbolise la **fécondation** par l'*incubation de l'esprit vital divin,* des semences de toutes choses, ainsi dégagées des liens de la matière inerte par la puissance divine (83-20).

• Symbole **d'immortalité,** il s'enroule autour de l'arbre aux pommes d'or du jardin des Hespérides ou du hêtre de la forêt de Colchide qui abrite la Toison d'Or (35-266) ; encercle l'*Omphalos* ou la montagne cosmique (axes du monde), symbolisant l'*ensemble des cycles de la manifestation universelle* (35-263), la *Samsara,* l'enchaînement de l'être au cycle indéfini des renaissances, le parcours indéfini et renouvelé des existences.

*L'Ouroboros, serpent qui avale sa propre queue. (47)*

C'est également *Ouroboros,* le cercle vicieux, *l'indéfinité d'un cycle envisagé isolément, qui, pour l'état humain, et en raison de la présence de la condition temporelle, revêt l'aspect de la perpétuité (35-262) et des cycles universels.*

● Le serpent du paradis est le symbole de la **connaissance dangereuse** (découverte de la sexualité). De là à devenir un symbole phallique et **sexuel**, il n'y a qu'un pas, franchi par le serpent *tentateur,* porteur de forces dangereuses et maléfiques dont l'arme est la séduction employée par Eve (l'Anima).

● Le serpent-*kundalini* du Hatha-yoga figure l'**énergie cosmique et sexuelle,** la puissance vitale ou *libido,* endormie dans le chakra du pubis, qui doit être réveillée, vitalisée et dirigée vers le chakra du sommet de la tête (sublimation de la libido, union en Dieu) en passant par les centres vitaux intermédiaires. Sublimation comportant de nombreux écueils et échecs.

● Au centre de la *Roue de l'existence* bouddhiste, le serpent rouge brun représente la **haine.**

● En Inde, Vâsuki, le roi des serpents, est un symbole du savoir et de l'intelligence. Dans les épopées, les serpents sont de descendance divine et le serpent Cesa de la mythologie portant la terre est assimilé à *Ananta,* serpent étendu sur les eaux, personnification de l'**éternité** qui forme avec Vishnou Nârâyana (qui repose sur lui), la **triple manifestation de l'énergie** cosmique une et impérissable.

Les serpents y reçoivent encore actuellement, sous le nom de *nâg,* un culte reposant sur la peur et la fascination qu'ils provoquent et sur l'impression de mystère et d'étrangeté qui émane d'eux. L'iconographie les représente comme des personnages polycéphales à bonnet de cobra.

● En Chine, le Serpent (*she*) est l'un des quatre animaux venimeux, le 5e signe du zodiaque associé au Sud, au Printemps et au Feu. Il symbolise la **ruse,** la **méchanceté** et la **sournoiserie.**

Les années Serpent sont caractérisées par des contrastes : favorables aux négociations astucieuses, au commerce et à l'industrie, au règlement des conflits, à la vie sentimentale, mais aussi aux coups d'Etat, scandales, calamités et surprises de toutes sortes.

◆ Dans ses rapports avec l'inconscient collectif, l'ophidien symbolise à un niveau inférieur l'**agressivité,** à un niveau supérieur le **pouvoir** et la **sagesse** (5-49).

Il est le représentant de l'**inconscient** où se sont accumulés tous les facteurs rejetés, refoulés, méconnus ou ignorés et les possibi-

368 / *Le Dictionnaire des Symboles*

lités demeurées latentes en nous.

Ce sont ces forces très primitives, agglomérées en constellation, que met en jeu le serpent du rêve. Il est la manifestation d'une énergie psychique dormante prête à devenir agissante, en positif ou en négatif, en raison de l'ambivalence du symbolisme de cet animal à sang froid capable du pire (effroi, angoisse) comme du meilleur (propriétés curatives et salvatrices).

## SILEX
*la sécheresse*

Pour les Aztèques, le silex (*tecpatl*), signe du zodiaque, est l'emblème du Nord, en rapport avec la sécheresse, le froid, l'austérité, les sacrifices humains (le couteau de silex) et le nombre 18.

Ceux qui sont nés sous ce signe sont courageux, résistants, ont de la prestance et des idées arrêtées. Les femmes se font remarquer par leur habileté et leurs sérieuses qualités domestiques (125-104).

## SINGE
*l'habileté, la ruse*

Le singe fut un symbole du **temps**, la première horloge à eau de l'humanité : en effet, les Egyptiens découvrirent, vingt-cinq siècles avant notre ère qu'il urinait avec une régularité astronomique vingt-quatre fois par jour... Il y était adoré sous le nom de *Bais,* patron des arts et de la musique (121-106).

• Symbole de la **sagesse** et du **savoir,** un grand cynocéphale blanc est l'incarnation du dieu Toth (Hermès-Mercure), patron des lettrés, scribe divin qui inscrit la parole du dieu créateur Ptah et le verdict d'Anubis au moment de la pesée des âmes.

• En Inde, le singe était le symbole de l'**âme.** On y vénérait le dieu-singe *Hanuman* renommé pour son **savoir,** son **agilité,** sa **rapidité,** sa **force physique** et sa **fidélité** envers Rama qu'il protège dans sa fuite devant les géants, symbole des travaux pénibles de la régénération (32-199).

• Dans l'art héraldique, le singe *enchaîné* symbolise *le monde factice de l'agitation mentale* que le chevalier doit maîtriser, afin de laisser le champ libre à l'intelligence (47-187).

*Le singe enchaîné. (47)*

• Autrefois vénéré comme l'ancêtre de tous les Tibétains, le Singe (*hou*) est le neuvième signe du zodiaque chinois associé à l'été et au Métal, symbolisant l'**ingéniosité**, l'**optimisme**, la **diplomatie**, la **persévérance**, le goût de la spéculation.

Les années du Singe sont des périodes de progression, excitantes et amusantes, favorables aux entreprises impossibles et aux improvisations (118-180).

• Patron d'un jour du calendrier divinatoire aztèque, associé au dieu du jeu, le Singe (*ozomatli*) symbolise la **gaieté**, l'**humour**, la **joie de vivre**, le **bon sens** et l'**insolence** (125-108, 148).

Tandis que les Mayas le considéraient comme le symbole de la **dureté de sentiments**, de la barbarie et des vices (paresse), caractéristiques propres au troisième âge de la cosmogonie maya (76).

## SISTRE
*la musique céleste*

Le sistre (instrument de musique, formé d'un manche portant une lame métallique recourbée en fer à cheval et traversée de baguettes mobiles, qui rend des sons perçants lorsqu'on agite l'appareil) était utilisé dans le culte d'Isis pour chasser les démons.

La courbe supérieure symbolise *l'orbite de la lune* d'où la déesse exerçait ses attributions *en faisant mouvoir les quatre éléments figurés par les quatre crécelles du bas.*

Le chat, placé au centre, est l'*emblème de l'astre qui, par son influence sur la constitution des femmes, présidait spécialement à la génération...*

*Sistre rituel des bouddhistes. (90)*

• Les évolutions des crécelles et le bruit produit, reconnus comme le symbole du *mouvement et de la mixtion des éléments fondamentaux de toutes choses,* donnèrent naissance au symbolisme du son : tintement des cloches, charivari des plaques de métal accompagnant les sacrifices, etc. Aujourd'hui encore, le sistre continue à tinter sous forme de clochette accompagnant les divisions de la messe dans l'Eglise catholique (83-91).

# SIX
## la beauté

Six est le nombre de la **perfection,** de la beauté : la 6e Séphira de la kabbale, *Tiphereth,* signifie Beauté et Ornement (représentée par la planète Vénus) ; les 6 couleurs (trois primaires : bleu, jaune, rouge et trois dérivées : vert, orange et violet) (30-75). Le 6e arcane majeur du Tarot, l'Amoureux, est associé à Vénus-Ishtar, étoile du matin guerrière et amoureuse en tant qu'astre du couchant (17-289).

• Symbole de la **stabilité,** de l'**équilibre,** six est, selon les kabba-listes, le nombre de l'**union** et de la **fécondation.** Selon l'Avesta des Perses, le macrocosme fut créé en 6 périodes : 1) le Ciel en 45 jours ; 2) l'Eau en 60 jours ; 3) la Terre en 75 jours ; 4) les Végétaux en 30 jours ; 5) les Animaux en 80 jours ; 6) l'Homme en 75 Jours (total 365 jours). De là découlent les 6 Jours de la création par Jehovah chez les Hébreux et par Allah chez les Arabes.

• Il représente l'**universalité** et l'harmonie : c'est le nombre de l'hexagone et du Sceau de Salomon, roi qui édifia le temple sur 6 degrés et dont le trône était surélevé de 6 marches... et celui de la croix spatiale (6 directions).

On le retrouve dans l'étoile à 6 branches renfermant les quatre éléments caractérisés chacun par deux qualités (Feu, chaud et sec - Air, chaud et humide - Eau, humide et froide - Terre, froide et sèche).

• Dans l'Apocalypse, 666 est le Nombre de la Bête, incarnation de l'Esprit du mal qui désignerait Néron.

## SOLEIL
*la divinité primordiale*

Dans l'Antiquité, de nombreuses civilisations ont considéré le soleil comme Dieu lui-même ou bien comme l'aspect visible ou la manifestation de l'Etre suprême, faisant de l'astre le symbole du **pouvoir créateur.**

• Pour les théologiens, il est la **substance du pouvoir sacré** et l'image visible de son être intellectuel.

• Selon la doctrine orphique, le soleil placé au centre de l'univers, assure la cohésion et l'harmonie des planètes qui gravitent autour de lui par sa force attractive, et les effluves de ses rayons provoquent les mouvements des parties du cosmos. Dans les litanies, il est appelé la *chaîne* qui relie toutes choses, le principe d'attraction, le rédempteur qui délivre, en les vivifiant, les pouvoirs de la nature qu'il féconde (83-38).

• Le culte solaire fut commun à tous les peuples qui, de pasteurs nomades, devinrent agriculteurs, et donna naissance aux religions hindoues, musulmanes, au sabéisme, à l'ésotérisme de Zoroastre, au soufisme, au panthéisme, aux cultes de Baal, d'Hélios, de Sab (*le Très-Haut*), Zeus, Apollon, Jupiter, Amoun, Horus, Osiris, Harpocrate, Toum, Memmon, Cronos, Anton, Shamash, Haraktès, Phœbus, Bel (signifiant *Haut, Chef, Roi, Seigneur, Maître*), Ashur, Anouris, Adod, Jéhovah, Mithra, Uiracocha,...

• Le soleil fut considéré :
— soit sous ses différents aspects de **dieu trinitaire** : dieu *père* et créateur symbolisé par les rayons pétrifiés (obélisques, menhirs), symboles des rayons solaires ; le bâton, le sceptre, le phallus, les flèches, la main ; le dieu *berger, protecteur* par l'œil, l'aigle et la main et le *dieu-juge* ou *esprit-limite* par le disque, le bouclier et la main ;
— soit comme **dieu unique** avec, pour symboles : l'astre lui-même, l'auréole, les figures tournantes, la tonsure, les croix solaires, le disque (ailé ou avec ses rayons ou encore avec l'œil) et ses dérivés, rosace, chrysanthème, lotus, étoile solaire, boule (121-16).
• Les Egyptiens l'adoraient sous l'aspect du dieu unique Amon-Râ, l'*Un sans le second,* adoré sous son aspect trinitaire : Kepaa le matin, Râ à midi et Tum le soir (10 et 108). Ce soleil créateur possédait trois vertus symbolisées par les trois signes de *Vie* (croix ansée), *Force* (sceptre des dieux et rois) et *Durée* (ded, les quatre piliers du ciel vus en perspective et rayon solaire) (19-68).

Le soleil *couchant* était parfois représenté par un *œuf* (parce qu'il prend cette forme au moment de toucher l'horizon) qui passait dans le monde inférieur pour reparaître, sa coquille brisée, plein de vigueur, le lendemain matin ; *on l'appelait la flamme née de la flamme* (108-7).
• En Inde, le soleil levant est incarné par la belle et jeune déesse *Usas* qui *dissipe l'obscurité et resplendit dans son vêtement de lumière,* et par le dieu de l'aube, *Aruna*. Les deux aspects du soleil, passif et dynamique, sont représentés par : *Sourya* (symbolisé par un oiseau, un cheval, une roue ou un char), qui brille pour dissiper l'obscurité, la maladie et les Puissances néfastes et dispense la pluie, et *Savitar,* le divin moteur qui donne l'élan à la nature en général.

• Emblème de dieux et personnages puissants : Vishnou, Bouddha, du Christ (les 12 rayons représentent les apôtres) et de nombreux rois, le soleil — fait plutôt rare —, est incarné par une déesse dans le Sud de l'Arabie, *Ilat,* et au Japon par *Amaterasu,* aïeule lointaine de l'Empereur, qui devient de ce fait *l'être suprême dans le cosmos japonais.* Ce choix laisse transparaître *une certaine tendresse à l'égard du don adorable de la lumière, une douce gratitude pour tout ce qu'elle permet de voir — autant de traits qui ont caractérisé autrefois le sentiment religieux de bon nombre de peuples* (66-170).

• Pour les Amérindiens, la course du soleil, dans sa trajectoire diurne et annuelle, est le symbole du **cycle de la vie humaine**: naissance avec l'aurore, descente sous terre, renaissance triomphale à l'Orient.

L'astre *s'humanise pour élever le niveau de l'homme au plan du divin et il est le modèle du* **véritable homme.** Il représente la loi de l'**éternelle rénovation** (76-117).

• Tous les 52 ans, au moment de la coïncidence des calendriers solaire et divinatoire, Mayas et Aztèques pensaient que la vie de l'astre pouvait s'éteindre et, pour éviter la fin du monde, pratiquaient des rites exceptionnels afin d'apaiser les dieux: la fête du feu nouveau impliquant le sacrifice d'un homme.

• Dieu suprême des Incas, **créateur** et **animateur de toutes choses,** Viracocha est l'Esprit qui manifeste son pouvoir à travers le soleil, et son incarnation terrestre est le roi qui est ainsi *Fils du Soleil.* Les momies des souverains décédés, transportées sur la place du marché de Cuzco, recevaient la même vénération religieuse que les images des dieux.

Dans le somptueux temple de Cuzco, l'image anthropomorphe de Viracocha, placée face à l'Est, était entourée d'une infinité de rayons lumineux (127 et 126).

• Les *quatre soleils* sont, pour les Aztèques, les quatre âges de l'humanité qui ont précédé le cinquième (celui que nous vivons). Ils sont en relation avec les quatre éléments, les points cardinaux et une divinité.

Le premier soleil, *naui-Ocelotl* (quatre-Jaguar) associé à la Terre, au Nord et au dieu Tezcatlipoca, symbolise la course nocturne du soleil.

Le 2e *naui-Ehecatl* (quatre-Vent) associé à l'Air, à l'Ouest, au dieu Quetzalcoatl figuré par un singe soufflant, est le soleil couchant.

Le 3e, *naui-Quiahuitl* (quatre-Pluie ou soleil de la Pluie de Feu) associé au Feu, au Sud et au dieu Tlaloc, céda la place à *naui-Atl* (quatre-Eau), correspondant à l'Est, à Calchiuitlicue, déesse de l'eau, puis au cinquième soleil, *naui-Ollin* (quatre-Mouvement), dédié à Tonatiuh, qui sera détruit par des tremblements de terre. Le soleil du zénith est représenté par Huitzilopochtli.

• Mais les Aztèques croyaient qu'il fallait alimenter le soleil, lui fournir l'énergie nécessaire à sa course et surtout à sa résurrection quotidienne. D'où la coutume des sacrifices rituels, le sang humain (l'*Eau précieuse*) seul pouvant remplir cette fonction nourricière.

• Une fonction identique était remplie par les *promenades solaires,* rites en usage chez les Egyptiens, Hébreux, Phéniciens, Orientaux, aux moments des équinoxes, solstices et éclipses, pour assister le Soleil-Dieu pendant ces périodes difficiles de son cycle annuel. *Appuyés sur un bâton, ils marchaient continuellement en cercle pendant toute la durée des éclipses, espérant ainsi soutenir le soleil affaibli...*

• Au Japon, on faisait le tour du Fuji-Yama, la Montagne sainte, à Osaka, cent fois le tour des enceintes sacrées en chantant des litanies (136-123).

• A son passage au *zénith,* situé sur la perpendiculaire du temple, qui détermine la saison des pluies, le soleil peut voir tout l'univers. Mexicains et Mayas appelaient cet instant-type l'*œil du soleil* et le figuraient par un double cercle dans la représentation du dieu de la pluie Tlaloc à la place de l'œil (76-152).

• La *lumière* rayonnée par le soleil est l'intelligence cosmique et symbolise l'**intelligence**, la **connaissance** recherchée par tout candidat à l'initiation.

Connaissance obtenue en maçonnerie, après un périple initiatique (voir labyrinthe) identique à la trajectoire solaire de l'est à l'ouest, définissant les saisons qui correspondent aux étapes sur le sentier périlleux suivi par le candidat : naissance dans l'obscurité hivernale, percée des nuages menaçants au printemps, montée au zénith en été pour faire mûrir les épis et les fruits en triomphant des ennemis qui l'entourent, brumes automnales, chute avant le début de l'hiver, mort figurée à l'ouest où il découvre le *secret du renouvellement de l'existence* (108-188).

L'Etoile flamboyante suspendue au centre de la loge maçonnique, symbole de la divinité, représente aussi le soleil et ses innombrables bénédictions (108-61).

• Les *rayons solaires* transmettent à la terre les **influences célestes.** *Le rayon solaire allumant le foyer domestique symbolise la communication de l'énergie divine à la matrice du monde* comme il est l'axe qui fait tourner les roues céleste et terrestre (66-46). Comme l'arc-en-ciel, il est le pont par lequel Dieu descend vers l'homme et l'homme monte vers lui.

• En Inde, ces rayons sont assimilés à la flèche ainsi qu'aux cheveux de Shiva et l'astre est le principe et la fin de toute manifestation.

• Dans la mystique des Chortis (Mayas), ces rayons répandent la lumière matérielle et spirituelle qui éclaire le monde comme l'intelligence humaine, conférant aux choses un pouvoir magique qui disparaît avec le coucher du soleil (76-83).

• Le cycle solaire (solstices et équinoxes) donnait lieu à des fêtes de **fertilité** qui se sont perpétuées jusqu'à nos jours : la célébration de la naissance du soleil, au moment où il commence à monter dans le ciel le *25 décembre,* a été adoptée par les chrétiens, le Christ étant, dans un sens spirituel, le Soleil nouveau ; le *rameau* lustral servant aux rituels de flagellation purificatrice et aux exorcismes de l'équinoxe de printemps consacré à la résurrection puis à l'*ascension* du dieu solaire ; les feux du solstice d'été (feux de la Saint-Jean)...

• La *chaleur* du soleil qui échauffe le corps de l'homme et sa *lumière* qui l'éclaire sont, dans la Bible, le symbole de la Divinité qui embrase le cœur et se révèle à l'intelligence.

• Dans la Genèse, le nom du soleil désigne la **révélation** et la **doctrine.** Le soleil qui *s'arrête* manifeste la présence de Dieu, qui *se couche* désigne l'absence de la Divinité : *Et il arrivera en ce jour-là, dit le Seigneur l'Eternel, que je ferai coucher le soleil en plein midi* (Amos, VIII, 9.) — *Celle qui a engendré sept enfants rendra l'âme, son soleil se couchera pendant le jour* (Jér. XV, 9) (9-146).

• Mais le soleil revêt également un aspect **destructeur** en rapport avec sa chaleur parfois excessive et le principe de la sécheresse opposé au principe fécondant de la pluie.

Ce qui le met en rapport avec la **mort** : dans toutes les religions, il existe une tradition sur le *Soleil des Morts,* le Soleil sombre et les dieux solaires au visage noir (Osiris, Hadès...). Les gnostiques enseignaient que le *Soleil est double... — Soleil blanc et Soleil noir, Michaël et Samuël...,* qu'il est l'*emblème astronomique et cosmique des deux lumières opposées et des deux serpents* figurant *le bon et le mauvais,* le bien et le mal, Dieu et Satan. Notion qu'ils représentaient par l'enlacement des bons et mauvais rayons du Soleil (4-61).

*Figures tournantes représentant le soleil (Ornements de stèles conservées au Musée de Lion). (121)*

• La Bible lui attribue parfois la signification néfaste d'**ardeur dévorante,** de **fureur,** d'**égoïsme** (Job se loue de n'avoir pas adoré le soleil et la lune, c'est-à-dire de n'avoir pas eu foi en sa propre sagesse) (9-148).

• Cœur du monde, centre du système qu'il régit, le soleil figure au centre de la roue du *zodiaque* et joue un rôle primordial dans le thème de l'individu. Ses attributs définis par l'astrologie sont : chaud, sec, masculin, positif.

• XIXe arcane majeur du **Tarot,** le Soleil figure la double action de l'astre, lumineuse et calorique : 12 rayons droits et ondulés (en liaison avec le zodiaque, donc avec le cycle de l'année, des saisons).

Ce soleil de midi crée la vie, mais écrase brûle et dessèche aussi si l'eau lunaire fait défaut. La pluie d'or qu'il déverse représente la richesse spirituelle, celle du cœur, l'Or philosophique des alchimistes, réservé aux initiés.

Cette lame évoque la conquête de l'Age d'Or par la *saine raison solaire.* Elle nous rappelle que le bonheur terrestre est à la portée de ceux qui parviennent à résoudre les oppositions de leur nature, comme les Jumeaux qui, *librement associés... contribuent à débrouiller le chaos humanitaire.*

**Interprétation divinatoire :** fraternité, harmonie, arbitrage ; bonheur retrouvé. Honneurs, célébrité. Idéalisme incompatible avec la réalité. Irritabilité, susceptibilité (17-238).

• Le soleil du Tarot inclus dans un triangle, la première figure géométrique, est dans l'art héraldique, le symbole du **principe créateur** dévoilé aux hommes par la ternarité (47-179).


# SOMA
*l'ivresse sacrée*

---

La préparation et l'oblation du *soma* constituent un élément essentiel du sacrifice védique et se déroulent suivant un rituel compliqué, sur un emplacement sacré reproduisant la configuration de l'univers.

Elle requiert la présence de sept officiants et comporte trois feux (le *feu perpétuel*, le *feu des oblations* à la droite du précédent et le *feu du sud* en relation avec les mânes) nourris au moyen du *soma*.

La plante (*asclepias acida*) est soumise à trois pressurages : au matin, à midi et au soir, avec des pierres dans un mortier sacré, puis le jus est filtré, versé dans des coupes, mélangé à de l'eau, du lait, du lait caillé et de la farine. On en asperge le feu oriental, puis les participants absorbent le liquide sacré afin de s'associer à l'ivresse divine.

Le *soma* est l'âme d'Indra, et l'être divin ou esprit de la plante pressurée, réellement présent dans le breuvage sacré, renouvelle la vie du monde, celle des hommes et des dieux, communique à Indra une force magique, le rend capable d'accomplir des exploits et de remporter des victoires. C'est le breuvage des héros.

C'est aussi le breuvage d'**immortalité**, intermédiaire entre les hommes et les dieux, correspondant au breuvage céleste apporté aux humains par l'aigle d'Indra, le *feu à l'état liquide,* associé au soleil, identifié à la lune, et son oblation a une efficacité réellement cosmique, étendue à l'univers entier.

On lui reconnaît des propriétés curatives et magiques : rendre la vue aux aveugles, le mouvement aux paralytiques, assurer la prospérité et la longévité.

• Ce rite se rattache étroitement à celui de l'*Haoma,* centre du sacrifice mazdéen, pratiqué dans la Perse antique, breuvage auquel la liturgie avestique attribue des vertus de guérison, force, longévité, prospérité, sagesse et immortalité (129-250).

## SOUFRE
*le feu secret*

Pour les alchimistes, le soufre est la chaleur de la terre, le *feu réalisateur emprisonné dans le noyau de chaque être* et le principe constructeur de tout organisme. Ce feu est considéré par les maçons comme un aspect de la Lumière créatrice correspondant au Niveau, symbole de l'égalité originelle, à l'initiative masculine et au Soleil.

• Le Soufre, principe mâle symbole de l'Esprit, forme avec le Sel, principe neutre, symbole de la Sagesse et de la Science et le Mercure, principe femelle, attribut d'Hermès, les trois principes hermétiques correspondant à l'Esprit, à l'Intérieur, à l'Expansion, au mouvement centrifuge. Principes qui se retrouvent dans tous les corps : dans un œuf, le blanc est le Mercure, le jaune le Soufre et la coquille, le Sel.

• Pour les Soufis, le soufre désigne l'**acte spirituel,** tandis que dans la tradition chrétienne, il revêt un aspect infernal en rapport avec le symbolisme du jaune et représente l'**adultère,** *à cause de sa couleur et de sa combustion qui engendre une fumée suffocante. La pluie de soufre qui consume Sodome, est l'image énergique des passions dépravées qui dévorent le cœur des impies et abrutissent leur intelligence...*

• Dans le même ordre d'idées il est le symbole de la **culpabilité,** autrefois employé pour la purification des coupables (32-85).

# SPHÈRE
*l'univers, le pouvoir divin*

Chez les Anciens, la sphère était le symbole de l'Univers, de l'extrême limite, dans toutes les directions du **pouvoir** de la divinité suprême (la sphère portée par Atlas).

• Au centre, l'éther primordial était figuré par l'*iod,* 10e lettre de l'alphabet hébreu (l'iod se retrouve dans l'écriture avec le point sur la lettre i). Iod et sphère furent symbolisés, en Inde, par la fleur de lotus flottant sur les eaux-mères, dont les pétales renferment la totalité des vies à naître dans tous les règnes de la nature (136-69). Ce symbolisme se projette dans la *balle* (sphæra ourania), la boule, emblèmes de **Vie** et dans la *pomme.*

• Pour les stoïciens, pythagoriciens et néo-platoniciens, l'âme parfaite prenait la forme d'une sphère, une fois libérée du corps (121-44).

• Coupée par deux bandes transversales, ornée d'un croissant et de sept étoiles ou coupée en diagonale par deux cercles croisés et par le disque entouré des signes du zodiaque, elle symbolisait l'**intelligence divine.**

• La *demi-sphère* supérieure (le *dôme*) symbolise l'**aspiration religieuse** et l'hémisphère inférieur est un réceptacle qui se rattache au symbolisme du calice, de la coupe ou du vase (78-194).

• La sphère, chez les Egyptiens (globe ailé), représente la **matière** à l'état de sublimation (17-350).

# SPHINX
*le gardien*

Les tétramorphes, composés hybrides à tête d'homme (*androsphinx*), de bélier (*criosphinx*), d'épervier (*hiérocéphale*) qui se rencontrent chez les Assyriens, Egyptiens, Perses, Hittites, Phéniciens et autres cultures, sont des divinités solaires. En effet, les animaux qui le composent (lion, aigle, taureau) et l'ange figuraient les points cardinaux dans les cultes solaires indo-européens (121-133). Dans ces figures, le taureau est placé généralement en bas *pour montrer que la force du créateur est la fondation qui supporte tous les attributs* (83-90).

● Chez les Égyptiens, les sphinx, **maîtres du secret**, placés à l'entrée des sanctuaires, *en gardaient les mystères en avertissant ceux qui y pénétraient qu'ils devaient en dérober la connaissance aux profanes.* Ils possédaient la signification de *maîtres* ou *seigneurs* qui, comme la divinité, étaient cachés aux regards du peuple (9-101).

● Voici la signification symbolique du tétramorphe selon le Dr P. Carton :

*Les flancs du taureau représentent la matière corporelle, la nutrition abdominale, la lymphe, l'inertie de l'eau... le vice de la sensualité, en un mot, le tempérament lymphatique.*

*Les ailes de l'aigle représentent la force vitale, la nutrition thoracique, le sang, la mobilité de l'air, le sentiment avec ses exagérations passionnelles, en un mot, le tempérament sanguin.*

*La tête de l'homme représente l'esprit immatériel avec le siège de la pensée, le savoir terrestre, la terre, en un mot, le tempérament nerveux.*

*Les griffes et les membres du lion représentent le feu dévorant, la vigueur active et l'énergie unificatrice qui met en acte les instincts et les résolutions volontaires, avec plus ou moins d'intensité, en un mot le tempérament bilieux.*

*La sagesse antique avait tiré de l'énigme du sphinx les quatre règles fondamentales de la conduite humaine : savoir avec l'intelligence du cerveau humain ; vouloir avec la vigueur du lion ; oser ou s'élever avec la puissance audacieuse des ailes de l'aigle ; se taire avec la force massive et concentrée du taureau* (5-26).

● Le sphinx (KRVB) est l'ancêtre du *Chérubin* (dérivé de kéroub) qui marque le passage des emblèmes solaires dans la littérature chrétienne.

Le symbolisme originel du chérubin, exposé dans une vision d'Ézéchiel, se superpose exactement à celui du tétramorphe. *Ils avaient tous une face d'homme, tous quatre une face de lion à droite, tous quatre une face de bœuf à gauche et tous quatre une face d'aigle.* Chacune de ces figures est accompagnée d'une roue gigantesque et lumineuse, représentant les soleils des solstices et des équinoxes.

● Le KRVB, c'est encore le *griffon* des cultes solaires, regardé comme le gardien vigilant des trésors et symbole du dieu du Ciel Apollon-Phœbus (121-135).

• Le sphinx de la mythologie, monstre infernal mi-femme, mi-lion est, selon P. Diel, *le symbole de la débauche et de la domination perverse*, figurant *l'exaltation imaginative des désirs... sous sa forme active, banalement agitée devenant le danger qui ravage le monde... qui ne peut être vaincu que par l'intellect* (36-155).

• Pour le visiteur de tous les temps, le sphinx demeure un masque, le symbole du mystère insondable, comme l'écrit Georges Buraud : le sphinx est le *masque essentiel parce qu'il est une transposition de la face humaine (ou plutôt d'un mélange de la bête et de l'homme) qui ne manifeste la présence d'aucune individualité... le monstre de Gizeh qui survit à tous les temps parce qu'il regarde à travers le temps demeurera pour toujours l'Idée éternelle (au sens platonicien du mot) de ces simulacres de la face humaine* (138-14).

## SPIRALE
*l'évolution ou l'involution*

Le principe spiroïdal est fréquent dans la nature et fut répandu dès les premiers âges de l'humanité. Les spirales formées par le mouvement de l'eau, élément maternel et sacré, étaient les manifestations de la vie de l'univers considéré comme un *être animé,* donc les **images de la vie.** Elles symbolisaient aussi le **souffle** et peut-être le **feu** (rosaces solaires portant une spirale au centre, colonnes torses...) (121-149).

• Le principe spiroïdal est la forme de l'évolution. Chaque spire est un cycle et amorce celui qui suit. *Chaque cycle est la floraison de ceux qui l'ont précédé et prépare les conditions plus perfectionnées de celui qui suit* (113-157).

• La spirale, qui commande un mouvement *tourbillonnaire,* est par conséquent le symbole de l'**évolution** d'un état, d'une force, de la **mutation perpétuelle** et se rattache au symbolisme de la coquille, en rapport avec l'Eau, la Lune et la Femme (**fécondité,** naissance et régénération, amour et mariage).

• *Plane,* la spirale s'apparente au labyrinthe : évolution et invo-

lution (retour au centre). *Double,* elle est représentée par les serpents du caducée, la double hélice entourant le bâton brahmanique, les deux *canaux subtils* circulant de chaque côté de la *susumnâ*
symbolisant les fluides polarisés, les forces antagonistes, le rythme
alternatif du mouvement, de la vie, le *yang* et le *yin*...

*Représentation de la spirale (Nouvelle Guinée). (142)*

• Dans l'escalier en spirale des cathédrales médiévales, *la vis est
le sentier qui rampe invisible autour des murs de l'église,* par lequel
nous connaissons, sans être vus de personne, le secret de l'édifice
spirituel, dont la révélation n'appartient qu'à ceux qui s'élèvent
jusqu'au ciel (47-217).

## STÛPA
*le monument de la doctrine*

Monument caractéristique de l'Inde bouddhique, pouvant être
à la fois tombeau, reliquaire et cénotaphe, le stûpa est un symbole
cosmique, la synthèse du *dharma,* la loi, le verbe suprême manifesté par la parole du Bouddha dont, à l'origine, il fut le symbole.
   Identique au *chorten* tibétain, le stûpa se compose d'un socle
carré représentant la fondation solide de la Terre, sur lequel les
quatre degrés du Savoir donnent accès au Globe de l'Eau sur-

monté par un Cône de Feu. Au sommet de ce dernier se trouve la Soucoupe d'Air et au-dessus l'Axe du Monde qui dépasse (la *goutte flamboyante* des Tibétains) et permet la *sortie du cosmos* vers l'Ether, symbole de l'Esprit.

• Le stûpa résume les étapes de la vie humaine : naissance et vie sur la terre (carré) — acquisition de connaissances (marches) — les épreuves de la vie (cône) — sortie — entrée dans l'Esprit (3).

## SWASTIKA
*les cycles éternels*

Symbole universel, le swastika se rattache aux *figures tournantes,* symboles solaires (croix préchrétienne à bras égaux, triscèles, tétrascèles, swastikoïdes de tous genres) qui, à l'origine *répondaient à une idée de brassage, de barattement, si l'on peut dire, des substances séminales dans les coupes maternelles, en même temps qu'au mouvement solaire* (121-157). Le swastika figurait le mouvement de la voûte céleste qui se communiquait *aux êtres et aux choses, animant les uns et mouvant les autres. De ce mouvement découlait la vie, qui primitivement, était considérée comme divine* (17-248).

*La rotation du soleil : l'extrémité prend la forme de « pieds » ou de « pattes », idée qui a donné naissance au Swastika.   (121)*

• Il fut en Inde, le symbole du **soleil,** du **feu** et de la **lumière**, souvent associé à la roue solaire et au foudre.
• Image d'un mouvement de rotation autour d'un centre immobile, le swastika est un symbole de l'*action du Principe à l'égard du monde* (35-158), de manifestation, de **cycle** et de renouvellement perpétuel.
• En Chine, le swastika (*Lei-Wen :* rouleau du tonnerre) est un

symbole de l'**infini** qui indiquait autrefois les quatre orients, et fut ensuite employé pour désigner le nombre *dix mille* ou nombre de l'infini. Il devint plus tard le *sceau du cœur de Bouddha*.

• Le swastika a joué un rôle *magique* important dans la science pantaculaire, comme porte-bonheur. Mais il n'est favorable que si ses branches coudées sont tournées vers la droite ; dans le sens inverse, il exerce une influence néfaste et on l'appelle *sauvastika*.

*Swastika préhistorique des Indiens d'Amérique du Nord.(144)*

# T

## TABAC
*le lien avec les Esprits*

L'usage que faisaient du tabac les anciens Américains, était avant tout d'ordre religieux. Il participait aux rites de puberté, funérailles, cérémonies précédant les expéditions guerrières, fêtes de la nouvelle année... Les chamans s'en servaient pour établir le contact avec les esprits afin de préserver un patient de la maladie...

Le tabac était parfois avalé ou cuit en décoction avec le datura, plus souvent fumé mélangé à d'autres plantes, dans le *Calumet* pour conclure un pacte, faire tomber la pluie, sceller une amitié, etc.
• Dans le rite du calumet des Sioux, le *tabac* est considéré comme le symbole de l'homme et au niveau macrocosmique, de l'univers ; le médiateur entre l'homme et la divinité. La *pipe* est l'**axe** réunissant les hommes aux puissances surnaturelles ; son *tuyau* creux le **lien**, le moyen de communication à travers lequel s'établissent les contacts.

Le *feu* qui consume les feuilles de tabac représente Dieu ; la *fumée* dégagée marque la présence spirituelle de l'homme en face de la présence surnaturelle de Dieu : en s'élevant, la fumée sacrée emporte le message du Sioux et exprime sa sincérité. Avec elle, il absorbe le *parfum de la Grâce,* s'exhale vers l'infini, l'Espace divin incarné dans le feu de la pipe sacrée.

L'Indien offre une bouffée aux *six directions cardinales (nord, sud, est, ouest, nadir, zénith)* et fait circuler la pipe parmi les participants dans le sens de la marche du soleil.

# TABLE
*la communion spirituelle*

La table est associée à l'idée de **réunion,** de repas, de communion (Table Ronde des Chevaliers du Graal, du Cénacle...).

• Symbole de la révélation du secret, la *Table d'Emeraude* est un document d'origine égyptienne attribué à Hermès Trismégiste, réparti en 12 versets.

Elle comporte des correspondances symboliques avec les signes du zodiaque, traduisant le déroulement naturel des choses sur tous les plans. Elle aurait servi de fil conducteur aux alchimistes dans leurs recherches.

# TABLIER
*le labeur*

Porté au Moyen Age par les Compagnons, constructeurs de cathédrales, le tablier était l'ornement essentiel des Maçons, *Constructeurs du Temple symbolique de l'Humanité de demain.* A l'origine, il comportait une ceinture magnétisée *destinée à contenir un disque de matière éthérique, séparant de la partie inférieure la partie supérieure du corps afin que les énergies formidables que le cérémonial maçonnique avait pour objet de mettre en mouvement, ne puissent gagner la région inférieure du corps* (108-87).

Fait de peau d'agneau, symbole de **pureté,** le tablier de *l'Apprenti,* emblème du travail, porte une bavette relevée formant une figure à cinq pointes, symbole de l'**homme quintuple.** Le *Compagnon* le porte la bavette rabattue, celui du *Maître* est doublé de rouge (109-291).

• Doublé et bordé de bleu, le tablier du Maître de la Grande Loge d'Angleterre porte deux lignes d'influence ou d'énergie spirituelle se terminant chacune par sept lignes d'argent indiquant les couleurs du prisme et symbolisant les sept tempéraments (108-89).

# TAI-KI, TAO
*le principe ultime*

Le *cercle-spirale,* l'un des plus vieux motifs décoratifs connus en Chine où il a probablement eu une signification cosmique, fut adopté par les néo-confucianistes Song pour exprimer le concept, base de leur philosophie, exposé dans le *Livre des Mutations* (*Yi-king*).

Dans un cercle signifiant l'**Ultime** ou l'**Absolu**, le *yin* et le *yang* se confondent et s'engendrent mutuellement dans un mouvement circulaire perpétuel. *Quand le yang est à son apogée, il se change en yin... alors yin grandit et quand il a atteint son maximum il se change en yang. En effet, yang recèle un élément yin* (la tache noire), *et yin recèle l'embryon de yang* (la tache blanche) ce qui assure leur interaction.

De cette perception précoce de l'existence d'un élément féminin plus ou moins prononcé dans le psychisme masculin et d'un élément masculin dans le psychisme féminin, découle leur choix de symboles nuancés pour représenter la nature mâle et femelle. Dragon Vert (petit *yang*) et Tigre Blanc (petit *yin*) au lieu de Oiseau rouge (*yang*) et Guerrier sombre (*yin*) sont en effet moins tranchés que les vieilles images occidentales : ciel-terre...

• **L'Unité**, principe abstrait, est à l'origine de toute existence. Lorsqu'elle se mit en mouvement, son souffle produisit le principe mâle *yang* ; elle se reposa et produisit le principe femelle *yin*. Ces deux principes furent vitalisés par *ki,* le souffle de la nature qui donna ainsi naissance aux *cinq états de mutation* (éléments) qui produisirent les *dix mille choses,* suivant les lois immuables (*li*), obéissant à des principes mathématiques qui régissent le cosmos (*so*) (103-16).

Cet idéogramme, l'*Am duong,* est l'expression orientale du dogme de l'*androgynie,* le double principe de la Vie universelle, de toutes les dualités.

• **Le yin,** élément femelle, procède de ce qui est obscur, négatif, froid, féminin, existentiel, potentiel et naturel : nuit, ténèbres du chaos primordial, fécondité, Ouest et régions septentrionales, Terre-Mère, jardin, quiétude, coagulation alchimique, lune, eaux, argent, perle, les forces de contraction, de condensation et de rétraction. Sa contrepartie dans l'organisme est la chair.

Au niveau individuel : l'aspect maternel, l'indulgence et la sagesse, la passivité, la douceur, la gentillesse.

• Le **yang**, élément mâle, naît de la virtualité ; lumière surgissant des ténèbres, il s'actualise et devient l'essentiel. Sont yang, positifs : le mouvement, l'été et le soleil d'Est, la clarté, le jour, les régions méridionales, l'énergie solaire, la maison, l'or et le jade. En alchimie, la solution. Les forces d'expansion, de dissipation et d'évolution.

Au niveau individuel : l'aspect paternel, la méthode, la justice, la sévérité. Dans le corps : les os.

• L'alternance du *yin* et du *yang* régit tous les **changements** dans le monde manifesté, tous les **rythmes** cosmiques, humains, physiques (saisons, cœur, etc.), règle la vie de l'homme, des animaux et des végétaux, la vie psychologique (alternance de la joie et de la douleur, de la dilatation et de la concentration).

Son équivalent japonais est le *tomoë,* comportant une triple spirale (77-239).

*Le Taï-ki.*

• Le **Taï-ki,** cercle de l'Unité (monade) figure le TAO, l'unité indissoluble du cosmos et de l'homme, l'Ordre Suprême. Véritable philosophie de la *responsabilité humaine,* le Tao indique à l'homme la *Voie* (celle du Ciel, des Astres et du Soleil en perpétuel mouvement influençant la terre), le principe qui doit guider sa conduite afin qu'elle ne dérange pas l'ordre et la marche du monde, car il est responsable de l'Harmonie universelle (69 et 86).

• Le **Tao,** c'est *l'esprit qui anime le changement cosmique... l'éternel devenir qui, à l'exemple du dragon — symbole prisé des taoïstes — s'enroule sur lui-même... l'Esprit même de l'Univers... le principe éternel dont participe toute vie et qu'en même temps il transcende... Il est le principe immuable qui préside aux transformations du monde de la multiplicité* (86).

On atteint cet état d'équilibre intérieur par la méditation et une discipline de vie, valable pour la communauté des hommes, consignée dans le *Tao-te-king* ou Livre de la Voie et de la Vertu.

## TALISMAN
*la conjuration de la peur*

---

Un peu plus élaboré que l'amulette, le talisman (*Telesma* = objet consacré) est lui aussi destiné à la protection ou à l'obtention de certains pouvoirs et exerce une action magique en fonction d'un raisonnement symbolique et analogique. Il a un but déterminé et précis et sa fabrication répond à des lois et à des correspondances.

Les premiers talismans furent des représentations d'animaux dangereux : serpent, loup... En *flattant* l'«âme» de l'animal féroce, on pensait se protéger de ses attaques. On trouve aussi des bijoux, gemmes, herbes, parchemins recouverts de caractères mystérieux, etc.

## TAROT
*l'itinéraire spirituel*

---

Jeu de cartes dont l'origine est très ancienne, le Tarot est la survivance d'une sagesse ancienne, *un réceptacle du fonds commun à tous les mythes, ce que Jung appelait la mémoire collective* (79-302).

Utilisé pour la divination et comme procédé initiatique, le Tarot comporte 78 cartes ou lames (nombre représentant la somme des 12 premiers nombres) séparées en deux catégories.

• La première comprend 22 cartes ou **arcanes majeurs** (22 = nombre de lettres de l'alphabet hébraïque) qui sont autant d'archétypes : le Bateleur - la Papesse - l'Impératrice - l'Empereur - le Pape - l'Amoureux - le Chariot - la Justice - l'Ermite - la Roue de la Fortune - la Force - le Pendu - la Mort - la Tempérance - le Diable - la Maison-Dieu - l'Etoile - la Lune - le Soleil - le Jugement - le Monde - le Mat ou Fou qui ne porte aucun numéro (voir à chaque lame l'interprétation symbolique).

Cette série d'arcanes exprime les progrès et avatars de l'évolution humaine et cosmique.

• La seconde partie comprend 56 **arcanes mineurs** répartis en quatre séries, symbolisant les éléments (le jeu de cartes ordinaire dérive des arcanes mineurs) :

— Lames de **Coupe**, correspondant à l'eau, à la Fécondité et à la Sensibilité, à *la réceptivité féminine intellectuelle et physique : la Mère.*

Interprétation divinatoire : *As :* la femme, la maison, le foyer ; *II :* intimité amoureuse ou amicale ; *III :* l'amour total ; *IV :* la famille ; *V :* la jalousie ; *VI :* les amis ; *VII :* un événement heureux ; *VIII :* la fête ; *IX :* la joie ; *X :* la ville, *Valet :* un amoureux ; *Cavalier :* un passionné ; *Reine :* la consultante ou amie, fille, mère ; *Roi :* le consultant, l'ami, le fils, le père.

— Lames d'**Epée,** en rapport avec l'Air et l'Action. C'est *le glaive de l'évocateur, arme qui dessine une croix et rappelle l'union féconde des deux principes mâle et femelle, fusion, coopération des contraires,* symbole de l'action pénétrante du Verbe ou du Fils.

Interprétation divinatoire : *As :* le mariage ; *II :* décision à prendre ; *III :* décision obligatoire ; *IV :* protection ; *V :* trahison, peine ou perte ; *VI :* l'inconnu ; *VII :* deuil, renoncement ; *VIII :* haute protection ; *IX :* attente ; *X :* l'avenir lointain ; *Valet :* le Destin ; *Cavalier :* la fatalité ; *Reine :* l'inéluctable ; *Roi :* avocat, médecin, comédien ou juge.

— Lames de **Bâton** ou *baguette magique,* correspondant au Feu et à la Vie ; *insigne du commandement, sceptre de domination virile, emblême du pouvoir générateur mâle : le Père.*

Interprétation divinatoire : *As :* la Force, l'activité, l'amour érotique; *II:* la lutte; *III:* un obstacle; *IV:* les affaires, la terre; *V:* l'homme inconnu; *VI:* la colère, la révolte; *VII:* la parole, les échanges; *VIII:* le voyage; *IX:* l'acheminement; *X:* l'étranger; *Valet:* l'homme dans sa vie amoureuse; *Cavalier:* événement brusque concernant l'amour ou l'activité; *Reine:* l'indépendante; *Roi:* homme combatif et ambitieux.

— Lames de **Denier** en relation avec la Terre, exprimant la Possession : *disque pantaculaire, matière condensatrice d'action spirituelle; synthèse ramenant le ternaire à l'unité, Trinité ou Tri-unité.*

Interprétation divinatoire : *As:* l'argent, la concrétisation d'une affaire; *II:* les échanges; *III:* la naissance, l'éclosion; *IV:* l'héritage, somme d'argent, résultat d'une affaire; *V:* l'initiative, pensée présente de quelqu'un; *VI:* une petite somme ou une affaire incertaine; *VII:* la certitude; *VIII:* une situation; *IX:* une réussite; *X:* la fortune; *Valet:* une proposition d'affaire; *Cavalier:* réussite inespérée; *Reine:* femme ayant le sens des réalités; *Roi:* un homme d'affaires ou un homme fortuné, la direction d'une affaire (114).

## Symbolisme du Tarot

Projection de l'inconscient collectif, le Tarot s'appuie sur :

— le symbolisme de l'**espace** (avec une inversion de sens par rapport à l'interprétation usuelle). Un personnage vu de face ou assis exprime une action statique (la Justice); tourné vers la gauche, il a un rôle actif ou matériel (l'Empereur); vers la droite, il traduit le retour sur soi dans la spiritualité ou la méditation; debout, il est dynamique ou actif.

— Le symbolisme **corporel**. La tête : la pensée. Le cou : importance de l'affectivité. Le buste : l'affectivité. L'abdomen : l'instinctivité. Les membres (main, pied, bras) ont une signification conforme au symbolisme spatial. Les cheveux : force instinctive féminine. La barbe : virilité.

— Le symbolisme des **vêtements**. Un collier : la dépendance. La ceinture : domination des instincts. Les coiffures : soumission à une autorité matérielle ou spirituelle.

— Le symbolisme des **couleurs**. Blanc : la lumière ou la Sagesse divine. Noir : les ténèbres. Rouge : feu ou amour divin. Jaune :

la révélation. Bleu : la vie. Vert : la manifestation de la Sagesse et de la Bonté divines dans l'acte.
— Le symbolisme des **nombres**.

# TAUREAU
*la force divine*

Le taureau est un symbole de la **puissance** et de la **force créatrice divines** : le taureau sauvage brisant l'œuf du chaos avec ses cornes figurait autrefois le Créateur délivrant les semences fécondes des entraves de la matière inerte. Dans l'iconographie, à la tête de l'animal étaient joints les organes générateurs indiquant l'application de la puissance du Créateur à la création des êtres sensibles (83).

• En Inde, il s'associe à la vache comme symboles mâle et femelle, générateur et nutritif, du pouvoir de la divinité (83-31). Shiva a pour monture le taureau Nandi, symbole de la justice, de la force et de la loi (*dharma*). *Vrishabha*, le taureau védique, mâle et puissant est assimilé au *Soma, Père de l'abondance, taureau suprême, pommelé dans toute la variété de sa manifestation* (44-119). Chaque pied du taureau figure un âge (*yuga*) du cycle total (*maha-yana*) et à chaque âge il perd un pied.

Ce Taureau-Dharma est le bison (symbole de l'univers, de la totalité des formes manifestées) de la mythologie des Sioux, incarnation animale du principe Terre manifestée dans la terre visible.

Chacune de ses parties correspond à une catégorie de la création et ses pieds aux quatre âges cosmogoniques. Placé à l'Ouest au début du cycle, il retient les eaux qui menacent la terre.

Chaque année, il perd un poil et à chaque âge cyclique, un pied. Lorsqu'il aura perdu tous ses poils et ses quatre pieds, les eaux inonderont la terre, ce sera la fin du cycle (13-40, 148).

• Symbole de **fécondité**, dans les civilisations archaïques il s'associe aux divinités atmosphériques : son beuglement est assimilé à l'ouragan et au tonnerre ; ses cornes au croissant de lune.

• Symbole de la **virilité**, de la force génératrice de la nature, il représentait le Nil, agent de la fécondité de l'Egypte. Le taureau *Onuphis* était consacré à Amon générateur et passait pour l'incarnation d'Osiris, dieu de la mort et de la résurrection (124-112), et la vache *Masré,* génératrice du soleil, était l'attribut de *Neith,* mère du dieu Phré (le soleil). Le taureau *Apis,* porteur de l'uraeus et du disque solaire entre ses cornes (Mnevis latin), était un symbole de fécondité protecteur des troupeaux, associé à Osiris.

Sur les monuments égyptiens, il désigne la **force** et la **puissance** (9).

◆ Le taureau des rêves rejoint la symbolique du rouge et du sang et incarne les **forces naturelles** (en particulier **sexuelles**) puissantes, prêtes à l'action, mais qui doivent être contrôlées, car le rêveur risque d'en être la victime. Il *renferme une impulsivité aveugle et indomptée* (24-275).

## Taureau
*21 avril-20 mai*

Deuxième signe du zodiaque, situé entre l'équinoxe d'automne et le solstice de printemps, le Taureau symbolise la solidité, la fécondité, la force végétative placide féminine, l'obstination.

**Correspondances :** Terre, Froid, Sécheresse — Nuit, Printemps, Féminité, Fécondité. Parties du corps : nuque, cou. Métaux : bronze, laiton. Minéraux : albâtre, corail blanc, agate.

**Planètes :** Vénus y a son domicile nocturne — Mars s'y trouve en exil — la Lune en exaltation.

**Caractéristiques :** possession, attachement, désir, patience, fixité, force, labeur, persévérance, ténacité, colère, beauté.

En négatif : le soin excessif de jouissances et de possessions, sensualité, obstination, lourdeur, avarice (114, 122 et 14).

## TEMPÉRANCE
*l'équilibre dynamique*

Le XIV⁰ arcane majeur du **Tarot**, entre la Mort (du corps, de l'*ego*) et le Diable (la tentation, l'enchaînement aux passions), nous présente une jeune fille versant un liquide d'une urne d'argent (influence lunaire, sensibilité) dans une urne d'or (conscience, raison), polarités différentes déterminant un courant, le fluide cosmique, l'énergie fondamentale qui se sert de tous les éléments opposés pour construire, créer ou défaire. C'est le libre passage des énergies vitales d'un niveau de la personnalité à l'autre par la liquidation des complexes et inhibitions et par la sublimation des désirs inadaptés.

Ses ailes représentent la spiritualité, sa robe rouge l'*activité spirituelle intérieure,* sa cape bleue, *la sérénité animique* et la bordure verte, *les tendances à la vitalisation.*

La Tempérance nous dit que la vie se maintient par l'alliance des énergies, l'union des tendances opposées et nous invite à un comportement équilibré et harmonieux, à la modération. Cette conciliation des contraires est la première étape de l'initiation, la première opération du Grand Œuvre alchimique.

**Interprétation divinatoire:** égalité d'humeur, calme apaisant, santé, désintéressement, résignation, impassibilité. Nature instable et changeante, froideur, apathie, impressionnabilité. Paresse, passivité, imprévoyance, prodigalité (17-194 et 79-318).

# TEMPLE
*le centre sacré*

A l'origine, le temple était le secteur du ciel désigné par les augures pour l'observation du passage des oiseaux considérés comme des messagers célestes. Puis ce fut l'édifice où se pratiquait cette observation, fidèle reproduction du *temple du ciel* ou espace céleste, divisé par le devin étrusque en quatre sections déterminées par deux droites se coupant à angle droit au-dessus de sa tête, le *cardo* dirigé du N au S et le *decumanus* d'E en O. Chaque secteur se subdivisait en quatre, ce qui donnait 16 parties hébergeant 16 groupes de divinités. C'est dans ce temple qu'il observait le vol des oiseaux et classait les foudres.

Ce sectionnement fut adopté par les Romains pour la construction de leurs temples et de leurs villes (98-342).

• Le temple orphique était l'**emblème du système solaire,** principe de la foi des Anciens. Il consistait en colonnes (sans voûte ni murailles) figurant les parties de l'univers subordonnées au feu, essence de la divinité occupant la place du soleil, au centre (83).

• Les Perses de l'Antiquité considérant l'univers comme le temple de Dieu et le Feu comme son symbole, n'avaient ni temple ni autel. Ils se contentaient d'un enclos circulaire où était allumé le feu sacré au milieu d'un cercle de pierre. Il en était de même du temple celtique.

• Lieu consacré, d'adoration ou de vénération, tout temple (église, cathédrale, mosquée…) peut servir de support à une méditation féconde, car il est la synthèse et le centre du monde, le reflet terrestre du monde divin, le lien entre le *haut* (le Ciel) et le *bas* (la Terre), la demeure terrestre du Dieu dont il fait rayonner la gloire et le symbole de sa **présence.** Celui qui y pénètre abandonne le monde profane. *Celui qui accomplit avec une conscience pure le rite de la circumambulation et qui visite selon les règles prescrites le temple point par point, parcourt le mécanisme du monde. Quand il arrive au sanctum sanctorum, il est transfiguré car, ayant atteint le centre mystique de l'édifice sacré, il s'identifie alors avec l'unité primordiale* (12-33).

• Conçu pour évoquer les directions spatiales, le temple remplit donc la même fonction que le *mandala* des bouddhistes, image du cosmos (dont le plan sert de modèle à la construction des temples indiens et bouddhistes). En Inde, comme en Chine et au Japon, il est construit conformément au plan de l'univers, afin d'assurer l'ordre météorologique et celui de l'Etat (98-59).

• Mais si le porche d'accueil du temple, de l'église ou de la cathédrale est accessible à tous, les non-initiés demeurent dans le péristyle (dans le narthex des églises) où ils se préparent à la seconde naissance octroyée par le baptême. Puis, ils graviront les *marches* menant au portail, symboles de l'**ascension,** de la montée vers Dieu.

• La cathédrale s'oriente *vers le lieu du ciel où le soleil se lève le jour de la fête du dieu antique qui fut remplacé et prolongé par le saint chrétien.*

Le *toit* de l'édifice est le manteau des cieux protégeant la terre d'un rayonnement solaire trop intense. Les *tuiles* sont les chevaliers du Haut Maître qui luttent contre les démons. La *charpente* est une forêt, soutien de la vie intérieure fourni par le Verbe. Les *tours* symbolisent les prélats et prédicateurs qui annoncent ce qui n'est pas encore manifesté. Elles sont parfois des expressions du soleil, lumière agissante et de la lune, lumière réfléchie.

Le *clocher* repousse le démon et attire les anges, et les *cloches* qu'il abrite restituent à la cathédrale son âme vibrante, son expression sonore, écho des chants s'élevant vers la voûte. Les *flèches,* descendantes des obélisques, attirent les influx magnétiques, l'énergie subtile maintenant l'église en résonance avec les harmonies célestes. Le *coq* qui s'y perche symbolise le Christ qui éveille et dirige, chasse les démons nocturnes par son cocorico matinal.

Les *gargouilles,* originaires d'Egypte, ont un double symbolisme : elles dissipent les ténèbres, écartent de l'édifice les perturbations cosmiques et figurent les vices et forces hostiles interdisant à l'homme l'entrée du sanctuaire.

A l'intérieur, la *nef* incarne la Raison au sens médiéval, c'est-à-dire l'ensemble des lois constituant le sacré. Son *pavement* est foi et connaissance et correspond, en l'homme, à l'humilité qui est désir de connaissance. Il renferme le *labyrinthe,* figure compliquée représentant la Jérusalem céleste (on le parcourait à genoux pour parvenir au cœur de la cité sainte). Sa mosaïque noire et blanche évoque la dualité du monde et invite l'initié à la conciliation des contraires.

Le *transept* figure les bras du Christ : bras gauche, réceptivité au divin, bras droit, mise en œuvre. A la croisée du transept, lieu de rencontre des petits et grands mystères, a lieu la révélation. La *clef de voûte* (couronne évidée au centre) est l'œil céleste par lequel descend le regard divin et monte celui des hommes vers Dieu. Elle évoque la couronne d'acacia des anciens rites initiatiques marquant l'acceptation définitive du candidat.

Les *vitraux* symbolisent la transparence et dirigent vers le cœur des êtres la lumière extérieure filtrée et purifiée. Leurs *rosaces* enseignent comment s'engendre la lumière dans la rose mystérieuse et expliquent le double mouvement excentrique et concentrique ; elles suivent donc le mouvement éternel du cosmos.

La *voûte,* qui intègre le cercle et le carré, crée la dynamique de la sphère, équivaut à la voûte céleste et accomplit un mouvement circulaire sur elle-même à l'instar des cieux contenant les planètes. Les *arcs-boutants* symbolisent l'*Espérance qui élève l'esprit de l'homme vers le divin, tout en lui donnant une robuste assise... et sont l'expression du temporel sur lequel s'appuie le spirituel pour mieux s'épanouir* (80-156).

Les *piliers* et *colonnes* figurent les vertus simples ; l'*ogive,* le mystère de la Trinité. La *grande arcade* située à l'entrée du chœur ou *arc triomphal,* remplacée par le *jubé,* reflète le triomphe de l'homme sur ses ennemis intéricurs et lui donne accès à la partie la plus secrète du temple.

Le *chœur,* autrefois réservé aux danseurs dans la représentation des mystères, est le début et la fin de la cathédrale, le saint des saints, *l'image parfaite de la sphère, figure géométrique où l'activité divine se révèle dans sa gloire.* Et le *déambulatoire* permettant de circuler autour du centre est le symbole du voyage éternel.

L'*autel* majeur est le Cœur du Haut Maître ; on y accède par trois marches symbolisant les trois naissances successives de l'initié (80-155).

Les *pierres des murs* (limite de l'enceinte sacrée) symbolisent les membres de la communauté chrétienne et les Saintes Ecritures qui enseignent la voie droite. Chacun d'eux incarnant une vertu : la Charité, l'Humilité, la Patience et la Pureté (80-155).

• Image et condensé de l'univers, le temple de Jérusalem comportait trois parties correspondant aux trois régions cosmiques : la cour figurait les régions inférieures ; la Sainte Maison correspondait à la Terre et le Saint des Saints au Ciel.

Les 12 mois de l'année étaient représentés par les 12 tranches (pains de propitiation) sur la table ; les décans (division des 7 planètes en dizaines) par les 70 branches du candélabre.

# TEMPS
*l'éternité*

Facteur essentiel et crucial, le temps a toujours constitué une énigme angoissante pour l'homme qui, incapable de le retenir, a tenté de le *mesurer* et de le *fixer* déjà dans les ensembles mégalithiques circulaires, ancêtres probables du calendrier, dans lesquels s'est figé, pétrifié un passé qu'ils gardent jalousement (130-32) : menhirs de Stonehenge marquent avec précision les positions du soleil, de la lune ; *les trous... fournissent un système pour compter les années, un trou pour chaque année...* (131-26).

• Selon la philosophie orphique, le Temps est **l'éternité personnifiée,** le Père éternel, être inconnu qui remplit l'infinité et l'éternité. Mais les Ammoniens et les Platoniciens distinguent le temps de l'éternité immuable et indivisible.

• Le temps se mesure en années, mois, jours, heures, etc., et se distingue en passé, présent et avenir.

Le présent, c'est *l'instant suspendu entre deux néants, le passé et l'avenir,* représenté uniquement par le visage central du *dragon à trois têtes,* plus élevé que les deux autres, marquant la pointe du temps dressée entre hier et demain. En effet, le *présent* n'est représenté par aucun idéogramme dans les langues primitives, *passé sous silence au profit des deux facteurs qui se fondent en lui : passé et avenir représentés par une paire d'opposés s'affrontant sur la ligne des solstices...*

• Les adorateurs du soleil ont fixé le temps en deux *instants-types* sur le cercle solaire correspondant aux **solstices :** celui de la culmination du soleil dans le ciel, le 24 juin à midi (solstice d'été), et celui de la naissance du nouveau soleil de l'année, la nuit du 24 au 25 décembre à minuit (solstice d'hiver).

Ils ont choisi pour le symboliser les ailes des dragons qui expriment la *volatilité* de l'instant, leur longue queue enroulée sur elle-même en cercle pour figurer la *durée éternelle du temps* (Ouroboros) : l'homme passe, le temps demeure.

• Dans la conception ancienne, le temps était une **réalité spirituelle,** appartenant à la vie spirituelle animant l'univers entier, astres, terre... Ce temps était considéré comme un ensemble d'entités vivantes (les *Eons* des gnostiques) qui passent sur la terre et le cosmos à la manière d'ombres chinoises.

• Cette notion se retrouve dans l'esotérisme islamique : *le temps est une des bases du monde... le fondement de la sériation successive, et une tradition exotérique (hadit) nous défend de maudire le siècle, car «le siècle est Dieu».*

• On la retrouve encore dans l'hindouisme : « *Bhagavât est le commencement, le milieu et la fin des êtres... sous la forme du temps, il emporte le monde...* » ; « *Je suis Vishnou, le Temps infini* ». En fait, cette conception du temps vivant constitue le fondement des cycles mondiaux, de l'astrologie cyclique, *qui était dans l'Antiquité quelque chose de beaucoup plus profond que les périodes des révolutions des astres* (4-118).

Car pour les Hindous, le Temps et l'Eternité sont les deux aspects d'un **principe unique** et coïncident dans le Brahman, dont le sacrifice est la répétition de la cosmogonie. L'autel sacrificiel est conçu comme une *création du monde*. L'eau dans laquelle est mélangée l'argile qui sert à construire l'autel, symbole de la Terre, est l'Eau primordiale. L'Air est figuré par les parois latérales. Le sacrifice lui-même a pour but la reconstitution de l'unité primordiale, qui a précédé la création, la régénération du temps (97-96). C'est ce temps qu'on transcende par l'ivresse sacrée procurée par le soma, l'extase, l'orgie rituelle...

Ils partagent le temps en **quatre âges** qui rappellent les périodes des Jaïna, figurées par une *roue à douze rayons* (époques), divisés en deux groupes de six : la série descendante débutant avec l'âge paradisiaque, l'ère des supergéants dont la taille diminue progressivement durant les époques suivantes qui engendrent la douleur, le vice et tous les défauts qui affectent l'humanité. La série ascendante apparaîtra avec les pluies diluviennes qui dureront 7 jours ; les hommes s'achemineront lentement vers une taille normale et vers la fécilité (66-210).

• Le temps était au centre de la religion et la grande préoccupation des Mayas qui l'ont fixé sur leurs monuments, stèles, pyramides, temples, édifiés pour célébrer des périodes temporelles importantes.

• L'année, le mois, la semaine, le jour et l'heure forment l'architecture symbolique du temps.

— L'**année**, parcelle de temps, exprime le temps, sacré et profane. Elle *n'est autre que Dieu roulé en cercle, tangent à toutes les époques et à tous les pays... il n'est point de jour ou de nuit qui soit privé de lui.*

Elle est symbolisée par le dieu latin Janus à double face, doué de la double science du passé et du futur, portier céleste qui ouvre et ferme les années (devenu chez les Romains le dieu des portes, des arrivées et départs), et par la Roue du zodiaque marquée de repères cruciaux.

Sur le cercle de l'année, l'instant suprême est le solstice d'été, moment où le soleil triomphant est à l'apogée de sa course et s'infléchit en décrivant une courbe où se rejoignent le passé, le présent et l'avenir. Les Grecs ont symbolisé ce point culminant de la courbe solaire par des *personnages bossus,* ancêtres des fées Carabosses et Polichinelles.

Tandis que le solstice d'hiver, associé à la naissance, est lié aux trois termes: *naître, vivre, mourir* (121-110).
— Parcelle plus petite de temps, la **semaine** *est en correspondance avec le système planétaire.*
— *La* **journée** *est le symbole de la vie et de l'éternité. On sort du sommeil comme d'une mort, on atteint l'apogée de la réalisation à midi, on connaît la paix au soir* (80-87). Et la division du cycle diurne en trois ou quatre parties (lever du soleil - midi - soir - minuit, soleil invisible) évoque les étapes du processus **d'initiation,** le troisième grade de tous les systèmes initiatiques correspondant au coucher du soleil et à la mort du *vieil homme.*

• L'écoulement du temps éternel est symbolisé par la *coupe* ou le *calice* débordant du solstice d'été, les rivières en crue, les figures tournantes, la roue, la rosace, le cercle du zodiaque.

# TERRE
*la Mère universelle*

Adorée parce qu'*elle portait fruit, recevait,* la Terre, la Grande Mère des mythes, à l'origine de toute vie, est devenue le symbole de la **fonction maternelle** et, avec le ciel, forme le couple primordial.
• Elle est un symbole de **fécondité** et de **régénération**: le contact avec les forces telluriques a le pouvoir de recréer, faire naître à nouveau (d'où la coutume de donner au cadavre une forme embryonnaire avant de l'inhumer, afin que la Terre-Mère le remette au monde une seconde fois); les sacrifices humains des Mayas en période de sécheresse; l'enterrement symbolique partiel ou total ayant une valeur religieuse identique à l'immersion baptismale... Le désir de retrouver la terre natale éprouvé par chacun de nous tôt ou tard correspond à un besoin inconscient de régénération spirituelle, de retour aux sources.
• Elle est associée à la **fertilité**: le travail agricole est identifié à l'acte générateur, la femme assimilée au sillon tracé par le soc de la charrue (phallus), la terre en friche comparée à la femme stérile dans le *Vidêvdât* (21).
Selon la tradition orphique, elle est fertilisée par la descente de l'esprit créateur manifesté dans l'éther et l'eau.

• La Terre, principe passif, féminin, s'oppose au ciel, principe actif, masculin.

• En Chine, la Terre (*tu* ou *di*) *yin,* est l'un des cinq éléments ou *forces de mutation,* en correspondance avec le centre, le jaune, le nombre deux, la saveur sucrée, le millet blanc, le bœuf, l'animal nu (dont l'homme est la quintessence).
   Ciel et Terre signifient le *monde entier.* Les astronomes désignent par le terme *rameau de la terre (di-zhi)* l'ensemble des signes de la série duodénaire organisée en forme de cercle, se différenciant des *troncs du ciel (tian-gan),* signes du cycle binaire (7-328).

• La Terre, carrée, est symbolisée par l'hexagramme *K'ouen* (complémentaire de *Khien, le Ciel*), principe de la **passivité,** de la **réceptivité,** de la **douceur,** du **don de soi,** qualité féminine par excellence, de la conception, de l'énergie, du développement, de la concorde et de la diplomatie (63-58).

• Matrice, Athanor, Œuf philosophique, pour les Maçons, la Terre est le premier élément, le lieu souterrain de la germination figuré par le *Cabinet de Réflexion* où est enfermé le candidat à l'initiation (109-42). C'est là que, dans l'isolement absolu, il se trouvera *en présence du noyau de son individualité.*
   C'est, pour les hermétistes, l'*épreuve de la Terre figurée poétiquement par une descente aux Enfers à laquelle fait allusion le mot VITRIOL* (intiales des mots Visita Interiora Terrae Rectificando Invenies Occultum Lapidem : Visite l'intérieur de la terre et en rectifiant, tu trouveras la Pierre cachée) (18-89).
   A cette idée se rattachent les Mystères Chtoniques célébrés en l'honneur de la déesse Génès Chtonia, la *Terre nocturne.*

• Selon la cosmogonie rosicrucienne, la Terre compte neuf couches plus un noyau central :
— la Terre *minérale* correspondant à la région *chimique* du monde physique ;
— la *Couche Fluide,* à la région *éthérique* du Monde physique ;
— la *Couche de Vapeur* où palpite la vie, en rapport avec le Monde du Désir qui entoure et pénètre la Terre ;
— la *Couche d'Eau* où se trouvent les forces archétypales, expression directe, physique de la région de la Pensée concrète ;
— la *Couche des Germes* où se trouve la source primordiale de la vie d'où est sortie l'impulsion qui a construit toutes les formes

de la Terre, correspondant à la Pensée Abstraite;

— la *Couche de Feu* d'où émanent les sensations de plaisir, de douleur, la sympathie et l'antipathie, correspondant au monde de l'Esprit Vital;

— la *Couche Réflectrice,* réflexion de l'état moral de l'humanité, où résident les forces immorales appelées Lois de la Nature, correspondant au Monde de l'Esprit Divin;

— la *Couche Atomique,* douée d'un extraordinaire pouvoir de multiplication, expression du Monde des Esprits Vierges;

— l'*Expression Matérielle de l'Esprit de la Terre,* en relation intime avec le cerveau, le cœur, les organes sexuels de l'homme, correspondant au Monde de Dieu;

— enfin, le *Centre de l'Etre de l'Esprit de la Terre,* ultime terrain nourricier de la terre, correspondant à l'Absolu (113-494).

## THÉ
*le mystère de la divinité*

Le mythe du thé est intimement lié à la vie quotidienne japonaise. La légende raconte que l'arbre à thé surgit à l'endroit où le Boddhidharma, las d'avoir médité pendant neuf ans, jeta ses paupières sur le sol. Ses disciples prirent l'habitude de faire infuser les feuilles de cet arbuste dans de l'eau bouillante pour les aider dans leur méditation.

• Le thé est le symbole de l'**essence** à laquelle participe le Soi dans le silence contemplatif.

• La maison de thé ou *maison de l'asymétrie,* a une entrée basse et le *cha-no-yu* ou cérémonie du thé, qui répond à la conception du paradis terrestre taoïste, se déroule dans la chambre de thé ou *demeure de l'imagination,* dépourvue d'ornements, décorée d'un ikebana ou d'un tableau, dans un silence *qui détient le secret de l'existence temporelle* et permet à chacun d'approfondir l'expérience dans le recueillement. L'hôte doit s'incliner devant le bouquet et devant la bouilloire avant de prendre place sur le sol.

Occasion pour les maîtres taoïstes d'expérimenter le divin et de transmettre l'influence à la maison d'habitation et de là, à toute la nation (66-136).

Le rituel dont s'entoure cette cérémonie favorise la paix, la détente et la franchise : préparation silencieuse, gestes minutieux et précis…, tout concourt à **libérer l'esprit**, à le détacher des contingences, à le rendre disponible (53-302).

## THYRSE
*le feu*

Bâton terminé par une pomme de pin, entouré de pampre ou de lierre attribut de Dionysos et des Bacchantes, le thyrse est l'emblème du **feu** (83-79).

## TIGRE
*la destruction*

Dans les anciens symboles, le tigre représente le **pouvoir** destructif du dieu qu'il accompagne. Attelé au char du dieu, il figurait *la destruction précédant la génération et développant son activité* (83-70).

• En Chine, il est le roi *des animaux terrestres,* associé à l'automne, saison des tempêtes et des vents dévastateurs et le symbole de la **robustesse,** du **courage**, de l'**héroïsme**, mais aussi de la **destruction** et de la **férocité**.

Le Tigre blanc (*po-hou*), correspondant à l'Ouest, à l'automne, à Vénus, au froid, au métal et au petit *yin,* symbolise **la femme**. Associé au Dragon vert (l'homme), il désigne les **rapports sexuels** de l'homme et de la femme et leur puissance respective, dans la littérature magique et alchimique (75-69). Il figure aussi la Terre, la **matière** opposée à l'action des forces de l'esprit.

• Le Tigre se rattache également au symbolisme de la lune (parce qu'il voit la nuit), au monde chtonien et aux régions occidentales liées à la mort.

Symbole de **richesse**, ce tigre chtonien est le gardien des trésors (86-119). Son effigie sur la porte des maisons protège les habitants contre les démons. Et l'imagerie présente un tigre avec des bambous pour représenter un héros.

• Troisième signe du zodiaque chinois correspondant à l'est, à l'Hiver, au Bois, il symbolise la passion, le pouvoir et l'audace. L'année du Tigre est explosive, difficile pour la diplomatie, marquée par des coups d'éclat, favorise la guerre, les mésententes et désastres. Mais c'est une période propice à des changements importants ou au développement d'idées novatrices.

• Chez les Aztèques, le tigre symbolisait le **Soleil de Terre,** l'astre cheminant dans la nuit pour rejoindre l'aurore (48-100).

◆ Symbole de l'obscurcissement de la conscience, le tigre des rêves représente un ensemble d'**impulsions instinctives refoulées** donc dangereuses, prêtes à inonder l'inconscient, un *foyer de tendances devenues complètement autonomes et sans cesse prêtes à nous assaillir à l'improviste, à nous déchiqueter* (24-280).

# TORTUE
*la force vitale et la longévité*

Dans la symbolique chinoise, la tortue (*koei*) est une **image de l'univers**: carapace carrée en bas (la Terre) et ronde par le haut (le Ciel). Elle symbolise l'**irruption du monde créé** (86-118).

• Symbole vénéré de **longévité** en raison de sa longue durée de vie, associée à l'idée d'**immortalité** et réceptacle de **force vitale,** la tortue était tenue pour sacrée et employée dans la décoration des poteries.

Pour féliciter une personne le jour de son anniversaire, on lui offrait des inscriptions où figurait le terme « *Koei-ling* » (*le grand âge de la tortue*).

• Au Japon et en Chine du Nord et du Centre, la tortue a conservé sa signification sacrée (à Amoy, pendant la 1re semaine de la nouvelle année, on offre au Ciel des gâteaux portant son image) ; mais elle prit ailleurs un sens péjoratif et dans le langage populaire, symbolisa la **lâcheté**: *parler d'une tortue qui rentre la tête, c'est dire qu'elle se retire en elle-même par crainte de regarder les choses en face* (75-285).

• Dans les mythes, elle remplit la fonction de **héros civilisateur**

et symbolise la **solidité inaltérable :** elle rétablit la stabilité du monde en le soutenant de ses fortes pattes... présente le Tableau du Fleuve Jaune (*Lo-chou*) à Yu le Grand... Sa carapace sert à la divination...
• Chez les Mayas, la tortue marine était le symbole de la déesse luni-terrestre (76), celui de la **fraternité** des animaux avec l'homme. Dans l'imagerie du *Livre des Morts* maya, elle exprime l'espérance de longévité par-delà les renaissances (88-101).
• Dans la tradition hindouiste, la rétraction de la tortue dans sa carapace symbolise la **concentration spirituelle,** le retour à l'état primordial (1-958).

# TRAIN
*la vie en mouvement*

L'image du train se rapporte à la vie sociale. Associé à l'idée de voyage, le train est un symbole de l'**évolution,** du destin, de la fatalité.

Le type de *locomotive* (puissance) renseigne sur le quota d'**énergie** disponible, utilisable.

Le train *manqué* évoque les occasions que le rêveur a laissé passer ou les choses importantes de sa vie qu'il a négligées parce qu'il *est arrivé en retard.*

Un *déraillement* est l'expression d'une **névrose,** d'un **complexe** qui bloque l'évolution psychique. Les *tamponnements* révèlent l'existence d'un conflit intérieur. Le *train qui menace d'écraser* le rêveur incarne l'**angoisse** profonde associée à un sentiment d'écrasement par la vie matérielle ou sociale ou bien par l'importance du contenu de l'inconscient.

Lorsqu'on voyage en *1re classe avec un billet de 2e classe,* on se trouve dans la vie à une place supérieure à ses capacités personnelles. D'où l'angoisse d'être démasqué, traduisant la peur de l'échec. Ou bien l'on vit au-dessus de ses moyens. La situation inverse dénonce l'existence d'un sentiment d'**infériorité.**

Le *contrôleur* représente la **justice interne** qui rétablit l'équilibre.

Les caractéristiques des autres *voyageurs* renseignent sur les éléments de la personnalité ou les attitudes adoptées par le rêveur.

Les *bagages* représentent les **aptitudes, capacités, projets** et la **persona,** aspect extérieur de sa personnalité, son train de vie. *Encombrants,* ce sont les fardeaux inutiles qu'on traîne avec soi : obligations qu'on se crée, fixations inconscientes, inquiétudes ou sentimentalité excessive. Leur *perte* entraîne celle des moyens immédiats d'existence, du potentiel vital et la dispersion mentale affectant le pouvoir de concentration. Leur *absence* inquiétante reflète l'**anxiété** due à l'incertitude sur le choix des moyens menant à la réussite d'un projet. Ces rêves traduisent toujours un profond sentiment d'**impuissance** et d'**insuffisance.**

La *gare du départ* est un symbole du début d'une étape de l'évolution, d'une entreprise physique ou spirituelle. La *gare d'arrivée* indique qu'on est parvenu inconsciemment à la fin de l'étape avec ses bagages (expérience nouvellement acquise) (24-189 et 25-67).

# TREIZE
## *le début d'un nouveau cycle*

Dans l'Antiquité, même avant le christianisme, douze étant un nombre complet et parfait, treize indiquait le commencement d'un nouveau cycle, d'une nouvelle vie, et, dès lors, devint l'emblème de la **mort** (32-224). Mort à laquelle s'ajoute l'idée de **renouvellement** (fin d'un cycle-début d'un autre).

• C'est probablement en souvenir de la Cène (13 personnes à table : 12 apôtres et le Christ, trahison de Judas, cause de la mort de l'un des participants) que le nombre 13 a conservé son aspect néfaste. La même idée préside au symbolisme de l'arcane XIII du Tarot, la Mort (fatalité inéluctable, échec inévitable, cessation en vue de recommencer en mode diamétralement opposé) (17), qui est la 13e Voie de la Sagesse des kabbalistes (Principe sustentateur et dévorateur des formes provisoires. Transmutations. Changements) correspondant au sommeil, à la chrysalide et à la nuit (81).

• Chez les Aztèques, 13 est un nombre **cosmogonique** associé au monde diurne et céleste. Ils comptaient 13 niveaux célestes. Le 1er, le plus proche de la terre, contient les nuages, la lune et les planètes. Le 2e est la demeure des dieux du ciel nocturne, de la voie lactée et des étoiles. Le soleil circule dans le couloir du 3e ciel. Dans le 4e se promènent des oiseaux et des déesses du sol et dans le 5e, des étoiles filantes, comètes, serpents de feu ; le 6e ciel ou Ciel Vert est le domaine des vents. Le 7e ou Ciel Bleu est la demeure du dieu du soleil et de la guerre ; dans le 8e s'affrontent des couteaux d'obsidienne ; le 9e est le Ciel Blanc de l'étoile du soir. Le 10e ou Ciel Jaune, est la demeure des dieux-soleils ; le 11e ou Ciel Rouge, celle du dieu du feu ; des deux niveaux supérieurs, réservés au couple primordial, qui comportent un arbre à lait, viennent les enfants et c'est là que retournent les enfants mort-nés (73-111).

• Treize est aussi l'unité de temps du calendrier rituel basé sur un cycle de 52 ans (13 × 4) ou *petit cycle,* marquant la concordance avec la période lunaire et servant à fixer les dates : des séries de 13 jours associées aux 20 signes du zodiaque forment 260 combinaisons ou binômes par lesquels sont désignées les dates (5-serpent, 13-fleur, etc.). Le nombre 4 étant déterminé par le culte rendu aux divinités principales des points cardinaux.

Le *grand cycle* de 104 ans (13 × 8) était une période purement astronomique (36-166).

• Le nombre 13 se rencontre fréquemment dans les romans gallois : 13 choses précieuses, 13 merveilles de Bretagne, 13 joyaux royaux, etc., *pouvant représenter des ensembles de chiffres équivalents aux 13 consonnes de... l'alphabet britannique* (107-114).

# TRESSE
*la corde protectrice*

L'ornement en forme de tresse (torsades, câbles, entrelacs disposés autour des édifices ou de vases, urnes, etc.) remonte à la plus haute antiquité chaldéenne. Aujourd'hui rattachés aux arts ornementaux, ces motifs furent à l'origine la **matérialisation d'une magie protectrice** : la tresse ornait les boucliers de l'Antiquité (anneaux des serpents d'Athéna bordant son bouclier ou entourant son cou).

• Ce motif exprime le symbolisme de **protection** de la *corde* magique des rituels, de la *chaîne de défense* formant barrière autour d'un lieu ou d'un objet, le circuit fermé ayant le pouvoir de repousser les mauvaises influences et peut-être les ennemis.

*Cordes et torsades expriment le symbolisme de protection de la corde magique et de la chaîne de défense. (121)*

La double tresse avec un point central réunit le symbolisme de la tresse et celui de l'*œil,* emblème du second personnage de la trinité solaire (le dieu *veillant, protecteur,* le *bon œil*).

Cette corde-tresse est devenue la cordelière qui ceint les reins des religieux, le serre-tête des Arabes et les galons des coiffures militaires.

*Chaîne de défense entourant un sceau de Salomon. (19)*

# TRIANGLE
*le sein cosmique maternel*

Le triangle est la première figure géométrique perceptible.
En Egypte, il symbolisait la triade constituée par la *volonté spi-*

rituelle, *l'amour-intuition* et *l'intelligence supérieure* dans l'homme, c'est-à-dire l'individualité ou **âme** (108-65).

• Dans l'idéographie hermétique, le triangle à pointe supérieure représente le **Feu** (la flamme qui monte) et correspond à l'idée d'**ascension,** de **spiritualité,** au Sec et Chaud, à l'Eté, au Rouge, au Fer, au signe du Lion, au mois de mars et à l'évangéliste Marc.

Un trait horizontal le rend passif et il figure l'**Air,** Feu tempéré correspondant au Chaud et Humide, à l'Automne, au Bleu, à l'Etain, à Jupiter, à l'Aigle, au Scorpion et à l'évangéliste Jean.

Inversé, il figure la coupe prête à recevoir l'**Eau,** correspond à la féminité, la passivité, la Sagesse génératrice de l'Idée Maîtresse, à l'Humide et au Froid, à l'Hiver, au Vert, au Cuivre, à Vénus, à l'Ange et à l'évangéliste Matthieu.

Portant un trait horizontal, le triangle de l'Air représente la Terre, l'eau stabilisée, épaissie et correspond au Froid et Sec, au Printemps, au Noir, au Plomb, à Saturne, au Bœuf et à l'évangéliste Luc.

• Les Aztèques employaient le triangle *pointe en haut* accolé à un triangle *pointe en bas* pour représenter un **cycle temporel.**

• Le triangle combiné à la croix forme le signe hermétique du Soufre. Il s'inverse pour représenter le **Grand Œuvre accompli** (17-98).

• Le triangle *équilatéral,* symbole de la **perfection** dans la tradition hébraïque, représente la Trinité chrétienne du Père, du Fils et du Saint-Esprit.

• En Maçonnerie, le triangle symbolise le **Ternaire cosmique** reporté sur ses côtés : *Lumière, Ténèbres, Temps* (base).

• Le *triangle sublime* (angle de 36° au sommet et deux angles de 72° à la base) forme la pointe du Pentagone ; multiplié par 10, il forme les 360° d'une circonférence. Dix triangles accolés forment un décagone.

• Le *Delta lumineux* est un triangle isocèle (angle de 108° au sommet et deux angles de 36° à la base) portant en son centre l'**Œil divin** (le Soleil visible distributeur de Lumière et de Vie, le Logos, le Principe créateur) ou le Tétragramme sacré I E V E, nom de Dieu que le grand-prêtre des Hébreux prononçait une seule fois par an.

• Ses trois côtés se traduisent par la formule : *Bien penser, bien dire, bien faire* ou *Liberté, Egalité, Fraternité.* Les trois pointes signifient : *Passé, Présent, Avenir* et le triangle entier : *Eternité.*

Les trois angles : *Sagesse, Force, Beauté,* attributs divins et représentent les trois règnes de la nature, les trois phases de la vie humaine : *Naissance, Vie* et *Mort* (109-90).

• Le *triangle sacré des Egyptiens* (le côté vertical mesurant 3 longueurs, symbole de l'élément masculin, la base 4 longueurs, symbole de l'élément féminin et l'hypothénuse 5, symbole de ce qui est né d'eux, ce qui donnait un angle droit parfait) symbolisait la **Nature** du **Tout Universel.** Dans ce triangle, selon Plutarque, *le nombre Trois est supérieur aux autres et parfait, le Quatre est le carré élevé sur le côté de la dualité paire, quant au nombre Cinq, il appartient d'un côté au Père, de l'autre à la Mère, étant composé de la Triade et de la Dualité.*

• C'est en se servant de deux triangles accolés pour tracer une ellipse que les architectes arabes construisaient leurs *coupoles.*

♦ Dans les rêves, le triangle symbolise le **sein cosmique maternel** (25-87).

# TRIGRAMME
*les secrets de l'univers*

On appelle trigrammes ou *pa koua* une série de huit figures composées avec des traits brisés et des traits pleins, représentations linéaires du *yin* et du *yang.*

Issues de l'action de ces deux principes, ces figures symboliques, expliquées dans le *Yi-king* ou Livre des Mutations, sont les images de tout ce qui se passe dans l'univers et expriment les mouvements des choses et leurs transformations. *A l'exemple de la représentation circulaire du yin et du yang, ils rendent compte du double aspect de la nature : sa non-dualité et sa dualité ; autrement dit l'unité de l'Etre et la diversité du monde de la manifestation.*

Chaque trigramme représente un élément primordial de la nature *yin* passif ou *yang* actif.

**K'ien,** l'énergie créatrice a pour symboles le Ciel, le père, le Sud, l'été, le rouge sombre, le cercle, le dragon, l'or, la pierre précieuse. *Yang.*

**K'ouen,** la Terre, le carré, le Nord, l'hiver, la mère, la passivité, la réceptivité, le noir, le tronc. *Yin.*

**Tchen,** l'éveilleur, le tonnerre, le Nord-Est, le roseau, le jaune sombre, la décision, l'ébranlement. *Yang.*

**Souen,** le Vent, le bois, le blanc, l'indécision, le Sud-Ouest, la fin de l'été. *Yang.*

**Toueï,** le marécage, le Sud-Est, le début de l'été, le plaisir. *Yin.*

**Li,** le Feu, le soleil, l'éclair, la beauté, l'Est, le printemps, le rouge, *Yang.*

**K'an,** l'abîme, l'eau, l'obscurité, l'Ouest, l'automne, le piège. *Yin.*

**Ken,** l'arrêt, la montagne, le Nord-Ouest, le début de l'hiver, l'ascension. *Yang.*

Ces trigrammes sont placés dans un octogone dont la circonférence figure le **temps** et le contenu l'**espace**. Le graphique doit être lu de haut en bas et dans le sens inverse des aiguilles d'une montre.

En les combinant, on forme 64 hexagrammes dont l'ensemble donne un tableau du résultat de l'interaction des forces négatives *yin* et positives *yang* dans l'univers et les transformations produites (86-44 et 63).

# TROIS
*le réceptacle de la totalité*

Premier nombre impair (un était considéré comme à la fois pair et impair, mâle et femelle), actif, symbole du Ciel, de l'Esprit, trois est un nombre *parfait, l'image sensible de la divinité,* également représentée par trois cercles enlacés, trois cierges, trois croix, trois soleils, trois couleurs : blanc (Père), bleu (Fils) et rouge (Saint-Esprit) ou par le Trèfle.

• Cette *Trinité,* Père-Fils-Saint-Esprit, Mithra le dieu triple, etc., symbolise la triple énergie divine prodiguant à la terre par trois fois ses bienfaits. Elle apparaît à Ezéchiel sous la forme mixte de l'*aigle, du taureau et du lion, emblèmes de l'esprit éthéré et des pouvoirs destructeurs et créateurs qui étaient unis dans le vrai Dieu* (83-81).

Le même principe est représenté par toutes les *triades divines*: la *Trimourti* hindoue (Brahma, le créateur - Vishnou le conservateur - Shiva le destructeur), les Triades égyptiennes *menphite* (Ptah - Sekhmet - Nefertoum), *osirienne* (Osiris - Isis - Horus), *thébaine* (Amon - Mout - Khonsou), *persane* (Ormuz le Sage génie - Vahu Manô, la bonne pensée - Asha Vahista, la parfaite justice).

• En Chine, trois (*san*) est le nombre de l'**achèvement**. De la trinité Ciel-Terre-Homme, dérivent une foule de cycles ternaires. On compte trois dieux-étoiles du *Bonheur,* de la *Longévité* et du *Rang,* la *triade taoïste* (Ciel-Homme-Terre). Les *trois amis* sont le bambou, le pin et le prunier, symboles de longévité. Les *trois tabous* (qu'on ne peut consommer): le canard sauvage, symbole de l'amour conjugal, le chien, symbole de fidélité à son maître et l'anguille noire, symbole de fidélité et de dévouement au souverain. Les *trois yang* correspondent aux trois mois de printemps où le *yang* est de plus en plus fort, représentés par des moutons (7-340).

• Selon le *Livre des rites* (*Li-ji*) l'homme, intermédiaire entre le ciel et la terre, correspond au nombre trois.

• Le **bouddhisme tantrique** du Tibet reconnaît:
— trois acceptions au terme Bouddha: l'*Illuminé* (Il prêcha la Doctrine Sacrée) — le *Principe spirituel qui est le fondement de la bouddhéité* — une manifestation d'apparence humaine *mais imprégnée de splendeur et douée des «32 signes surhumains» mentionnés dans le Canon;*
— le *Triple Joyau* ou trois précieux refuges incarnés par le Gourou: le Bouddha (principe d'Illumination représenté par la lignée de gourous remontant à Shâkyamouni) — le Dharma (Doctrine Sacrée et principe d'Illumination existant dans le cœur de l'adepte) — le Sangha (la Communauté Sacrée et principe d'Illumination, recherche active de la Libération et de l'ultime réalité de la myriade des formes de vie);
— les trois *Feux du Mal* (ou Poisons ou Trois Filles du désir et de la mort) symbolisés par le *Coq vert* (luxure, orgueil, vanité) — le *Serpent rouge-brun* (haine, colère, trahison) — le *Porc sau-*

*vage noir* (ignorance, gloutonnerie, paresse);
— trois caractéristiques à l'existence humaine : La *nature transitoire* de toutes choses — la *souffrance* (duhkha) — l'*absence de soi propre* (132).

*TRIRATNA, le triple joyau.* (90)

● Le **yoga** distingue *une hiérarchie ternaire* correspondant à trois stades d'évolution :
a) vie instinctive - homme instinctif - besoins élémentaires - confusion Moi-désirs personnels ;
b) vie émotionnelle - jugements fondés sur le concept sympathie-antipathie. Subordination de la vie intellectuelle à la vie émotionnelle. Confusion Moi-cœur ;
c) vie mentale - domination de la raison et utilisation de l'intelligence. Confusion Moi-pensées (5-116).

● Chez les Mayas, trois était le nombre sacré de la **femme** : l'âtre, près duquel elle se tenait le plus souvent, comportait trois pierres déposées en triangle (60-242).

● Les Aztèques croyaient en trois *régions de la mort :* un paradis céleste où allaient les femmes décédées pendant l'accouchement ; le compartiment inférieur du ciel, domaine des dieux de la Pluie ou Tlalocan, où les plantes comestibles croissaient à profusion et le domaine des morts, Mictlan, compartiment inférieur du monde souterrain gouverné par le dieu et la déesse de la mort (60-252).

● Les Grecs avaient 3 Demeures (Ciel, Terre, Enfers), 3 Grâces (Aglaé, Euphrosine, Thalie), 3 Juges des Enfers (Minos, Eaque, Rhadamante), 3 Furies (Alecto, Mégère, Tésiphone), 3 Parques

(Clotho, Lechesis, Atropos), 3 Gorgones (Méduse, Euryale, Sthéno), 3 têtes du chien Cerbère, etc.

• La troisième Séphira de l'Arbre de Vie de la Kabbale, *Binah,* symbolise l'Intelligence, l'esprit vivifiant (73-30).

• Trois est également un nombre archétypique dans le monde chrétien : les 3 *Rois Mages* symbolisent les 3 fonctions du Roi du Monde (Roi, Prophète et Prêtre) ; Jésus prie 3 jours à Gethsemani ; le coq chante trois fois ; il y a 3 personnages crucifiés au Calvaire ; Jésus meurt le 3 avril à 3 heures, à 33 ans et ressuscite le 3e jour, etc. (116-164).

• En triplant un nom, une qualité, on les mettait dans la catégorie divine : *Saint, Saint, Saint est le Dieu des Armées... Trois fois béni est son saint Nom ; Hermès Trismégiste* (trois fois Grand).
• Les constructeurs de cathédrales avaient trois *grades initiatiques :* Apprenti, Compagnon, Maître.

• Pour les Egyptiens, trois est le nombre du cosmos qui comporte trois **éléments :** Ciel, Terre et Duat, zone entourant le monde intermédiaire entre lui et les esprits célestes (80-55).
• La vie s'articule sur le *passé,* le *présent* et l'*avenir* en rapport avec des notions d'Espace : *gauche, Ouest - Centre - droite, Est.*
• Les principaux symboles du ternaire sont : le trident, le trèfle, le triangle, les figures tournantes, comme les *trois lapins tournoyants* de l'ancienne Egypte, symbole de l'**éveil conscient dans le mouvement de la vie** (80-77).

◆ Dans les rêves, le trois, produit de deux, est le nombre du **devenir** dans le bon et le mauvais sens. Il indique une solution et une vie nouvelle. *Lorsque le trois apparaît... l'énergie coule, la vie prend une direction* (24-199).

## TURQUOISE
*la renaissance*

Attribut de Perséphone (Proserpine latine) et parfois de Junon, la turquoise est le symbole du **renouveau** de la terre et le talisman des marins. Dans la tradition égyptienne, elle commande la 24e heure du jour. Dans la tradition géomantico-astrologique, elle exerce une influence favorable dans la sinusite, la rhinite, le coryza, le rhume des foins (114-408).

• La turquoise est associée à Huitzilopochtli, dieu de la guerre aztèque, au **feu** et au **soleil**.

# U

## UN
*la base, le barême*

---

Le meilleur symbole de l'Unité est le *point* mathématique imperceptible, arbitrairement situé à l'intersection de deux lignes ou au centre d'un cercle, qui engendre la ligne en se déplaçant dans l'espace, crée la surface, donne l'idée de la troisième dimension.

Le point c'est *l'UN en voie d'engendrer toute chose* (22-28).

• Les Anciens ont comparé la Totalité au moyeu d'une roue : *la réalité en soi serait comme un moteur immobile; les réalités sensibles comme les rayons et la circonférence de la roue.* Ces réalités sont en constante interdépendance, donc selon les philosophes, l'*Un domine le temps et l'espace, tandis que les êtres multiples sont plongés dans le flux du devenir et de l'étendue* (22-29).

De nombreuses civilisations (méso-américaines, chaldéenne, assyrienne, égyptienne) ont préféré représenter l'unité par une *roue ailée.*

• Pour les kabbalistes, la première lettre du nom principal de Dieu JHVH, *iod*, symbolise *l'unité principe et l'unité-fin des êtres et des choses* (5-69). L'*alpha* grec est le **commencement** de toute chose, comme la première lettre de l'alphabet hébraïque, *aleph*, est le souffle de l'esprit créateur ; le Bateleur, premier arcane majeur du Tarot, signifie création.

• Quant aux alchimistes grecs, ils ont vu dans le cercle (Ouroboros) l'emblème de la **totalité**, une image de l'Unité globale de tout ce qui existe et peut se concevoir.

Dans leurs spéculations, ils partaient de l'Unité et y revenaient sans cesse, pour estimer d'après elle la valeur des choses.

Le Un, substance primordiale, évoque l'*Alun, substance fondamentale analogue à l'Ether envisagé comme constituant l'essence intime des choses, leur trame subtile dépourvue de qualités différentielles... le substratum... de toute matérialité* (18-7).

• L'unité est donc le **point de départ**, le symbole de l'origine absolue et de l'aboutissement (Univers = tourné vers Un), d'un dieu personnel, le premier dans une hiérarchie d'autorité ou de puissance (*Dieu-Un* de la symbolique chrétienne), du Créateur et du Cosmos.

Mais le *Un*, androgyne, renferme le germe de la **dualité**.

• Le chiffre 1 symbolise l'Etre, l'homme debout, la pierre dressée, le phallus, le pilier, le bâton vertical.

• Les Chinois représentent l'Unité par le *Taï-ki* ou monade, cercle englobant les courants négatifs et positifs *yin* et *yang*. L'un (*yi*) est le parfait, l'entier et l'ancienne philosophie affirme que l'*Un, le plus grand* naquit et grandit de la « plus grande et suprême hauteur », puis se métamorphosa en deux principes fondamentaux le *yin* et le *yang* d'où sortirent les cinq éléments ou états de mutation (feu, eau, terre, métal, bois) qui, à leur tour engendrèrent les *dix mille choses (wan wou)* (7-340).

# URANUS
*les découvertes*

L'influence de la planète Uranus, découverte en 1781, se traduit par des brusques changements, des bouleversements, révoltes, révolutions, préludes à des progrès majeurs sur le plan mondial.

Sur le plan social, elle est responsable des grandes inventions dans le domaine des ondes, de l'électronique, de l'informatique, des communications...

Dans un *thème individuel*, elle indique le degré d'indépendance d'esprit et confère l'intuition. Ses effets harmoniques se font sentir vers 30 ans, puis vers 58 ans au moment des trigones, périodes où l'individu, ayant acquis confiance en soi et autonomie, est en mesure de jouir de son indépendance.

Ses effets dissonants se font sentir lors des quadratures, vers 21 ans et 64 ans, coïncidant avec une période d'agressivité, de révolte. L'opposition se manifeste à la quarantaine, provoquant une remise en question des valeurs (112-63).

# V

## VACHE
*la Mère*

Animal sacré en Inde, la vache *(go, gau, dhénu, usrah)* est un symbole de **nourriture** et de **libéralité**, assimilé à Aditi, la Grande Mère et à la Terre, parfois même à l'univers (50-127). La vache pleine est l'emblème féminin du pouvoir génératif et nutritif de la terre. Elle forme avec le taureau le symbole femelle et mâle, *générateur et nutritif de la divinité* (83-58).

• Associées à l'Aurore et au Soleil dans le Véda, les vaches sont *impérissables*; ce sont les Mères qui, dit-on, possèdent la triple nature du monde suprême. Rayons cachés de Sûrya, trou-

*Meh-wit, la Vache céleste. (124)*

peaux du soleil, elles symbolisent la **lumière** (mentale), les **pensées illuminatrices** émanant de la conscience supérieure et provenant du Soleil de Lumière et de Vérité (44-60).

• En Grèce la vache était le symbole de la divinité, fréquemment représentée léchant un veau qui la tète ou se léchant, pour figurer l'augmentation de sa **force divine** par l'exercice de son pouvoir nutritif sur elle-même (83-43).

• En Egypte, à Memphis, elle était le symbole du **pouvoir générateur passif** incarné par Vénus (83-31).

• Elle remplit une fonction **cosmique**: la *Vache céleste Meh-urt*, origine de la manifestation, qui donna naissance au ciel, incarne l'*Océan céleste* (Methyer pour les Grecs). Le ciel est soutenu par les quatre pieds de la Grande Mère, Hathor, déesse cosmique et déesse-vache dont le ventre est le firmament. Chaque soir, Horus le soleil, pénètre dans sa bouche sous la forme d'un aigle pour en renaître chaque matin (124-93).

◆ La vache des rêves incarne l'aspect maternel et végétatif de la vie. A la femme, elle conseille la **patience**, la **bonté**, l'**humilité** et la **soumission** (24-274).

# VAMPIRE
*l'esprit divin*

Le vampire (grande chauve-souris) remplit une fonction **génitrice** chez les Mayas : personnification du dieu agraire, il symbolise le **processus germinatif** et par analogie, la mort suivie de la régénération par les rayons solaires. On le représente tombant du ciel accompagné de pluies torrentielles pour symboliser *la chute de la substance divine sur la terre* au moment du passage du soleil au zénith producteur de la pluie qui fera germer le maïs (76- 181).

# VASE
*le réceptacle de l'esprit*

Réceptacle de l'esprit divin, le vase est un élément indispensable des cérémonies hindoues au cours desquelles s'opère l'*âvahana* ou descente de l'essence divine du plan céleste au récipient. Essence qui sera projetée dans une statue ou un objet. Le petit espace sacré circonscrit devient l'univers au centre duquel l'adepte s'identifie aux forces suprêmes dont il recueille en lui la puissance (12-31).

• En chinois, le même idéogramme (*ping*) désigne le vase et la bouteille.

• Dans l'Antiquité, le *vase aux trésors* rempli des *cinq fruits nourriciers* (diverses sortes de céréales) était employé dans un rituel de **fécondité** au cours de la cérémonie du mariage. Les bouillottes étaient appelées *femmes chauffantes* et le pénis comparé à une bouteille d'huile.

• Dans l'iconographie, un vase contenant des rameaux de pin et de prunier avec des narcisses signifie : *vie toujours verte, amour, bonheur et paix* (7-342).

# VAUTOUR
*la vieillesse*

Au Mexique, le vautour royal (*cozcaquauhtli*) était le symbole de la **vieillesse** et de la **longévité**.

*Amulette égyptienne représentant le vautour. (124)*

• Il est l'un des vingt signes du calendrier divinatoire, associé au Sud, communiquant aux personnes marquées de son sceau les qualités de sagesse, prudence, calme, pondération et discrétion, des dons pédagogiques, mais aussi le goût du bavardage (125-110).

• Symbole de mort chez les Mayas, il était aussi une divinité de l'**abondance**, le **régénérateur des forces vitales** : associé aux signes d'eau, il régit les orages qui assurent le renouveau de la végétation.

• En Egypte, il désignait l'**amour maternel** parce qu'il nourrit ses petits de son propre sang, et représentait le **ciel** parce que son nid est inaccessible. On y voyait aussi le symbole de la **connaissance de l'avenir** parce que son vol indiquait aux augures le vainqueur des batailles (9-106). D'où découle son usage par les Grecs et les Romains comme oiseau divinatoire.

# VENT
*le messager des dieux*

Les Mexicains connaissaient quatre vents en correspondance avec les points cardinaux : le bon vent de l'Est, du paradis terrestre, le vent furieux de la *direction de l'enfer* venant du Nord, le vent d'Ouest et le vent du Sud aussi furieux que le vent du Nord.

• Les vents sont dotés d'un **pouvoir** bénéfique ou plus souvent maléfique : les vents mauvais du Nord étant responsables des maladies, les Chortis pratiquent un curieux rite pour conjurer leur influence : ils capturent, *enlacent* ces vents, assimilés aux esprits infernaux à l'aide d'un *lasso capital du vent*, afin qu'ils ne nuisent pas aux plantations de maïs. Rites qui ont leur équivalence dans la danse populaire du *Taureau tumbo*, animal fantastique qu'on essaie de capturer et d'attacher avec un lasso (76-229).

• Le dieu du Vent de la Chine ancienne, *Feng-Po*, bouche et langue du Ciel, est l'origine du souffle cosmique et correspond à l'élément Bois, au trigramme *Siuan* du Yi-king et au Nord-Ouest.

• Les huits vents (*feng*) servaient à la divination suivant la *Méthode de la Rose des Vents* basée sur la direction du vent, en concordance avec les cinq notes de musique et les dénominations cycliques. Le vent du Sud annonce la sécheresse ; du Sud-Ouest, la petite sécheresse ; de l'Ouest, des troubles militaires ; du Nord-Ouest, l'abondance de haricots ; du Nord, une année moyenne ; du Nord-Est, une très bonne année ; de l'Est, une grande inondation ; du Sud-Est, une grande épidémie.

Le vent *Kong* (do), dont le bruit évoque le meuglement d'un bœuf, annonce une année faste. Le vent *Chang* (ré), ressemblant à un galop de chevaux, annonce la guerre. Le vent *Tché* (sol), qui résonne comme une bande d'oiseaux, prévoit la sécheresse. Le vent *Yu* (la), dont le bruit ressemble à celui d'un tambour mouillé qu'on frappe, annonce une inondation. Et le vent *Kio* (mi) qui fait entendre le même bruit qu'un millier d'hommes, est le présage d'une mauvaise année (65-186).

• Le vent résulte de l'action combinée du *souffle de la nature* et de la Terre (sur le bois, il provoque la pluie ; sur le feu, la chaleur ; sur le métal, le beau temps ; sur l'eau, le froid).

Associé à l'Eau, il désigne le **Feng-shui** (science du vent et de l'eau) ou art de *provoquer l'harmonie du milieu*, qui rattache les rythmes alternés et complémentaires propres à toutes choses à l'interaction et aux combinaisons du *yin* et du *yang*, manifestations contrastées de la vie universelle.

A l'origine, prévision de la pluie et du beau temps à l'usage des agriculteurs, le Feng-shui étendit ses pronostics aux entreprises humaines, selon les jours et les orientations bénéfiques ou mauvaises.

Ce système englobe une géomancie, une astrologie, une alchimie médicale basées sur les effets du passage du soleil et de la lune à travers les 28 constellations, les correspondances des cinq éléments avec les cinq parties du corps humain, les cinq viscères, les cinq couleurs et le sens dans lequel il faut orienter les maisons et les tombeaux.

Le feng-shui étudie successivement le *souffle vital* de la nature (*Hi*), l'*ordre* normal résultant de son action régulière (*Li*), ses effets matériels (*Ki*), les règles mathématiques permettant de les calculer (*Sou*), la manière de les appliquer aux formes des êtres et aux couleurs (*Ying*) (98-119).

Celui qui ignore ces lois *fait injure au souffle vivant qui imprègne chaque pierre, chaque arbre, chaque fleur, il risque de contrarier les forces de la terre et des cieux et de provoquer sa propre perte* (133).

• Dans la symbolique hindoue, le vent est Vâyu, le souffle, associé à l'**énergie dynamique** Prâna qu'il inspire, le Maître du monde intermédiaire entre le Ciel et la Terre qui régit les plans vitaux reliant l'être physique à l'être mental.

Vâyu et Indra, les Seigneurs de la pensée, libèrent les énergies et les pouvoirs enfermés dans le subconscient (44-95).

• Dans la tradition chrétienne le vent est synonyme de **souffle**, de l'Esprit, influx spirituel céleste.

• Les Sioux considèrent le Vent comme un **agent céleste** et établissent une analogie entre les Quatre Vents cosmiques et les quatre périodes de la cosmogonie.

• Les Aztèques dédiaient au dieu du vent nocturne, *Ehecatl*, des temples circulaires, parce que le vent déteste les angles.

• Le signe zodiacal du Vent est celui de la sorcellerie et de la **magie noire**. Les natifs du signe sont indécis, inconstants, capricieux et manquent de persévérance et de courage (125-111).

• Les Grecs considéraient les vents comme des divinités agitées résidant dans les cavernes des Iles Eoliennes, gouvernées par Eole, Aquilon et Borée (vents du Nord), Zéphir (du soir et de l'Ouest), Eurus (du matin et de l'Est), Auster (du Sud) (1-998).

◆ En raison de ces significations, le vent symbolise l'**agitation mentale**, la vanité, l'inconstance, l'instabilité et la violence.

# VÉNUS
*la séduction*

---

Dans l'Antiquité la déesse Vénus était la personnification de la nature et le **principe passif de la génération** agissant sous diverses manifestations (Cérès, Junon, Diane, Isis,...). On pensait aussi qu'elle était *la cause qui produit et développe les semences de toutes choses dans l'humidité... la Nature, mère des choses ou créatrice.*

Comme Isis, elle figurait la *matière féconde sur laquelle les organes créateurs et destructeurs opéraient.* L'eau était son essence terrestre, la lune son essence céleste qui *élève les vapeurs de l'océan par son pouvoir attractif* (83-79).

• Symbole de la féminité et de la **séduction**, pour les alchimistes, elle est la déesse dispensatrice de volupté qui *attire l'âme dans le corps par la perspective d'une existence langoureuse, sensuelle et molle... enseigne à aimer la vie pour elle-même, en goûtant ses charmes tout en esquivant ses rudesses.*

• En astrologie, l'influence de la planète Vénus est toute **féminité**, douceur, **sensualité**, harmonie, sens interne de l'équilibre se manifestant en charme, chaleur vivante, intimité. Elle confère la mobilité d'esprit, la souplesse des facultés et des réflexes, l'adresse, la finesse d'esprit, le savoir-faire, la sensibilité, l'imagination, la capacité de compréhension qui engendrent une remarquable efficacité et un certain prestige.

Le sens pratique n'exclut cependant pas une certaine naïveté due à une fraîcheur d'âme persistante (114 et 100).

• Au Mexique, cette planète est liée à l'idée de **mort** et de **renaissance** de la vie. Les Aztèques ont fondé une année de 584 jours solaires sur la révolution synodique de Vénus (*Citlalpol*), la Grande Etoile (8 années solaires équivalaient à 5 années vénusiennes). La concordance se faisait tous les 104 ans (*un siècle aztèque*).

Quetzalcoatl, transformé en Vénus après sa mort, passait pour être ressuscité d'entre les morts huit jours après (période d'obscurcissement de la planète en conjonction inférieure), tout comme Vénus, étoile du matin.

Selon les calculs des astronomes sur la durée des révolutions cycliques de Vénus et sur la correspondance avec les autres cycles du calendrier maya (calendriers solaire et divinatoire), la planète reparaît à cette date tous les 104 ans (98-359).

## Verseau
*20 janvier-18 février*

Onzième secteur du zodiaque, signe d'Air, fixe, le Verseau est gouverné par Saturne (et Uranus) dont il est le domicile. Le soleil y est en exil et Neptune en chute.

**Caractéristiques** : liberté, affranchissement, ondes, explosion, invention, novation.

**Correspondances**: humidité, hiver, jour, positivité, masculinité, stérilité, violence. Métal: plomb. Pierres: saphir, perle noire.

Dans le corps: vaisseaux, mollets et chevilles, électricité cérébrale, rythme cardiaque (14 et 122).

**Qualités principales**: sens de la fraternité, de la paix, de la découverte.

En négatif: intolérance aux normes sociales légitimes établies; esprit révolutionnaire sans puissance créatrice.

# VÊTEMENTS
*la Persona*

Le vêtement est le symbole extérieur de l'activité spirituelle, de la **fonction** et de la **dignité** qu'il se doit de refléter. Déjà les Egyptiens représentaient Isis avec des vêtements de couleurs variées aux plis compliqués pour indiquer *que le pouvoir passif et matériel prend des formes multiples et des voies diverses pour s'assouplir de lui-même à l'action du pouvoir actif ou éthéré.* Tandis que le vêtement d'Osiris était *simple et d'une couleur lumineuse afin de montrer son unité d'essence et l'universalité immuable de son pouvoir* (83-38).

• Au Moyen Age, le roi, synthèse de la société, devait porter les plus beaux habits. De même, le vêtement du pape faisait de lui une représentation vivante de l'univers: *la terre est figurée par les hauts-de-chausses tissés de fil de lin, l'océan qui entoure les continents par les baudriers, l'air par la tunique d'hyacinthe, le feu par la mitre* (80-102).

• Le grand-prêtre hébreu portait des *vêtements de gloire et de beauté*: sa *tunique* de lin blanc symbolisait la **pureté** indispensable au sacrificateur, ses broderies montraient la croissance de ce caractère pur en œuvres de grâce. Sa *tiare*, bande fine de lin blanc attachée par un cordon bleu, montrait que la couronne lui appartenait en justice. Sa *mitre de lin* proclamait la justice parfaite de la Tête de l'officiant pendant le sacrifice. Sa *ceinture* (symbole de servitude) *de lin* (justice) indiquait un serviteur juste. Sa *robe bleue* symbolisait sa fidélité. L'*Ephod* de tissu pourpre, bleu, écarlate et de fils d'or entrelacés, en deux parties, représentait les deux grandes alliances : l'Alliance abrahamique et la Nouvelle Alliance (20).

• L'habit s'imprègne du **prestige** et du pouvoir de celui qui le porte : on touche les vêtements du pape, comme autrefois les vêtements, les gants, les chaussures du roi lors des processions.

• Le *manteau* que revêt le roi au terme du cérémonial d'intronisation, est un symbole du ciel.

• Le *chapeau* est parfois l'insigne d'une *distinction sociale* : képi, casquette… Apparenté à l'*Ombrelle d'Or* du Bouddha, il est aussi un symbole de puissance.

• Symboles d'**appartenance**, la robe de bure des religieux, l'uniforme… Les ôter, c'est abandonner la communauté, rompre le lien.

• Dans la Chine ancienne, l'habit impérial est une **synthèse de l'univers**. Il est fait de l'*essence du monde*, carré en bas, symbole de la Terre, le dais circulaire de son char carré équivaut au Ciel, *les plus puissantes constellations sont présentes dans les emblèmes des drapeaux et, grâce au choix d'insignes (soleil, lune, constellation, foudre, etc.) qui figurent sur les habits, l'Homme Unique se trouve au contact direct des forces bénéficientes les plus efficaces* (134-374).

Le costume doit former un ensemble harmonieux où tous les détails s'adaptent à la loi des correspondances. *La tunique d'un officier doit être d'une des cinq couleurs fondamentales, son vêtement inférieur… de l'une des couleurs intermédiaires correspondantes.* Le *bonnet*, la plus noble partie du vêtement, se plie aux circonstances : deuil, abstinence, disgrâce, réunion d'affaires, présence d'un chef, etc.

Pour être reçus à la Cour, les nobles devaient porter le vêtement correspondant à leur rang, à la saison, aux circonstances et à la dignité de l'Empereur.

Le vêtement doit être *fait de douze bandes comme l'année est faite de douze mois… aux manches rondes imitant le cercle, au collet taillé en équerre, à la couture dorsale droite comme un cordeau, symbole de la rectitude et de la correction, au bord inférieur, horizontal comme le fléau d'une balance en équilibre* (134-282).

◆ Les vêtements symbolisent à la fois la **Persona** : l'image que les autres se font de nous, la fonction sociale, la profession et la vie collective.

Le vêtement *neuf* aperçu en rêve symbolise une nouvelle attitude, un comportement différent vis-à-vis de la vie ou d'autrui. Le costume (ou la robe) *déchiré* ou mal adapté à la circonstance trahit une blessure d'amour-propre ou le sentiment d'infériorité. Porter l'*uniforme* révèle un manque d'originalité ou un mode de vie automatisé.

# VIERGE
*la pureté*

On trouve des naissances virginales dans toutes les mythologies et dans toutes les religions : la mère du Bouddha qui le reçut du ciel sous la forme d'un éléphant blanc comme le lait ; la déesse aztèque dont la *robe est tissée de serpents*, Coatlicue, visitée par le dieu-boule de plumes ; nymphettes et déesses fécondées par une noisette ou le souffle du vent...

La vierge mythologique est le symbole du principe passif féminin de la nature en hiver, contrepartie d'Hermès enfermé dans sa gaine personnifiant le principe positif et viril de la nature.

Les vierges qui *meurent*, s'*endorment*, *descendent aux enfers* illustrent des mythes agricoles et symbolisent l'enfouissement des graines *vierges*, n'ayant pas servi à faire le pain ou *jeunes* sortant à peine de l'épi au moment des semailles. Pluton enlevant Proserpine, Hadès enlevant Perséphone, Hécate plongeant dans l'Achéron symbolisent la graine disparaissant dans le sol en hiver (121-58).

● Le Soleil de Vérité est généré dans le sein d'Isis la Noire qui, sous l'aspect de la *Vierge Noire*, présida à la fondation de cathédrales, dont celle de Chartres. On la retrouve à Marseille (église Saint-Victor), à Rocamadour, à Boulogne-sur-Mer, à Fourvières, comme à Barcelone et en Pologne.

Cette Vierge Noire, honorée par les Celtes, s'identifie à la *Pierre Noire*. En effet, la pierre noire et la pierre blanche qui faisaient l'objet des dévotions du *hadji* musulman, furent remplacées par *Asali*, l'idole masculine et *Mayel* (Marie) l'idole féminine (121-39).

• Dans la Vierge chrétienne, emblème de **pureté** et symbole de l'**amour maternel**, tenant l'Enfant-Jésus sur ses genoux, nous reconnaissons Isis portant Horus l'enfant-dieu, *affirmation de la Vierge comme trône de la Sagesse. Le nom « Isis » en égyptien signifie probablement « trône »,* tradition préservée par la Vierge chrétienne.

• La Vierge du Moyen Age, celle des bâtisseurs, désignée comme *ciel et trône de Dieu... ciel qui élève le soleil de vérité... nuage léger contenant la lumière,* s'identifie à la symbolique de la déesse égyptienne Nout, proche d'Isis, à laquelle était consacré le sycomore ou *figuier de Pharaon* qui abrita la Vierge Marie lors de sa fuite en Egypte avec Joseph et le Christ enfant. *Comment ne pas comprendre que la Vierge chrétienne, pénétrant dans l'arbre égyptien, s'intégrait ainsi à un axe du monde, à l'axe symbolique procuré par la tradition pharaonique ?* (80-49).

• Dans le **Tarot**, la Vierge est représentée par l'Impératrice de l'arcane III, reine du ciel, mère virginale de toutes choses se rapprochant de Vénus-Uranie et de l'Ishtar babylonienne, qui plane au-dessus du monde sub-lunaire.

## Vierge ♍
*22 août-22 septembre*

Sixième signe du zodiaque, la Vierge, gouvernée par Mercure, symbolise le secret, la **mesure**, le **discernement** et l'**analyse**. Signe de la sagesse du corps. Intelligence tournée vers l'intérieur en quête des principes permettant la synthèse.

Planète en exil: Neptune. En chute: Jupiter.

**Correspondances**: froid, sécheresse, terre, nuit. Féminité, vitalité, stérilité. Métal: Mercure. Minéraux: silex, jaspe.

Correspondances physiques: intestins, abdomen, duodénum, transit intestinal, plexus solaire.

**Qualités principales**: sens critique et pratique, mesure, logique, précision, ordre et méthode.

En négatif: sens critique exagéré, aridité, excès de méthode, encombrement des détails, manque d'assimilation, de discrimination, défaillance de la mémoire, scrupule, vanité de l'érudition, nervosité incontrôlée (14 et 122).

# VIGNE, VIN
*l'ivresse divine*

Arbre sacré produisant le vin, boisson des dieux, la vigne fut identifiée à l'*Arbre de vie du paradis* (souvent représenté par une vigne dans l'iconographie) dans les anciennes traditions.

La vigne et le vin sont inséparables du mythe de Dionysos, dispensateur de la vie, dieu du vin se confondant avec le breuvage qui procure à ses adorateurs l'ivresse divine, une existence surhumaine et atteste en eux la présence réelle de la divinité.

Le culte dionysiaque associé au culte phallique, comportait les Dionysies champêtres, cérémonies purificatrices, qui avaient lieu au début de janvier (solstice d'hiver), afin de ranimer la fécondité, favoriser la fermentation du vin et de le protéger de l'action pernicieuse des mauvais esprits.

• Le vin est le symbole de la **révélation** issue du délire procuré par la présence divine, et la vigne, celui de l'**immortalité** à laquelle les rites, en premier lieu destinés à rénover la **fertilité** du sol, préparent les initiés. Immortalité du dieu-grappe Dionysos qui, mis en pièces pour que son sang devienne le vin dont s'abreuveront les bacchantes et les ménades, connaît une résurrection (134).

• Le mythe de Dionysos qui vit une passion et une résurrection évoque l'histoire du Christ qui déclare : « *Je suis le cep* », se rattachant à toute une tradition où les dieux sont incarnés par la vigne. La sève est la Lumière de l'Esprit, le raisin l'Eucharistie et le vin est assimilé au **sang** du Christ.

# VILLE
*la ville céleste*

Dans l'Antiquité, la topographie terrestre reflétait la topographie céleste : une carte du monde établie 2750 ans avant J.-C. est dressée par cercles concentriques analogues aux cercles planétaires, entourés par une zone extérieure identique à la zone des étoiles fixes, placée au-delà des cieux des planètes (4-88).

Pour que la ville ou l'édifice sacré dure, il fallait *reconstruire le monde* autour de ce nouveau **centre de l'univers**, reproduire dans le plan des villes et des édifices la disposition décrite dans les mythes cosmogoniques (la voûte du ciel reposant sur quatre quartiers-cariatides de la terre, elle-même soutenue par quatre piliers). Ce qui explique l'importance attachée par la tradition à la solution de la quadrature du cercle qui donne la clef de la transposition des formes célestes en formes terrestres (66-45).

• Le plan des villes antiques est donc *rectangulaire* ou *carré* (également symbole de **stabilité**) et prévoit deux voies principales orientées N-S et E-O (à Rome, le *cardo* et le *decumanus*) se coupant à angle droit, à cause de leur liaison avec le ciel et les astres. On pose les fondations le jour fixé par les auspices et l'*enceinte murée est marquée par le sillon d'une charrue*, l'agriculture présidant généralement à la naissance des villes (98-344).

Cette conception de l'arrangement du monde, qui évoque le *mandala* et ce rituel sont universels. L'exemple le plus frappant est Pékin, orientée aux quatre points cardinaux, encadrée par les quatre Temples : du Ciel, de la Terre, de l'Agriculture et des Ancêtres de la dynastie impériale, symbolisant les éléments cosmiques extérieurs et les quatre palais célestes. Au centre, le Palais impérial est l'image du 5e élément et la réplique du Palais central de la cosmogonie chinoise, avec la salle du trône représentant le pôle Nord d'où l'*Etoile Polaire regarde vers le Sud* (4-91).

En Inde, les quatre castes correspondent aux quatre orients. Les cités hébraïques distribuent leurs 12 tribus territoriales en quatre groupes de trois tribus. Symbole de la cité céleste, la Babylone terrestre n'était qu'une gigantesque carte du ciel, un énorme quadrilatère entouré d'une muraille hérissée de 360 tours carrées (les degrés du zodiaque). La Thèbes égyptienne était appelée l'*Orbe de la terre entière*. Ses pierres angulaires sont *placées aux quatre piliers. Elle sont avec les vents et elles soutiennent le firmament de Celui qui est caché* (80-138).

Ce rituel reposant sur une conception cosmogonique se pratique toujours dans certaines sociétés traditionnelles : choix du site validé rituellement, érection d'une clôture carrée ou circulaire percée de quatre portes correspondant aux points cardinaux.

♦ Symbole de la **mère**, de la puissance maternelle enveloppante et protectrice, la ville est, selon Jung, *de temps immémoriaux, le symbole de la totalité parfaite ; de l'existence éternelle, telle la Jérusalem céleste qui incarne la plénitude des cieux, un état durable hors des atteintes du temps* (28-316).

## VOYAGE
*l'aventure spirituelle*

Le voyage mythologique symbolise l'**appel du destin**, le transfert du centre de gravité du héros de son milieu habituel à une zone inconnue, remplie de dangers, de trésors : pays lointain, royaume souterrain ou céleste, forêt, île perdue, montagne.

• Le voyage symbolique est une aventure spirituelle, la **descente en soi**, à la rencontre du Soi, jalonnée d'échecs et de petites victoires, de souffrance et de joie jusqu'à l'acquisition de la sérénité, du vide central.

Ces processus **d'individuation** menant à la découverte des forces cachées dans l'inconscient et à l'annihilation de l'*ego*, comprend trois stades auxquels sont liées des *images archétypiques* :
a) au stade initial, l'«appel» des profondeurs se manifeste par la *catastrophe* cosmique : tremblement de terre, inondation ; par des *animaux* : lion, cheval, taureau, serpent, oiseau, par la *grotte*, la *mer*, les *armes*, le *crucifix*, les *instruments* ;
b) les symboles du stade moyen sont : la *grenouille*, le *gué* (passage dangereux), l'*arbre*, le *vol* (planer), *nager*, *être suspendu*. Ils figurent souvent l'angoisse inséparable du développement spirituel, qui accompagne toute percée à travers les limitations de la personnalité et l'élargissement de la vision ;
c) à la fin du processus, lorsque les masques sont abolis, les barrières franchies, les horizons limitatifs effacés, apparaissent les symboles du Soi (centre de la personnalité) indiquant que l'individu a pénétré dans des sphères nouvelles de réalisation plus vastes : *croix, cercle, carré, fleur (rose en particulier), roue, étoile, œuf, soleil, enfant*. Le *héros* et l'*adolescent* se manifestent au cours des trois stades (25-187).

• Celui qui entreprend cette *quête du Graal* ou de l'*Elixir d'immortalité* a pour supports matériel et mental le *yoga*, le *mandala*, les techniques de *méditation*, l'interprétation des rêves, ou les conseils d'un *guru*. Cette quête est représentée dans la Maçonnerie par des voyages symboliques visant à affranchir l'initié de la *Vie matérielle*, de la *Philosophie* et de la *Religion* afin de parvenir à l'*Initiation pure* (109-45).

L'initiation au grade de Compagnon comporte cinq voyages au cours desquels le candidat découvre les *cinq sens*, les *quatre ordres d'architecture*, la *Nature*, l'*Humanité*, le *Travail* (109-218).

# Y

## YANTRA
*le mandala linéaire*

Les yantra hindous sont des diagrammes linéaires servant de **support à la méditation**, qui se substituent au *mandala* dont ils expriment le principe.

Si la ligne remplace l'image des divinités du mandala, le principe est le même ; *il s'agit seulement d'une réduction quintessentielle d'une idée identique.*

Un exemple de yantra est *la roue de Srî*, c'est-à-dire de la *shakti* ou force divine, puissance motrice de l'univers, à travers laquelle Dieu se manifeste dans les choses. Il est composé de quatre triangles isocèles, de différentes grandeurs, entrecroisés, pointes vers le haut et cinq triangles pointes vers le bas. Au centre, un point invisible, le *bindu* (l'*univers condensé*, la réunion des forces créatrices, la conscience massive dans laquelle reposent tous les mondes et les êtres qui seront manifestés), la semence matrice autour de laquelle s'équilibrent les forces masculines (*Shiva*, triangles droits) et féminines (*Shakti*, triangles inversés).

Sur le premier cercle qui entoure ces figures sont dessinés huit pétales symbolisant le lotus de la création ; sur le second, un lotus à seize pétales puis une triple enceinte circulaire (*trimekhalâ*), contenue dans un carré ouvert aux quatre points cardinaux, symbole de la terre.

L'ensemble tend à démontrer les **reflets de la Puissance** primordiale sous ses aspects fondamentaux.

Les cinq triangles tournés *vers le bas* symbolisent le quintuple aspect de la Puissance et leurs sommets, la tendance à la **réalisation**.

Les quatre triangles pointes *vers le haut* symbolisent Shiva et leurs sommets, le **retour**.

• Les images des divinités du *mandala* bouddhiste sont parfois remplacées par des lettres sanscrites placées aux angles. Chacune d'elles, écrite avec une terminaison nasale particulière, (comme chaque pétale, chaque angle, chaque figure) s'identifie à une énergie spécifique de l'être humain et avec une déesse (*yogini*) résidant dans une partie du corps.

En outre, chaque divinité ou puissance de l'être humain possède son yantra et sa formule d'invocation, le *mantra* qui est, dit-on, l'*âme du yantra*.

• Comme dans le *mandala*, le méditant part de l'extérieur, des pouvoirs externes, physiques du corps vers l'intérieur, les puissances internes et supra-sensibles.

• Lors des cérémonies initiatiques, le *vase*, rempli d'eau parfumée, est posé au centre du yantra pour recevoir la divinité (11, 38 et 96).

## YIN-YANG

Voir *Taï-ki*.

## YUGA
*le cycle cosmique*

Le *yuga* ou âge, est une unité de mesure du cycle cosmique hindou. Un cycle complet (*mahâyuga*) dure 12 000 ans et se termine par un *pralaya* ou dissolution. Il se compose de quatre *yugas* d'inégale durée :

— *Kriti-yuga*, de 4 800 ans, « âge accompli », parfait, c'est-à-dire l'Age d'Or (équivalent de l'époque paradisiaque des autres traditions) de la justice, de l'opulence et du bonheur, durant lequel on respecte le Dharma.

— *Trelâ-yuga*, 3 600 ans ou «triade», caractérisé par le travail, la souffrance et la mort, le *Dharma* n'est respecté qu'aux trois quarts.

— *Dwapara-yuga*, de 2 400 ans, règne des vices et malheurs, du raccourcissement de la vie humaine. Il ne subsiste que la moitié du *Dharma*.

— *Kali-yuga*, 1 200 ans (période actuelle), «âge mauvais» de la discorde, du déclin intellectuel de l'homme et du relâchement des mœurs. Il ne reste qu'un quart du *Dharma*.

Chaque yuga est précédé d'une *aurore* et suivi d'un *crépuscule* reliant les âges entre eux (92-80).

# Z

## ZÉRO
*le point mort*

Le concept du zéro fut découvert par les Mayas plus de mille ans avant les Européens. Représenté par une *coquille* fermée, rappelant la position du fœtus dans l'utérus, le zéro figure la désintégration de la graine de maïs qui précède l'apparition du germe et symbolise la **régénération cyclique** car il représente *le passage d'une vie à une autre vie...le point mort...* d'où partent les numéros ascendants, *comme le début du développement de toute vie nouvelle* (76-318).

• Contour graphique de la sphère, le zéro se rattache au symbolisme de la coupe, du vase ou du coffre des contes où l'on enferme un prince ou un héros, image du *vase philosophique* de l'initiation hermétique. Il devient alors un symbole **matriciel**, *emblème de la femme fécondée* (136-72).

# ZIGGOURAT
*la montagne cosmique*

Les ziggourats sumériennes étaient des tours massives formées de sept plates-formes superposées, de plus en plus petites et de couleurs différentes, surmontées du sanctuaire destiné à recevoir la divinité, reliant le ciel à la terre.

Les plus connues de ces *Collines du Ciel* ou *Montagnes de Dieu* sont celles de Babylone : l'*Etemenanki* ou *Maison des Sept directions du Ciel et de la Terre*, située au-delà de la voie sacrée, et l'*E-eur-imin-an-ki*, située au sud-ouest de la ville.

A la fois tour d'observation et talisman protecteur, la ziggourat est une montagne artificielle construite suivant un plan dont chaque partie a une valeur symbolique. Image du cosmos orientée vers les quatre points cardinaux, ses assises figurent les sept cieux planétaires et sont dédiées aux dieux de ces planètes.

La 1re assise, peinte en *noir*, était consacrée à Saturne ; la 2e, de couleur orange, à Jupiter ; la 3e, de couleur rouge, à Mars ; la 4e, couleur d'or, au Soleil ; la 5e, jaune, à Vénus ; la 6e, bleue, à Mercure et la 7e, d'argent, à la Lune.

On accède aux étages de cette *Tour bénéfique* et à la chapelle par un escalier en spirale (évolution spirituelle) dont les marches ont environ 80 cm de haut. *Au milieu de la montée, il y a une chambre et des sièges, où s'assoient et se reposent ceux qui ont entrepris de gravir jusqu'au sommet. Dans la tour supérieure est un grand sanctuaire et dans ce sanctuaire un grand lit richement garni, auprès duquel se dresse une table d'or.* Chaque matin, au lever du soleil, on récite l'hymne du Feu, face au soleil levant au sommet de la tour (19-97).

• La colline du Ciel rejoint le symbolisme de l'échelle avec ses degrés initiatiques. L'ascension du pèlerin ou du prêtre *équivaut à un voyage extatique au Centre du Monde.* Lorsqu'il atteint la terrasse supérieure et pénètre dans l'espace sacré... il *réalise une rupture de niveau, transcende l'espace profane et pénètre dans une «région pure»* (92-54).

• *La réplique chinoise de la ziggourat est l'Autel du Ciel (T'ien Tan)* ou Eminence Ronde située au sud de Pékin. Quatre escaliers placés aux points cardinaux donnent accès à trois terrasses rondes superposées, de tailles différentes garnies de balustrades. La seconde porte les tablettes dédiées au Soleil, à la Lune, à la Grande Ourse, aux cinq planètes, aux 28 Maisons lunaires (*Siéou*) et aux étoiles.

L'autel situé sur la terrasse supérieure symbolise le zodiaque et la **sphère céleste**. Au solstice d'hiver, l'Empereur et les dignitaires se rendaient en grande pompe au T'ien Tan pour adorer le Ciel (4-34).

# ZODIAQUE

Avant d'être associé à la prédiction de l'avenir, le zodiaque était un moyen de mesurer le temps, le cercle étant le symbole du cycle de l'année (les Anciens avaient observé que le ciel se trouvait au même point tous les 365,2422 jours).

Cette zone de la voûte céleste, figurée par un cercle formé de 12 constellations couvrant chacune 30° du parcours solaire, permettait de déterminer les positions du Soleil, de la Lune et des planètes.

Le zodiaque original était probablement mesuré à partir des étoiles visibles et fixes ; ce qui explique que nous ayons deux zodiaques : le zodiaque *sidéral* ou des constellations, basé sur les étoiles fixes, qui avance d'un jour tous les 72 ans, et le zodiaque *tropical* ou mobile mesuré à partir des 4 points où le soleil change de direction, les deux tropiques (Cancer et Capricorne), points marquant l'endroit où le soleil atteint son éloignement maximum par rapport à l'Equateur, appelés *solstices*, où le soleil semble s'arrêter, car il y change de direction, du nord vers le sud ou inversement ; les deux autres correspondant aux Equinoxes, points de repère où le mouvement apparent du Soleil coupe l'Equateur en mars vers le Nord et en septembre, vers le sud (110).

• Le zodiaque représente donc le processus-type de l'**univers** et dans le cercle zodiacal s'inscrivent l'histoire du Christ dont la naissance coïncide avec le solstice d'hiver et par extension l'histoire du monde.

Le cercle du zodiaque se projetait dans les rites de la vie quotidienne: la Table ronde des légendes médiévales, le XXIe arcane du Tarot, *Le Monde*, se rattachent à son symbolisme. Il n'a pas disparu de la vie de l'homme du XXe siècle: l'arène des corridas n'est autre que le symbole du circuit zodiacal, comme les courses de chevaux (représentant les planètes) dans un cirque ovale (image de l'Univers s'identifiant au Temple) figuraient autrefois la course des planètes qui règlent l'existence humaine et déterminent les saisons. Mais de ces rites nous n'avons gardé que le sens profane ou matériel, tandis qu'ils avaient dans l'antiquité, un caractère sacré ou symbolique.

• Au point de vue spatial, le circuit zodiacal autrefois placé au-delà des étoiles fixes, apparaît comme la *Coquille de l'Œuf du monde* (c'est pourquoi le symbolisme de l'œuf est étroitement lié à celui du zodiaque), la sphère où naît la vie universelle et ses possibilités. Au point de vue temporel, il rejoint la symbolique du cercle, figure sans commencement ni fin, représentant les cycles éternels se déroulant dans le temps.

• Chaque signe zodiacal a des attributs, des caractéristiques analogiques propres et correspond à un type morpho-psychologique et à une étape d'évolution psychique:
— *impulsion première*, impétuosité avec le **Bélier**, la plante nouvelle et son potentiel;
— *prise de possession des biens terrestres*, avec le **Taureau**;
— *principe de compréhension* avec les **Gémeaux**;
— *gestation physique et psychique* avec le **Cancer**, la sensibilité stimulant les forces créatrices;
— l'*autonomie*, la souveraineté individuelle, la singularité avec le **Lion**;
— la *conscience des acquis* formateurs, l'assimilation des données utiles avec la **Vierge**, la recherche de l'*équilibre* des rapports avec la **Balance**;
— l'*œuvre au noir*, désintégration et renaissance avec le **Scorpion**;
— la *sagesse*, la philosophie, la religion avec le **Sagittaire**;
— la *volonté solaire*, la *réalisation des ambitions* de l'être parvenu au zénith de sa vie avec le **Capricorne**;
— l'*intelligence du patrimoine commun à l'humanité*, dépassant les intérêts personnels avec le **Verseau**;
— la *prise de conscience* des origines, de la vie, l'oscillation entre des courants contradictoires avec les Poissons (14).

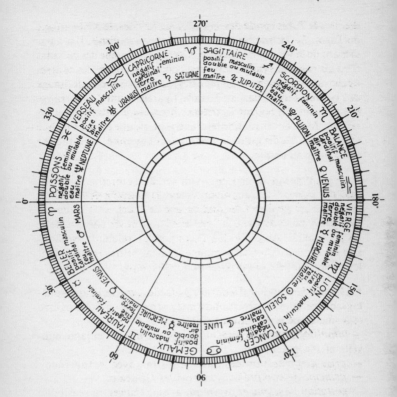

• Les bouddhistes considèrent le zodiaque comme une route à suivre et les douze signes symbolisent la chaîne des causes déterminant les renaissances et les liens karmiques.

Le *Bélier* est le symbole de l'**ignorance**, de l'erreur qui fait prendre pour permanent ce qui n'est que transitoire. Le *Taureau*, celui des **agrégats**. Les *Gémeaux*, celui de la **conscience**. Le *Cancer* symbolise le **mental** et le **corps**. Le *Lion*, les **organes sensoriels**. La *Vierge*, le **contact**. La *Balance*, le **sentiment**. Le *Scorpion*, le **désir** et la **soif corporelle**. Le *Sagittaire*, la **convoitise**. Le *Capricorne*, le **désir d'être**. Le *Verseau*, la **renaissance**. Les *Poissons*, la **vieillesse**, la **mort**, le **chagrin**, la **dépression**, le **désespoir**.

Chaque signe symbolise aussi un **état de conscience** dans l'ordre ascendant qui finit par conduire l'adepte à la sortie du joug astral, à la *rupture du zodiaque*.

Ces 12 états zodiacaux de conscience, qui se retrouvent dans la plupart des traditions, constituent la *Roue de l'Existence* des écoles bouddhistes : quatre cercles concentriques, le cercle central, vide, figure le centre immobile du tourbillon de la vie. Le 2e, divisé en 3 parties, contient les *Trois filles du désir et de la mort* symbolisées par le Coq (luxure, orgueil, vanité), le Serpent (haine, colère, trahison), le Porc sauvage (ignorance, paresse, gourmandise). Le 3e cercle, divisé en 6 parties, renferme les mondes des dieux (*lokas*), des hommes, des titans, des enfers, des revenants et des animaux. Le 4e est divisé en 12 signes et 12 *nidânas* ou images-symboles. La Roue est encerclée par un monstre symbolisant le Destin (4-135).

• Le zodiaque chinois présente également une division octuple en rapport avec les Trigrammes :

— *Li* (de l'équinoxe du printemps à la moitié du signe zodiacal du Taureau), correspond au Palais Occidental céleste, *yang*, période active du *Tigre Blanc*, et figure les **tendances naturelles** de l'individu.

— *Tui* (eau stagnante), de la moitié du signe du Taureau au solstice d'été, *yin*, période passive de la *Tortue Noire*, correspond au Palais Septentrional et aux plaisirs physiques.

— *Khien* (ciel, père), du solstice d'été à la moitié du signe du Lion, *yang*, période active de la *Tortue Noire*, est lié au Palais Septentrional et à l'ascension dans la vie.

— *Souen* (vent), du milieu du Lion à l'équinoxe d'automne, *yin*, période passive du *Dragon Vert*, au Palais Oriental et à la fécondité.

— *Khân* (pluie), de l'équinoxe d'automne au milieu du Scorpion, *yang*, période active du *Dragon Vert*, au Palais Oriental et aux difficultés venant de l'extérieur.

— *Kên* (montagne), du milieu du Scorpion au solstice d'hiver, *yin*, période passive de l'*Oiseau Rouge*, au Palais Méridional et au repos.

— *Kouen* (terre, mère), du solstice d'hiver au milieu du Verseau, *yang*, période active de l'*Oiseau Rouge*, au Palais Méridional, à l'obscurité et à la soumission au destin.

— *Tchen* (tonnerre), du milieu du Verseau à l'équinoxe de printemps, *yin*, période passive du *Tigre Blanc*, au Palais Occidental, au retour à la vie.

# BIBLIOGRAPHIE

1. *Dictionnaire des Symboles*, J. Chevalier-Gheerbrant, Laffont-Bouquins, 1982.
2. *Les Religions de l'Océanie*, J. Guiart, P.U.F., 1962.
3. *Le Troisième Œil*, T. Lobsang Rampa, Albin Michel, 1957.
4. *L'Esotérisme de l'Astrologie*, A. Volguine, Dangles.
5. *Le Sphinx*, P. Weil, Epi, 1972.
6. *Le Manuel des superstitions chinoises*, P.H. Doré, 1970.
7. *Dictionnaire des symboles chinois*, W. Eberhard, Seghers, 1983.
8. *La Pensée chinoise*, M. Granet, Albin Michel, 1968.
9. *Les symboles des Egyptiens*, F. Portal, Guy Trédaniel.
10. *Le Livre des Morts des Egyptiens*, G. Kolpaktchy, Dervy-Livres.
11. *Théorie & Pratique du Mandala*, G. Tucci, Fayard, 1974.
12. *Terre Wakan*, S. Bramly, Laffont, 1974.
13. *Les Rites secrets des Indiens Sioux*, Héhaka sapa, Payot.
14. *Comment comprendre votre horoscope*, G. Holley, éd. du Rocher.
15. *Book of Signs*, R. Koch, Dover Publ. N.Y.
16. *Man & his Symbols*, C.G. Jung, Pan Books, 1978.
17. *Le Tarot des Imagiers du Moyen Age*, O. Wirth, Tchou, 1978.
18. *Le Symbolisme hermétique*, O. Wirth, Dervy-Livres, 1969.
19. *Amulettes, Talismans, Pantacles*, J. Marquès-Rivière, Payot, 1950.
20. *Les Figures du Tabernacle*, Mouv. Missionnaire Laïque, 1937.
21. *Traité d'histoire des religions*, M. Eliade, Payot, 1975.
22. *Le Mystère cosmique*, A. Ferrière, Cahiers Astrologiques, 1948.

23. *L'Arche de Noé*, G. Romey, Laffont, 1977.
24. *Les Rêves et leur interprétation*, E. Aeppli, Payot, 1986.
25. *Ce que disent les rêves*, A. Teillard, Stock + Plus, 1944.
26. *Mythologie grecque et romaine*, Larousse.
27. *Les Bestiaires du Moyen Age*, Stock + Plus, 1980.
28. *L'Homme à la découverte de son âme*, C.G. Jung, Payot.
29. *Les Présocratiques*, J. Brun, Q.S.J., P.U.F., 1968.
30. *Signes, Symboles & Mythes*, L. Benoist, Q.S.J., P.U.F., 1975.
31. *Le Coq*, A. de Grémilly, Flammarion (Symboles), 1958.
32. *Des Couleurs symboliques*, F. Portal, Guy Trédaniel.
33. *Le Test Marabout des Couleurs*, N. Julien, 1984.
34. *Les Signes sacrés*, R. Guardini, Spes, Paris, 1938.
35. *Le Symbolisme de la Croix*, R. Guénon, Vega, 1957.
36. *Le Symbolisme dans la Mythologie grecque*, Paul Diel, Payot.
37. *Peinture islamique et indienne*, Rencontre (Lausanne), 1967.
38. *L'Inde secrète et sa magie*, J. Marquès-Rivière, Œuvres Françaises.
39. *Le Surnaturel et la Nature dans la Mentalité Primitive*, L. Lévy- Bruhl, P.U.F., 1963.
40. *Les Origines du Zodiaque*, R. Gleadow, Stock, 1968.
41. *Traité pratique d'Astrologie judiciaire*, G. Muchery, éd. du Chariot.
42. *Essai d'Exploration de l'Inconscient*, C.G. Jung, Gonthier, 1964.
43. *Guide des Pierres précieuses*, W. Schumann, Delachaux-Niestlé.
44. *Interprétation psychologique du Veda selon Shri Aurobindo*, J. Herbert, Dervy-Livres.
45. *L'Histoire commence à Sumer*, S. Noah Kramer, Arthaud, 1975.
46. *L'Eau et les Rêves*, G. Bachelard, José Corti, 1942.
47. *De Sable et d'Or*, C. Jacq, éd. des Trois Mondes, 1976.
48. *Teotihuacan*, Métropole de l'Amérique, L. Séjourné, Maspero, 1969.
49. *Mexican & Central American Mythology*, I. Nicholson, P. Hamlyn.
50. *Les religions de l'Inde*, J. Gonda, Payot, 1979.
51. *Dictionnaire de la Psychanalyse*, Larousse.
52. *Développement de la Libido*, K. Abraham, Payot, 1966.
53. *Les Japonais*, J.C. Courdy, Belfond, 1979.

54. *Aspects du Mythe*, M. Eliade, Idées Gallimard, 1963.
55. *Le Test de l'Arbre*, C. Koch, E. Vitte, 1969.
56. *Initiation, rites, sociétés secrètes*, M. Eliade, Idées Gallimard, 1959.
57. *L'Inde du Bouddha*, Calmann-Lévy, 1968.
58. *Zarathushtra et la tradition mazdéenne*, J. Varenne, Maîtres spirituels, Seuil, 1966.
59. *La Nostalgie des Origines*, M. Eliade, Idées/Gallimard, 1971.
60. *Grandeur et décadence de la Civilisation Maya*, Thomson, Payot.
61. *Blasons des villes d'Europe*, J. Louda, Gründ, 1972.
62. *Histoire des Fleurs*, L. Guyot, Q.S.J., P.U.F., 1972.
63. *Le Yi-king*, Hadès, éd. Niclaus, 1980.
64. *Lao-Tseu*, M. Kaltenmark, Seuil (Maîtres spirituels), 1965.
65. *Divination, Magie & Politique*, Ngo Van Xuyet, P.U.F., 1976.
66. *Le Héros aux Mille Visages*, J. Campbell, Laffont, 1978.
67. *Psychanalyse des contes de fées*, B. Bettelheim, Laffont, 1976.
68. *A dictionary of symbols*, T. Chetwynd, Paladin, 1982.
69. *Les Symboles de la Chine*, F. Wion, Courrier du Livre, 1970.
70. *Méthode pratique de divination chinoise*, Yüan-Kuang, Guy Trédaniel, 1977.
71. *Le Yi-chou*, Kim-Tawn, Guy Trédaniel.
72. *La clef des grands mystères*, Eliphas Lévi, Marabout, 1974.
73. *L'origine des religions*, M.H. Gobert, Baudouin.
74. *Types psychologiques*, C.G. Jung, Lib. Univ. Georg. & Cie Genève.
75. *La vie sexuelle dans la Chine ancienne*, R. Van Gulik, Gallimard, 1971.
76. *Le Popol-vuh*, R. Girard, Payot, 1972.
77. *Aux Sources du Japon*, J. Herbert, Albin Michel, 1964.
78. *La Grande Initiation*, J.L.B. Léonard, PIC, 1970.
79. *L'Esprit des Jeux*, (coll) Seghers, 1980.
80. *Le Message des Constructeurs des Cathédrales*, C. Jacq, éd. du Rocher, 1980.
81. *Les 33 Voies de la sagesse*, Th. Terestchenko, Cahiers Astronomiques, Nice, 1947.
82. *The Aztecs of Mexico*, G.C. Vaillant, Penguin, 1944.
83. *Le Culte de Priape*, R.P. Knight (1786), E. Losfeld.
84. *La Baghavad Gîta*, B. Swami Prabhupâda, éd. Bhaktivedanta, Paris.

85. *La Voie des Lettres*, J. Canteins, Albin Michel, 1981.

86. *La Philosophie du Tao*, J.C. Cooper, Dangles, 1972.

87. *Le Bouddha*, M. Percheron, Seuil (Maîtres spirituels), 1956.

88. *Le Livre des Morts Maya*, P. Arnold, Laffont, 1978.

89. *Soleil & Lune*, A. Barbault.

90. *Om Mani Padme Hum*, Musée Royal de Mariemont, 1980.

91. *L'Astrologie lunaire*, A. Volguine, Dervy-Livres, 1972.

92. *Images & Symboles*, M. Eliade, Gallimard, 1952.

93. *La Vie quotidienne des Aztèques*, J. Soustelle, Hachette, 1955.

94. *15 Tests pour découvrir votre vraie Personnalité*, N. Julien, Flash Marabout, 1983.

95. *Les Dieux de la Gaule*, P.M. Duval, Payot, 1976.

96. *Le Secret de la Reconnaissance du Cœur*, Ksemaraja, G. Trédaniel, 1987.

97. *Le Mythe de l'Eternel Retour*, M. Eliade, Idées/Gallimard, 1969.

98. *La Pensée de l'Asie & l'Astrobiologie*, R. Berthelot, Payot, 1938.

99. *Le Langage des Fleurs*, M.L. Sondaz, Solar, 1974.

100. *Influence des Planètes*, J. Gerson-Lacroix, Cahiers Astrologiques, 1947.

101. *Les Silencieux Messages du Corps*, C. Bonnafont, Buchet/Chastel.

102. *The Art of Tantra*, P. Rawson, Thames & Hudson, 1973.

103. *Chinese Beliefs*, F. Bloomfield, Arrow Books, 1983.

104. *A Dictionary for dreamers*, T. Chetwynd, Paladin, 1974.

105. *Psychologie de la motivation*, P. Diel, P.U.F., 1947.

106. *Le Caractère révélé par le corps et les gestes*, R. Demazière, Famot, 1980.

107. *Les Mythes celtes et la Déesse blanche*, R. Graves, éd. du Rocher.

108. *Le Côté occulte de la Franc-Maçonnerie*, C.W. Webster, Slatkine, Genève-Paris, 1981.

109. *La Symbolique maçonnique*, J. Boucher, Dervy-Livres, 1948.

110. *Naissance de l'Homme*, R. Clarke, Seuil, 1980.

111. *L'Apocalypse*, J. Forest, Musée d'Art Moderne de la ville de Paris, 1961.

112. *Prévoir par l'Astrologie*, H. Hirsig, Delachaux & Niestlé.

113. *La Cosmogonie des Rose-Croix*, M. Heindel, La Maison Rosicrucienne.

114. *Dictionnaire pratique des Sciences occultes*, M. Verneuil,

IMPRIMÉ EN FRANCE PAR BRODARD ET TAUPIN
1196H-5 - Usine de La Flèche (Sarthe), le 2-03-1993.

pour le compte des
Nouvelles Editions Marabout
D.L. mars 1993/0099/89
ISBN 2-501-01146-5

Les Documents d'Art Monaco, 1950.

115. *Histoire de l'Art*, C. Terrasse, H. Laurens, 1938.

116. *La Symbolique des Nombres*, R. Berteaux, Edimaf, 1984.

117. *Diagnostic & Conduite des Tempéraments*, P. Carton, Le François, 1972.

118. *Le Grand Livre des Horoscopes chinois*, T. Lau, Le Jour, 1982.

119. *Comment interpréter vos Rêves*, F. Kennett, éd. Princesse, Paris, 1976.

120. *Les Songes et leur interprétation*, S. Sauneron, Seuil, 1959.

121. *Le Cercle, un Symbole*, M. Loeffler-Delachaux, Mont-Blanc.

122. *Initiation à l'Astrologie*, Hades, Bussière, 1984.

123. *De la Psychanalyse à l'Astrologie*, A. Barbault, Seuil, 1961.

124. *Who's who in Egyptian Mythology*, A. Mercatante, Clarkson, N. Potter, N.Y., 1978.

125. *Astrologie Aztèque*, C. Montès, Laffont, 1984.

126. *La Civilisation indienne*, P. Radin, Payot, 1953.

127. *La Cililisation de l'Empire inca*, R. Karsten, Payot, 1952.

128. *Les Aztèques*, M. Simoni-Abat, Seuil, 1976.

129. *Poisons sacrés, ivresses divines*, P. de Félice, Albin Michel, 1936.

130. *Calendrier, histoire du monde*, P. Vidal, éd. Traditionnelles, 1978.

131. *Les Horloges cosmiques*, M. Gauquelin, Denoël, 1970.

132. *Le Bouddhisme tantrique du Tibet*, J. Blofeld, Seuil, 1976, Famot, 1975.

133. *La Maison de la Réussite*, F. Bonhoure, éd. Encre, 1983.

134. *La civilisation chinoise*, M. Granet, Famot (Lausanne), 1975.

135. *La Symbolique des nombres dans l'inconscient*, L. Paneth.

136. *La Préhistoire de la Graphologie*, M. Loeffler-Delachaux, Payot, 1966.

137. *Ecriture & Personnalité*, N. Julien, Marabout Service.

138. *Les Masques*, G. Buraud, Seuil, 1948.

139. *Les Agni devant la mort*, J.P. Eschlimann, Karthala, 1985.

140. *L'Epopée celtique en Bretagne*, J. Markale, Payot, 1971.

141. *Introduction au Bouddhisme tibétain*, Dervy-Livres, 1971.

142. *Primitive Art*, Franz Boas, Dover Publications Inc., N.-York.

143. *Rites et Mystères au Proche-Orient*, J.Q.N. Callebaut, Hayez, Bruxelles, 1979.

144. *Designs on Prehistoric Pottery*, J.W. Fewkes, Dover Publ. Inc., N. York.